董事长曹永堂向公司高级顾问厉以宁教授（左）汇报公司改革发展成果

1996 年 1 月 27 日，交通部常务副部长郭健（左）、河北省副省长郭世昌（中）、沧州市委书记吴振华（右）参加集团公司成立大会

2017 年 2 月 28 日，交通运输部副部长刘小明（中）来沧运视察，集团公司总经理曹向东（右一）陪同

2015 年 4 月 10 日，河北省原副省长郭世昌在沧运集团全国股转系统挂牌仪式上致辞

2010 年 9 月 26 日，沧州市委书记郭华在集团公司建司六十周年庆祝大会上发表讲话

2014 年 5 月 26 日，沧州市委书记焦彦龙（右三）视察沧运集团

2007 年 6 月 16 日，中国交通运输协会常务副会长王德荣（中）、中国交通企业管理协会会长李宗琦（右二）参加沧运环渤海物流信息网开通仪式

2004 年 12 月 30 日，沧州市委书记张庆华（右）参加沧运集团改制大会

2004 年 11 月 19 日，沧运集团整体改制时董事会成员合影

2012 年 6 月 28 日，沧运集团股份公司创立大会时董事会成员合影

2017 年 6 月 28 日，集团公司召开第六次党代会，选举产生新一届公司党委，集团公司董事长曹永堂（左）与新当选的公司党委书记曹向东（右）合影

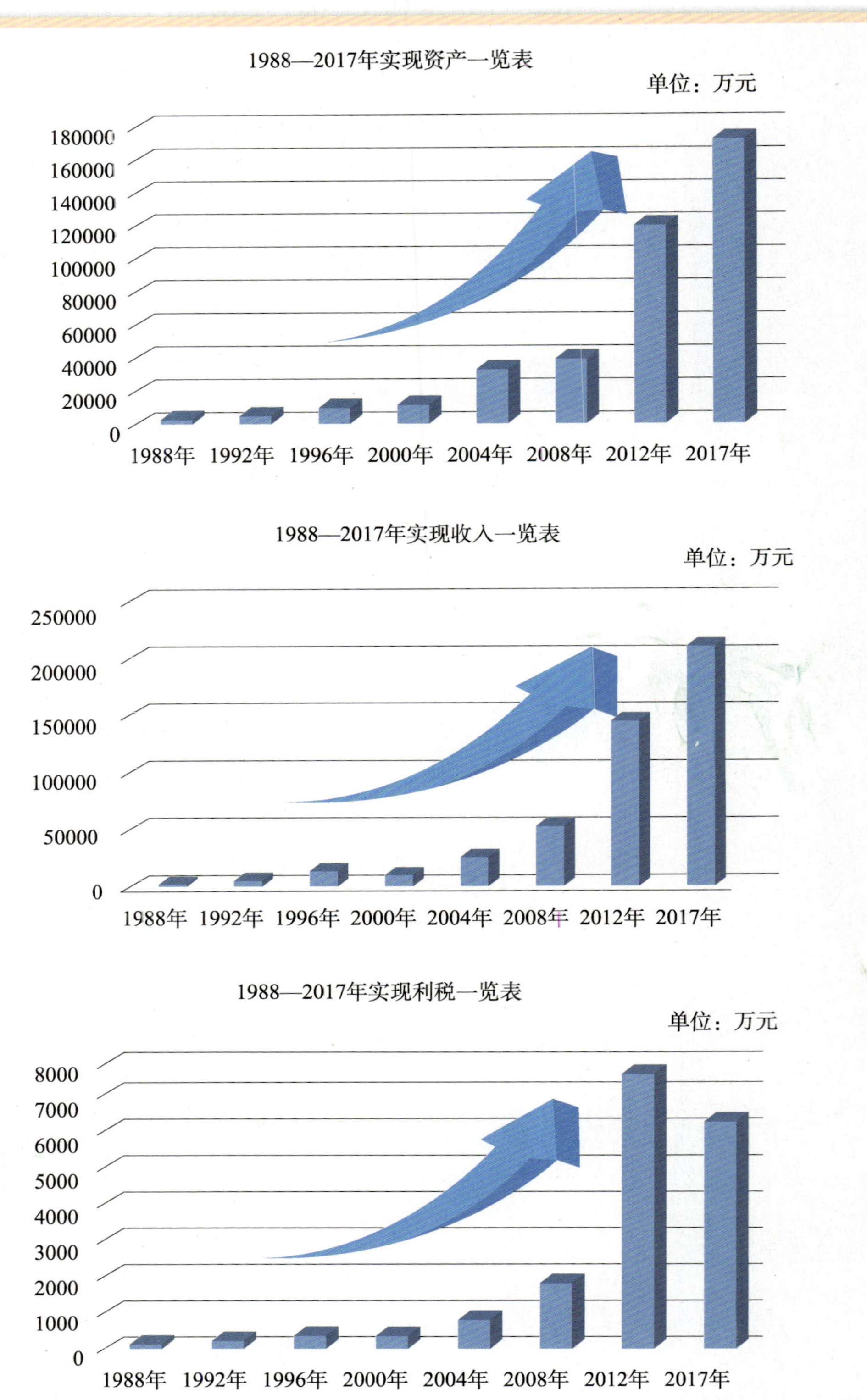
1988—2017年实现资产一览表
单位：万元
180000
160000
140000
120000
100000
80000
60000
40000
20000
0
1988年
1992年
1996年
2000年
2004年
2008年
2012年
2017年
1988—2017年实现收入一览表
单位：万元
250000
200000
150000
100000
50000
0
1988年
1992年
1996年
2000年
2004年
2008年
2012年
2017年
1988—2017年实现利税一览表
单位：万元
8000
7000
6000
5000
4000
3000
2000
1000
0
1988年
1992年
1996年
2000年
2004年
2008年
2012年
2017年

沧州客运西站候车大厅

全部采用纯电车型、通达沧州各县市的公交业

经营机构覆盖石家庄、沧州全域的沧运旅游业

拥有 7 个品牌、13 家 4S 店的汽车服务业

仓储

港口物流

大件运输

拥有国际集装箱中转、港口货代、危险品运输、大件运输、仓储、快递功能的物流业

二十四小时安全监控中心

沧运集团大力建设各类数字化运营和管理平台，全力打造智能型、科技型企业

2009 年 4 月 28 日，沧运集团控股的河北高客公司重组为冀运集团

冀运集团在石家庄建设的河北交通科技产业园

唱红歌，颂党恩

2018 年 5 月 22 日，沧运集团举办“新沧运，心服务”新产品发布会，启动“惠民服务月活动”

2010 年 9 月 28 日，沧运集团公司举办建司六十周年庆祝大会

员工为汶川地震灾区爱心捐助

沧运资助的孤儿，已成长为优秀的人民教师

献给改革开放四十周年！
献给砥砺奋进的新沧运！

思路·出路·道路

——沧州运输集团发展模式解析

曹永堂 著

人民交通出版社股份有限公司
China Communications Press Co.,Ltd.

内 容 提 要

本书主要介绍了沧州运输集团发展的新模式、新路径,高度概括了沧运集团弥足珍贵的经营发展经验。为了使读者体察沧运新模式的具体形成过程,本文采用以主要领导在不同节点工作部署的调研报告、经验总结、讲话和重要决定等方式,再现改革发展道路上的足迹,深化对沧运模式的认识。

图书在版编目(CIP)数据

思路·出路·道路:沧州运输集团发展模式解析/曹永堂著.—北京:人民交通出版社股份有限公司,2018.8

ISBN 978-7-114-14966-5

Ⅰ.①思… Ⅱ.①曹… Ⅲ.①交通运输企业—经济发展模式—研究—沧州 Ⅳ.①F572.882.23

中国版本图书馆 CIP 数据核字(2018)第 186133 号

Silu Chulu Daolu

书　　名: 思路·出路·道路——沧州运输集团发展模式解析
著 作 者: 曹永堂
责任编辑: 郭　跃
责任校对: 尹　静
责任印制: 张　凯
出版发行: 人民交通出版社股份有限公司
地　　址: (100011)北京市朝阳区安定门外外馆斜街 3 号
网　　址: http://www.ccpress.com.cn
销售电话: (010)59757973
总 经 销: 人民交通出版社股份有限公司发行部
经　　销: 各地新华书店
印　　刷: 北京市密东印刷有限公司
开　　本: 787×1092　1/16
印　　张: 30.75
字　　数: 482 千
插　　页: 8
版　　次: 2018 年 8 月　第 1 版
印　　次: 2018 年 8 月　第 1 次印刷
书　　号: ISBN 978-7-114-14966-5
定　　价: 108.00 元

序一

曹永堂同志所著《思路·出路·道路》一书即将付梓,请我写序。著书立说,是件好事。企业家著书,特别是道路运输企业的董事长著书,尚不多见。我作为河北省主管过工交战线的副省长、河北工业经济联合会会长当然会鼎力支持了。

对沧州运输集团及其董事长曹永堂同志接触较多,一个动因是我20世纪80年代曾在沧州工作过,为沧州经济发展颇费过脑筋,特别关注指导过沧州企业界、企业家的成长,见证了企业的发展,企业厂长、经理的进步。调省工作,特别担任省工业经济联合会会长后职责所系,与全省企业家广交朋友,助他们更好更快成长。曹永堂就是其中之一。回想一下,沧运举办公司制改革揭牌大会、建司五十周年庆祝大会、六十周年庆典以及2015年4月在新三板上市,我都应邀出席了,并致祝贺词。曹永堂的"河北省企业改革标兵",是我代表河北省政府发的证书。他又是河北企业联合会、企业家协会副会长。因此,我对他较熟悉。他有几个特点较为突出。一是勇于担当,有强烈的责任心、使命感。他到企业已30年,从四十挂零干到七十多岁,一直兢兢业业、任劳任怨,人称"不叫苦的总经理"。他说,党交给我这一摊,就是让我破解难题的,"等、靠、要"就不算称职。有的干部"下海",三两年"上岸"了,他有几次调省、换岗位提拔机会,且都放弃了,声言"擦不亮企业牌子不罢休""党和企业需要,干不出个样来不回头"。二是既是实干家,也是儒商。他学习精神好在沧州是出了名的,平时工作多繁忙,几份党报、企业报每天必看。他是秘书出身,自己的讲话稿都是亲力亲为,不用人代劳,光理论学习笔记就有十几本。他写的各类文章常现于报端,多篇论文获省和国家级奖项;主编过《沧州地区运输史》《沧运之路》《沧运放歌》《沧运六十年》等书。1991年一上任就创立企业报《沧州运输报》,亲任主编,该报在全省企业报评比中多次获一等奖。说他是儒商,可以说是名副其实。三是富有改革进取精神,敢试敢闯探新路。沧运是市重点企业,是交通部重点联系单位,也是省、部企业改革试点单位。他们1996年在全国交通系统第一家挂牌,创立了沧州交通运输集团有限公司,走上现代化企业制度的轨道;在省现代企业制度改革中,一直走在前头,2008年他被省政府授予"河北省企业改革标兵"(省劳模)称号;2004年依规依法完成了国有企业整体体制改革;他积极寻求资本运作,2015年4月在新三板上市,成为全国同行业第五家、北方第一家道路运输上市公司。有人说,曹永堂是"改革迷",是"敢闯禁区的带头人",亦不为过。四是他有优良品格,很强的凝聚力。沧运原是传统地方运输企业,沧州也不是高度发达地区,他凭着自己善于团结人、善于用人,感召了许多人才跟他走,把一个名不见经传的企业发展成"四跨"集团,22年获得"省文明单位"称号,在全国交通行业不仅改革、发展一路领先,在企业文化建设上也搞出了特色,"软实力"变成"竞争力",变成社会影响力,变成发展的实力,

本书反映的就是曹永堂同志在沧运30年,与党政领导班子和全体员工艰苦奋斗的历程,其经验就是沧运四千余名员工在他带领下共同奋斗的智慧结晶,用他的话说是沧运发展模式的解析。综观这本书有三个特点:一是写得实,每章都是引用企业主要负责人原有讲话、言论及重要决定等,客观印证沧运经验和发展历程,没有直接描述沧运优良业绩,使读者看到原汁原味的思路及发展轨迹。二是提练得精,沧运是20世纪50年代老国有企业演变而来的,改革开放中,运输市场开放较早,交通运输行业最先受到洗礼,而沧运直面挑战,勇于改革,在企业历次重要变革中,都走在前面,积淀了深厚的企业文化,累积了许多可贵的经验。这次提练出"8句话48个字",可以说既是企业全面深化改革开放典型经验总结,又是国家改革开放路线的一个生动缩影。三是注重导语引领,因为本书是用现身说法阐明其经验,章节中有些观点与沧运最终经验结论不同,容易使人产生误解。为此,作者每章前加了导语,综合了本章篇目特点,阐明了沧运模式的由来和结论,可加深读者对沧运模式的理解。总之,本书虽限于道路运输行业,但提供的经验是带有普遍性、针对性的,是弥足珍贵的,对社会各界确有良好借鉴作用。本书恰是向改革开放四十周年献上的一份厚礼!

学习物联网知识时,懂得了网上购物,思考良久,曾写下一首诗:

大市场大物流

市场发达多业态，路航车储早更新。

全球网购大趋势，必保安捷货到门。

物流信息越多广，物流配置越合理，物流成本越下降。如有机会，可组建或参与组建大数据物流信息联盟，不仅能提高企业效益，对促进社会经济发展都有积极作用。

党的十九大报告指出，我国已进入新时代。新时代、新征程，要求企业要有新作为、新面貌。殷切希望沧运集团和作者，进一步深化改革开放经验，在以习近平新时代中国特色社会主义思想指引下，以新的姿态，奋发进取，再创新佳绩，争当国家一流企业，为省市经济、为交通运输行业做出新的更大贡献。

是为序。

郭世昌

二〇一八年七月十六日

［作者系河北省原副省长、河北省工业经济联合会（河北省经济团体联合会）会长］

序二

“沧运”故事多。多年来我跟踪采访“沧运”所听到，所看到，与新闻同行们所普遍感受到的，确是如此。“沧运”一直是全国交通行业和所在省市的先进典型，新人、新事、新业绩、新创举层出不穷，时常间隔一段再去采访，往往就显觉笔不暇接，挂一漏万。

而今，伴随改革开放成长。“沧运”继出版《沧运之路》《沧运之歌》等书之后，又辑印了《思路·出路·道路》专著，集中刊发公司董事长曹永堂亲撰的调研报告、研讨论文、工作总结等百余篇。其中不少已发表于全国暨省市知名论坛、报刊、网络平台，还有摘选的内部讲话、战略谋划等，也都充满着深化改革与扩大开放的新理念、新思维，以及创新发展的鲜活实招、妙招。我捧读再三，深受教益启迪，老记者仿佛再识新朋友：“沧运”注重学习研究，思想理论成果同样多。

阅读“沧运”，偌仅仅停留在感叹、点赞上，是远远不够的。“沧运”之所以“干”得好，“论”得好，其实有着内在的联系。“沧运”作为“汽车轮子上的企业”，要行稳致远，必须坚持“前后轮子一齐转”。哲语说得好：“前轮的开拓带动后轮的延伸，后轮的驱动推进前轮的驰奔，前后轮协调联动，一个都不能少！”“干”与“论”也恰似“沧运”的前后轮，务实与务虚结合，实践与理论统一，同向发力，共同加油，相辅相成，相得益彰。用董事长的话说：这是“沧运”在从根本上提高思想自觉、行动自觉，深层次培植企业优势，全面强化核心竞争力。

干起来，论起来，在“沧运”蔚成风气。董事长带动“一班人”，重点抓好这样几个方面：

一是积极贯彻党的重大理论创新、国家重大战略精神。比如，迎庆党的十九大，“沧运”认真组织上上下下系统多维地学习领会习近平新时代中国特色社会主义思想，并联系实际开展“学懂弄通做实，进一步加快企业转型升级”大讨论，学习、践行、研讨多方收获颇丰。又如“京津冀协同发展”“雄安新区建设”，作为国家战略相继推出，“沧运”抢抓先机组织学习贯彻，群策群力研讨修订了“在搞好服务中融入，在扩大融入中发展”的应策方案，并研讨提出了“绿色出行、智能交通、智慧物流”等创新方案，引起广泛重视和好评。

二是深抓阶段性、战役性总结。大力倡导打一仗，总结一仗；走一步，提高一步。总结工作，奖优罚劣是手段，目标是深入研讨“知其然，更知其所以然”，以期提高自觉性，减少盲目性，少走弯路，多有升华，逐步丰富可借鉴、可复制、可推广的带规律性、特色性的经验。

三是精准抓牢改革“深水区”，创新攻坚期的问题导向。比如，全国推行企业改制关头，“沧运”针对国外大造“改制是私有化”等混乱舆论，以及内部不少人担心“倒退”“搞乱”等思潮，旗帜鲜明地开展了“社会主义公有制多种实现方式”的专题学习讨论，并请著名教授厉以宁讲课，搞清了“企业整体改制是创建新型公有制”。“沧运”明确提出“改制后三个不变”，其一坚持党的领导不变，其二坚持职工主人翁地位作用不变，其三是坚持发展生产、共同富裕、爱国奉献不变。“沧运”稳步推进整体改制，很快呈现了企业活力增、职工人心齐、效益奔翻番的大好局面。再如，“沧运”实施“智能交通、智能物流”规划之初，部分职工出现“本领恐慌”情绪。“沧运”及时展开“与时俱进”的学习动员，同步广泛开办夜校、专训班、新技能讲座观摩，以及群众性“结对子”帮扶活动，“不让一人掉队”，共学共建共享火热氛围暖人动人。不久前，“冀运”“沧运”被批复成立国家级“双创中心”，又与交通运输部下属的科研院所及多家大专院校合作筹办多处高新技术研发中心。“沧运”人更加信心满怀，团结奋进奔上新征程。

今年正值改革开放四十周年。回首历史来路，“沧运”真正不惑；展望未来前程，“沧运”更为坚定“四个自信”。“路漫漫其修远兮，吾将上下而求索”，“沧运”继续坚持“前后轮子一齐转”，“干”“论”同频共奏双赢曲。灿烂的思想理论之花，必将不断结出更丰硕的物质之果。

姚广荣

二〇一八年七月十五日

（作者系全国优秀新闻工作者，原《沧州市日报》暨《沧州晚报》党委书记、总编辑）

前言

2018年是我国改革开放四十周年。党领导全国人民砥砺奋进，书写了国家和民族翻天覆地大发展的壮丽史诗。其中，交通运输行业在这一伟大变革中，涌现出一批创新转型发展的先进典型。本人所在的沧州运输集团股份公司就是被誉为全国交通运输行业一面红旗。近几年来，一直想把沧运的典型经验发展模式进行一次全面总结，但由于事务多，没有腾出手来。按公司章程，2018年7月，公司将进行法人治理结构换届，我拟辞去董事长职务。弹指一挥间，我已在沧运工作31年，即将离开岗位，很想在离岗之际，给企业留点纪念。于是筹划了建立沧运史馆及出版《沧运志》等系列丛书，我先行认真编著了《思路·出路·道路——沧州运输集团发展模式解析》这本书。

沧州运输集团股份公司的前身是沧州地区运输公司，是与共和国同龄的道路运输企业，曾为当地客货运输以及抗震救灾等做出过突出贡献，有过辉煌的历史。改革开放初期，运输市场全面放开后，由于观念、机制、体制等不适应，面对个体经营户的“围堵”，沧运曾陷入困境，难以生存。改革开放中，沧运人不断寻求新出路，保员工“饭碗”，以求生存。1987年4月，受原沧州地委调派，我从沧州地区行署秘书科长的岗位到沧运任副经理，1991年2月担任总经理、党委书记、董事长至今。我和公司党政一班人勠力同心，求新求变，转机制，搞承包，发展多种经营，保“饭碗”求生存，终于杀出了“包围圈”。1996年，国家推进公司制改革，沧运在全国交通系统率先挂牌成立国有独资有限公司，步入了现代企业制度的轨道。随后，我们制订并实施“五大发展战略”，深化三项制度改革，坚持改管并重，狠抓“双文明”建设，使企业从经济效益到精神面貌，都发生了巨大的变化。2004年底，按省市统一部署，依规依法进行了国有企业整体改革，走上了股份制新型公有制的新路子。改制后的新沧运，充分发挥新体制、新机制和品牌优势，自主经营，多元回归，发展外向型经济，培育汽车服务等新支柱产业，企业实现了历史性的跨越，实现了“三、五年再造一个新沧运”的目标，2012年进入全国服务业500强，成为河北省先进企业和全国交通行业改革发展排头兵。党的十八大以来，面对经济新常态考验，特别是高铁对道路运输行业颠覆性的冲击，我们主动调结构、转方式，创新驱动发展，制订并推行“创新转型发展”战略，移师城乡主阵地，调整传统产业，发展新兴产业，拓展服务产品，同时推进资本运营，使沧运由单一传统运输企业蜕变为“以运为本，多元发展”的现代运业为主体的服务产业集团，2015年4月在北京全国股份转让系统成功上市。

在这漫长的拼搏发展历程中，我们十分注重总结发展改革的新鲜经验，积极寻找道路运输企业的经济运行规律，经过三十多年的探索和累积，形成了颇具特色的发展模式。用一位熟悉沧运的老领导的话说，这些经验不仅对交通运输行业，而且对企业和社会各界同行，都有良好的借鉴作用。

为了再现改革发展足迹，使读者体察沧运新模式形成过程，体现原汁原味的经验，本书节选了我在不同节点的调研报告、经验总结、讲话和重要决定，分八章加附录部分。第一章，持续深化改革；第二章，坚守战略定力；第三章，创新驱动发展；第四章，科学严细管理；第五章，维护员工权益；第六章，打造优秀团队；第七章，弘扬时代文明；第八章，高擎党建旗帜。上述八章用“八句话，四十八个字”，概括了沧运的基本经验，诠释了沧运发展新模式、新路径。为深度解析这些新经验，每章前增加了导语。

本书附录部分，主要是收集了部分国家、省市、行业领导在沧运的讲话、题词、贺信、致辞，选取部分媒体对沧运经验报道，还附录了沧运改革开放以来大事记及主要荣誉，从另一角度展现沧运典型经验及良好形象，敬请读者欣赏品评。

曹永堂

二〇一八年五月十六日

目录

第一章　持续深化改革

导言：为有源头活水来

从小岗村的红手印，到农村家庭联产承包责任制，浩荡的改革春风给了沧运极大启示，他们在20世纪80年代就实行了基层单位承包和单车承包责任制，取得了“单车活、运输活，基层活、全局活”的成效。接着又进行了劳动用工、分配和用人三项制度改革，建立了干部能上能下、收入能高能低、职工能进能出的“三能”新机制，企业活力增强。在公司制改革中，1996年在全国行业率先挂牌，成立了沧州交通运输集团，走上了现代企业制度轨道。随之对基层单位实行了资产经营责任制及考核考级制。自主经营、自负盈亏，给基层增添了压力和动力，收入和效益大幅提高。2004年，按照省、市统一部署，率先依法依规实施了整体改制，创建了新型公有制股份公司。

“问渠哪得清如许？为有源头活水来。”改革搞活了沧运的机制，转变了体制，解放了生产力，催发了企业快速、健康发展。到2010年末，公司资产总额从改制初的3.8亿元增长到7.9亿元。在短短5年的时间里，成功实现了“三五年再造一个新沧运”的发展目标。2012年，公司进入全国服务业500强行列。时任沧州市委书记郭华同志说：沧运改制的路子走对了，企业如同一只浴火的凤凰，涅槃再生！

坚定不移地把三项制度的改革引向深入

1992 年 8 月 1 日

总的看,我公司改革进展是顺利、稳妥的,取得了较好的成效。但发展尚不平衡,有的单位至今没有拿出实施方案,有的虽然制订了方案,但还未付诸实施,停留在纸上,进展缓慢。

分析阻碍改革的原因,一是思想认识不足,没有认识到改革也是解放和发展生产力,往往把改革与发展生产对立起来;二是"怕"字作怪,有的干部错误地认为,改革就要得罪人,谈"改"色变;三是安于现状,求稳怕乱,满足于小的进步;四是有些同志认为砸"三铁"不让提了,改革步伐要放慢了,甚至以为改革不再搞了,这些模糊认识阻碍了改革开展,必须加以澄清。

大家知道,4 月 15 日,我们公布了总公司改革总体方案,随后又陆续出台了七个配套办法,这个总体方案和配套办法是符合党和国家有关改革文件指示精神的,也是切合公司实际的,指导思想和原则是正确的,具体要求和方法步骤是可行的,并且得到了上级有关部门的赞同和肯定。近几个月来,先后有交通部体改司、省工委、省工会、地区体改委、工会办事处等领导来公司检查指导改革工作时,一致认为我们的改革方案指导思想正确,改革力度大,是积极稳妥的,通过实践,效果也是好的。实践是检验真理的唯一标准,实践也证实我们的方案是调动职工积极性、解放生产力的方案,必须坚定信心,继续抓好方案的落实。现在,砸"三铁"这个提法不提了,是因为这个提法不够全面、不够准确,但这是群众的形象语言,不可能表达得那么准确,但改革方向是没有错误的,"三铁"产生的弊端还是要消除的,不要错误地认为改革错了,不搞了。

要紧紧依靠和发动广大职工搞改革。我在公司改革动员大会上已讲过,职工是企业的主体,离开职工的支持、理解、参与,改革就难以进行,难以取得成效。应使职工明白,我们的改革是对着旧体制和那些不合理的制度。而不是对着广大职工群众的，并不是有意治谁、“优”下谁去。要做好职工的思想工作，稳定职工的情绪，不要说引起职工反感的话，做让职工不满意的事，让职工真正认识到改革是为了解放和发展生产力，通过改革更好地实现劳动组织的优化组合，把人的积极性、创造性充分挖出来，使那些劳动出力、工作出色、智慧出众的人大有所为，也大有所得，促进企业发展，增加经济效益，使国家增收、企业增利、职工多劳多得。如果说改革打破的是职工的“铁饭碗”，那么他们得到的将是“银饭碗”“金饭碗”，况且我们的改革是在完善二轮承包经营责任制的基础上进行的，充分考虑到职工的承受能力。

在工作中要切实把方案交给职工讨论，听取他们的意见，使他们对方案有一个正确的理解，这样便于职工参与以及贯彻落实。这里重申，凡没经职代会讨论通过的方案，不能强迫职工执行，各级工会、共青团、民兵组织要充分发挥“桥梁”及“纽带”作用，及时把职工呼声反馈到有关部门。

要加快改革的步伐。要继续贯彻总公司改革总体方案和配套方案的精神，已经实施的单位要注意总结经验，不断完善，向纵深发展。没有实施的，要在8月全部落实到位。机关调整后，改革办公室不能撤，要继续开展工作，抓好典型，用典型引路，并加强分类分线指导，要注意发现和解决改革中出现的新问题、新矛盾，有关部门要密切配合。各单位各部门对现有的规章制度都要进行一次审查，凡不合时宜、与改革相冲突的条文要尽快修订完善，党团工会组织要发挥作用，做好思想政治工作，特别是做好落聘下岗人员的工作，为改革创造良好的外部环境，提供精神动力和思想保证。

（本文节选自作者在总公司1992年改革与发展动员大会上的讲话）

深化改革增活力，外拓市场求发展

1995 年 1 月 8 日

近年来，在运输市场全面放开、竞争日趋激烈、成本猛增、经营环境复杂多变等艰难情况下，沧州运输总公司党政领导班子团结带领广大干部职工，内抓改革，外拓市场，努力探索企业摆脱困境、求得发展的新路子，取得了较明显的成效。主要经济环境指标在 1992 年、1993 年连续增长的基础上，1994 年又有较大幅度的增长，全年共实现营收 9299 万元，创利税 412.2 万元，分别较上年增长 49.6%、68%。总公司连续 5 年荣获市级双文明称号，1994 年又被省委、省政府命名为省级文明单位。

一、调整产业结构，实施"两多一全"经营方略

1991 年以来，我们通过认真调查市场，学习、总结本单位和兄弟公司经验，为打破单一经营模式，逐步确立并实施了"多元化经营，全方位竞争、多产业创收"的经营发展方略。

为了落实企业经营发展方略，我们依照"稳定发展运输业，拓展交通工业，大上多种经营"的指导思想，着力进行了产业结构调整。在运输业方面，我们以"上客调货""压普上特"为调整方向，努力实现由普通运输向特种运输的转变，客运开通了骨干线公共式班车，开展了各类集贸市场专线运输，开辟了 12 条旅游班线，进一步拓宽了服务领域。货运重点发展集装箱和零担、土石方工程等特种运输，其收入已占货运收入的 85%，为发展特种运输，对运力结构进行了调整，先后投资 1800 万元购置、改造车辆 256 部，淘汰了 170 部效益低、市场竞争能力差的普通车，目前客货车比例由 1991 年的 1:1 变为 2:1，豪华型、舒适型中高档客车已达 147 部，占客车总数的 41%；特种货车已达 109 部，占货车总数的比例由 1991

年的4.3%增长到61.2%。

大力拓展交通工业是产业结构调整的重点。我们努力改变过去修理业的“配角”地位,使之实现了三个转变,即由内修为主向内外修结合转变,由修普通车向修特种车、高档车转变,由以修为主向修造贸结合转变。近三年,先后上了桑塔纳、标致、达契亚、一汽、二汽、进口车修理等15个新厂站,形成了以沧州“五厂”“十五站”为龙头、基层修理厂点为辅助的修理网络,使一度濒临绝境的修理业一跃成为总公司发展后劲最强、创利最高的支柱产业。1994年,交通工业创产值4200万元,实现利润164.5万元,分别比1991年增长72倍和8.8倍。

在调整产业结构中,我们坚持大上多种经营。截至1994年底,共发展起各类经营摊点120多个,从业人员795人,形成饮食服务、对外修理、油料和汽车配件经销、房地产开发、装饰装潢、租赁业、商贸、技术信息服务等10个系列31个经营种类。

二、转机建制,建立适应市场灵活运行机制

第一,改体制给政策,搞活基层。基层活,则全局活。为此,一是改变多年来总公司“一层楼式”的管理体制,克服对基层单位管得过多、统得过死的弊端。总公司本着“宏观控制、微观放开”的原则,结合二、三轮承包,两次给基层下放了生产经营决策、用工、分配、车辆和物资采购等相应的权力,使之按模拟法人运转,成为市场竞争的主体。总公司机关进行了三次调整,原来的17个部门207人减少到10个部门82人,减轻了基层50多万元的负担。机关部门的职能转到制定政策、协调服务、检查落实等宏观管理上来。二是建立激励和约束机制。为调动基层领导班子积极性,建立并坚持了以综合效益指标为主的考核制、风险抵押制等制度,并设立了“总经理特别奖”,逐月考核,及时兑现,使基层干部在第一线有动力、有压力。三是制定鼓励基层发展的优惠政策,如自购车优惠办法、引资奖励办法、项目优惠政策等。单车租赁中,又给客货公司注入了279万元流动资金,使之有了新的生机和活力。

第二,推行租赁经营,搞活单车。单车活,则运输活。搞活单车这个基本生产经营单元始终是我们改革的主要目标。1992年,推行了单车(专线)经营责任

制,1993 年搞了单车承包经营。1994 年经过市场调研,特别是总结单车承包的经验教训后,按照“国有私营,产权明晰”的思路,大胆推行了单车租赁经营。其基本原则是:国有车辆,个人经营;交纳租金,费用自负;基数上交,剩余全留;租赁期满,产权归己。经过 5 月、6 月广泛摸底和发动,抓试点,7 月全面推开。全公司共租出客车 300 部,占应租车数的 94% 。普通货车也大部分被租出。目前,单车租赁已走上健康发展的轨道。实践证明,单车租赁经营是调动司乘人员积极性最有效的改革举措,是运输企业转机建制、求得发展的基本途径。

实行单车租赁后,各基层单位的管理、服务机构,职能发生了新变化。我们因势利导,将站务、修理、油材、职工食堂等辅助单位全部实行了租赁或承包经营。通过推行以单车租赁为主要内容的全方位租赁经营,使全公司运行机制发生了新变化;由单一搞运输变为运工贸齐发展的经营格局;由经营承包责任制变为产权明晰的租赁经营制;由相互无偿服务变为有偿服务的内部模拟市场;由以行政管理为主变为经济、法律和行政手段相结合。

全方位租赁经营这种“公有私营”式的嫁接改造,使企业活力大大增强,广大职工自觉走向社会大市场,搞竞争,创效益,真正出现了总公司构想的“职工人人上市场,个个搞竞争、方方面面抓创收”生动活泼的局面。

第三,推进三项制度改革,建立“三能”机制。为深化分配、用工、人事三项制度改革,总公司对基层单位进一步建立、完善资产承包经营,实行了工效挂钩管理,落实了负亏机制和风险抵押等制度,使各单位领导班子成员和职工收入都拉开档次。一线职工普遍实行了劳酬紧密结合的效益工资制,管理人员实行岗位职责、效益浮动工资制。在劳动用工方面,坚持动态劳动优化组合,单位按工作需要定编定员,职工竞争上岗。对主要工种推行了年度升级和考试考核制度。同时,建立了内部劳务市场,制定并落实了富余人员安置等有关规定,使职工有危机感。去年,辞退临时工 225 名,减少了冗员。在人事方面,坚持了干部聘任制。总公司对基层,基层对下属车间、科室负责人普遍实行层层聘任,实行年度考核、年度调整办法,打破“终身制”和“承包期不变”的旧习惯。在干部任用上,取消干部工人身份界限,实行按实绩选贤任能。近两年,从工人中选聘中层干部 47 名,占中层干部总数的 24.1% ;有 25 人降职或解聘。同时,坚持做到上岗劳酬同步,下岗易岗易薪。

三、发挥优势，构筑新的经济增长点

第一,向运输业延伸服务发展。运输业和与之相关产业有巨大发展潜力,我们学习唐山等兄弟公司经验,努力向运输业延伸领域发展。客运上,我们组建了沧州第一家旅游出租公司,购置中小型客车,扩展了多种旅游出租业务,年旅游收入达30多万元。货运办起了货物配载中心,并与省内外联网,搞起信息、住宿、就餐等一条龙服务,还开办代售车票、船票等业务。基层货运公司为多渠道、多环节创收,努力向“运”的两头——购、销、储存、装卸延伸,搞“四代”服务。修理厂站在抓修理业的同时,向修前组装、修后制售发展。如:二汽维修站就先后争取到为标致、东风、达契亚、切诺基等九个专业厂特约维修服务,还与柳州汽车厂建立整车销售业务,年创利成倍增长。

第二,抓机遇,上拳头项目。1992年初,我们发现高级轿车修理是个空档,且我们拥有这方面的场地、技术优势。于是,我们抓住上海大众建特约维修站的机会,集中力量大上快上。总公司主要领导三下上海,攀亲结友,多方争取,又迅速筹资进行建设。仅8个多月就完成高标准厂房建设和设备安装,1993年9月正式开业,当年盈利31万元。1993年我们由领导出马,跑去长春、广州、进京津,争取到一汽大众、奥迪和广州标致及北京切诺基几个维修站。1993年10月,广州标致维修站建成开业。

第三,上短平快服务项目。我们注意发挥运输企业所处地段交通方便、房地产多、人流密集及公司人才技术等潜在优势,大力发展投资少、见效快的短平快项目。如总公司利用原机关大院兴建的小工业品批发市场,成为沧州市三个超亿元市场之一,年综合效益达60多万元。我们利用地处市区繁华地段的工会旧礼堂,组建了汽车配件销售中心,开始月销售额仅六七万元;现已发展到经营品种3000多个年营业额1600万元,创利110万元,成为沧州经营品种最全、获利最高的配件企业。汽运七公司利用汽车站楼房与天津针织有限公司合资兴建了针织厂,第一年创利10万元。近两年,围绕运输服务的项目,就新增68个,安置了富余人员,稳定了职工队伍。

为了加快上项目的步伐,总公司建立健全了两级多种经营管理体制,落实了主管领导和专管机构,并制定了引进资金、人才、项目等奖励办法。对基层单位上项目、搞开发所得利润坚持“不上收、不平调”的政策,同时加强对新项目的考核、调度。总公司每月召开一次项目调度会,及时解决出现的问题。

(本文节选自给沧州市政府的1994年度工作报告)

在河北沧州交通运输集团有限公司暨沧运集团成立大会上的讲话

1996 年 12 月 20 日

各位领导、各位来宾、同志们、朋友们：

今天，由原沧州运输总公司通过自身裂变和重组的河北沧州交通运输集团有限公司暨河北沧州交通运输集团正式成立了。核心企业拥有员工 4146 人，总资产 8788 万元，营运客货车辆 710 余部，机械设备 1560 台件。集团下属 31 个分公司，3 个全资子公司，2 个控股子公司，3 个协作成员单位，分布于沧州市区、各县市及京津塘等地，是一个以公路汽车运输为主体，融交通工业、商业贸易等多个产业为一体的跨地区、跨行业、规模宏大、涉足面广、经济实力较雄厚的企业集团。

这个集团有限公司是在建立社会主义市场经济体制的新时期，在改革开放大潮中应运而生的。它的前身沧州运输公司，组建于 1950 年。46 年来，除担负社会上普通客货运输外，曾多次承担并出色完成晋煤外运、根治海河、抗震救灾等重大运输任务，为本市的经济发展做出了突出贡献。改革开放以来，特别是 1985 年运输市场全面放开后，面对激烈的市场竞争，我们认真贯彻执行党和国家系列方针政策，实施“多元化经营”和“外向带动”经营战略，坚持内抓改革管理，外拓经营市场，经受住了市场冲击的严峻考验，使企业摆脱困境，走上持续、稳定、健康发展的道路。在推进企业改革、建立现代企业制度过程中，我们发扬敢为人先的精神，大胆探索，务实创新，取得了丰硕成果。我们以市场为中心，优化产业结构、组织结构和运力结构，打破单一经营模式，形成了运工贸多元化经营的新格局，并初步与国际市场接轨；我们以实现两个根本转变为目标，大胆搞活基层，实行单车租赁，推行资本经营，建立起了适应市场、灵活的集约化运营机制；我们不断深化“三项制度”改革，实行全员劳动合同制，克服分配上的平均主义弊端,实行干部、经营者聘任制,建立起了“干部能上能下,职工能进能出,收入能高能低”的新机制;我们自己动手解决企业办社会的难题,精干主业,剥离辅体,进行后勤、供应、管理机构和福利单位的改革,改变服务职能,分流人员,挖潜增效,形成既对内服务又对外创收的一支新军;我们还借市住房改革试点之机,实行了集资建房、公房出售等举措,推进了住房制度改革,初步实现了住房商品化;对积弊甚多的医疗制度进行了改革,堵塞了漏洞,减轻了企业负担,增加了收益。

1995 年我公司被省市政府和交通部确定为现代企业制度试点单位后,改革工作进入了制度创新阶段。我们按照“三改一加强”的要求,开展了改革大回顾、大总结,深化建立科学管理制度为中心的改革,初步走上“产权清晰、权责明确、管理科学”的新轨道。同时我们按照《中华人民共和国公司法》和上级组建企业集团的有关规定,完成了改制方案、集团公司章程等主体文件的起草;完成了全司资产评估和产权界定工作;完成了企业集团、母公司、子公司和协作成员的重组、吸纳工作;完成了法人治理结构的组建;通过了组建集团公司的可研论证,建立集团有限公司和企业集团的条件日趋成熟。改革促进了企业管理,改革解放了生产力,改革推进了两个文明建设。1992 年以来,我司主要经济效益指标连续 4 年保持两位数增长,综合效益跨入全省和全国同行业先进行列;固定资产 4 年增值 4230 万元,接近翻一番;职工生活进一步改善,“住房难”的问题得到解决,职工收入连年增长。企业连年荣获省市级文明单位,成为全省第三产业先进单位、全省思想政治工作优秀企业、全省交通系统先进单位,机务工作、职工教育、思想政治研究等获省政府铜牌奖,并受到交通部的通报表彰。企业改革、多种经营、汽车修理业、站务管理等八项工作在全国性会议上介绍了经验。1995 年,荣获振兴沧州经济奖,党政班子被市委、市政府授予“先进领导集体”称号。所有这些都为建立现代企业制度奠定了基础,创造了条件。以上成绩的取得,是公司党政班子带领 4100 余名职工积极探索、勇于实践的结果,是各级领导及兄弟单位指导、支持、帮助的结果。借此机会,我以集团公司的名义向奋战在生产经营第一线,为企业改革做出贡献的基层领导班子、经营管理者、工程技术干部、后勤服务人员及全体员工表示亲切的问候和崇高的敬意!向在改制过程中给予我们多方支持、帮助的各级领导、部门和兄弟单位再次表示诚挚的谢意!

各位领导、同志们，我们深知，集团有限公司及企业集团的成立，只是向建立现代企业制度迈出的第一步，企业前进的征途中，还会遇到诸多困难和考验，还将面临市场激烈竞争的冲击和压力。我们一定要借这次改制的东风，坚持用邓小平同志建设有中国特色的社会主义理论武装全体员工头脑，继续贯彻党的基本路线，落实好党的十四届五中、六中全会精神和中央、省市经济工作会议精神，转变观念，讲政治、讲大局、讲正气，继续探索国有企业振兴之路；我们一定要抢抓机遇，全面落实“多元化经营”“外向带动”和“人才开发”战略，加快改革开放步伐，创造具有沧运特色的发展之路，保持全省、全国同行业领先地位；我们一定要强化内部管理，盘活资产存量，搞好资本经营，努力摒弃粗放经营模式，实现集约化经营，加速“两个根本转变”步伐；我们一定要按照交通部的要求，开展好“三学”活动和文明创建活动，不断提高服务质量，落实对社会公开服务承诺，加强企业形象建设发挥城市窗口服务作用，增强服务功能，为振兴沧州经济，实现“九五”规划和2010年远景目标做出新贡献；我们一定要全心全意依靠工人阶级，加强民主管理、民主决策，充分发挥党组织的政治核心作用和先锋模范作用，发挥工人阶级改革和生产主力军作用，把全体员工组织动员起来，为实现企业“多元化、集团化、国际化、现代化”目标而努力奋斗。

我们坚信，有上级党委、政府的正确领导，有各有关部门和同行的支持、帮助，我们集团有限公司及沧运集团一定会继续发扬沧运精神，乘风破浪，再造辉煌，为强省兴沧做出新的更大的贡献！

试论公路运输企业现代企业制度的建立和完善

——兼谈我公司建制的路径

1998年5月12日

党的十四大，特别是党的十四届三中全会通过的《中共中央关于建立社会主义市场经济体制若干问题的决定》，明确提出了建立现代企业制度是社会主义市场经济的必然要求，是国有企业改革的方向。1994年11月在北京召开的全国建立现代企业制度试点工作会议，又对建立现代企业制度试点工作进行了具体研究和部署，从而拉开了国有企业实施制度创新的序幕。这意味着我国的国有企业进入了依法“转机建制”的新阶段。作为国有公路运输企业，如何适应新形势，加速建立现代企业制度，成为摆在我们面前的一个重要课题。1994年以来，我公司作为交通部和省政府建立现代企业制度试点单位，在这方面进行了一些探索，本文拟就建立和完善现代企业制度谈一些粗浅的认识。

一、建立现代企业制度势在必行

随着市场经济的发展，企业的生存环境发生了重大变化，封闭经济转向开放经济，卖方市场转向买方市场，行业调控转向市场竞争。尽管我们通过十多年的改革，已开始运用市场机制和方法来管理企业，但现行企业制度存在的产权不明、政企不分、社会负担沉重等深层次问题仍然困扰着包括公路运输企业在内的国有企业。主要表现在以下几个方面：一是国有企业产权关系模糊责任不明确，就不可能真正成为自主经营、自负盈亏、自我约束、自我发展的市场竞争主体。当国有企业的利益受到侵害时，没有人替国有企业说话，导致一些企业短期行为,花国家的钱慷慨,只注意扩充增量,不注意盘活存量,盲目投资,追求热点项目,或贪大求全,搞多领域投资,使资产配置不合理,造成惊人的浪费。二是投资主体仍呈单一化。国有企业的资金只有国家银行的单一渠道(尽管改革开放,但中小企业争取到外资为数极少),这种单一性就会导致企业资产的呆滞性,投资资金一旦进入国有企业,活钱就会变成死钱,形不成流动,大量资产不能有效盘活,白白消耗掉。三是政企不分,国有企业仍是政府的附属物。本应归属企业的权利却掌握在政府各个部门手里,各部门都从自己的利益出发,有意无意制定若干干扰企业行为的"条条框框",收取名目繁多的费用。这样的条块分割,造成了国有资产实际上的地区所有、部门所有,既不利于企业走向市场,灵活经营,又容易滋生腐败行为。四是决策集中化,又无人负责。企业的重大决策或政府拍板或厂长经理说了算,决策不民主,程序不健全,决策的科学性和可行性差,造成的失误较多,但"谁负责谁也不负责",大不了"易地做官"。有个市县的企业搞垮了,职工下岗了,竟找不出"责任人"。厂长说是前任,前任说是上级领导"拍的板",最终倒霉的是职工,吃亏的是国家。随着市场经济的发展,现行企业制度的弊端日益显露出来,制约了生产力的发展。一是国有企业亏损严重。以运输业为例,河北省国有公路运输企业 1997 年盈亏相抵,净亏损达 2800 万元,比 1996 年增亏 1200 多万元,亏损面为 65%,只有包括沧运集团在内的 4 家企业盈利。二是资产负债率高。据统计,全国国有企业资产负债率已高达 77.3%,河北省国有公路运输企业也达到了 67.5%,分别超过警戒线 17 个百分点和 7.5 个百分点。三是企业发展后劲不足。与非国有企业相比,国有企业过重的社会负担、债务负担、离退休人员负担等,使其市场竞争能力和自我发展能力大为减弱。事实证明,国有企业现行企业制度和深层次矛盾已到了非解决不可的时候了,建立新制度的改革势在必行。

建立现代企业制度是对国有企业一次制度上的革命。从全国试点单位改制情况看,建立现代企业制度意义深远。一是有利于促进社会主义市场经济体制的建立。通过明晰产权关系,确立法人财产权,使国有企业以独立法人资格进入市场,形成统一、有序、竞争的市场体系。二是有利于规范经营者的行为。新的法人治理结构,可以解决长期以来国有企业厂长、经理对谁负责身份不清问题,形成强有力的内部约束机制。三是有利于解放和发展生产力,促进国有资产的合理流动、优化配置和保值增值,增强企业实力。据统计,1997 年全国试点企业总体经济效益好于全国平均水平,销售额较上年增长 4%,我公司增长率达到 8.5%。资产负债率有所下降,较 1996 年末下降 2.4 个百分点,我公司则下降 8.2 个百分点。四是有利于政企职责分开,使政府由过去的微观管理转移到加强宏观调控和为企业创造良好的发展环境上来。企业不再隶属于政府机构,真正成为独立的市场竞争主体,自主经营,自负盈亏,自我发展。综上所述,可以看出,建立现代企业制度是国有企业真正成为面向国际、国内市场的独立法人实体和市场竞争主体的必然要求,是国有企业摆脱困境,实现振兴的必由之路。

二、公路运输企业建立现代企业制度的模式

随着运输市场的全面放开,国有公路运输企业遇到了前所未有的冲击和挑战。集体、个体运输灵活的经营机制,显示出其强大的竞争优势和生命力。而多数国有企业因为产业结构单一,经营机制不灵活,包袱沉重,对市场变化反应迟缓,在激烈的竞争中陷入困境。我公司作为国有公路运输企业的一个缩影,在走向市场经济的过程中,也同样遇到了这一问题。如何扭转这一不利局面,公司决策者们在冷静分析了市场和企业形势后认为,只有下大力推进企业改革,把市场作为企业经营的晴雨表,直接与市场接轨,才能焕发企业生机和活力,重振国有企业雄风。从这一目标出发,先后推出了一系列重大改革举措,建立起了与市场经济接轨的灵活高效的运行机制,较快扭转了被动局面。企业也因此被交通部和省政府列为建立现代企业制度试点单位,1996 年成功地完成了企业改制工作,组建了集团公司,掀开了制度全面创新的崭新篇章。

(一)解放思想,更新观念,深刻认识和理解现代企业制度

建立现代企业制度是一项系统工程。无论是从员工观念、制度及经营运作内容、方式,还是工作程序上,都将发生深刻变化。观念变不了,改制搞不好。因此,建立现代企业制度,首先要解放思想,更新观念。我公司始终把解放思想,更新观念作为关键问题来抓,贯穿改革全过程。如改制初期,公司上下对此存有种种疑虑,表现为一个不理解,三个担心。一个不理解是:对现代企业制度内容和性质认识肤浅,不懂得改制与发展的关系,认为搞不搞无所谓。三个担心是:担

心试不出效益，得不到实惠，白费劲；担心“刚出低谷，又陷困境”，影响企业发展；担心试点不成，背上包袱，上下埋怨。针对这些思想，我们在各级干部中认真实施了“换脑筋”工程，先后组织学习了《关于建立社会主义市场经济体制若干问题的决定》《公司法》及中央、省、市有关文件精神。组织学习班，进行参观学习。在此基础上，层层举办培训班，开展改制大讨论，反复统一全体员工思想，使之充分理解建立现代企业制度的重要性和紧迫性，逐步树立起了与建立现代企业制度相适应的效益观念、效率观念、竞争观念和法制观念，增强了改革的心理承受能力，在全公司形成积极拥护改革，热情支持改革，踊跃参与改革的良好氛围，保证了改制的成功。

（二）精心谋划，构建企业改制新模式

建立现代企业制度，任务艰巨繁重，绝不是一蹴而就的“翻牌了事”，而且国有公路运输企业，又有着区别于其他行业的特点，当时，没有可借鉴的成功经验，工作难度大、难点多，因此必须将改制、改组、改造、管理与解决目前企业存在的重点、难点问题结合起来进行，精心谋划，协调联动，积累经验，逐步推进。我们以“产权清晰、权责明确、政企分开、管理科学”为总体思路，认真抓好各项工作，构建公路运输企业改制新模式。

1. 调整产业结构，提高市场竞争力

产业结构不合理是国有企业运营效率低下的一个重要原因。由于单纯依靠“车轮子”吃饭的思想根深蒂固，运输市场一旦受到冲击，就会自乱阵脚陷入困境。我公司面对多变的市场，深深感受到，只有对企业的产业结构进行优化，建立多个市场支撑点，才能抵御市场风险获取最佳效益。为此，制订并实施了“多元经营”战略。在稳定发展客货运输业的同时，把交通工业和经贸开发放到突出位置来抓，先后兴办修理厂站 18 个，经贸摊点 185 个，使之由过去的配角和副业成为促进运输发展的重要经济支柱。企业形成了以“四大创收基地”“十大支柱产业”为基本框架的经营格局，在激烈的市场竞争中站稳了脚跟，经济效益连续 5 年保持两位数递增，居全省同行业之首。我们还加快集团低成本扩张，先后吸纳协作成员企业 6 家，联办企业 2 家，引进外资 3 家，形成了跨行业、跨所有制、跨区域的企业集团。

2. 建好新的法人治理结构

法人治理结构是公司的领导核心。我们充分借鉴国际国内的有效做法，密切结合公路运输企业的特点、经营规模、资本构成、人员素质、管理水平等，科学设置企业董事会、监事会、经理层。在组建法人治理结构中，严格按照《公司法》要求，并结合自身实际，使新老三会相互渗透，原班子与新机构有效衔接。董事长、党委书记、总经理由一人担任，党委副书记(纪检书记)任监事会主席、监事，通过职代会民主选举，四名职工代表(含工会主席)分别进入董事会和监事会，既有效发挥了新老三会的作用，充分体现了领导体制的全面性、制衡性、民主性和权威性，又减少了班子职数。

3. 推行资产经营责任制，提高资产运营效率

长期计划经济体制下形成的僵化的经营模式，使得国有公路运输企业重产量轻质量，重实物轻价值，重投资轻回报，造成资产呆滞、浪费严重、效益低下。通过改制有必要建立资产经营责任制，使企业由仅以生产经营为中心转向以资产经营和生产经营为中心，促使企业经营者更加重视资产的运营效率，主动优化内部资源配置，让企业资产由低效转向高效，在流动中实现保值增值。我公司推行的以“产权界定、委托经营、定额上交、保值增值”为主要内容的资产经营责任制，初见成效。一是强化了财务管理和资金调度，盘活了 280 万元沉淀资金。二是实行了基层财务主管派驻制，加强了资产经营过程和效果的控制力度。三是盘活了存量资产。对闲置低效资产进行优化重组或拍卖，盘活资金 320 万元，既减轻了企业资金压力，又使不良资产得到有效利用。四是增量资产追求回报率，各单位都把有限资金用到刀刃上，做到立项科学，选型慎重，减少风险，1997 年新上项目已全部见到效益。

4. 深化三项制度改革，这是企业转机建制的重要内容

在用工上，要取消干部职工的身份界限，建立企业与职工双向选择、竞争上岗的用人机制，让劳动合同成为劳动关系双方责任义务互相协调和制约的具有法律效力的依据。分配上，要端掉“铁饭碗”，根据岗位、技能和实际贡献确定职工收入。通过努力，使企业真正形成“干部能上能下，职工能进能出，收入能高能低”的新机制，让职工彻底丢掉“等、靠、要”思想，主动用“目标”激励自己，用“责任”约束自己，用“标准”规范自己，增强主人翁意识。

5. 推行单车经营责任制，搞活单车

建立现代企业制度，就是要实现“产权清晰”，产权清，责任明，企业凝聚力、向心力就强。单车是国有公路运输企业最基本的生产单元，单车活，则运输活。从实践看，推行单车经营责任制，是实现产权制度改革，推进企业产权主体多元化，提高经济效益的有效途径。我公司按照“国有车辆，个人经营，合同到期，余值归己”的原则，对全部车辆实行了单车经营责任制，承租人一次交足 30% ~50% 的车价，取得对该车经营权。经营期内，按月足额上交车价及标的车辆到期，剩余价值归个人。这一经营方式在事实上使承租人拥有了车辆的部分产权，实现了劳动者与生产工具责、权、利有机结合，关心生产、爱护车辆的热情极度高涨，出现了“职工人人上市场，个个搞竞争”的喜人局面，运输生产保持了良好的发展势头。

6. 解决企业办社会负担

这是建立现代企业制度的重要条件。在政府社会保障体系尚未建立之前，我公司积极创造条件，主动“强身固体”，解决企业办社会负担。按照“精干主体、剥离辅助”的原则，先后四次对机关进行了优化组合，机关机构和人员分别精减了三分之二，将物资供应处、后勤基建处、职工医院、教育中心、机关食堂、幼儿园、俱乐部、文印室等全部推向市场，并组建起工贸公司、后勤服务公司等，使之由单纯为企业服务变为既对内服务又对外创收，变“输血”为“造血”，仅此不仅年节约管理费 80 多万元，还创利润 120 万元。基层单位管理科室由 127 个减至 62 个，管理人员由 386 人减至 147 人，年节约开支 140 多万元。

7. 建立管理科学新体制，提高经济运行质量

管理科学是建立现代企业制度的基础。可不少人却认为，只要新的企业制度和体制确立了，一切问题就可以迎刃而解了。其实这只能是不切实际的幻想。影响企业生存和发展的因素很多，绝不是单靠改革企业制度和体制后就能全面解决。目前有些企业改制后效益仍然不好，其主要原因是管理没有跟上。因此，每一个企业都要变过去的“要我管理”为“我要管理”，以市场为导向，以提高劳动生产率和经济效益为目标，不断加强和改进管理，以科学的管理来巩固和发展转机建制的成果。我公司经过多年的探索逐步形成了一整套具有行业特色的管理模式，走上了集约化经营、靠内涵发展的道路。一是由以物为中心的管理向以人为中心的管理转变，建立了一套物质和精神相结合的激励办法，通过满足不同人

员的不同需求,调动员工的积极性和创造性。二是生产经营与资本经营结合。建立了面向市场、服务用户的服务体系,不断提高客户满意度。建立资产经营体系,使企业资本变封闭为开放,由生产型转向经营型。三是由追求发展速度型向效益型转变。正确处理速度与资产效益的关系,不断提高经济运行质量。开展了企业达标升级、红旗竞赛活动,建立了"市场核算本利否决制",加强了成本过程控制。四是由传统管理向现代化管理转变。加强现场管理和基础管理工作,提高了管理的标准化、规范化和科学化水平。沧州站、修理厂、集团公司机关等实现了微机管理,提高了劳动效率。沧州站成为交通部连续5年的部级文明站,上海大众特约维修站全国评比名列第一,荣获交通部先进维修企业称号。

(三)实行股份制改造,把建立现代企业制度引向深入

建立现代企业制度的核心是产权问题。能否实现产权多元化是现代企业制度试点成功与否的重要标志。就国有公路运输企业来说,推行股份制是优化产权结构、实现公有制的最佳形式。我们在认真学习深圳和山东股份制经验的基础上,对集团公司整体进行了股份制改造,将国有独资公司改造成为真正的有限责任公司。我们的主要做法:一是全员持股、实现产权多元化。基本原则是:资产界定,明晰产权,全员持股,鼓励竞争,工者有股,劳资结合,同股同利,风险共担,形式多样,分批推进。经过广泛细致的工作,股份制改造历时半年基本完成,共收股金(不含司乘购车资金)742万元,职工购股率为92.7%。二是拓宽参政渠道,民主选举法人治理结构。职工直接选举自己的代表进入董事会和监事会,职工和股东共同选举班子领导成员。通过职工和股东的民主参与,找到了满意的体制和机制,产生了职工真正信赖的带头人。三是鼓励员工和班子购大股,单位发起人购股数额为一般员工的2~3倍。同时,允许班子成员或员工一次性部分或全部买断企业闲置、半闲置、运营效率低的资产,收回资金发展新项目。推行股份制改造,使企业发生了新的变化:一是领导班子真正感受到了肩上的压力,都积极谋划企业的未来发展和强化管理的具体措施,以提高资金收益和资金回报。二是职工的主人翁地位进一步得到确认,产权明晰,更加关心企业发展,许多职工主动为企业提合理化建议。三是改制后新班子是职工选的,上下凝聚力增强,齐心协力克服困难,讲发展的多了,经济效益有了新的提高。随着时间

的推移,这一新机制必将更强有力地推动企业发展。

三、尚需完善和解决的问题

建立现代企业制度是一个十分复杂的系统工程,它需要良好的内外部发展环境做保证。“内因是变化的根据,外因是变化的条件”,缺一不可。特别是全行业处于困境的公路运输企业,更需要党和国家支持,政企联动。考察运输企业建立新制度的实践,我深深感到,新的企业制度仍有不少问题于需要我们认真研究探讨,需要进一步完善。当前急需解决的问题有以下三点。

1. 新的法人治理结构难以形成相互制衡机制

按照决策机构、执行机构、监督机构相互独立、权责明确、相互制约的原则,形成由董事会、监事会和经理层组成的内部组织管理机构,应各司其职,有效行使决策、监督和执行权。但作为国有独资企业,国家是唯一投资主体,董事会、监事会、经理层均是政府的代表,利益完全一致。如何按照《公司法》要求规范运作,各改制企业尚无同行业成功的经验可供借鉴。法人治理结构之间尚难以形成真正的相互制约机制。建议推广山东诸城等地经验,加大法人股的投入,使法人代表及其领导班子成员拥有“控股”规模的资金投入,加大风险力度,并建立起新的分配用工等制度,逐步走上健康发展轨道。

2. 企业负担难以完全摆脱

社会保障体系亟待建立与完善。作为现代企业制度试点单位,企业债务负担、人员负担,特别是企业办社会的负担,政府部门均应很好地给予解决,使其真正放下包袱,轻装上阵。而事实上,政府保障体制远未跟上国有企业改革步伐。增资减债、人员分流只是停留在文件上、口头上实际工作上远没落实。就人员负担说,我公司员工 4150 人,除近千余名离退休人员,按实际定编定岗,富余人员近 40%,这么多的富余人员,政府一个没接纳,又不能大批辞退,仍是压在新体制下国有企业身上的包袱。单讲分流,一般服务性、社会性工作职工嫌“低下”,不愿干;转岗搞项目又需大批资金投入,还不知能否赚回来,厂长、经理十分为难。这些问题不从根本上加以解决,仍将严重阻碍着企业的规范、健康发展。如果社会保障体系建立起来,使企业轻松一下,就会创造更多效益,为国家多做贡献。这方面,希望国家要加快些步伐,做些实质性对企业确有好处的工作。

3.企业管理依然滞后

制度创新必须与管理创新并举,但大多数国有企业改制后仍沿袭传统的管理模式,工作按部就班,难以和新体制合拍。因此,必须从严治企,加强基础管理,优化现场管理,建立健全科学的标准化管理体系。同时培养造就一批现代企业高级管理人才,这是现代企业制度成败的重要因素,必须引起各级政府和每个企业的重视,建立从选拔、使用到考核、辞退一整套适应市场经济要求的管理制度,努力为优秀人才脱颖而出营造良好的环境。

(本文选自作者在1998年5月《企业改革》杂志论文)

公路运输企业的出路在深化内部改革

1998年8月11日

我公司现有干部职工2936人，营运车辆478部，其中客车264部，货车214部。固定资产原值3555.7万元，净值1729万元，下属13个公司、8个运输站，2个修理厂，1个汽校，共24个基层单位。近几年来，在运输市场竞争激烈、原材料不断涨价、减利因素一增再增的影响下，公司负担沉重，资金匮乏，经济效益每况愈下；1984年到1987年，年利润由380万元下降为98.6万元，整个公司缺活力，少后劲，奖金少，人心散，生存和发展受到严重威胁。面对这严峻的现实，公司领导进行了认真的思考，觉得尽管当前经营十分艰难，但并非到了山穷水尽的地步。企业内部管理体制、经营机制不够完善，物耗高、效率低、漏洞多，干部职工积极性没得到充分发挥，潜力很大。去年6月，我们借鉴外地对车队实行了“联产联利浮动工资制”，想不到此小小之举，竟使我公司效益大增，这更坚定了我们在深化内部改革上求出路的信心。为此，去年10月31日~11月4日，我们派出了10人学习小组，赴邯郸、邢台、保定三地取经，他们在深化内部改革，推进承包经营方面的先进经验，使我们开阔了眼界，解放了思想，找出了差距，在全公司引起了巨大反响，特别是招标承包为人才的开发、使用提供了广阔天地，激发了人们奋发向上、积极进取的精神，开拓了搞活公路运输企业的一条新途径。经过一番认真的消化吸收，我们决心沿着他们开辟的这条路走下去，把公司的改革深化一步。

但是，我们当时面临的情况是，公司对上级没有承包，进行基层承包的依据不够充分，但时值年底，时间不等人，如果等对上级承包后再搞内部承包，明年的生产将受到严重的影响。为此，公司决定，全体动员，立即行动，认真负责地对各基层生产单位推行对内招标承包经营责任制，为1988年打好基础。我们研究制定了“先下后上，先内后外，分步实施，全面铺开”的总体部署，全公司改革分三阶段进行，先搞基层生产单位的承包，后搞科室改革，最后对上承包，确定了基本指导思想，是打破“大锅饭”，扔掉“铁饭碗”，搬掉“金交椅”，把竞争机制引入承包，选择最佳经营者，使责、权、利紧密结合，搞活分配，真正体现多劳多得，从而最大限度地调动经营者和生产者的积极性，发展生产，提高效益，增强后劲。经过半年多的努力，我公司的改革取得了比较满意的成绩，管理体制基本理顺，经营机制进一步完善，基本实现了能者到位，人尽其才，调动了人们的积极性。企业活力增加，经济效益大幅度提高。和去年同期相比，今年1～7月，换算周转量完成5718.1万吨公里，增长24.8%，客位产量增长18.3%，吨位产量增长23.4%，全员劳动生产率增长25.6%，燃油单耗，客车耗汽油达到7.7升，下降0.8升，耗柴油5.4升，下降1.3升，货车耗汽油达到6.4升，下降8升，耗柴油4.1升，下降1.1升，客货车单位成本分别降低1.3%和8.5%，利润总额达到121.5万元，增长69.7%。

一、对内招标承包使经营机制趋于完善

长期以来，我公司实行的是统收统支的传统管理方式，“大锅饭”的现象比比皆是，严重压抑了干部职工的积极性。近几年虽搞过一些小改小革，但基层生产单位基本是只负盈不负亏，特别是责、权、利结合不好，中层干部基本是责大，权小，义务多，利益少，造成厂、队、站经营者积极性不高。同时，由于过去中层干部选拔基本是任命制、“拉郎配”，是领导“要我干”。一方面造成群体素质不高，内耗严重，另一方面又使一些人只对上负责，不对本单位生产经营负责。因此，须从干部选拔和承包经营上同时引进竞争机制，实行招标承包。

为了搞好这项工作，我们在认真学习兄弟公司经验的基础上，结合本公司实际，制订了一套比较严密的工作程序，组建了“资格审查委员会”“考评委员会”“监事委员会”、专职办事机构四个专门班子，研究制定了《总体方案》《厂、队、站承包合同》《工作纪律》等18个文件。自去年12月25日，在沧州站召开第一次招标答辩会开始，至今年6月11日，全公司24个基层单位招标承包圆满结束。整个过程严格按既定程序办事，始终体现了“公正平等”原则，选出了最佳经营者，与各基层生产单位签订了为期三年的承包经营合同。

这次对基层生产单位的承包,以“包死基数,确保上缴,超收分成,歉收自补”为基本原则。主要内容是:对车队,包上缴利润,保产量、安全、车辆完好、能耗,对车站,包营运收入,保配载任务、服务质量;对修理厂,包上缴公司利润,保设备完好、修车质量。和过去相比,这次改革最突出的变化是用合同形式扩大了经营者的自主权,明确了其经济政治待遇。在人事方面,承包者有权“组阁”,自选助手,有权决定本单位机构设置,任免下层干部;有权聘用特需人员,有权对本单位职工进行奖惩,但升级和开除留用以上须报公司批准。在财务方面,有权按规定比例支配自有资金,有权自行贷款扩大生产能力,自还本息,所增利润视为留利,折旧可用于还贷:有权确定内部核算形式;有权自定内部分配形式。在物资方面,有权确定本单位消耗定额,有权在规定范围内采购物料,有权拒绝任何单位和个人无偿占用本单位资产和物资。在经营管理方面,有权制订本单位经营策略,制订本单位生产经营计划,有权制订本单位规章制度,有权开辟多种经营项目。

承包者一律实行承包工资,按单位规模大小,分三个档次,副职待遇由正职确定,原则上不超过正职的90%。承包工资一年一结算,三年算总账,平时只发60%。超额完成承包基数,提取超额部分的1%奖励承包者,超20%以上时,正职晋升一级工资,副职给予一次性奖励;超40%以上正职晋升两级,副职晋升一级,但如果发生亏损,且三个月不能扭转局面,或半年完不成进度计划的70%,或年终完不成当年指标,则承包合同终止,正职降一级工资,副职一次性罚款,承包期间所发承包工资超过基本工资部分如数退还。

招标承包后,公司出现了可喜的变化。

一是各基层单位经营者积极性空前高涨,为了完成承包指标,狠抓增产增收,节支挖潜,加强管理,提高服务质量,主动出去竞争,使生产蒸蒸日上,到今年7月底,24个承包单位,22个超额完成承包指标进度计划,超额幅度在40%以上的单位有7个,已经完成全年承包指标的有3个。

二是分配上的“大锅饭”逐步打破,各单位都搞了分配制度改革,将承包指标层层分解,与车间、班组、个人所得挂钩,调动了职工积极性,修理二厂下属6个车间、班组也搞了招标承包,实行“包死基数、超利分成、歉收自补”,变一人风险为全厂风险,变一个积极性为全厂积极性,使这个连续两年在亏损边缘徘徊的单位焕发了生机。汽运二公司对驾驶员实行单人核算。用收入与差费挂钩,用利润与奖金、工资挂钩,使各项经济技术指标和各项费用都与个人所得联系起来,并建立了一套严密的管理制度,从而保证了全部承包指标的完成。到今年七月底,二公司已实现利润42.3万元,为年计划的94.2%。

三是各单位都注意调整机构,压缩非生产人员,使工作效率、生产效率逐步提高。据统计,承包后全公司各基层单位共减少管服人员161人,其中有71人充实一线,90人从事多种经营,沧州汽车站调整作业班次,变三班倒为两班倒,精简了30人从事多种经营,使主副业相得益彰。副业越办越红火,职工所得也有较快的增加。

四是主动加强了稽查堵漏工作,过去稽查工作只靠公司,各基层领导是睁一只眼闭一眼。现在各承包单位都把稽查堵漏当作增产增收的重要措施来抓,汽运三公司、六公司选配责任心强、办事公道的同志为专职稽查员,由一名领导亲自负责,采取普查与重点查相结合、自查与互查相结合、内线和外线相结合、明查和暗查相结合的办法,收到了很好的效果。三公司今年1~7月乘务收入50.3万元,平均每月7.2万元,比去年同期增长40%。

五是加强了民主管理,改善了干群关系,过去干部有干部的"算盘",工人有工人的"心眼",企业干部官员化,上级任命,职工听命,招标承包后,目标明确,利害一致,完不成标的,承包人受罚。工人也没好"果子"吃。因而,工人寄希望于承包人,承包人要依靠职工,加强民主管理是众望所归,汽运二公司承包后抓得第一项工作是召开首届职代会,研究制订本单位规章制度。他们自下而上民主产生了30名代表,与承包集团一起,历时三天,以关心二公司命运,支持二公司领导,维护职工利益的严肃态度,对本单位生产经营、管理中的重大问题进行了认真的讨论,原则上通过了25项536条规章制度,提出了62条补充修改意见,审议了1988年工作计划。从而把承包人的意志与职工群众的意志有机地结合起来,使本单位的各项规章制度有了扎实的群众基础。

六是增强了竞争能力,各单位由于经营自主权扩大,纷纷采取有力竞争手段,积极参与市场竞争。驻吴桥的十二公司一方面靠安全、正点、优质服务提高信誉,一方面自己贷款买了两部小面包车,适应旅客不同层次的需要,调整班次,增加、延长班线,大大吸引了客流,提高了实载率。驻献县的九公司和沧州站及一公司联合开通了沧州—献县公共班车，由原来的3个班次增加到13个班次，效果也很好。

二、竞争聘任，优化组合，使机关改革顺利完成

对基层生产单位招标承包，使我公司的经营状况获得了很大改善。客观上要求机关必须转变职能，提高效率。但公司机关的现状却是机构冗余，人浮于事，人员老化，素质不高，职责不清，工作效率低，为巩固和发展第一阶段的改革成果，公司领导决定立即着手进行机关改革。

然而，和基层承包相比，机关改革的难度大得多。机关干部吃惯了"大锅饭"，过惯了太平日子，中层干部坐惯了"金交椅"，能上不能下，人际关系复杂，牵涉面大等。面对这种情况。领导决心是大的，群众要求是迫切的，不论困难有多少，也要冲破这一关。为了稳中取胜，5月中旬，派员再次到邢台、石家庄学习，5月24日召开了动员大会。6月初，听取了赴山东、江苏考察的同志关于淄博二运公司机关改革的经验汇报。6月21日公布机关改革方案，此间公司领导曾召开七次不同类型的座谈会，虚心听取了不同方面人员的反映，以期得到群众理解，增强其心理承受能力，集中群众智慧保证决策的可行性，连续用8天时间研究制定了17份文件。由于准备工作比较充分，从公布方案之日起到6月底，仅10天时间。机关改革的艰巨任务基本完成，节奏之快，效率之高在我公司历史上是前所未有的。

我公司这次机关改革的基本原则是"精简、统一、效能"，基本做法是"领导干部竞争聘任，一般干部优化组合"，主要程序是：公布方案提出要求，所有人员自报志愿选择自己适当的岗位；报处室领导干部正职的须提供应聘方案，进行民意测验，领导集体审定，经理聘任到职，报副职的则由正职提名推荐，再由经理聘任，一般工作人员由正副职商定，由正职聘任上岗。这个办法一改过去的"要我干"为"我要干"。整个机关形成了热闹非常的人才市场。正职名额14个，而报名应聘的39人，副职名额15个，报名应聘的48人。有能力有知识事业心强的，各处室争着要，"身价"倍增，少数平时表现较差的同志则自己主动找去处，却无人跟领导谈条件。

改革后，机关由原来的党群、行政24个科室变为“两室、两会、八个处，三个实体公司”。机关人员由263名减为124人，人员结构有了明显的优化。中层干部由52人减为31人，平均年龄由49.1岁降为41.9岁，大专以上文化的由13.5%上升为25.8%，专业技术人员由10.5%升为25.8%，基本实现了“革命化、专业化、知识化、年轻化”，“多年苦思索，十日成现实”，许多同志深有感触地评价这次改革的成功。

在这次机关改革中，我们因职定责、因事定员，职责范围明确，考核指标定量，并和个人所得挂钩。按月考核，奖惩严明。由于责、权、利明确，又签订了合同，各处室领导普遍感到有压力，有动力。为了尽快理顺本处工作，许多处室主动加班加点，认真制订完成本系统工作措施。全机关普遍感到工作任务饱满，忙不过来。迟到、早退、串岗、溜号现象几乎绝迹，整个机关工作富有朝气，面貌一新。

三、认真考核兑现，维护合同的严肃性

承包合同的签订，仅仅是事情的开端，要保证改革不断深化，必须按既定方案对合同执行情况进行及时认真考核、兑现，以维护合同的严肃性。因此，公司各职能部门按经理要求，分头制订了旨在加强宏观控制，保证包、保指标全面落实的配套方案。新建的公司企管处组织制订了对基层、机关两个考核办法和考核程序，并负责全面落实，各职能处室按照公司规定的分工、要求和时限，及时深入基层检查，考核合同执行情况，使各承包者更加积极努力，不断改进管理。同时，我们对违反合同规定的单位进行了严肃的处理。汽运七公司原承包集团，由于经验不足，领导无力，管理不善，致使上半年没有完成合同规定的上缴利润进度计划。尽管上下一致认为该承包集团愿望是好的，承包期间做了大量工作，付出了很多心血，取得了一定成绩，我们还是按规定终止了合同，对承包集团所有成员进行经济处罚，并及时另聘了承包人。此举对各单位承包人产生了很大震动，各单位都认真总结上半年实行承包的经验教训，采取了进一步加强管理的措施。

总的看，近年来，我公司穷则思变，奋起直追，改革步子迈得不小，但同先进

兄弟公司相比,差距还是很大的。全面地总结改革情况,问题、疏漏还不少。今后我们要继续向省内外兄弟公司学习,集中主要精力,在初战告捷的基础上抓深化、抓完善,争取更大成绩。

(本文选自 1998 年 8 月 11 日在河北省交通系统改革经验交流会上的发言)

正确处理“四个关系”，建立规范的法人治理结构

2000年8月17日

今年是企业改革攻坚年、关键年。在企业改革的大潮中如何建立具有中国特色的现代企业制度，是企业界同仁共同关心而又必须解决的问题，而建立规范的法人治理结构，又是建立现代企业制度的核心问题。近几年来，我公司在改革中，努力实现制度创新，在建立规范的法人治理结构上做了一些探讨，愿和同行们共同探讨。

我公司是河北省第一批建立现代企业制度试点单位，是交通部重点联系企业。1996年12月由原沧州运输总公司裂变为国有独资的河北沧州交通运输集团有限公司。从1997年初起全公司又实施股份制改造，现已报省批组建股份有限公司。现核心企业员工4100人，企业总资产1.66亿元，主要从事客货运输和汽车修理业，下属18个分公司，11个子公司，3个协作成员单位。近几年来，我公司在建立、完善现代企业制度工作中认真规范法人治理结构，紧密结合企业实际，大胆进行制度创新，特别是正确处理新老三会、职工董事与其他董事、董事长与总经理之间的关系，形成了“各负其责、协调运转、有效制衡”的公司法人治理结构。几年来，通过完善法人治理结构，实现制度创新，使现代企业制度更加健全、完善。同时，新体制发挥出巨大威力，推动了企业改革与发展。我公司经济效益稳步增长，企业资产大幅增值。综合效益连续八年保持递增，1994年以来连续六年居全省同行业首位，进入全国交通系统先进行列。企业资产近十年不止翻了一番，从1996年0.9亿元到目前的1.66亿元，增长了85%，接近翻了一番；职工人均收入以年均10%速度增长，超过市年均水平19.8%。我公司连续12年成为本市、连续6年成为省级文明单位。1999年又相继被评为河北省先进企业、质量效益型先进企业和优质服务企业。2000年9月荣获全国质量管理先进企业

称号。董事长曹永堂作为全省交通系统唯一代表,被河北省人民政府评为全省改革标兵(省级劳模),成为省优秀共产党员、优秀企业家、交通系统劳模,2000年9月荣获全国质量管理先进工作者称号。沧运被称为全省企业、全国同行业改革发展的一面红旗。我们的主要做法是:

一是正确处理董事会、监事会和经理层之间的关系,做到责权明确、相互制衡。

按《中华人民共和国公司法》规定,改制后的国有企业,董事会为企业的最高权力和决策机构,决定公司重大事项,任免总经理;经理层负责执行董事会决议,主持企业日常生产经营工作;监事会负责监督董事、经理执行职务时的行为。改制初期,由于人们尚未从过去厂长(经理)负责制的传统体制中完全摆脱出来,存在着决策、执行分不开,一揽子会,“一锅煮”等现象;监事会仍是听命于领导指派,让干什么就干什么,满足于完成领导交办的任务,缺乏主动监督意识。为此,我们狠抓了“三者”之间关系的理顺。首先是分别制定了董事会、监事会、总经理三个工作条例,严格依照《中华人民共和国公司法》和公司章程,进一步细化了事权,明确了各自具体的决策、执行、监督职能。同时,还分别制定了董事会、监事会、经理层议事规则,详细规定了各自的议事程序、办事程序和督办检查程序,使三者的工作标准化、制度化、程序化。为便于工作落实,分别设立了董事会、总经理、监事会三个办公室,作为各自的办事机构,具体负责三者工作职责的落实、督办及相关工作的协调,确保了各自的独立性。对企业重大决策,一律交董事会集体讨论,不再由经理会议或党政联席会来决定,并履行董事个人签字程序;凡是董事会集体决定的问题,经理层不折不扣地执行;执行中发现问题,不擅自变更,重新提交董事会研究,再做定夺,确保董事会的权威。由于董事会、经理层摆正自己关系,有了准确工作定位,确保了企业各项工作的顺利开展。1997年以来,由董事会研究决定投资50万元以上项目20余个,由于决策民主科学,论证充分严谨,经理层落实扎实,全部实现了预期的目的。为了充分提高董事会决策水平,我们还拟聘请企业外部1~2名专家担任企业独立董事。

监事会如何建立并发挥好作用?在实践中,我们结合企业实际,大胆探索,在制度上创新,建立起“四位一体”全方位监督体制,即把监事会、纪委(监察)、审计合并一处,为一个机构分别履行监督职能,具体运作为:监事会对董事、经理层监督;纪委对党员,特别是党员干部监督;监察对行政人员,对生产经营纪律监督;审计对财务监督。"四大监督"构成了对上下、左右全方位的监督体系。随之,制定了一系列监督办法,如"财务月会审""人财事权者述职述廉制度""职工举报、信访制度"等。在工作中,注意充分尊重监事会的独立性和权威性,支持他们大胆工作,为其创造了良好的监督环境。我们坚持每半年向监事会报告一次计划、财务执行情况,每季度通报一次财务状况;请全体监事列席董事会议,并提前十日通报议题,认真听取他们的意见。对监事会反映的问题,董事会认真予以解决或纠正,并逐一明确答复。

二是正确处理新老三会之间的关系,确保充分发挥新机制优势和国有企业政治优势。

改革的实践告诉我们:要规范好企业法人治理结构,并发挥这一新体制的作用,一个不容回避的现实问题是必须处理好新老三会的关系。否则,就会出现"两张皮"现象,运转难以协调,甚至出现各吹各的号,各唱各的调。"老三会"在计划经济时期产生,它体现了社会主义特色和政治优势,也是社会主义市场经济的重要特征。在改制中,我们努力探索具有中国特色的现代企业新体制。具体做法是:一是新老三会交叉任职,党委成员全部进入董事会和监事会,党委书记任董事长,纪检书记任监事会主席;工会主席作为职工代表进入董事会,副主席作为职工代表进入监事会。交叉任职使党委负责人进入公司决策层,为党组织参与重大决策提供了坚强的组织保证,更便于保证作用和监督作用的发挥,确保了党组织在企业中的政治核心作用。新老三会交叉任职,从组织上有效地保证了新的党政工班子心往一处想,劲往一处使,两个文明一起抓,紧紧围绕生产经营开展工作,做到了优势互补,协调联动,突出中心,形成合力。二是尊重各自的独立性。尽管实行了新老三会交叉任职,但我们又坚决按《党章》《工会法》等尊重老三会的独立性,不因互相融合而互相代替。该由党委、工会、职代会决定的问题一律由其独立解决。为此,我们分别制定了《党委工作实施意见》《职工代表大会实施细则》《工会工作和职工民主管理实施意见》,对老三会的责权重新进行了明确。

党委如何发挥政治核心作用?我们把握了四点:一是把好企业的前进方向,确保党和国家的各项方针政策全面落实;二是参与企业生产经营、改革与发展等重大问题的决策,发挥好党员模范带头作用;三是坚持党管干部的原则,严把用人关;四是对两个文明建设和党员领导干部起保证、监督作用。在工作中,我们十分重视发挥工会、职代会民主管理的作用,保证新体制下职工参与企业管理,把"全心全意依靠工人阶级"落到实处。凡属关系到职工切身利益的重大问题,一律由工会组织职代会讨论通过后实施。凡企业重大项目、改革方案、重要规章制度、职工调资升级等情况一律向职工公开,接受职工监督。由于我们正确处理了新、老三会关系,特别注意发挥了老三会在新体制中的作用,即保证了新老三会意志的高度统一,又保证了老三会独立地开展工作,使新老三会各司其职,相互合作,优势互补,相得益彰。

三是正确处理董事长与总经理的关系,确保各司其职,分工合作。

在实践中,我们体会到,董事长、总经理一人兼任,有利有弊,从根本上来说,弊大于利。有条件就应尽快分设,暂时无条件要创造条件分设。开始董事长和总经理、党委书记由我一人担任,执行与决策的职能、党政职能集于一身,使董事会的职能不知不觉中被经理层同化,削弱了决策层对执行层的制约和管理。我每日被大量行政事务缠身,很难集中精力抓大事、抓决策、抓战略研究,只能主要应付眼前的纷繁事务。这种"权集一身,将帅不分,四面迎战"的做法,既不符合新体制要求,又对工作不利。为此,经请示上级批准,我主动辞去了总经理职务,重新选聘了总经理主持企业生产经营工作。我得以从大量经营和一般行政事务中分身出来,专心履行董事长的职责,并全力支持总经理独立开展工作。为了确保董事会工作规范和决策的科学严密,我们设立了董事会的日常工作机构——董事会办公室,配备了较强的工作人员,具体负责董事会决议的贯彻落实。同时还分管了企业改革、法律事务及中介组织联系等工作。为提高决策水平,董事会设立了专家咨询委员会,聘请国家、省、市有较高造诣的10余位专家、教授做我们的顾问,每年1~2次到企业进行经营诊断和课题研究,给企业当"高参"。董事会还重新制定了对经理层考核办法,每月对其成员履行职责情况进行一次考核,按考核结果兑现奖惩,使经理层增强了责任感和紧迫感,工作热情和效率进一步提高。

董事长与总经理分设,使各自职能得到充分履行。董事会真正形成企业的决策核心,把准了企业发展方向,更从容、审慎决定重大事项。总经理拥有了董事会授权的各项权力，心无旁骛地抓生产经营和董事会各项决议的落实。经理层研究生产经营更深入，抓得更扎实。董事长、总经理分设后，也减少了领导层相互陪会的现象，以更多精力下基层解决实际问题。有的同志认为，分设后，董事长退居“二线”，可以轻松了。这种认识是片面的。董事长是企业法人代表，有的兼任党委书记，仍是党政“一把手”，对企业党、政负有全面领导责任，不应有半点松懈。我一如既往地辛勤工作。最近，我重点抓了“入世”企业对策、“十五规划”、发起强强联合建设快客系统、人才开发等关系企业当前和长远利益的几件大事，员工看我仍在“一线”与大家拼搏，高兴地说“还是我们的好带头人”。

四是正确处理职工董事、监事与其他董事监事的关系，确保决策和监督的科学化、民主化。

企业改制时，我公司通过职代会选举了四名职工代表分别进入集团公司董事会、监事会。开始时，他们“开会一边听，表决喊赞成”，缺乏积极主动的参与、监督。究其原因：一是自身民主意识差；二是对所任职务责任不清楚，把自己当成“凑数”“陪衬”；三是心有顾虑，怕“人微言轻”，怕“提意见得罪人”。于是我们认真组织他们进行学习，加以引导。学习相关法律、章程，使之充分认识到：职工董事、监事作为职工代表参加法人治理结构是现代企业制度的重要内容，是工人阶级参政议政的具体体现，是党和政府落实依靠工人阶级办企业的重大举措，是民主管理、民主监督在新的历史条件下新发展。自己身上肩负着几千员工的重托和希望，可以说是使命在身，责任重大，使之增强了主人翁意识和责任感。为了从制度上明确责任、义务，我们制定了《职工董事和职工监事参政议政实施细则》，具体规定了职工董事、职工监事的权力、义务、参政议政办法，确保他们与其他董事、监事行使一样的权力，享受同等的待遇。在工作中，注意做到了四点：一是每次开会提前十天用文字通知，使之有充分准备；二是会上充分听取他们的意见，对其所提出的不同意见，认真听取，对的及时采纳，不轻易否决；三是为他们提供更多的学习、参观的机会，不断开阔视野，提高参政议政本领；四是切实赋予其实际监督权，如让他们直接参加对基层单位的工作检查和财务审计，使之随时掌握企业经营现状及存在问题；他们有权单独查阅公司财务报表；有权对财务负责人及董事、经理提出质询，而董事、经理及部门负责人必须认真答复。公司工会承担职工董事、职工监事的日常管理工作。对他们履行职责情况进行必要检查和监督。明确职工董事、职工监事要定期向工会、职代会报告履行自身职责情况,接受代表评议。如不能代表民意,职代会可提出警告直至罢免的建议。由于我们正确处理职工董事、职工监事与其他董事、监事的关系,充分发挥他们的作用,使其成为董事会、监事会与广大职工之间的联系桥梁和纽带,保证了企业决策更加民主化、科学化。1999 年,集团公司基层普调工资,在初拟方案中,单位中的部分骨干不予调改。职工董事王炳勤同志感觉这样做有失公允,容易挫伤这批业务骨干的积极性,同另一名职工董事向董事会提交了专题,被董事会采纳,维护了这部分业务骨干的利益,调动了他们的积极性。我公司发挥职工董事作用的做法,得到了省总工会肯定和推广,工会主席被邀请到全国总工会介绍经验。

(本文选自作者在 2000 年 8 月国家经委召开的“高层专家、企业家座谈会”上发言)

全面贯彻落实省市企业改革精神，扎扎实实搞好我司整体改制工作(节选)

2004年11月6日

一、进一步统一思想，更新观念，坚定不移地把企业改制推向前进

(一)国有企业改革关系国家大局,是指令性改制

党和国家对国有企业改革高度重视。党的"十五大"就做出了《中共中央关于国有企业改革与发展若干重大问题的决定》,确定了建立现代企业制度改革大方向。"十六大"明确提出了"国退民进""抓大放小"的改革指导方针。2003年7月省委、省政府召开了全省国企改革工作会议,全面部署我省国企改革,并出台了一系列文件,提出了加快国企改革步伐的工作目标。文件明确指出,国有公路运输作为一般竞争性行业,国有资本可全部退出。交通部、省交通厅曾多次要求大力推进企业改革,促进道路运输业发展。最近我市召开全市企业改革会议,限定所有企业改革要在明年上半年搞完。我公司的整体改制工作,市委、市政府历来非常重视,2002年主要领导、分管领导都曾做过重要批示,要求积极推进。今年3月23日市政府召开专门常务会讨论批准了我公司"整体改制总体方案"。9月24日,市政府正式文件批复我公司整体改制实施方案,并要求我公司年底前改制完成并挂牌经营。我们应充分认识到:国有企业改革关系到整个国家经济宏观调控和发展大局,关系到市场经济体制的建立和健康运行。国有企业出资人是国家,改革的决策权在政府,不是企业想不想改、愿不愿改的问题。面对这次指令性改革,我们的唯一选择是:沿着党和国家确定的改革方向,遵照市委、市政府统一部署,坚定不移、义无反顾地把改制推向前进。

(二)这次企业改制是依法、规范的改革

在过去探索企业改革过程中,国家曾鼓励企业"大胆试""大胆闯""摸着石

头过河”，甚至说，即使改错了，纠正过来就是了。但是，这次改制不同，是完全有法、有政策可依的，是规范性改革。如我国有《中华人民共和国公司法》《中华人民共和国劳动法》《中华人民共和国工会法》，特别是有省、市等一系列专门改制文件。对改制的各个方面，如指导思想、总体要求、改制目标、组织领导等都有具体规定。对企业改制的操作程序，如方案设计、资产评估、补偿金计算、身份置换、法人治理结构的产生等都有详尽、明确的要求。这就要求我们增强法制和政策观念，必须依法、依规运作。近一年来，我公司就是按这一要求，不断推进改制。如对企业资产，由沧州市华狮会计事务所进行全面评估和严格审计，经市财政局、国资委等部门进行审核确认；对土地亦由沧州市方园不动产和各县市地价评估事务所进行全面评估，市国土资源局审定；对职工经济补偿金，全员一一列表造册，经劳动保障部门逐人审查。改制总体方案和改制实施方案，均由市国资委直接指导设计，并分别召集十多个政府部门进行复审复核，呈报市政府批准。有的职工，包括社会上一些人不理解：沧运众多资产为何成为负数？市政府怎么批准职工按零价买断国有净资产呢？他们没有认识到，这是由于按上级的改制政策，剥离了不良资产，置换出赡养老职工、遗属、伤残职工等费用，又剔除职工经济补偿金等以后，出现的负资产数额。而实际企业现在所有资产上级没有上收、变卖，更没有人转移、私分，不存在国有资产流失，也不是“自卖自”。广大职工一定要进一步增强政策观念、全局观念和对政府以及对改制方案的信任度，学会依法、依规审视、衡量改制，决不能盲目攀比、人云亦云，以确保改制在法制轨道上健康运行。

（三）这次改制是要彻底解决国企的体制、机制问题

我公司这次改制的主要任务是：由国有独资企业变为股份制公司，全体职工由国有职工变为股份制企业员工，从而建立起现代企业制度。这次改制是以产权改革为突破口，最终要转换企业体制。政府把企业推向市场，企业要靠新体制、新机制在市场中求生存、谋发展。这个新体制就是股份制。对什么是股份制，新体制将给企业带来什么变化，广大职工很关心。有人说，改制后企业是私有制了，是老板个人的了，这是误导、误判。股份制实质上是联资经营制，是以入股的方式把分散的、属于不同主体的生产要素集中起来，统一使用，合理经营，自负盈亏，按股分红的一种组织形式。我公司高级顾问、著名经济学家厉以宁教授

最近讲股份制是“新公有制”。股份制与国有企业体制不同。从产权上，由国有变为股东共有；在劳动关系上，由国家包揽终身制变为双向选择的合同制；在分配制度上，由固定工资加奖金到以业绩、贡献及红利的市场化工资形式等。以往由国有企业体制派生出来的弊端，如责权不清、终身制、大锅饭、岗变薪不变、干好干坏一个样等都会逐步得到消除和改变。有些职工对签三年合同总感到心中不安。这样做，是新体制的内在要求，目的是促使员工更加热爱企业、珍惜岗位。广大爱岗敬业的职工完全用不着疑虑、担心，只要一如既往地兢兢业业工作，不断提高管理、技术水平，就一定会成为新企业优秀员工，一定会被续签新合同并得到更高的薪酬回报。否则，即使签订了长期合同，仍会被解除，其保险系数最大的良方是：好好干。

（四）这次改制是企业大发展、快发展的良好机遇

成功改制企业的经验证明，改制是生产力的一次大解放，是对职工积极性、创造性的一次大调动，是赢得企业大发展、快发展的一次良好契机。面对这次改制，集团公司领导和大家一样，既感到是机遇，又感到了很大压力。这是因为，新企业不仅要承担老企业原有债权、债务，承接全体职工（包括离退休、退养职工），又要新增并偿还4000多万元补偿金，还要承受发生经营风险，甚至破产，政府不再承担的现实。我们又是微利行业，运输市场准入门槛低，市场秩序差、竞争激烈的局面难以在短期内改变，而改制后股民分红、员工增资的期望值却很高。面对这次负重改制，我们一刻也没感到轻松、惬意，而更多的感受是压力、考验。对改制换身份部分职工心有余悸或“旧情难舍”，这绝不奇怪，这里有对老企业的情感、眷恋，也有对改制前景的担忧、期盼。但开弓没有回头箭，面对这次改制，我们一定要取得共识：改制是“双刃剑”，既是机遇又是挑战，既有困难又有希望。只要各级领导干部、广大共产党员、共青团员、广大职工同舟共济，勇闯改革难关，变压力为动力，紧紧抓住这一良好机遇，就会促使企业大发展、快发展，赢得一个兴旺发达、员工富足的新沧运。我们一定要把改革与发展结合起来，以改制促发展。要制订好我公司明年计划和三年发展规划。各单位、总部各部门一定要认真总结近几年来企业发展经验，学习改制成功单位好经验，群策群力，把明年发展计划和今后三年规划谋划好、制订好。近来，有的从事党群工作的同志有“失落感”。固然，改制后企业将更加集中精力搞生产经营和资本运营，但党组织

的核心、保障、监督作用仍要充分发挥，精神文明建设、企业文化不会丢，政治思想工作要增强而不是削弱。工会将赋予更多责任，如对员工、股民权益的维护等。因此，应把“失落感”变为“紧迫感”，尽快转变旧思维定式，创新工作方法，以适应改制新形势的新要求。

二、认真学习贯彻市政府批示精神和整体改制实施方案，突出工作重点，把改制的各项工作落到实处

(一)要认真学习领会市政府批示精神和我公司整体改制实施方案

我公司整体改制实施方案，全面贯彻省、市改制精神，特别是市政府批复意见，是个规范性的文件。方案的设计、制订和批准是十分精心、非常慎重的。从今年3月23日市政府批准我公司整体改制总体方案后，我公司改制领导小组就在市国资委的具体指导下开展工作。期间，先后听取了省、市国资、劳动和社会保障等部门负责同志和资深改革专家的意见，到省内外同行业及本市改制先进单位取经；多次召开中层干部座谈会、学习班，广泛听取职工意见。7月初在11个有代表性的单位进行了模拟运作。改革领导小组反复研究、论证，四次提交党政班子会集中讨论、修订，先后八易其稿。经呈报国资委同意后，于7月27日召开全公司职工代表大会，经讨论一致通过。上报后，8月13日国资委又召集发改委、劳动和社会保障、财政、工商、工会等部门研讨复审，9月下旬呈报市政府。9月24日市政府以沧政字〔2004〕102号文件正式批复。这个方案内容共分八个部分，包括公司基本情况、改制的指导思想、基本原则和主要任务、国有资产评估和处置、组建新的有限责任公司、调整劳动关系及安置办法、分离企业办社会职能、新公司发展规划、改制的组织领导和方法、步骤等，其内涵十分丰富。它在指导思想上贯穿了“一条红线”，体现了“五条原则”。“一条红线”是：邓小平理论和“三个代表”重要思想和省市改革一系列政策规定。“五条原则”是：依法规范改制，确保国有资产真实、完整；以改制促发展，以稳定保改制；充分考虑企业承受能力，切实维护职工正当权益；坚持创新，建立更具活力的现代企业；既要考虑职工当前利益，又要维护国家利益和企业长远发展。可以说，这个方案是既符合改制规范要求得到政府充分肯定，又符合我公司实际便于操作的文件。它是我公司改制的基本依据。认真学习领会并切实贯彻、落实好这个方案是我公司落实

好市政府批示精神，搞好改制的关键。

（二）要抓好关键性的三项重点工作

1. 调整职工劳动关系

这次改制任务之一就是调整职工劳动关系，实施职工身份置换。这项工作涉及每个员工的切身利益，连着职工的心，牵动着职工家庭。在这方面，我们要注意维护职工正当权益。凡政策规定职工应该享受的，要一分不差的落实兑现，并就高、从优对待。对职工的经济补偿金要核定准确，并千方百计筹措，走者立即核发不拖欠。各单位要在上下已对接基础上，把职工身份、工龄以及相互债权、债务等底数彻底弄清，“亲兄弟，明算账”。“减少冗员”是改制中一项工作要求。各单位对职工走留，要充分尊重本人意愿，采取协商、引导等办法有针对性地做好每个人的思想工作，促使长期不在岗及富余人员自愿离开企业。但对确实不愿意离开企业的，可妥善安排到适当岗位。关于合同签订，按照不少于三年，对富余职工可协商签一、二年，对老同志，本人有要求，基层同意，可签四至六年。不按时签合同者视为自动放弃到新公司工作。努力做到留者妥善安置，并要“变观念”“换脑筋”，以新姿态投入生产；离开企业者办好各种手续，愉快告别，不留“后遗症”。

2. 组建新公司

组建新公司是改制应做好的一项重要工作。有三件事要抓好。一是募齐股份。目前，接续前两年股份制改造，已募集股份2300万元，占应募集数的76.7%。方案按照“入、转股自愿，合理设置股本结构”的要求，明确了各级管理骨干出资额。这次主要是科级以上骨干，希望这些同志勇于承担风险，按规定时限和数额补齐。方案允许原5000元的小股份退股、转让。同时，欢迎员工入股，但如愿再买新股者要达到6万元，这是为了落实省不搞“全员持股”和“股份要向主要经营者和技术骨干相对集中”的要求，便于新企业股份制更好运作。为了照顾在亏损单位工作的职工利益，这次转、退股不予贬值。二是依法产生好法人治理结构。法人治理结构是建立现代企业制度组织要求。权力层为股东会，决策层为董事会，监督层为监事会，执行层为总裁会。它是企业的“总司令部”，关系到企业生存、发展、兴衰。要开好我公司历史上第一次股东大会，讨论、通过新公司章程等重要文件。要按《中华人民共和国公司法》要求，依法选举董事会、监事会和聘任总裁层。要搞好民主推荐,包括自荐、举荐。公司党委专门下发了文件,各党支部、工会和广大职工要把群众信赖的、有决策、指挥、协调和监督能力、品行好又廉洁奉公的优秀人才推荐上来。按"三会"职权分工,一般来说,董事会成员则要选择思路清、决策强、善谋划、有一定专业特长的同志组成。监事会要选择熟悉国家政策、法规,勇于坚持原则,清正廉洁,公道正派的同志组成。总裁层要选择懂经营、善管理、作风好、效率高的同志担任。董事会、监事会都要推选一名职工代表参加。三是调整、理顺基层和总部机构,并选配好基层及部门负责人。经前段公司党委普遍考察证明,现有基层领导成员和总部部门负责人绝大多数同志是胜任现职的,是较为优秀的,但也有少量同志身体欠佳、年龄偏大、素质偏低,也有的超规定职数,将适当予以调整。按新体制要求,董事会要聘任好总裁层,总裁层要选聘好基层和总部业务负责人,党群部门负责人则由党委选任。要按"竞争上岗""择优聘用"的原则,选聘好中层领导,以形成更富有开拓创新精神、受股民和员工信任的中层领导骨干队伍。

3. 企业发展规划

以改制促发展,是改制的一项基本要求。改制实施方案总结肯定了我公司的成绩和不足,为了获得新企业发展,公司提出了今后三年发展规划,特别是明年发展计划(草案)。全公司要对这一发展规划、计划进行认真讨论、审议,并提出修改意见,使之更切合企业实际,更具操作性。各基层单位、总部各部门要采取多种形式,使广大职工踊跃建言献策,以交出高质量的"答卷"。制定出新公司基本规章制度,这也是改制中的一项硬任务。集团公司改制领导小组已初步整理出来,并交经理层讨论修改。各基层单位、总部各部门要继续上下通力合作,进行全面修订、对接。基层单位还要另出执行办法或细则,力争尽快出台好这部新企业"典章"。

(三)要正确把握和用足用好各项政策

这里,我向大家说明:省、市政府总揽全局,全力支持企业改制,给予了我们许多优惠政策,如核销一批不良资产、国有土地出让抵顶负资产、主辅分离、帮助解决历史遗留问题等。这不仅对当前顺利改制,而且对企业今后发展也会带来莫大好处。我们各级领导、广大职工应树立大局观念,体谅国家和企业现实困难,不要一味地追求自己"拿多少钱,干多少年",甚至借改制要挟政府和企业。

在这次历史性的变革中,我们一定要维护党和国家整体利益,也一定要维护全体职工自身利益,按政策规定给职工的利益一分也不能少,能够给职工办的事一件也不应漏。公司改革领导小组、财务、房地产等部门要认真梳理有关优惠政策,争取各县、市及有关部门支持,用足用好这些政策。同时,大家也要看到:改制实施方案特别是职工安置办法中,在确保坚持党和国家法规、政策的前提下,对职工也提出了一些较为宽松的办法。如:对职工明确了"走留自愿"和对确不愿离开企业职工予以妥善安置;为了解除部分老职工后顾之忧,合同期限可延长至4~6年;在股本筹集上,对一般员工"入股、转让自愿";在补偿金上,实行了转股、转债自由选择等。制定这些"宽松"的办法,是为了照顾职工个人实际困难和现实愿望。但"宽松"不能无限度,政府明文规定的硬条款是决不能突破的。各基层单位不能随意开口子。遇有特殊问题,必须向公司改制小组请示、汇报。各单位、各级领导一定要树立全局和政策、纪律观念,引导教育职工正确理解、对待改制政策、办法,并严格把关,切实把好事办好。

(四)要坚持体制、机制和管理创新

实现"体制、机制、管理"创新,是改制的一项重要原则、要求。为此,我们要按照股份制的规范要求,设立好法人治理结构,转换、建立起新体制;理顺母、子公司关系,构建起更加适应市场的运营新机制;要创立用工、薪酬、考核、培训等新模式,建立激励和约束机制等。在管理创新上,要改变传统经验型管理观念、模式,引进、运用现代的管理新思路、新模式。在经营管理上,要向经营型、效益型转变,强化"服务为本"意识,更加面向市场,贴近用户,贴近服务对象等。我们一定要坚持与时俱进、开拓创新的观念,自觉学习现代管理知识,包括改制的新知识、新政策,努力摒弃旧体制带来的种种弊端,创立具有沧运特色的企业文化、管理制度、管理办法,做强做大做优新沧运。

三、下阶段改制任务和安排,上下联动,坚决打赢改制这一仗

这次我公司企业整体改制,实际已走过了三个阶段。第一阶段是整体改制方案设计、报批和资产评估阶段。从去年10月我公司上报"整体改制方案"起,到今年3月23日市政府常务会议正式批准止。第二阶段,是从3月27日起草、

设计改制实施方案起至8月正式上报改制实施方案待批止。这一阶段，主要是对公司资产进行评估审核和严格审计；对生产性土地全面评估；对改制实施方案交职代会审议、通过等。第三阶段，即呈报改制实施方案起，经市政府正式下文批复后，全公司对改制实施方案初步学习、贯彻和试运行。通过上述三个阶段工作，各单位领导、广大职工对企业整体改制目的、意义及其具体政策有了新的理解和认识，基层单位基本掌握了改制方针、政策及操作程序，特别是解决了阻碍改制的一些思想和实际问题，为成功改制做了思想上、组织上的准备，创造了条件。

可以说，这次会议标志着我公司改制已进入第四阶段，也就是改制实施方案的具体落实阶段。这个阶段的指导思想和主要任务是：以邓小平理论和"三个代表"重要思想为指针，继续认真贯彻落实省、市国有企业改革法规、方针、政策，遵照市政府和国资委对我公司改制方案批复要求，通过全面贯彻落实改制实施方案，完成国有资本退出，职工劳动关系调整；组建起新的股份制公司，理顺各级管理机构；确定新企业发展规划和基本规章制度，确保实现市政府"改制到位、挂牌经营"的总要求。这个阶段是整体改制的关键阶段，本阶段工作内容多，涉及面广，政策性强，时间较紧，工作量大。因此，集团公司党委要求各基层单位党支部、总部党总支、各改制领导小组要高度重视、加强领导，精心组织，严守纪律，上下联动，确保按进度计划和工作标准完成改制各项任务。具体要求有以下四项：

（一）进一步调整改制组织及力量，落实责任制和责任追究制

根据市委、市政府意见，整体改制工作由集团公司现任党政领导班子负责，在集团公司党委领导下进行。公司党委确定，鉴于改制任务繁重、涉及面宽、政策性强，因此要把改制作为公司当前工作重中之重来抓。现有党政班子成员要坚持一手抓生产经营，一手抓改革。不分管改革工作的领导也要把主管系统改制抓在手上，按主管系统建立责任制，谁主管的系统和部门出了问题，要负有责任并主动上一线做工作，解决问题。建立改革办、工会24小时热线电话和值班制度，加强上下联系，接受职工咨询。各基层单位的改制要在党支部的领导下进行，由党支部书记（或公司党委明确的第一责任人）负全责，其业务主要负责人要紧密配合，建立"党政领导共同负责制"，抽调得力人员，调整充实领导和办事机构，要把改制任务，包括职工思想政治工作责任分工落到人，建立改制工作责任

制和责任追究制。集团公司还将抽调部分领导骨干组成巡视组，到各基层单位，帮助搞好改制工作。前段时间，各基层改制负责人都签订了责任状，“军中无戏言”，要真正落实、兑现。集团公司将在改制总结时，评选、表彰卓有成绩的先进单位和个人，列入企业荣誉史册。

（二）要紧紧依靠职工搞改革，发挥其改革主力军作用

集团公司已将改制实施方案交给大家，把“家底”和改制中重要事项全部亮给全体员工。改制中重大问题已召开职工代表大会，和基层班子充分讨论，这充分体现了集团公司尊重民意、依靠职工搞改革的工作思路。各单位领导一定要进一步增强民主和科学决策意识，要发动职工参与、支持改革，要通过召开领导班子、党团员、职工会议及个别座谈会等多种形式，把改制实施方案传达到全体职工，使全员都明白企业改制意义、目的、特点、任务和各项政策规定。要全面落实职工知情权和参与权，做到改制方案、改制政策、改制程序“三公开”，不准搞“暗箱”操作。对职工提出的正当、合理要求，无论是共性还是个性的问题都要认真研究，一一给予明确答复，并及时妥善处理。对法人治理结构成员人选、新企业发展规划、规章制度、企业文化等都要让广大职工参与讨论，集中大家智慧。各级领导、广大党员、青年团员要切实发挥模范带头作用，争当改制先锋、生产模范。广大职工要发扬沧运人团结、奉献、爱企、敬业等优良传统，积极热情投入，支持改革，出色地完成生产经营任务，争先创优，以实际行动为改制和发展贡献力量。

（三）加强思想政治工作，保持职工队伍的稳定

市政府在改制实施方案批复中明确提出的这一要求，既是改制工作一个重要指导思想，又是取得改制成功的重要保证。各单位要切实保证落到实处。各单位党政领导和工会、共青团组织要充分运用和发挥党和国家改制法规、政策的感召力，做好解疑释惑工作，把思想政治工作做到每一个职工，不留死角。从前一段情况看，一些单位领导和骨干对改制方案没有学好、吃透，对职工提出的问题解答不了。不可“以其昏昏，使人昭昭”，一定要迅速改变这种被动状况。改制中资产评估、政策剥离，特别是身份转换、补偿金核定、合同签订、入股等与职工切身利益密切相关的问题，都能在上级文件及其方案中找到答案。集团公司多次召开的改制会议精神，特别是一定要注意运用好这次又重新整理下发的《国有

企业改革法规政策文件选编》。各级领导、改革小组及所有骨干要注意用民主、科学工作方式、方法，多做耐心、细致疏导工作，注意解决好职工实际问题，防止“简单粗暴”和推诿、拖拉。对个别职工一时想不通的问题或出现“思想反复”，要用多种方法“解疙瘩”，不要激化矛盾。总之，我们要尽最大努力，理顺职工情绪，努力使本单位处于团结、协商、友好的气氛中，让他们以健康、平静心态参与、投入改制。

（四）严肃改革纪律，为改制保驾护航

纪律是执行路线的保证。在改制工作中，各级领导和广大职工要以高度的政治责任感，坚守岗位，认真履行责任和义务，严格遵守改革和劳动纪律。各基层单位对政策性强、涉及职工切身利益的重大问题、敏感问题，一定要依法、依规妥善处理；对尚不清楚、有争议的疑难问题要及时请示、汇报。各级党政组织、所有领导骨干及广大职工都要严格遵守，认真执行。要坚决维护生产和改革正常秩序，敢于与违纪行为做坚决斗争，弘扬正气，狠刹歪风，决不让极个别无理取闹、蓄意干扰改革、制造乱子的人得逞。

（本文选自作者在集团公司改制工作会议上的讲话）

15.6%。全公司上下呈现出加快发展、实现第二次创业的动人景象。

这次企业整体改制,我们坚定不移地遵循了上级统一部署,认真全面贯彻省、市国有企业改革精神,坚持依法依规改制,坚持维护员工合法权益,坚持做细思想政治工作,坚持体制、制度创新,坚持党委领导和靠前精细指挥,使改制始终在平稳、和谐气氛中有序、顺利进行,并取得预期良好收效。这次我公司成功改制,是全公司3000多名员工共同努力的结果。特别是得益于市委、市政府对我公司改制工作高度重视和正确领导。对我公司改制,市委张庆华书记曾两次听取汇报并及时做出重要批示;市政府专门召开常务会议讨论、通过我公司整体改制方案,并在2004年9月24日,以沧政字〔2004〕102号文件正式批复了我公司改制实施方案。市委、市政府主管领导多次听取我公司改制汇报,及时给予指导。尤其是11月24日市委张庆华书记、安云昉副书记、宋文新副市长等领导到我公司调研,不仅对我公司改制工作给予了充分肯定,并且为我公司改革和发展做了极为重要的指示。随后,在12月7日全市深化企业改革经验交流会和12月23日全市经济工作会议上,市领导再次对我公司改制工作给予高度评价。今天,市委、市政府、市人大、市政协及军分区主要领导又在百忙中出席了我们这次会议,市委张书记将亲自为公司揭牌,郭华市长将做重要讲话。在整个改制过程中,市国资委全面、全过程具体指导,两次下文批复改制方案,多次召开协调会审议、修订改制方案、解决疑难问题等,财政、土地、劳动保障、工商、总工会、发改委、组织部等市直十几个部门提供具体、有效的服务和帮助,各市县、临港开发区领导和有关部门以及兄弟公司、各企业同仁都给予了强有力支持。对此,全公司新领导班子、400多名股东和广大员工深受鼓舞、教育和鞭策。在此,让我再次向市各位领导、各县市和市直部门、兄弟公司的领导和同志们表示衷心的感谢和崇高的敬意!

各位领导、各位来宾、同志们,新公司的成立,是企业发展史上一个重要标志和新的里程碑,表明新沧运掀开了创业、发展新的篇章。但我们深知,解决体制障碍只是为企业前进创造了有利条件,改制的成功仅仅是赢得了发展的良好契机。改制后的新企业,仍然面临着国内外市场严峻的挑战和激烈竞争,面临着不少新的困难,如新企业不仅要承担原企业的债权债务,承接全体员工(包括离退休、退养职工)的管理,而且又要增加4000多万元经济补偿金偿还负担,还要承受企业发生经营风险，甚至破产的可能，全靠自己承担的巨大压力。而行业性的一高三低（发生重大交通事故可能性高、科技含量低、市场准入门槛低、利润率低）和市场激烈竞争局面将长期存在，改制后股东分红、员工增资的期望值却又很高。特别是面对这样新形势、新体制、新要求，公司领导层的整体素质、经营理念、领导方式不能完全适应，内部经营机制、管理手段及员工承受能力改变需要逐步到位，尚需摸索，积累经验等。因此，面对这次负重改制，我们充分意识到：改制是“双刃剑”，既是机遇又是挑战，既有诸多困难又充满了希望。就我们集团公司领导层说，大家一刻也没有感到轻松和惬意，而更多的感受是对事业执着、发展紧迫感带来的思想工作压力，是新形势下适应市场、驾驭新企业能力的巨大考验。但我们有决心、有信心，知难而进，乘势而上，决不辜负市委、市政府的殷切期望，不辜负全体股东、员工的信任和重托，以企业发展的新业绩、新成果，向各位领导、全体股民交一份满意的答卷。为此，我们在今后工作中要把握和做好以下几点：

第一，一定要继续高举邓小平理论伟大旗帜，努力践行“三个代表”重要思想。要紧密团结在党中央周围，在政治上与党中央保持高度一致。继续认真贯彻落实市委、市政府发展沧州的战略部署，进一步弘扬“树正气、讲团结、求发展”的主旋律，营造“干事、创业、为民”的浓厚氛围，解放思想，转变观念，团结、带领广大员工为加快沧州经济和各项事业的发展，为全面建设小康社会，做出不懈的努力和应有贡献。

第二，一定要坚持科学发展观，做强做大做优新沧运。要紧紧抓住全球经济一体化，特别是沧州大发展、快发展的良好机遇，坚决落实市委领导提出的“实现第二次创业”的指示，调整产业、运力和组织结构，加快项目建设和资本运营；大力发展客运业、物流业、汽车服务业和房地产业，保证为旅客、客户出行、货物位移提供最便捷的服务，为沧州经济发展当好先行。充分发挥交通运输行业“旗舰”和“龙头”作用，争取政府支持，牵头组建区域性交通运输集团，并力争早日进入证券市场，成为上市公司。经过三五年的不懈努力，力争重塑、再造一个新沧运，争创国家级效益质量型一流企业，并实现“国际化”的奋斗目标。

第三，一定要继续深化企业改革，构建、完善现代企业制度。努力创新、夯实明晰的产权制度、权责分明的组织制度和科学的管理制度，理顺法人治理结构，建立有效的激励、约束、监督和民主科学决策新机制，以及新的用工、人事、分配制度等，特别要着力解决影响企业发展的深层次矛盾和问题。使广大股民、全体员工尽快适应新形势、新体制要求，调动起员工生产（工作）积极性、创造性，并充分享受到改制的成果和实惠。在深化改革中，推进员工观念大转变，企业活力大增强，企业大发展。

第四，一定要强化企业管理，促进企业持续、稳定、健康发展。要坚持“三大文明”一起抓，继续认真抓好党的建设、思想政治工作和精神文明建设，落实全心全意依靠员工办企业的方针，努力维护员工合法权益；加快规模化、集约化、现代化进程；推进企业文化建设，建设学习型企业；要提高服务档次、服务质量，创建并提升“高速客运”“特种货物运输”“站务管理”“轿车特约销售、维修”“物流”“农村客运”等知名品牌，保持和提高国家级、省部级全国运输百强、全国物流百强、质量效益先进、武装、民兵预备役工作先进、省文明企业、改革发展标兵、政治思想工作先进单位等荣誉，充分发挥好“文明窗口”的示范作用。通过强化管理，确保企业稳定、安全和高效运行，加快建设信息化、现代化企业的步伐。

第五，一定要继承和弘扬沧运光荣传统和优良作风，领导层要做好榜样。首先公司和基层两级领导班子成员要“从我做起”，率先垂范，树立奋发向上、开拓进取、与时俱进和密切联系群众的好形象、好作风。要加强学习，自觉提高自身素质，增强驾驭新企业，参与国内、国际竞争的能力。要倍加珍惜来之不易的好形势，精诚团结，亲民爱民，诚信敬业，遵法守纪，勤政廉政，争当“实干家”，不当“既得利益者”；要保持和发扬共产党员先锋模范作用，立党为公，忠诚于企业，奉献于社会，以良好品德、人格魅力和骄人业绩，赢得股民和员工拥戴，当好新形势、新体制下企业发展、改革、稳定的带头人、“创业之星”。

我们坚信，有市委、市政府和省交通厅、运管局的正确领导，有各部门和社会各界的关怀、支持，通过我们沧运全体员工同心同德，真抓实干，一定会创造出员工认可、社会承认、经得起历史检验的新业绩，一个更具生机活力、更多收益奉献、更加兴旺富足的新沧运将会以新的姿态展现在社会面前，进而为沧州大发展、快发展做出新的更大的贡献！

附：

沧州市人民政府
关于同意《沧州运输集团有限公司
关于企业整体改制的实施方案》的批复

（沧政字〔2004〕102号）

市国资委：

你委《关于沧州运输集团有限公司实施整体改制的报告》收悉。经研究批复如下：

一、同意《沧州运输集团有限公司关于企业整体改制的实施方案》。根据对沧运集团有限公司资产审计、评估及确认结果，由沧运集团有限公司经营者和职工按零价买断国有净资产，共同出资组建股份制企业。

二、新组建的股份制企业承担原沧州运输集团有限公司全部债权、债务，承接全部职工（含离退休及退养职工）。

三、沧州运输集团有限公司按政策剥离后实际净资产为－14229.9万元，以其目前使用的生产性用地745.49亩土地资产抵补负资产，由土地部门按政策办理相关手续，分布在各县、市土地也要参照沧字〔2003〕62号文件政策，由各县市土地部门办理相关手续。

四、资产中按照政策剥离的离退休人员医疗费、伤残人员工资及医疗费、退养人员工资及养老统筹金要专款专用，确保这部分人的利益不受侵害。

五、沧州运输集团有限公司为沧州变压器厂银行贷款担保问题，按2004年3月23日市政府常务会议纪要执行。

六、按此方案抓紧新公司组建工作，法人治理结构的产生要严格按照法定程序，职工出资要坚持自愿原则。改制实施过程中要做好职工思想工作，确保职工队伍的稳定。

七、按照《沧州市公有资产产权交易监督管理暂行规定》，及时到产权交易中心办理产权交易鉴证手续。持此批复及产权交易鉴证书到工商部门办理新公司注册登记手续,到相关部门办理产权变更手续。

沧州市人民政府

二〇〇四年九月二十四日

在冀运集团成立揭牌仪式上的致辞

2009 年 4 月 28 日

尊敬的省、市、中交协会各位领导，各位来宾，同志们：

上午好！在这春机勃发、草长风舒的美好季节，在“五一”国际劳动节 120 周年纪念日前夕，我们满怀新的憧憬和希望，欢聚一堂，隆重举行冀运集团股份有限公司成立揭牌仪式。首先，请让我代表冀运集团公司全体股东和员工，向在百忙中前来出席集团公司成立揭牌仪式的省、市政府，委、厅、局及协会领导，向周边省、市兄弟公司同仁和友好单位，向客户代表和所有来宾表示热烈的欢迎和衷心的感谢！

近几年来，省委、省政府从贯彻落实科学发展观、加快河北振兴的战略高度，做出了整合、打造河北现代产业体系和大力发展现代服务业的重大决策。交通运输部站在新的历史起点上，确立了新时期发展现代交通运输业的新战略。省交通运输厅从全省交通运输发展的实际出发，提出了整合运输资源，培育主导产业，提高规模化、集约化水平的新要求，并对创立全省道路运输龙头企业进行了谋划。对此，我们认真学习、领会，并结合全省道路运输形势和河北高客集团经营现状，进行了深入思考、反复论证，决定抓住国家调整产业结构和服务业大发展的历史机遇，对河北高客集团公司实施战略重组，联合全省骨干运输企业，共同组建全省现代运输龙头集团，为河北交通运输事业以及全省经济平稳较快发展做出新贡献。因此，在去年充分酝酿的基础上，今年 2 月初，由河北高客集团及控股母公司沧运集团主要领导挂帅，组成领导小组和工作班子，在省交通运输厅和省运输管理局的关怀、指导下，进行了紧张筹备工作。3 个月来，我们先后考察、学习了山东、山西、河南等周边省市道路运输集团化发展的经验，提出了可行性报告；召开河北高客集团董事会、股东会，审议通过了组建冀运集团股份公司的决议；向省局、省厅呈报了组建集团公司的请示并得到行政许可；办理了省和国家工商管理部门核名、验资及注册手续;同时,完成了新公司管理体制调整、经营层竞聘以及成立筹备等一系列工作。今天,我们欣喜地迎来了冀运集团揭牌仪式。我们认为,冀运集团是河北调整产业结构、大力发展服务业的产物,是根据日益增长的市场需求应运而生。它实现了全省道路运输业界联手发展的共同愿望,展现了全行业同仁积极应对全球金融危机、“抱团”逆势而上、共克时艰的勇气和胆识。这对于进一步落实省委、省政府“调结构、保增长、扩内需、惠民生”的战略方针、加快全省道路运输企业向现代运输业转型发展的步伐、促进河北经济又好又快发展将发挥积极作用。

冀运集团的组成情况是:冀运集团的核心企业为冀运集团股份有限公司,是经过国家工商总局核准,在河北高客集团股份公司基础上,由省内各地市十一家道路运输集团公司重组的股份制企业,是以道路运输为主,集现代物流、旅游、汽车服务、科技信息为一体的跨区域、跨行业、跨所有制的现代交通运输集团。企业注册资本1亿元。现已组建两个集团子公司,即保留更名的河北高客集团公司和冀运集团物流股份有限公司,并将继续组建旅游、汽车服务、科技信息三个子公司。冀运集团还分别在石家庄、邢台、唐山、秦皇岛、张家口、邯郸、沧州等市设有10个分公司、子公司。经资源整合,总资产达10.1亿元,年总收入7.7亿元,从业人员8500人,具有国家一级客运、二级货运、一级国际货运代理、危货运输经营等资质,二类口岸功能,综合现代物流AAAA级。翼运集团公司建有环渤海物流信息网、车辆安全监控网。拥有客货营运车辆4600余部,营运线路746条,形成覆盖全国15个省、自治区、直辖市的综合运输网络,曾荣获河北明星企业、全国道路运输文明单位、中国道路运输企业50强、中国物流百强企业等荣誉称号,是交通运输部重点联系单位。

冀运集团公司的宗旨是:立足河北,面向两环(环京津、环渤海),通达全国,融入国际,以市场为导向,以客户为中心,为社会和民众提供高品质、差异化现代综合运输服务,促进河北经济又好又快发展。重点经营“五大支柱”产业,即

(1)道路运输业,建立客、货运输城乡一体化网络,实现多种运输方式的有效衔接。

(2)现代物流业,打造现代物流供应链建设,为社会提供运输、仓储、配送、货服货代、信息、三方物流、应急物流等综合物流服务。

(3)旅游业,努力发展特色旅游,开拓国际旅游。

(4)汽车服务业，为汽车后市场开展多样化服务，发展汽车连锁快修、贸易、驾培及汽车救援。

(5)科技信息业，建立信息网络，为综合运输、物流、车辆安全、节能降耗等提供软、硬件服务。同时，辅助经营文化、职业培训、咨询及房地产等产业。发展目标是：经过3～5年的努力，构建起道路运输、物流、安全监控三个信息网络平台；完善客运、物流、旅游、汽车服务、科技信息五大经营体系；打造全国现代运输知名服务品牌，进入全国服务业500强行列；融入国际市场，成为具有较强国际竞争力的现代综合运输集团。

冀运集团还拟利用行业优势和省会效应，在省行业部门领导下，建立道路运输企业以及铁路、航空、邮政、公交等交通业界参加的大交通产业联盟。通过联合协作、优势互补，实现多种运输方式有效衔接，促进河北现代综合运输体系建立，更好地为全省经济社会和百姓提供优质高效的服务。

我们深知，冀运集团今天的揭牌仅是良好的开端，今后可谓任重而道远。我们会坚定信心，知难而进，倍加努力，不辜负各级领导和社会各界的殷切期望，不辜负各位同仁、全体股东和员工的信任与重托。为此，我们一定要认真贯彻邓小平理论、"三个代表"重要思想，全面落实科学发展观，遵循党委、政府和行业主管部门的要求，特别要落实这次揭牌仪式上领导讲话、交通运输部贺信、专家题词的精神，以高度的事业心和责任感，努力把冀运集团建设好、运营好、发展好，实现"做强做大做久"的目标，为促进全行业转型发展、建设运输强省做出新贡献；一定要践行"现代服务"和"诚信服务"理念，全面提高服务水平，拓宽服务领域，竭诚为社会提供"人便于行、货畅其流"的现代运输服务，做市场欢迎、用户满意的现代服务商；一定要坚持"和合共荣""联盟共赢"经营理念，确立"大交通"意识，加强与省直、石家庄市及全省企业联手合作，广结盟友，实现互惠互利、共赢共荣；一定要牢固树立"以人为本"和"发展企业，成就员工"价值观，建立员工与企业共成长机制，搞好企业文化建设，提高员工整体素质和收益水平，保持企业安全稳定和健康发展。一定要精心培育忠诚企业、"特别能服务"的优秀团队，增强社会责任感，在促就业、惠民生等公益活动中尽责尽力，以优良的经营业绩和社会贡献新成果报效人民、回报社会。

谢谢大家！

给厉以宁教授的一封信

尊敬的厉老：

您好！

首先，衷心地祝贺您荣获“第十四届中国经济年度人物终身成就奖”。当昨晚我们从电视转播中看到您荣获这一奖项，并接受记者访谈后，我们的敬佩和感激之情油然而生。说敬佩，您几十年来为国家经济发展呕心沥血，奔走操劳，将五十多部著作奉献于世，做出了卓越的贡献；您不仅心系国家宏观经济，而且对我们企业的改革发展倾注了大量心血，企业界同仁是学习您的书成长的，无不为您长者般的热情关怀和学者风范而感动、敬佩。说感激，沧运集团发展到今天，是您一手细心培育和精心指导的结果。我们深深记得，改革开放初期，您给我们企业界讲世界经济大势，搞活经济之策，鼓励我们奋起。1996 年，您风尘仆仆地来到我公司指导工作，欣然受聘为我们这个地方道路运输企业“高级顾问”，全公司员工为此欢欣鼓舞；我们不会忘记，您给我公司关键时刻的两次重要题词：2005 年 1 月为沧运整体改制题写的“发挥新体制的优势，提高综合经济效益，在道路运输和物流领域内取得更大的成绩”，2010 年 9 月为沧运建司 60 年庆典题写的“走向融物品配送、连锁经营、初步加工、产前产后服务、仓储、运输、电子商务为一体的现代物流大型企业，服务社会，利国利民”，已经成为我公司全面改革发展的战略指导方针；我们更为感动的是，我们每每到京拜访，您都在百忙之中，抽出时间热情地接待，给予我们具体的工作指导，并签名赠书、赠言。您细致的叮咛，明晰的教诲，使我们受益良多、信心倍增。您的股份经济理论、转型发展思想、战略选择论述，以及您和何工的诗意人生等，都深深印在我们脑海里。可以说，沧运的每一次发展进步，无不渗透着您的心血和汗水，您是我和沧运人最可尊敬的前辈和导师。当您荣获“终身成就奖”殊荣的时候，我们除了衷心祝贺外，再送去发自内心的一声：“谢谢您！”

改革开放35年来，特别是2004年底企业整体改制8年以来，在您的谆谆教导下，尤其是改革和转型发展的理论指导下，经过全体员工不懈的努力，沧运实现了长足发展，一个资产千万元、在盈亏线上徘徊的传统运输企业，1996年在全省第一家国有独资裂变挂牌，又进行了股份制改造；经过企业承包、责任经营体制和“三项制度”改革，从根本上摆脱了困境，走上良性发展轨道；到2004年底，企业成功整体改制为股份制企业，成为省、市无震荡改革的先进典型。近几年，企业按照转型科学发展的要求，建立、健全现代企业制度，走上了转型升级、科学发展的新路子，主要经济效益指标已连续19年持续增长，现拥有总资产13亿元、综合收入近20亿元、年利税近亿元，经营范围覆盖河北省，融入京津，形成了道路运输、现代物流、汽车服务和经贸开发等四大支柱产业，跨行业、跨区域、跨所有制的现代综合运业集团，成为河北省最具成长性企业和文明单位，荣获全国行业百强和物流百强，2012年跨入全国服务业500强行列。当前，企业整体上市已进入申报和辅导阶段，争取明年上市成功，将成为全国行业第五家、北方第一家上市公司。目前，全司在上级党委、政府的正确领导下，认真学习贯彻党的十八届三中全会精神，其中对您的《中国经济双重转型之路》正在深读细研。公司还制订出台了推动企业转型升级、科学发展的五年新规划，正向着以综合运输业为主、多元发展的现代服务产业集团新奋斗目标迈进！

厉老，我们知道您和何工身体健康，还常到外地考察，难有闲暇，但我们仍然热切希望您和何工能在方便时来沧指导，再看一看由您的心血培育出来的新沧运和有巨大变化的新沧州。京沪高铁北京至沧州仅有55分钟车程，十分便捷。如您能来沧，必将给沧运、沧州带来巨大的激励和鼓舞。我们热切盼望着！

顺问何工及全家安好、幸福！

沧州运输集团股份公司董事长、党委书记　曹永堂

2013年12月13日

全面深化企业体制机制改革

2015 年 2 月 28 日

改革是企业发展的原动力。日前，公司下发了《关于全面深化改革推进企业转型发展的决定（讨论稿）》。这个文件经过了公司董事会、经营层的几次讨论修改。它贯彻落实党和国家的深化改革精神，是公司改制十年发展实践的总结，目的是进一步建立完善适应市场需求、适应新常态的新机制体制，进一步调动广大员工的积极性、创造性，激发企业发展的新动力，推进集团公司转型升级科学发展。

关于深化改革，首先要完善法人治理结构和形成党群共同治理企业的新体制。要充分发挥股东大会决策职能，设立董事会决策、审计、考核专业委员会，完善现代企业法人治理结构。同时，公司党委和基层支部要更深入地参与经营与管理工作，更好地担负起把关定向、服务员工、企业文化建设工作，要切实落实安全管理责任制等。

要进一步在基层经营实体、单车经营上推行产权改革。关于员工持股问题，以往公司也做过一些探索，如过去搞过全员持股、单车个人经营，的确调动了生产积极性，但也产生了一些弊端，如短期拼车、拼设备、负赢不负亏等。因此，这次要在坚持公控（公司占大股）的前提下，吸纳经营管理者和部分员工入股，既保证产权清晰、责权分明，又使管理者有股有责，让员工拥有更多经营知情权、参与权，又有了分配红利的机会。经验证明，联产、联利才能联心，公司经营层要抓紧制定实施细则，分批积极稳妥推行。

要建立对新产业发展的激励政策。转型和新产业发展缺少创新型人才，但人才要靠激励。所以，公司拟对旅游业、宾馆、汽车服务及新办新兴高科技企业，在资金投入上给予倾斜；鼓励基层创办新产业，给予年度内利润留用，参照社会标准确定创办人薪酬待遇，业绩突出的给予重奖等；平时对从事新产业积极的员工，按同类人员高一个级别薪酬对待等。鼓励基层单位自主招商引资，对引进项目、资金的主要贡献者给予利润分成，授予荣誉称号等。公司确定坚持领导岗位聘任制，基层经营者和总部部门实行三年任期竞聘一次，打破“岗位终身制”和“论资排辈”旧习，实现能者上、平者让，也使中、青年员工有升迁、干事、出彩的机会。

要改革薪酬激励考核机制，实行全员工资与单位效益挂钩，上下浮动，改革中高层年薪考核办法，同时试行期股期权激励。对优秀中高层管理、专业技术人员，有突出贡献的给予一定数额的期股期权奖励等。集团公司决定这个文件仍作为讨论稿，广泛征求股东和员工意见，修订并制定实施细则后再下发执行。希望总部党总支、基层单位党支部认真组织研讨，提出修改意见和建议，在3月中旬前向公司党群工作部反馈。公司有关部门要立即着手起草实施细则。

（本文选自作者在公司2015年股东大会上的讲话）

第二章　坚守战略定力

导言：不畏浮云遮望眼

企业战略是一个企业奋斗的方向和目标，是企业发展的定海神针。改革开放40年来，我国经济飞速发展，既有重大发展机遇，也有严峻挑战。企业要获得稳健、持续发展，必须实行有效的战略管理，建立符合市场要求和企业特点的经营发展战略。

本章涵盖了沧运从20世纪90年代初到当前不同的时期推出的不同经营战略，如摆脱企业经营困境而提出的“两多一全”方略，适应对外开放、发展外向型经济的“外向带动”“名牌兴司”和“联盟共赢”方针。在探索、推行这些战略中，曾有过“挖到篮子里就是菜”的艰难选择，也有过跨界“搞文化产业”“抢房地产业快钱”，甚至有一举打入国际市场等这样的冲动。在痛苦的磨砺和探索中，他们懂得了企业发展要遵循经济规律，发挥自身优势，充分考虑内在条件和外部环境。最终，他们在上下求索中找到了符合企业发展的基本战略：一是必须坚持“以运为本，多元发展”，紧紧围绕道路运输业，根据市场需求，调整产业、产品结构，加快传统产业转型升级；在多元发展上，要充分发挥企业优势，以相近、相关产业为主要发展方向。二是在区域战略上，“根植沧州，立足河北，融入京津冀，通达全国”。三是夯实发展目标，强主干，茂枝叶，以满足人流、物流需求为突破口，苦练内功，走提质增效、内涵发展的路子，建设涵盖公交、出租、物流、旅游、汽车服务、科技能源等几大产业的现代服务产业集团。四是做到“四个坚持”，即坚持跟党走为民服务的信念，坚持“红色沧运、绿色崛起”理念；坚持为百姓提供全方位、高质量服务定位，坚持“发展沧运，成就员工，回报社会”企业核心价值观，以此，在企业战略方针引导下，奋力推进企业创新转型发展，持续为地方经济、社会和行业发展做出应有贡献。

“不畏浮云遮望眼,只缘身在最高层。”坚持深入研究市场经济规律和企业发展规律,使沧运不断提高站位,愈加明确自身战略选择。他们以对行业的坚守和开拓,获得了丰厚的社会和经济效益回报。到 2017 年,企业收入、利税分别达到 20 亿元、1 亿元,分别比 2004 年增长 3.5 倍、4.8 倍。仅实现利润是 2004 年整体改制时的 11 倍,是改革开放初期 1979 年的 17 倍。

落实"两多一全"方略，使企业经济效益、职工生活水平跨上新台阶

1993 年 3 月 3 日

1992 年，我们以邓小平同志南巡谈话和党的十四大精神为指引，在地委、行署领导下，坚持生产与改革两手抓，"四大经济支柱"一起上，通过广大干部职工的艰苦努力，克服了市场猛烈冲击、油价暴涨等历史上少有的困难，一举跃出了低谷，并跨上新台阶，经济效益指标和各项工作都取得较好的成绩，生产经营有了突破性发展，经济效益明显提高。省厅统计资料表明，在八项主要经济效益指标中，我公司有六项创企业历史最好水平，有三项在全省同行业中增长幅度最高。需要说明的是，上述效益指标是在消化了油价暴涨、养路费增加、职工福利增长等政策性增支 721 万元后取得的。总之，通过上下努力，实现了总公司年初提出的"走出低谷、跨上新台阶"的奋斗目标。

总结公司发展的经验，我们转变单纯依赖"车轮子"的单一经营观念，实施了以客、货运输，修理业，多种经营"四大经济支柱"一起上的发展思路，出现了全公司"四业"齐发展局面，使整体效益迅速提高。

党的十四大是我党历史上承前启后、继往开来的一次大会。学习、贯彻大会精神，是公司当前一项极为重要的工作。学习贯彻会议精神，重要是用邓小平同志关于建设有中国特色社会主义理论武装干部职工的头脑，通过学习，进一步解放思想，更新观念，主动把陈旧的、不适应市场经济需要的旧思想认真清理，重点破除计划经济影响和小生产的观念，树立多元化经营、多业并举的观念；克服"小进即满""小富即安"的思想，树立大改革、大开放、跳跃式发展的观念，克服求稳怕乱，墨守成规的观念，树立敢闯、敢冒、敢为天下先的观念，克服平均主义"大锅饭"和"统""包"起来的观念，树立自主经营、自负盈亏、自我约束、自我发展的观念。

转变观念,就要落实好总公司提出的“多元化经营、全方位竞争、多产业创收”的经营方略。所谓“多元化经营”,就是要跳出单纯依赖运输业的圈子,把挣钱的触角伸到社会大市场的各个方面,既搞运输业,又要搞商业、房地产开发等,所谓“全方位竞争”,就是在外部,我们要参与社会大市场竞争,不仅在国内市场,还要打入国际市场。在企业内部,各业之间、单位之间、职工之间、岗位之间都开展竞争,争贡献、争效益(效率),使人人上市场,人人参与竞争。所谓“多产业创收”,就是要大力拓宽增加收入的渠道,向社会各产业要收入,在企业内部,方方面面要抓收入,大家都来想进钱之道、聚财之法,增收节支,真正落实以效益为中心。这个经营方略的提出,是我公司和众多汽运企业多年来走向市场的经验总结,是落实十四大精神、发展市场经济的具体措施,也是摆脱困境,求得企业发展的必由之路。有的同志对这一经营战略有一种误解,认为是要放弃运输,另起锅灶。这显然是片面的,运输仍是我们的主要行当,是我们的优势所在,搞好运输业的思想决不能动摇。但是,运输业也决不能停留在现有的水平上,要根据市场变化,采取新的发展措施。如客运要积极拓宽客运大市场,根据大批开发区、开放区的建立,各种集贸交易市场的开辟,沿海、沿边贸易的兴起等,适时开辟新班线和长途班线。要根据旅客需要购置高档次舒适型客车,搞货运要改变车型单一状况,发展特种车运输,还要使运输与贸易、储存等结合起来,多个环节增收。修理业要从修普通车、修内部车中解放出来,面向社会修理进口车、特型车,并开发新项目等。

我们讲抓多元经营,也必须依托运输业,如我们众多的汽车站,交通便利,人流多,又有宽阔的候车大厅,是搞贸易的好场所。搞客运,我们每天往返于大城市、县城、乡镇之间,信息灵,可以把城乡之间商品捎来运走,从中取利;搞货运,我们有场地、人员、可代购、代存、代销、代运,可把南北、东西各地商品运来经销、长途贩运等。现在的问题是,我们是否把眼光盯向了大市场,我们可以这样反问一下:为什么企业面临困境,甚至亏损,而现有厂房、场地、设施长期闲置不加以利用?为什么紧靠商品市场而不发动富余职工做买卖?为什么处于开发区、沿海、油田,而长期不与其打交道?又为什么国家号召大办第三产业,总公司给予若干优惠政策,而有的单位却迟迟不见行动呢?应该说,还是观念没转过来,如果观念真正转过来,什么“没钱”“没人”“没法”等困难和问题就不难解决了,我们一定要抓住当前有利时机,把多种经营工作真正抓起来,使总公司经营战略落到实处。

党的十四大精神要求我们坚持物质文明和精神文明两手抓、两手都要硬。就我们企业讲,就是既要抓好生产经营,创造高效益,又要努力抓好精神文明建设,建设“四有”职工队伍。这对我们主要从事运输业来讲至关重要。各级党政组织对此必须有清醒的认况。根据当前公司现状,要突出抓好以下两点:一是提高服务质量,增强企业信誉。在市场竞争激烈的情况下,最关键的是以质量求生存,以质量求发展,广大干部、职工要进一步树立质量意识,把信誉视为企业的生命,千方百计地使服务质量适应市场需求。在客运方面为旅客提供安全、及时、方便、舒适、价格合理的运力。除增开新班线,购置中、高档客车外,还要认真开展对司乘人员的职业道德教育,真正树立起“旅客为王”“货主第一”的思想,努力提高职工的业务素质和职业道德水平,要认真整顿客运纪律,加强调度力量,突出解决好脱班、晚点和车容车貌脏、站务秩序乱、站内外卫生差的问题,实行单车承包(租赁)后,客运纪律不能放松,要加强管理,抓严抓细,严防以包代管。在货运方面,要重视特种运输,通过调整运力结构,改变车种、车型,最大限度地满足市场需求,提高竞争力,同时对货运的私拉滥运、以车谋私,敲诈勒索用户等不法行为,要严肃查处。在修理方面,随着对外修理业务的扩大,提高修车质量显得特别重要,我们一定要靠良好的修车信誉占领修理市场。二是开展好基层文明单位创建活动,进一步把评选“文明大院”“文明车间”“文明食堂”“雷锋车”“红旗车”“贤内助”“老有所为”“运输世家”及“小指标竞赛”等文明建设活动引向深入。要抓好“文明汽车站”创建活动,在职工中开展“十佳驾驶”“十佳乘务员”“十佳服务员”“十佳革新能手”等评选活动。各级党组织、工会、共青团要充分发挥各自的作用,努力实现年度奋斗目标。

(本文节选自作者在总公司1992年总结表彰大会上的讲话)

转型插上翅膀。尝试设立科技公司,使科技直接生产化,整合各业务板块、各基层单位的可利用资源。一是推广智能化技术应用。在生产经营、管理各环节全面应用数字化、网络化、自主化等科技信息技术,最大限度地解放人力资源,降低人力成本。二是发展大数据分析技术。实施客户会员制、发展业务一卡通和小件快递、物流园区货物管理系统、旅游业务信息平台等,多途径掌握各产业客户信息资源,对客户数据及时进行综合分析筛选,有针对性地进行客户回访、攻关,实现全司业务客户资源共享,助推业务发展。三是发展网络化现代服务技术。落实"互联网+"战略,拓展网络营销、研发手机APP软件,实现客户购买、预约、查询服务等各项业务的网络、掌上操作;积极推进三方物流、电子商务、网络约车等新兴服务业态,线上线下相结合,推动各传统产业转型升级。四是研发支付方式创新,满足各种新兴产业需求。

(五)持续开展服务创新

服务创新是公司各产业发展的前提。要树立竭诚为用户服务、"客户至上"的理念,努力贴近市场、贴近用户,服务好"最后一公里"。一是要围绕公司品牌建设,梳理各子品牌的服务流程,全方位提升服务水平,提升沧运品牌的社会辨识度,打造网络、微信等虚拟服务,与实体服务形成立体服务网,并借助外部资源,提供有价值的增值服务,满足社会客户需求,打造好"亲情旅程""高客运输""便捷行"、沧运旅游、汽车快修等服务品牌。二是要建立企业诚信体系,全面提高服务质量和水平,增强客户的信任度、忠诚度。要一站式解决客户所有需求,解决查处服务质量方面的问题,提高企业的信誉度和客户满意度。

(六)积极推行党群工作创新

不断探索新形势下党群工作更好发挥核心保证作用的方式、方法和途径,围绕做好推动创新转型发展、深化改革、安全稳定、企业文化建设等工作出新思路、新办法,使之更适应企业发展和员工需求。研究应用微信、微博、短视频等新宣传媒介,丰富党员教育形式,在以情感人、典型示范和通过丰富多彩的活动进行引导教育上下功夫;着力培育创新文化,大力弘扬员工开拓进取、勇攀高峰的事迹和精神,开展好争先创优活动,树立大批各类先进典型,发挥榜样的正能量作用。倡导百家争鸣、敢为人先、勇于探索的创新自信,营造开放、和谐的创新文化环境,鼓励积极探索、勇于试错,让创新思维、创新活动、创新主体更加活跃。落实“全面从严治党”要求，发挥好已形成的具有沧运特色全方位监督体系的作用，立好党政监督“明规矩”，严查严处违规违纪行为，特别要抓好对“关键少数”（两级领导班子成员）的监督，为“红色沧运、绿色崛起”提供坚强保证。

不忘初心、砥砺奋进，努力实现我司高质量、高效益发展

2018年7月26日

各位股东、同志们：

现在，我代表集团股份公司第二届董事会，向大会做工作报告，请各位股东审议。

一、关于第二届董事会的主要工作及成果

过去三年，面对国内经济增速放缓、市场环境的复杂多变，以及高铁等产业的竞争，公司董事会以对股东、对企业高度负责的强烈责任感，认真学习习近平新时代中国特色社会主义思想和十八大、十九大精神，紧扣时代脉搏，解放思想，创新转型发展，先后组织5次股东大会、16次董事会会议、22次办公会，审议、落实重大提案145项，牢牢把握企业发展方向，审慎决策投资，精心谋划和推动重点工作、项目落地，在经营层和各基层单位的共同努力下，取得了较好的经营业绩。主要成果包括如下。

（一）新兴产业长足发展，取得新的突破

三年来，董事会着力推进企业创新转型，制订并督导落实《集团公司"创新转型发展"规划》，使公司一批新产业、新产品快速成长，产业、产品结构发生明显变化。公交业迅速崛起，已发展到10个公交公司，运营线路90条，线网里程达3000公里，较2015年分别同比增长173%、198%。旅游业发展起步快，县市公司增设了经营机构，产品实现向长线、出境等高品质转换，年组客突破4万人次，较2015年增长108%；"便捷行"品牌服务理念持续推广，催生了一批服务新业态、新产品；"狮城出行"网约车成为省内首家网约车试点项目，年完成订单2万余份，市

场前景广阔;汽车租赁拓展市场,承揽公务用车业务,年利润突破150万元;汽车服务业着力开拓后市场,价值链创利4720万元,同比增长了189%。组建了新能源汽车销售公司,集售、修、租车并举,开辟了汽车服务新领域。

(二)传统产业调整改造,保持稳中有进

董事会以稳增长、防风险、提升核心竞争力为目标,准确把握市场脉搏,督导公司各产业采取多项措施,积极调整改造运输主业,使传统产业从收入大幅下滑的颓势转向了稳定、发展的趋势。一是,坚持壮大运输主业,满足群众出行和城乡物资流动需求,先后投入9000余万元,用于整合客运资源,省市际客运市场占有率达到100%,县际市场占有率达到97%,县内市场占有率达到52%。一度陷入困境的危品运输,公关大客户,增加了货源,调动驾驶员队伍积极性,扭亏上做出成绩,成为物流业一个亮点。二是,坚定转向农村主阵地,农村市场份额由30%上升到60%以上,争得了客运市场主体地位。三是,推进站场开发,围绕建设“城市综合服务体”要求,完成5个整合项目,22个项目持续推进,年增收益近百万元。冀运集团为石家庄机场提供地面运输服务,收入稳步增长。四是,通过督导经营层制订实施《瘦身强体计划》,解决遗留问题12项,处理报废车辆、设备及清欠等548万元,压缩贷款1500万元,财务费用下降1.35%,百元收入成本率下降0.66%,降本增效、规范管理效果明显。

(三)资本运营内涵发展,寻求上市新途径

董事会坚持内涵发展,审慎决策投融资,投入新站、线路收购、新能源车购置等,先后整合了黄骅、肃宁等客运班线、公交资源,收购车辆近400部,总投资8000多万元的黄骅新站投入试运营,取得中捷汽车站使用经营权。与金融机构合作,采用了售后回租融资新形式,寻求资产证券化。针对新三板现状,对境外上市做了可行性调研,同时对整合优化公司资源、提高资产收益率,以吸引投资者“眼球”拿出了初步方案。

(四)突出安全管理,企业运行稳定有序

董事会进一步高度重视企业安全稳定发展,从注重加强宏观指导,到制订具体制度,并强化主体责任和责任追究,在推动落实原有安全工作方针的基础上,董事会提出制订了“安全十条红线”和“事故处置关口前移”等具体制度要求,并多次以会议、批示、基层检查等形式督导落实,对促进安全管理水平提升、防范和遏制重大事故发挥了重要作用。由于公司上下各方的齐抓共管,安全管理队伍严管细抓,事故发生率和经济损失减少,保持了全司安全稳定的好形势。沧州东、西站、客运一公司、献县公司通过国家安全生产标准化一级考评,填补了我省道路运输业的空白。我司被交通运输部、公安部、应急管理部评为"道路运输平安年"活动先进单位,是河北省唯一一家连续3年获此殊荣的道路运输企业。

(五)狠抓文明建设,打造优质服务品牌

董事会紧跟时代发展,提出建设"美丽沧运"新要求,督导各单位狠抓精神文明、生态文明建设,开展多种形式创建工作,公司内外形象、候车、修车环境进一步优化。完善服务质量考核监管体系,建设诚信企业,沧运"文明站""亲情旅程""沧运汽车""危品运输""机场巴士"等原有品牌继续保持良好声誉,"狮城出行""便捷行""沧运旅游""汽车租赁"等新品牌也获得社会赞誉;运美连锁宾馆被国家工商总局注册为品牌商标。新开办的沧运新月公司,为沧州现代工厂服务项目增加,收入较好。连续22年保持河北省文明单位称号,被评为"省职工职业道德建设标兵单位""省服务名牌企业";沧州东、西两站蝉联"部级文明站"亲情旅程班组获"河北省工人先锋号"称号;赵文健获"省交通系统劳动模范"、刘斌获交通运输部"全国交通技术能手"、李力金获省行业"最美服务员"等,一大批单位和员工获得交通、公安、安全、统计等国家部委和市县的荣誉称号,这标志着公司整体文明创建工作处于全省乃至全国行业前列。

(六)加大科技创新,现代化水平提升

董事会大力推动提高企业科技水平,经营层狠抓科技创新,"互联网+"等平台建设取得新突破,新建安全监控统一管理平台,一级安全监控更加完善;新OA办公系统完成升级改造,公交一卡通平台投入使用,新增自助售、取票机42台,各类信息化平台应用逐步深入车站、班组,实现了全省联网售票,网售票比例达到20%;加强了科技手段在营销、宣传环节的应用,通过网络直播等形式,首创举办"新沧运,心服务,新产品"发布会,引起社会热烈反响。"沧运商城"综合业务信息网上线运行,信息统一发布。建立了"狮城出行"调度中心,实现了网约车及时调配和监控。冀运集团开发了河北交通科技产业园项目,研发"河北快线售票平台",在科技创新上取得新成效。

在公司上下的共同努力下,我公司有效抵御了市场冲击,企业管理更加规范,经营业绩明显改善。到2017年末,企业总资产达17.6亿元,净资产4.84亿元,盈余公积金1786.12万元,较2015年分别增长26%、22%、83%。综合收入近20亿元,年创综合利润5500万元,较2015年增长13%,是2004年改制时的11倍。

二、关于三年来的主要工作经验和体会

各位股东、同志们,过去三年是在经济发展新常态下,公司认真学习贯彻十八大、十九大精神,全体员工团结一心,奋发努力,创新转型发展的三年,是继续抵御高铁等市场冲击,调结构、转方式,改革发展夺得较好业绩的三年。公司董事会、经营层和广大员工,亲历了公司稳增长、防风险、拓市场的艰难历程,经受住了严峻的考验,在工作实践中,积累了许多弥足珍贵的经验,主要是:

一是坚守战略定力。集团公司坚守了"运业为本,多元发展"的总体经营战略,和"根植沧州、立足河北、融入京津"的区域战略,为应对高铁冲击和市场激烈竞争,提出并制订了"创新转型发展"战略。战略是企业发展的方向和旗帜。遵循这些战略,企业方向明、路子正,就能获得长足进步。在过来经营工作中,曾有人主张"全面跨界经营"甚至"大转行"。实践证明,离开"本业",难以发展,更别想所谓"腾飞"。本届董事会重申坚守了这一战略,进一步明确"多元发展",当前是指与运输产业相关、相近产业,并提出了"稳健安全,转型改革,严细管理,提质增效"的工作指导方针。总之,公司战略定位、战略方针是符合行业发展方向和道路运输企业经济发展规律的,绝不能动摇。

二是坚持创新发展。创新是民族进步的灵魂。多年来特别是党的十八大以来,我们坚持以与时俱进,创新转型发展,取得了明显成效。近三年来,我们针对经济新常态下发展由速度型向质量型转变,提出了以提质增效为指导方针,倡导"红色沧运,绿色崛起",学习贯彻党的十九大精神中,按照习总书记提出的"创新、协调、绿色、开放、共享"五大理念,制订了行动计划。为落实创新转型发展,我们适时开展了"转观念""转作风"的大讨论,推进了企业的新发展。实践使我们进一步认识到,企业必须紧跟时代步伐,适应市场需求新变化,不失时机地谋划出新思路、新举措,使企业在新形势下获得创新发展。

三是坚持科学严细管理。管理是企业永恒的主题。科学严细管理,是我公司多年坚持的一条重要经验。近几年来,董事会、经营层在推进科学严细管理上做了大量卓有成效的工作。严控财务人力成本,规范了各项管理制度和标准;随着新产业、新业态不断增加,及时调整制订公交、租赁、网约等新管理制度,跟上了转型发展的需要;进一步牢固树立"红线意识",突出了事故预警机制,构建起"安全第一、尊重生命"的安全文化体系,安全稳定得到了保障。同时,建立起管理责任制和责任追究、业绩考核制等一系列新制度,保证了公司经营规范、顺利运行。

四是坚持打造优秀团队。优秀团队是企业持续发展的根本保证。三年来,我们深入推进"学习型企业"建设,强化两级班子、中青年干部和管理骨干的培训,认真学习党、国家政策和习近平同志治国理政系列讲话,学习行业和相关法规,加强新产业、新技术知识学习,并通过互帮、自学、送培等多种方式,提高他们的知识水平和业务技能,增强解决实际问题的本领。同时通过竞聘上岗、岗位轮换,大胆重用、提拔品行好、敢担当、具有专业知识和实绩的中青年骨干,努力建设结构合理、适应发展需要的人才梯队,为公司发展提供了坚实的队伍保证。

五是坚持两个文明一起抓。董事会高度注重生产经营的同时,始终注重时代文明建设,坚持"两个文明一起抓"。几年来,加强了思想政治工作和道德教育,强化企业核心价值观的宣传灌输,持续推进文明创建活动;进一步继承、弘扬沧运优良作风和传统,不断为员工注入正能量,充实信仰理想,保持了员工爱企爱岗、勤奋敬业的良好精神状态。在党的十九大提出建设生态文明、美丽中国之后,对新时代文明建设提出新要求,提出建设"美丽沧运"新举措,狠抓了"窗口"形象建设,改善站场经营环境,提升美化、绿化、亮化新检查标准,同时,下力整顿了一些单位和部位脏乱差等问题,创造了更加温馨、舒适的候车、乘车、工作等服务环境。优美的环境和高品质、多样化的服务,成为提高企业信誉度的重要一环。

六是坚持凝聚发展合力。董事会在落实股东会决议等重大问题上及时决策,并督导经营层抓生产经营重点工作,对股东会负责;经营层在一线实施全面指挥,使股东会、董事会决策及时、精准落地,保障生产经营顺利有效进行;监事会发挥监督作用,通过检查工作以及法律、审计等多种方式,重点对高管层进行行为监督,保障领导班子清正廉洁,工作高效,单位风清气正。董事会与公司党委在重大经济建设问题上及时协调、商定,并注意发挥了工会、纪委、共青团等部门作用,保证了公司改革发展灵活、高效运转,规范合法经营。

这些宝贵经验,是公司广大员工在实践中创造的,是集体智慧的结晶,对公司工作具有现实和长远的指导意义。请全司各产业、各基层单位、各部门都来认真学习和实践这些经验,并结合本产业、本单位、本部门实际,总结提炼具有自身特色的经验,使我们各项工作不断“有所发明、有所创造、有所前进”。

回顾董事会三年来的工作,还存在着一些不足:一是,董事会成员学习抓得不紧,对新时代、新形势认识还不够深刻,适应快速发展形势,做出的决策还不够及时、得力。从全公司看,转型发展步伐较慢,创新动能不足,激励政策和追责办法还需要进一步强化。二是,新产业发展的成效研究不够,有的新产业细化、规范管理有待加强,管理的精力应向新产业倾斜。三是,在人才培育方面,特别是技术和业务专业型人才培养等方面还有差距,创新人才、领军人才的缺乏仍是制约公司发展的重要因素。四是,在部分领导干部中,公关能力、协调能力和创新能力不足,“等、靠、要”思想和“满足现状的工作低标准”依然不同程度存在,有的打不开创新、创业新局面。这些问题,需要在下一届董事会工作中认真加以解决。

三、关于下一届董事会工作的意见和建议

各位股东、同志们,这次大会,要选举产生新一届法人治理结构,要审议通过集团公司今后三年(2019—2021年)的发展计划。这里,我代表董事会,对今后三年集团公司工作提出如下意见和建议。

(一)统一思想,坚定发展信心。今后三年,集团公司将会面临国家改革开放40周年庆祝活动、2020年全面建成小康社会重要节点,还有集团公司建司七十周年大庆等几件大事。可以说,大事多,任务更重。当前新形势下,我司面临着重大发展机遇,也会经受更加严峻的挑战。主要发展机遇是:京津冀的融合发展、雄安新区的崛起,将带动沧州区域经济结构变化和繁荣;国家大国重器、科技发展,特别是智慧交通发展,将给我们提供有利发展条件;政府“放管服”改革,也给

企业创造更加良好的营商环境。同时,在经历了几年高铁冲击后,我们对转型创新发展有了新认识,应对的举措更加精准、有力,具备了高质量、高效益发展的条件。从严峻挑战看,今后三年又将是我们的一次考验期,从企业看,公司仍处于爬坡过坎的转型期、风险期,如发生决策失误,或创新转型不能实现预期目标,企业经营将可能处于低迷状态,直接影响长远发展目标的实现;从外部环境看,高铁及相关产业对我们的冲击和竞争仍比较强势、激烈,一时很难触底、走出低谷,我们已发展起的新产业,如公交,在一些县市的补贴不能及时到位,影响到整体收入;在物流上,国家实行了重要运输资源"转水""转铁"的大调整,大大挤压了道路货运行业的市场份额。正确分析、判断国家和行业经济大趋势,是我们各级领导,特别是高、中层领导的基本功。看清大趋势,才能兴利除弊,及时制订应对对策。公司特别是两级领导层要认清当前面临的形势,既要看到发展新机遇和有利条件,又要看到挑战和不利因素,以便统一认识,统一步伐,特别要坚定发展的信心。进而,对广大员工有针对性的加强思想政治工作,及时思想疏导、解疑释惑,统一全司员工思想,鼓舞斗志。要注意克服"盲目自满""不在乎"和"悲观、泄气"等错误思想倾向,使全司形成齐心协力、共谋发展、共同创新的强大合力。

(二)切实落实三年发展计划。董事会即将交付大会讨论的"三年发展计划",是集团公司今后三年发展的纲领性文件,已经公司上下多次讨论、修订,7 月 23 日又经董事会扩大会议审议通过。它提出了"坚决贯彻落实习近平同志新时代社会主义思想,认真落实十九大精神和'五大发展理念',坚持运业为本,多元发展战略,不断优化产业结构,以提质增效为中心,实现高质量、高效益发展"的总体指导思想;明确了"以实现新时代新目标的新突破,获得高质量、高效益发展,初步建立立体化车服务体系"的工作目标;确定了用先进思想武装头脑、细化落实措施、制订扶持政策、加强党的领导、争取政策支持等五条保证措施。经本次股东大会审议通过后,将在各产业、基层单位实施。抓好"三年发展计划"的落实,是下届董事会的基本工作任务,一定要引起高度重视,列入董事会重要议事日程,制订相应的激励和奖惩措施,明确责任,定期督导、检查,推动计划的全面贯彻落实。公司各产业、各部门要协同基层单位制订好行动计划,使这一计划在基层落地生根,开花结果。

(三)坚定创新转型发展。在总结前几年转型发展的基础上,集团公司于2015年制订出台了创新转型发展战略。这个战略是我公司长期的发展战略,并非权宜之计,也并非一蹴而就可轻易完成。公司必须付出极大努力,坚持不懈落实再落实,力争改革发展目标早日实现。这里有三点应引起大家高度重视:一是,各级领导特别是集团公司和基层领导班子,要进一步学习和认真领会创新转型发展的精神实质和要求,要真正明确创新转型的指导思想、工作任务、发展目标和衡量标准。当然,随着转型发展的深入,也要不断增添新的内容和要求。一定要按公司重大决策真抓实干,决不可当作一般性工作,把它束之高阁。二是,创新转型发展的核心是创新,必须在创新上做文章、下力气。要破除“守旧摊旧业”“抱残守缺”陈旧思想,树立勇于创新、敢闯敢试的良好精神状态。公司要大胆启用一批中青年人,放胆让他们在重要岗位上摔打、锻炼、成长。对那些不会、不愿也不能创新的干部,要及时调整。希望集团公司对“创新转型发展”战略落实情况进行一次大检查、大总结,对各产业、各基层单位进行一次个人总结和考核,对转型工作真正做得好的予以肯定、表彰,好的经验加以总结、推广。转型差的,要吸取教训,促其迎头赶上。三是,加大对新产业发展的领导和支持,抽调“精兵强将”,充实新产业队伍,并给予各种政策支持,包括资金、人力、场地等,促进新产业快速、稳定发展。

(四)关于高质量、高效益发展问题。这次董事会提出,今后三年要实现公司高质量、高效益发展。从国家要求来说,我国经济已由高速度增长转到高质量发展阶段,即由速度型转向质量型,这是国家战略性调整的新要求;从市场需求来说,新时代社会的主要矛盾已转化为“人民日益增长的美好生活需要和不平衡不充分的发展之间的矛盾”,供给侧结构性改革也对交通行业提出了新的需求,如:旅客要求不仅“走得了”,还要“走得好”;旅游不仅要国内,还要境外,不仅是观光,还要休闲等。从企业发展来说,传统企业的粗放管理仍占有一定市场,精细化管理程度弱,工作效率、工作质量低,制约了企业的发展,要改变这种局面,就需要紧密结合我们的产业实际,把高质量、高效益发展要求落到实处。对于如何实现“高质量高效益”发展,是全公司面临的一个崭新而又现实的课题。我在2017年度工作报告中专题讲过,一是,认真贯彻落实党的十八大、十九大精神,特别要把习近平总书记“创新、协调、绿色、开放、共享”五大发展理念作为指导我们各项工作的基本方针;二是,要按照国家、部、省的具体要求,调产业结构、转发展方式,注重内涵发展,创新发展,绿色发展,拿出新举措,创出发展、服务新模式;三是,要深入研究客户需求,丰富公交、旅游以及定制、网约等更多更好的服务产品,解决好我们在运输、服务产品供给上不平衡、不充分问题,满足群众对交通运输的新要求、新期待;四是,强化品牌意识,在维护好现有优秀品牌影响力的基础上,努力打造"便捷行"、公交、旅游、物流和沧运汽车、汽车租赁、智慧交通等新品牌,形成具有沧运特色的品牌群体;五是,大力培育创新意识和工匠精神,在领导干部和骨干中弘扬企业家精神,大胆创新,敢于打破陈规旧律,创建新经营管理模式、新运营方式,同时通过开展"双创"活动,培育出一支创新型骨干队伍,使公司在新时代新征程中实现高质量、高效益发展。最近,我在2018年半年生产经营会上又明确今后三年发展基本原则:高举习近平新时代中国特色社会主义思想旗帜,深化落实创新转型发展战略,大力推进公司高质量、高效益发展。同时又提出,要努力建立服务社会经营体系,提高治理能力的现代化以及开展落实转型发展的总结、大检查等,以从根本上保障和推进高质量、高效益发展。请大家进一步研究落实。

(本文选自作者在公司2018年第一次临时股东大会上的工作报告)

第三章　创新驱动发展

导言：风景这边独好

创新是民族进步的灵魂，是企业发展的不竭动力之源。沧运在40年的发展历程中，坚持与时俱进、创新发展不停步。改革开放之初，面对全行业效益大滑坡、陷入困境的形势，实行客运、货运、汽车修理、多种经营"四轮驱动"，调整客运产业结构，货运"压普上特"，率先在河北发展了集装箱运输、港口集疏运输，稳定主营业务和员工收入。为了加快综合运输发展，又提出并实施了"三个转变"，即客运由单一旅客运输向客货兼营转变；货运由单一货物运输向物流转变；汽车维修业向汽车后市场全产业链转变；旅游业由国内观光游向国际游、休闲、度假游等转变。

在近几年经济新常态下，他们积极应对高铁等冲击，调结构、转方式，又推出以"全天候、门到门、个性化"为核心理念的"便捷行"服务新品牌，提出了"新沧运、新产品、新服务"的发展目标，推动企业走上了"+互联网""+大数据""+低碳型""+智慧型"的发展新路子。

苟日新，日日新，又日新。沧运以市场为导向的创新驱动发展，使一个传统道路运输企业焕发出新的朝气，产业结构、产品结构均出现重大变化，从单一客货运输转变为集公交、出租、旅游、物流、汽车服务、站场经营、新能源为一体的综合服务产业，一大批新服务产品、新业态、新方式提供给客户，服务社会的能力和核心竞争力显著提高。新沧运，风景这边独好。

争市场、抓改革，建立更加稳定的市场基础

1991 年 12 月 28 日

1991 年，我公司生产经营遇到严重困难，市场疲软、货源奇缺、成本暴涨、运价下跌、外部环境差，对我们构成巨大压力，加之年初正值一、二轮承包转换时期，一些干部心绪不安，生产组织不力，车况没有及时恢复，致使出现了一季度亏损 25 万元、上半年亏损 45 万元的被动局面。在这种极度困难的情况下，总公司和基层两级领导班子没有被困难吓倒，带领广大职工奋力拼搏，使运输生产自 6 月开始逐渐回升，到 9 月底扭亏为盈，预计全年能够完成既定目标。

1992 年是国家“八五”计划的第二年，是在经济上完成治理整顿任务，转向经济结构调整和提高效益上来的一年。对我们总公司来说，是承前启后、圆满完成二轮承包任务决定性的一年，也是我们面临更加严峻考验的一年。为此，在新的一年里，要以党的中央工作会议精神为指针，以深化内部改革为动力，以市场为导向，以提高经济效益为中心，切实打好增产增收、节支降耗总体战。加强企业管理，提高企业整体素质；进一步调整运力结构；大力改善、提高服务质量；加强思想政治工作和精神文明建设；继续搞好利益共同体建设，着力调动全体职工的积极性，团结拼搏，为全面完成 1992 年经营目标、摆脱困境、建设新沧运而奋斗。**主要奋斗目标为：**“一〇四三一”工程，即换算周转量 1 亿吨公里；重大责任事故为零；全员劳动生产率 40000 吨公里/人，单位成本下降 3%；利税增长 10%。

为实现上述目标，要认真抓好以下各项工作：

(一)集中力量组织好运输生产，实现增产增收

第一，在客运生产上，要充分发挥优势，挖掘增产潜力，推行单车、专线承包责任制，拓宽服务领域，狠抓运输纪律，强化生产指挥，使客运效益年内有一个较大的提高。为此，要抓好以下几项工作：

立足现有市场，优化客运班线，开辟新的长途班线。坚持以京、津、塘、石、鲁

为主攻方向,对现有班线逐条分析,保住盈利线,调整亏损线,力争达到车车有盈利、线线不亏损。在搞好调查研究的基础上,拓宽京、津两大客运市场,恢复和发展沧州至德州石家庄、任丘的公共式班车,继续搞好公铁分流。同时,积极开辟跨省、区长途班线,实现"南下北上"(江、浙、辽、沈)、"东延西伸"(胶东、山西)。

拓宽服务领域,提高服务质量。要以满足市场和旅客需要为宗旨,在继续组织好旅游包车、增开夜班车、夜宿农村班车的基础上,开辟小商品市场和农贸市场服务的班车。各站要努力增加服务项目,大力开展流动售票、电话订票、登门售票、增加售票网点,增大售票覆盖面。沧州中心站和站车合一的公司,要创造条件,开展接送旅客业务。开展多种形式的文明礼貌服务竞赛活动,以沧州站为试点,规范站、乘、司人员的服务标准,整顿运输纪律,纠正"冷、横、硬"的不良作风,杜绝谩骂、殴打旅客和见站不进、见客不拉等不良行为。

加快车辆更新换代,提高生产能力。为了更好地适应市场和旅客的需求,在1991年调整运力结构的基础上,1992年再投资500万元,以中、高档为主购置新车,将老牌解放客车全部报废淘汰,以增强市场竞争能力,提高市场占有率。

转换经营机制,推行单车、专线承包责任制。要认真总结过去的经验教训,学习兄弟单位的成功经验,积极稳妥地搞好这项工作,最大限度地调动司乘人员的生产积极性。在实施方法上要坚持典型引路,分步落实。

加强业务调度力量,强化客运调度。业调力量不足、客运业务人员缺少是影响我公司客运生产的症结之一。1992年,公司下决心抽调得力管理干部充实总公司客运处,各基层单位要把骨干力量充实业务部门,并且充实调整驻外业务人员,在京、津、塘、石等重点区域设立办事机构和配齐业务人员。切实加强和理顺客运生产指挥系统,进一步明确总调职责,赋予总调室生产调度权,各基层公司必须服从总调室的统一指挥。同时,要继续贯彻坚持"五指并拢、攥紧拳头、减少内耗、一致对外"的思想,增强各单位团结协作的精神,克服小团体和本位主义思想,自觉服从总公司整体效益,彻底纠正那种"打内战"、互相掣肘现象,反对和彻底纠正那种"借用外力整内部"的卑劣行为。

第二,在货运生产上总的指导思想是:继续贯彻总公司《关于加强货运生产管理的决定》,以扭转亏损为基本目标,以抓货源为主攻方向,以降低成本为重点，调动货运公司全员的生产积极性，奋力拼搏脱困境，货运周转量实现4600万吨公里，单位成本降低5%。力争全年不出现亏损单位。为此应抓好以下几项工作：

克服畏难情绪，树立战胜困难、扭转亏损的信心。必须从各级领导做起，发扬共产党人不畏困难、一往无前的英雄气概，继续弘扬“只要思想不滑坡，办法总比困难多”和“市场滑坡，精神振奋”的精神，克服畏难情绪，树立自力自强的信心。我们应当以积极的态度，客观地分析明年货运市场的变化，看到搞好货运生产的有利条件。从宏观上讲，国家治理整顿已经结束，基本建设和对外贸易将有所回升，对大中型企业的扶持政策正逐步出台。同时，总公司明年将继续发动全员组货，并给货运公司一定的优惠政策，增加投资用于车辆更新改造。因此，明年货运生产经营的环境将好于今年。各货运公司要正确对待困难，正视自己存在的问题，靠自己的力量开拓市场，向内部管理挖潜力要活力，明确奋斗目标，制定有力措施。各单位领导班子首先要统一迎难而上的思想，同时要发动群众，特别是要发挥共产党员、共青团员的模范先锋作用，切实克服悲观泄气、怨天尤人等消极情绪，把干部职工的注意力引导到斗困难、渡难关、争市场创效益上来。

以抓货源为重点，巩固拓展现有阵地，开辟新的货运市场。

调整运力结构，发展特种运输。在1991年调整运力结构的基础上，1992年计划投资以增加异型车和大吨位车、零担车、集装箱车为重点，进一步改变车型单一的现状，使特种车队形成雏形。货车调整以现有车辆改造为主，新车购进为辅。在增加新车的同时，报废淘汰老解放车，以适应市场需求，解决有货无车拉的问题。

继续搞好零担运输，进一步落实总公司《关于发展零担运输的决定》。有关单位和部门要通力合作，使零担运输上一个新台阶。零担公司要进一步延伸零担班线，积极协助各汽车站开办零担业务并以各县站为中心，扩大零担网点，尽快形成全区零担运输网络。要提高业务能力，扩大服务范围，保证服务质量及时、正班，提高信誉，逐步实现门到门运输，以质量争取效益。

给政策，断后路。总公司领导经过反复讨论，考虑到货运市场现状和实际困难，决定采取给政策、断后路的办法，以促使货运公司摆脱困境。所谓给政策，是在充分考虑市场运价下浮、货源缺乏、车辆老旧、负担较重等实际情况，以减轻货运公司压力、激发其积极性为目的,采取以下几点措施。一是将1991年下放给货运公司的分摊管理费收回,由总公司负担,仅此一项就可以减轻货运公司负担85万元。二是将上年承包指标下调为持平,这一项减轻了37.5万元的压力。三是允许各货运公司在分散作业的情况下,实行单车或班组承包。四是允许裁减下来的人员自谋生路和内部待业,但须报方案经总公司批准后方可执行。五是充分利用现有厂房、场地、人员、技术、设备等条件,发展多种经营,多方面组织收入,减少开支。

所谓断后路,就是以下达的持平指标为基准,凡不发生亏损的单位,除享受基本工资外,总公司照顾按人均20元奖金的水平发放,实现利润则按承包合同规定的原则分成。如果出现亏损,承包集团成员将相应减少风险津贴,职工免发奖金,亏损严重的,减发基本工资,直至发生活费为止。

(二)深化内部改革,从根本上调动全员劳动积极性

党中央、国务院把深化企业内部改革作为搞活大中型企业的根本措施来抓,1992年要加大企业改革的分量,我们以搞活企业、转换内部经营机制、调动职工积极性为目的,下力量抓好内部改革,重点抓好以下几项工作:

第一,以打破“铁工资”为中心,搞好分配制度的改革。学习唐山一运改革经验,从触动基本工资入手,把死工资变为活工资,解决劳酬不公、劳酬脱节,干好干坏一个样、干多干少一个样的问题。在客运生产上要实行以定收入、保车况为中心内容的单车、专线承包责任制。在货运上对没有货源保证的地方实行以包收入、保车况为中心内容的班组、单车承包责任制。为此,总公司成立专门机构抓这项工作,在认真调查研究的基础上,一季度拿出方案抓好试点,逐步推开。

第二,逐步推行用工制度的改革,有计划、有步骤地实行干部层层聘任,能上能下;职工择优上岗,优化劳动组合。建立职工公司内待业制度,上半年拿出方案,下半年先实行试点,取得经验后再逐步推开。

第三,在原有集资建房的基础上推进住房改革,以出售旧房和建商品房为目标前进一步。整体住房改革工作要按照地、市统一部署,选择适当时机进行。

上述改革要在总公司统一部署下进行,并要充分考虑企业的生产经营及财力等实际情况和职工的承受能力。在做好宣传发动的基础上,做到积极稳妥,提高成功率,避免出现大的失误。

(三)大力发展多种经营,创效增利

经过近几年的努力,我公司多种经营已初具规模,成为企业四大经济支柱之一。1992 年要继续认真贯彻落实总公司《关于发展多种经营的决定》,把多种经营的开发作为我公司摆脱困境、求得发展的出路之一来认识,加强领导,引进人才,大干快上。

(本文节选自作者公司在 1992 年工作安排暨首季开门红动员大会上的讲话)

大力推行单车风险抵押承包(租赁)

1993年4月19日

单车承包租赁是转换企业经营机制的重大改革,根据总公司总体方案,各基层公司精心组织,反复测算,制定了本单位的承包方案。七公司从去年开始就大胆尝试,率先迈出了第一步。1993年,总公司以一、九公司为试点,取得了成功经验,推动了面上工作的开展。截至4月10日,总公司已包出377部,占应包车数的90%,其中,客车已包出223部,货车包出154部。单车承包租赁一经推行就显示出旺盛的生命力,可谓起到"吹糠见米"之成效,一是在企业机制转换方面跨出了一大步,既保留和发挥了国有企业规模经营实力强等优势,又吸取了个体灵活经营、竞争手段多等优点,提高了我公司在运输市场的竞争能力。二是职工由生产者变为生产经营者,成为参与市场竞争的主体,驾乘人员的参与意识、风险意识、竞争意识大大增强,职工的积极性大大提高。三是车辆运行效率大幅度提高,一向被大家担心的"拼车况"变成"爱车",对行车安全起到保证作用,多年靠行政命令难以解决的随意脱班、晚点、甩客及车辆私用等现象很少见了。四是企业的经济效益显著增加,职工个人收入明显提高,从已承包的客车标底测算,总收入提高20%以上,货运收入也出现意想不到的提高。随着时间的推移和管理工作的加强,单车承包租赁的巨大威力将会更加明显,更加富有成效。

在单车承包租赁过程中,总公司和各基层领导都做了大量的工作,取得了一定的经验,主要是:

第一,层层统一思想,转变观念,全力推进。总公司把单车承包作为一季度重点工作,组织各方面力量下大力气抓。年初,总公司就由主管经理带队,先后组织基层领导和有关人员到济南、蓬莱、临汾等地参观学习,开阔了眼界,学到了方法,总公司实行主管领导"改革、生产两手抓",其他有关领导下基层重点帮助,加强了对单车承包租赁的领导。各基层单位一把手都亲自抓,并组织了专门班子进行测算、指导。由于上下步调一致,全力推进,我们单车承包租赁打了一场漂亮仗。

第二,以点带面,精心指导。总公司主管领导亲手抓了一、九公司两个试点,特别选定在车辆多、线路复杂、单车承包难度大的一公司重点突破,一公司领导班子决心大、工作细,用半个月的时间基本搞完,影响和带动了其他单位。各单位领导及时掌握职工思想动向,发现问题及时解决,使工作秩序井然,职工情绪高涨。总公司用点上的经验指导面上的工作,先后召开三次经验交流会、研讨会,及时解决承包中出现的新问题,使整个承包工作健康发展。

第三,狠抓管理,单车承包一开始,总公司就提出"管理要跟上"和所有规章制度要向单车承包租赁制定配套办法,研究和解决单车承包中出现的新情况、新问题。客运、货运、机务、财务、安全五个处室都拿出了相应的配套办法,使总公司单车承包租赁得以顺利进行。

第四,紧紧依靠职工群众。各单位都将各自的承包方案和合同书传达到每一个职工,组织职工认真讨论,使职工了解承包的指导思想、程序、方法、原则,让职工在理解的基础上自觉地积极投入承包。党、政、工、团组织一起有针对性地做好职工的思想工作。各公司都召开了党员和领导骨干专门会议,发动党团员和科股级干部分片承包,带动职工积极参与承包,并对落标驾乘人员及时做疏导工作。群众发动充分,思想工作细致,是这次单车承包租赁改革成功的基本经验之一。

当前,有些单位领导对总公司"两多一全"的经营战略理解不够深刻,个别中层干部对超常发展缺少魄力,上新台阶的劲头不够足,工作起色不大。改革中少数领导思想落后于群众,没有按总公司的部署完成单车承包租赁任务,影响了大局,形成"中梗阻"。有少数几个单位生产经营组织不得力,抓得不紧,聚财、生财、用财办法不多,效益不好,有的没完成进度计划,有三个公司出现了亏损。少数单位管理费超支、运费拖欠等比较严重。因此,下一步要继续深化改革,搞好全方位承包和人员分流工作。

改革要以转换企业经营机制,自觉走向市场为主线,继续抓好单车承包租赁的巩固和完善工作,单车承包租赁作为一种机制,我们刚刚迈出了第一步,仅完成了指标承包。许多先进单位经验证明,巩固和提高完善工作是单车包租赁中更细致、更艰巨的工作。因此，各级领导不能有任何松懈情绪，要下真功夫抓巩固、提高、完善工作。特别要研究解决好单车承包租赁后的合同管理、分配、动态调整车辆管理、稽查以及班线租赁。总公司上下健全制度，如建仲裁机构，处理承包中的有关问题，使承包租赁逐步纳入规范化、科学化管理，对少量未承包租赁的车辆还要千方百计落实下去。

要抓好全方位承包。所谓全方位承包、就是要在搞好单车承包租赁的基础上，对站务、修理、油材料、后勤、多种经营等实行不同形式、不同内容的承包经营责任制，形成总公司全员、全面、全方位承包经营。首先要做好职工的思想政治作，使广大职工认识到，推行全方位承包是企业适应市场的需要、是提高企业的整体效益，转换企业经营机制的需要，是解放生产力，充分调动职工生产积极性的需要，从而增强广大职工实行全方位承包的自觉性和紧迫感。实行全方位承包特别要注意坚持“双向承包”，以服务内部为主的原则在搞好本企业工作的前提下，对外创收。如修理车间，要保证内部车辆修理；后勤要确保为职工、为单位服务；稽查要抓管理，以查内部车为主。

要认真贯彻已出台的“三项制度”的改革办法，完善负亏机制、激励机制和约束机制，特别要研究落实单车承包租赁后的分配和用工制度问题。总公司机关改革正在按照兴办实体、分流人员做实质性工作。

各单位对外经营创收要纳入多种经营体系管理，单独立账，不能混收混支。为了减轻“车轮子”负担，增强竞争能力，从总公司到各基层单位，凡为多种经营办事，其差旅费、招待费等，均由多种经营账户列支。从事多种经营管理人员的工资、奖金等费用，也要从多种经营收入中开支。

要切实测好基数，并坚持招标风险承包，推行优化组合，双方选择，竞争上岗。要正式签订承包合同，不能搞“君子协定”，承包合同要经过单位领导班子集体研究，合规合法，防止日后不必要的经济纠纷。三是关于人员分流工作，在1992年10月21日召开的多种经营工作会议上，提出总公司分流707人的目标，目的就是精干主业，减轻“车轮子”负担，组织富余人员搞多种经营。各单位要认真研究，按照总公司的部署，结合本单位实际，尽快制定出本单位人员分流的具体方案，这方面要注意以下几点：

要坚持先挖渠后放水的原则，大力开发多种经营项目，兴办各类摊点，使分流出的人员有业可就,有岗可上,各得其所,各展其能,在各个岗位上为企业做贡献。除少数不听从组织安排、无理取闹者外,不能轻易对职工停发工资,推到社会上去,以稳定职工队伍。

要认真清理冗员。除企业确实需要者外,其余要尽快辞退,腾出岗位,安置富余人员。总公司由劳人处牵头,把清退临时工的工作做好,同时,各单位对长期不上班的闲散人员;对明里暗里搞“第二职业”、损公肥私的人员,对从事与公司竞争业务,损害企业集体利益的人员,对个人在外挣大钱,享受集体住房、水电、医疗费等优惠的人员,要进行一次全面清理。可发动职工群众举报,清查分类后交广大职工讨论并提出解决办法。对停薪留职和息工人员,要坚持自愿的原则,先由个人申请,领导审批后,签订协议,不能一走了之。为确保人员分流工作正常进行,严格控制调入人员,除个别特需人员外,实行人员冻结。

(本文节选自作者在总公司 1993 年改革动员大会上的讲话)

公路运输企业脱困境求发展之对策

——沧州运输总公司迅速崛起的奥秘剖析

1995年12月

近几年来，沧州运输总公司暨沧州运工贸（集团）总公司在运输市场全面放开，竞争日益激烈、成本猛增、经营环境多变等艰难情况下，内抓改革，外拓市场，取得了优异成绩，从困境中冲杀出来，综合效益连续三年跃居全省同行业前列。1994年实现营收9299万元，创利税280.1万元，分别较上年增长22.3%和22.5%，连续5年荣获沧州市双文明单位，1994年历史上首次被河北省委、省政府命名为双文明单位。这个公司是建国初期成立的，企业老、负担重、包袱沉，仅离退休职工就达800多人，占全员的四分之一，年工资、医疗费等支出达300多万元，车辆更新资金匮乏，职工收入较低。更由于集体、社会、个体车辆冲击，使运输效益大幅度滑坡，企业濒临亏损，一些基层单位难以为继。特别是90年代塘沽主要货运阵地“失守”，500万元收入丢失后，企业陷入困境，经济效益跌至最低谷。从全国、全省来看，国有公路运输企业大都面临这样的困境。有志之士在思索，在探求，公路运输企业的出路何在？沧运三年的重新崛起和发展，恰好回答了这个问题。那么，这个企业迅速摆脱困境，求得新发展的奥秘在哪里呢？

一、调整产业结构，实施“两多一全”经营方略

多年来，沧运单靠运输业生存，靠“车轮子”吃饭。进入市场经济后，这种单一的经营结构，严重制约了企业的发展。就运输业本身来讲，也有个如何适应市场、有利竞争、提高效益的问题。1991年初，总公司一班人南下北上，学习参观，调查研究市场，最后果断决策：打破单一经营模式，实施“多元化经营、全方位竞争、多产业创收”的经营发展战略。他们通过召开中层干部会、在全体员工中开

展“企业如何脱困境、求发展”的大讨论以及办学习班等形式，澄清了搞多元化是“离经叛道”“冲击主业”等模糊认识，统一了人们的思想。几年来，他们依照“稳定发展运输业，拓展交通工业，大上多种经营”的指导思想，认真进行了产业结构的调整。

经过三年的努力，企业经营格局逐步由单一的运输业转为运工贸齐发展，走上了多元化经营的新路子。运输业是他们的骨干和优势产业，按照“围着市场转，围着用户干”的思想，坚持“上客调货”“压普上特”，努力实现由普通运输向特种运输的转变，从而在竞争中求发展。客运开通了沧州—石家庄、天津等骨干线公共式班车，开展了多类集贸市场专线运输，组建了旅游出租公司和公交旅行社，进一步拓宽了服务领域，增加了创收渠道。货运重点发展集装箱和零担、土石方工程等特种运输，其收入已占货运收入的85%。通过购置、改装、联营等途径，形成了拥有72部特种运输车的第一个特种车公司，由原来连年亏损到1994年实现利润26万元。为使运输业更加适应市场，利于竞争，他们对运力结构和运力布局进行了调整。在运力结构调整上，先后投资1800万元购置、改造车辆256部，淘汰了170部效益低、市场竞争能力差的普通车。截至1994年底，客、货车比重由1991年的1:1变为2:1，货车中特种车的比重由1991年的4.3%发展到45.6%，运力结构逐步趋向合理。根据市场变化，还调整了运力布局。为适应黄骅港建设的需要，将原为华北油田服务的驻任丘四公司挥师东进，与驻黄骅原六公司合并，并成立了土石方工程公司；原货运六公司与二公司合并，同时，把部分分散不便经营的货车也调配到二公司，使运力更加集中，挖掘了潜力，增加了收益。货运由1991年亏损171万元到1994年实现利润46万元，彻底扭转了亏损的被动局面。交通工业努力转型变轨，由以内修为主向内外修结合转变，由以修普通车为主向修高档车转变，由以修为主向修造结合转变，一改过去的“配角”地位。先后投资700多万元，上了桑塔纳、标致、一汽、二汽、进口车修理、北京专修等15个新厂站。桑塔纳维修站现已成为总公司创利大厂，人均创利1万余元。1994年建成的轿车修理厂在激烈的市场竞争中迅速崛起，1995年1~10月份实现利润33万元。目前，全公司已形成“五厂”“十六站”为龙头，各县市修理厂为辅助的修理网络，使一度濒临倒闭的修理业一跃成为总公司发展后劲最强、创利最高的支柱产业。1994年交通工业创产值4200万元，实现利润164.5万元，分别比 1991 年增长 7.2 倍和 8.8 倍。多种经营改变过去认为是“副业”,可搞可不搞的做法,把这一产业作为一大经济支柱来抓。为促进其发展,总公司明确了一名副总经理主抓这项工作,健全了上下统一经营的管理体制,基层大单位设立了多种经营办公室,并明确了一名分管领导。总公司制定了“多种经营办法”和“五引进奖励办法”及基层多种经营利润“不上收、不年调”等宽松的优惠政策,使之迅速得到发展。几年来,充分利用公司的地理位置优越,人员多、交通方便等得天独厚的条件,围绕运输业发展起饮食服务、对外修理、油料和汽车配件经销、房地产开发等 10 个系列、31 个经营品种。沧州站打开新华路临街窗口,改建了 14 间商业门市,装修了歌舞厅,筹办了饭店,上了电脑服务部,年创利 50 余万元。目前,总公司多经摊点由 1990 年的 35 个发展到现在的 185 个,从业人员由 250 人发展到 950 人,年创利税 210 万元,多种经营总收入达 2698 万元,占全公司营业收入的 34%,成为沧运“擎天一柱”。1992 年 10 月,经上级批准,成立了运工贸(集团)总公司,标志着总公司运工贸经营格局初步形成。

二、转机建制,建立适应市场的灵活运行机制

多年来,基层吃总公司大锅饭、个人吃单位大锅饭、各部门之间职责不清、内部分配不明、机构臃肿、人浮于事的现象,严重制约了企业的发展。沧运本着“加快步伐,加大力度,大胆探索,积极稳妥”的原则,认真进行了企业经营机制的转换,努力使经营机制更加适应市场经济的需求,在市场竞争中求生存,谋发展。

第一,改体制给政策,搞活基层。为最大限度地调动基层班子和广大职工的生产积极性,使之更加放手、更加自主地搞好生产经营,总公司本着“宏观控制、微观放开”的原则,给基层下放了生产经营决策,人事用工、工资分配、车辆和物资采购等 20 多项权力。总公司重点抓好“四个一”,即一个领导班子、一个承包合同、一个大的投资政策、一个重大问题的协调服务,总公司机关把主要精力转到了制定政策、协调服务、指导监督、检查落实上来,不再直接插手基层生产的具体事务。通过放权,使基层成为参与市场竞争和自负盈亏的主体。总公司机关也为此进行了机构改革,将原来 17 个处室 207 人减少到 10 个处室 82 人,每年减轻基层负担 50 多万元。充实加强了生产经营部门的力量,使生产经营系统更加

精干,更加有活力。同时,建立并坚持了以综合效益为主的考核制、风险抵押等制度,并设立了“总经理特别奖”,逐月考核,及时兑现,使之与工效挂钩,加强了责任,加大了激励。还制定了一系列鼓励基层发展的优惠政策,如自购车优惠办法、引资奖励办法、上项目优惠政策等。单车租赁中,又给客货公司注入了 279 万元流动资金,使之有了新的生机和活力。这样,基层等、靠、要观念大大弱化,自我发展意识大大增强。1994 年以来,共自筹资金 800 余万元,用于购置车辆、设备等,壮大了企业实力,增强了发展后劲。货运二公司在去年自己贷款 270 万元,购置 10 部集装箱运输车的基础上,今年又筹资 150 万元,购置、改装了 7 部集装箱运输车,运行一年创利达 80 万元,扭转了仅靠老旧车苦撑,连年亏损的局面。

第二,推行租赁经营,搞活单车。他们按照现代企业制度的要求,并结合企业实际情况,大胆探索了产权制度的改革。1992 年推行了单车专线经营责任制,1993 年,全面推行了单车承包。1994 年,经过市场调研,特别是总结单车承包经验教训后,按照“国有民营、产权明晰、管理科学”的思路,认真推行了单车租赁经营。其原则是:国有车辆,个人经营,交纳租金,费用自负,基数上交,剩余全留,租赁期满,产权归己。共租出客车 317 部,占车辆总数的 94%。普通货车也大部租赁。通过完善制度,加强管理,单车租赁已走上健康发展的轨道,有效地调动了司乘人员的积极性,使企业更加适应市场,适应竞争。随后,各基层单位又将站务、修理、油库、职工食堂等辅助单位全部实行了租赁或承包经营,内部往来一律现金交易,形成了内部模拟市场,减少了资金占压,增加了基层活力。通过推行以单车租赁为主的全方位租赁经营,使职工由生产者变成了生产经营者,由“雇工”变成了“老板”。他们自觉走向社会大市场,搞竞争、创效益,使总公司真正出现了“职工人人上市场,个个搞竞争、方方面面抓制度”的生动活泼的喜人局面。

第三,推进三项制度改革,建立“三能”机制。为深化分配、用工、人事制度改革,在工资分配方面,总公司对基层单位进一步建立完善资产经营,实现了工效挂钩管理,使各领导班子成员和职工收入都拉开档次。一线职工普遍实行了劳酬紧密结合的效益工资制,管理人员实行了岗位职责、效益浮动工资制。为解决承包中负盈不负亏难题,总公司制定了《关于加强负亏机制的管理办法》,对完不成营收指标或造成经营性亏损的单位给政策、加压力、断后路、减发全员工资,并与职工工资调整挂钩。同时，结合三轮承包，推行了全员风险抵押制度，形成了基层单位“超收分成、歉收自补”，职工收入紧紧与本单位效益和本人职责挂钩的亏损自负风险机制。新的分配制度，搞活了内部分配，打破了“铁工资”，体现了“效率优先、兼顾公平”的原则，激发了职工的生产积极性，大大增强了驾驭市场的能力。在劳动用工方面，推行了动态劳动优化组合，单位按工作需要定编定员，然后实行兵将互选，双向选择，竞争择优上岗。对主要工种推行了年度升级和考试考核制度。这样，精干了一线队伍，调动了职工学习技术的积极性，增强了上下团结。同时，建立了内部劳务市场，出台了《安置富余人员管理办法》，使全公司组合中落聘人员有岗可上，有业可就，有钱可挣，并保持了1%左右的待业率，使职工有了危机感，破除了“铁岗位”，促进了人才流动，形成了职工能进能出的局面。在人事方面，全面推行了干部和专业技术人员聘任制。总公司对基层、基层对下属车间、科室负责人普遍实行层层聘任，年度考核，打破了干部、工人身份界限，坚持择优选聘，选贤任能，不搞职务“终身制”，实行聘任制后，责、权、利密切结合，上岗劳酬同步，下岗易岗易薪，使干部能上能下，搬掉了“铁交椅”。

第四，改革后勤管理，剥离辅体。随着社会的发展，市场经济体制的确立，企业办社会使企业背上了沉重的包袱，耗费了领导班子大量的精力，增大了企业成本，严重制约着建立现代企业制度的步伐。沧运“一班人”在深入调查研究的基础上，按照“精干主业、剥离辅助”的原则，对运输、修理等骨干产业实行以优化组合为内容的精兵简政。先后将物资供应处、后勤基建处、职工医院、教育中心、机关食堂、幼儿园和俱乐部等采取逐步“断奶”的办法推向市场，由单纯为企业服务变为既对内服务又对外创收双重职能，不仅为公司减轻了工资、奖金、医药费、管理费用等104万元的负担，还年创收210万元。

三、发挥优势，构筑新的经济增长点

为进一步增强企业的综合发展能力和市场竞争能力，沧运积极发挥自身优势，大胆向有利于自身发展壮大的行业、产业延伸和渗透，拓宽服务领域，自觉促进自我发展。总公司根据市场发展形势，在总结实施“两多一全”经营战略的基础上，提出并实施了“外向带动”战略，努力向外向型企业推进。

第一,向运输业延伸服务发展。客运上,组建了沧州第一家旅游出租公司,成立了沧州公交旅行社,购置中小型和豪华客车,拓展了多种旅游出租业务,年旅游收入达 30 多万元。还开办起国际旅游业务,打入了国际旅游市场。货运大力发展特种运输。与天津华丰工业公司联合投资 750 万元,组建了联营集装箱运输车队,年可实现营收 1000 万元,创利 300 万元。同时,与北京东亚新兴经济发展中心组建了联合土石方工程队。由对方提供车辆和货源,总公司负责提供司机和日常经营管理,年可获利 25 万元。联营集装箱运输车队和联合土石方工程队的成立,拓展了总公司货运阵地,壮大了集装箱运输和土石方工程运输的实力,为总公司货运跃上新台阶奠定了基础。还办起了货物配载中心,与省内外 30 多个城市联网,搞起信息、住宿、就餐等一条龙服务,并开办了代售车船票等业务。一些基层单位开展了商贸、储存和“回代”业务,逐步向运工贸方向发展。

第二,抓机遇,上拳头项目。高级轿车修理在沧州是个空档,而且沧运又有场地和技术优势。于是抓住上海大众汽车公司在沧州建特约维修站的机会,总公司主要领导三下上海,多方争取,迅速筹资建设,仅 8 个多月就完成标准厂房建设和设备安装,1993 年 9 月正式营业,当年盈利 31 万元,1994 年创利 122 万元,今年,在全国 163 个桑塔纳特约维修站检查评比中,名列第八名。接着,又投资 200 多万元,上了标致、切诺基为主的轿车修理厂。还出资 40 万元买回进口车修理厂。总公司三大轿车修理厂,月承修轿车 1500 多辆,形成三足鼎立称雄之势,轿车修理率达 76%,基本垄断了沧州高级轿车修理市场,并辐射到北京、天津、保定、衡水及德州、滨州等地。靠这种优势,赢得了多家合作,首先与北京公司联营,在北京建起了长空高级轿车修理厂,并已开始试营业,日进车 10 余台次,且是逐渐上升趋势。

第三,上短平快服务项目。沧运充分发挥国有运输企业交通方便、房地产多、人流密集及人才技术等优势,不断拓宽新的经营领域,大力发展投资少,见效快的短平快项目。1993 年开发利用旧礼堂组建起沧州汽车配件销售中心,现已发展到经营品种 3000 个,年营业额 1800 万元,创利 110 万元的规模,成为沧州经营品种最全,效益最好的配件销售企业。今年该中心又组建了第二、第三销售厅,增加了经营品种,拓宽了销售范围,进一步拓展了市场。1993 年利用原机关大院兴建了小工业品批发市场,成为沧州市三个年营业额超亿元的市场之一,年创综合效益60多万元。汽运七公司利用汽车站楼房与天津针织有限公司合资建了针织厂,年可创利10万元。近两年,围绕运输共新增项目70余个,新创利税180万元,安置富余人员,稳定了职工队伍。

四、抓好党建，促进企业发展

深化改革,办好企业,离不开党的领导。充分发挥党组织的政治核心作用,是企业改革和发展的重要保证。为此,沧运提出了“围绕经营抓党建,抓好党建促经营”和“两个文明一起抓,两个文明一起要”的总体工作思路,狠抓党建工作,充分发挥1382名党员和30个党支部的政治核心作用和先锋模范作用,使其在企业的发展中起到了巨大的推动作用。在具体工作中,实行党政工领导“四个一起抓”,即物质文明与精神文明、生产经营与企业改革、思想工作与业务工作、职工队伍与骨干力量一起抓,形成领导班子抓两个文明建设的合力,避免了“一手软、一手硬”的现象。同时,认真加强思想政治工作,围绕生产经营广泛开展了创建文明单位、文明大院、红旗车、雷锋车、党员司机单车创利以及多种职工文体、知识竞赛等活动;坚持用先进典型的力量推进工作,年年总结、宣扬树立十几个方面的标兵,平时十分注意发现多类先进典型,如:外出主动揽客创收的张家堂;见义勇为的马佳良、康庆祝、郭宝营;敢改革、善经营的高银起等,都及时发现,并大力宣扬表彰。起到了鼓励先进、扶植正气、鞭策后进的作用。特别是总公司抓住于连发的典型事迹,大力进行宣扬,极大地鼓舞了总公司广大职工的工作热情,全身心地投入到振兴企业的行列中来。

企业改革的不断深化,新经济增长点的不断增加和发展,使沧运形成了多产业、多支柱,进一步增强了经济实力和抵御市场冲击的能力,从而保证了该公司在激烈的市场竞争中站稳脚跟,并不断取得新发展,也为公路运输企业的重新崛起提供了思路。

(本文为作者在中共中央党校函授学院1993级本科班毕业论文)

树立与市场经济相适应的经营观念

1999 年 4 月 4 日

找准企业定位目标,是企业发展的前提。企业要想取得进一步发展,在市场竞争中争得主动,必须转变传统的经营意识,树立与市场经济相适应的经营观念,找准企业定位。只有定位准确,才能明确企业是干什么的?为谁服务?该干什么、不该干什么。经营者对此要弄明白,企业才能沿着正确的路径前进。我们的企业是服务业,是主要为社会提供客货运输服务的。我们的着眼点必须面向社会、面向旅客、面向群众。他们需要什么,我们就干什么;他们要求什么服务,我们就提供什么服务。

在计划经济向市场经济转变过程中,有些同志的市场经营理念还没有真正树立起来,还囿于传统的经营观念中。为此,必须树立与市场经济相适应的发展观念、开放观念、效益观念、网络观念、市场观念、质量观念。

所谓发展观念,就是要深刻领会发展才是硬道理的思想,坚持不间断地上新台阶,不能满足和停步;所谓开放观念,就是要打破封闭的经营模式,搞经营成分多元化,在对外政策上要灵活,走向社会大市场参与竞争;所谓效益观念,就是要真正强化抢占市场、抢抓收入,为企业创造高效率、高效益,并为社会提供高质量服务;所谓网络观念,就是要着眼于规模效益,充分发挥自身优势,上下左右联网,联手争得更多的市场份额;所谓市场观念,就是一切经营行为都要围绕市场转,跟着市场变,市场的需要就是企业经营的方向、目标;所谓质量观念,就是持续精心提高服务水平,争名牌、铸诚信,赢得更多客户,赢得社会赞誉。

大家都要想一想,是不是真正树立了这些新的思想观念。事实证明,一些单位的经营工作没有做好,关键还是思想观念转变不够,还没有树立起强烈的市场意识,没从计划经济旧有模式中解放出来。这是当前全司思想政治工作一个新课题。

(本文节选自作者在公司1999年一季度生产经营分析会上的讲话)

精心打造高品质、智能型道路运输企业

2002 年 12 月 16 日

党的十六大提出，科学发展要创新思路，要走出一条适应中国特色新型之路。道路运输企业如何落实十六大精神，走出更高品质、智能型发展的路子？我认为，用集约化、规模化、智能化全面提升和改造企业，是传统道路运输企业向现代化发展的有效途径。

沧运集团是一家具有 50 多年历史的老企业。几十年来，已发展成为河北省内规模大、实力强的道路运输企业，特别是改革开放的近十几年来，通过持之以恒地实施“多元经营、外向带动、人才开发、名牌兴司、科技创新”等五大发展战略，企业逐步建立了与市场经济接轨的经营机制和管理体制，步入了持续、健康、快速的发展轨道，整体经济效益连续 8 年位居全省同行业前列，跨入全国行业先进行列，为促进沧州的经济发展和社会稳定做出了一定的贡献。进入 21 世纪，随着经济全球化的加剧、知识经济时代的到来和新科技革命的迅猛发展，社会要求交通运输提供更加可靠、快速、便捷的运输服务。道路运输企业面临新的挑战和机遇。我们唯一的选择就是要以党的十六大精神为指导，全面贯彻落实新发展观，精心把企业打造成高品质、智能型的新沧运，坚定地走集约化、规模化、智能化的发展新路。

集约化，就是要求我们把企业“做强”。“强”是企业核心竞争力的关键。经过多年的发展，沧运集中了一大批的“高、精、尖”车辆、机具设备等，占据着沧州道路运输市场、汽车修理市场的主导和龙头地位。客运方面，高一级车辆从 5 年前的 2 部增加到现在的 109 部，中一级车辆从 5 年前的 30 部增加到目前的 370 部，普通中巴车已达 260 部，60% 以上的车辆均有空调设施，新车率达 90%，营运里程由 5 年前的 21000 公里增加到现在的 56000 公里，班车线路覆盖由 5 年前的 5 个省市增加到现在的 11 个省市，在沧州至北京、天津、济南、石家庄等地均开通了公共式高客班车,高客班车线路延伸至上海、太原、唐山等地。我们决定继续加大车辆更新力度,在3年内使高一级车辆达到300部,中一级车辆达到600部,形成区外高档化,区内中档化的运力布局。这样,乘客出行将更加便捷舒适,企业竞争力将不断提高。货运已基本摆脱了传统运输,重点发展现代物流运输和特种运输。目前,22部国际一流、价值2000多万元的沃尔沃、雷诺物流车辆已经到位,并拥有沧州最大的汽车吊、正面吊等物流装卸机械,不同吨位、不同类型的物流车辆和特种运输车辆近千部,可为社会提供超批量、超大型、超特型的运输服务。目前,我们正在谋划沧州现代物流园区建设。修理业以国内汽车制造厂家为依托,已兴建了20多家特约维修场站,并拥有沧州顶尖的修理人才和修理、检测设备。随着国内外市场变化和社会的新需求,我们将大力对修理业进行整合,以形成"四位一体"(即汽车销售、配件供应、修理、售后服务)的经营格局,进一步凸显修理业的"老大"地位。

规模化,就是要求我们把企业"做大"。"做大"就是把企业打造成不惧任何风险的"航空母舰"。沧运已成为一家集运工贸为一体的大型道路运输企业,拥有总资产3.2亿元,是10年前的6倍,下辖4家分公司,28家控股子公司,10家参股公司,3家协作成员单位,拥有客货营运车辆1600多部,维修设备1200台套,除了从事公路客货运输、汽车修理外,还延伸至整车和配件销售、物流信息服务、餐饮服务业、市场批发、房地产开发等经贸产业。近几年,我们咬定发展不放松,陆续兴办了一大批新项目,使企业规模不断扩大,企业实力和后劲不断增强。如组建了河北高客沧州公司、新国线沧州公司、沧州现代物流公司、沧州国际集装箱中转站、车站工业品批发市场、货物快递中心、货运信息服务中心等,并在北京组建了总公司,先后在京兴办了京沧汽车修理公司、天马旅行社、写字楼租赁经营、加盟交通国旅和现代物流研究院等,形成了跨行业、跨所有制、跨区域的企业集团。党的十六大召开后,给了我们新的启迪,决心科学发展,乘势而上,把企业进一步"做大",我们已确立了以大本营沧州为轴心,以京、津、石为节点的开发圈,抽调精干力量,全力拓展开发运输业及相关产业,并努力向国内外大市场进军,掀起第二次创业新高潮。

智能化,就是企业应用现代化信息技术,大力发展智能交通系统。我们公司已推行微机应用向办公自动化发展,沧州和部分县市客运站已实现了微机售票、检票、车辆调度、进站报班,货运建立了配货网站,与全国40多个重要城市实现了货运联网,实现了“网上交易”。2002年,投资100万元建立公路运输企业管理信息系统,并在高客车辆和物流车辆上安装卫星定位系统,对营运车辆进行安全、效率等方面的全程监控方式和现代管理技术推行,随着互联网应用,现代运输企业就可逐步实现智能交通运输的目标。

(本文刊载于2002年12月16日《新沧运》报)

学习落实“十六大”，做大做强新沧运

一、认清形势，拓宽思路，抓住大事要事，推进企业快速发展

当前,我们面临着喜人又逼人的新形势。就国内外形势来看,世界经济开始复苏。“入世”第一年,我国迈向国际舞台中取得了辉煌成果,经济保持了持续、健康、快速的发展势头,全国上下通过学习,落实十六大精神,焕发起全面建设小康社会的热情。就交通行业说,改革和发展的步伐在加快,大、中型企业产权制度改革全面展开,随着企业经营资质评定,一批区域、省际间的运业集团组建并运营,向现代化进军,增强国际竞争力形成一股潮流。就外部环境说,各级政府职能在转变,企业经营环境正发生着质的变化,今年市委把优化环境、扩大招商引资列为全年工作的重点,这将为企业发展搭建更大舞台。就我们企业内部说,我司已连续十年经济效益稳定增长,两个文明建设全面进入省级先进序列,企业改革发展、文明站、武装工作、经贸开发、质量管理等进入全国先进行列。去年我们制定的“五大突破”的目标基本实现,企业发展尤其是主营运输业发展势头强劲,后劲明显增强,高速客运、文明站、特种货运、物流信息等效益好、信誉高的知名品牌涌现,大批忠诚企业、贡献突出英模群体和个人赢得企业和社会广泛赞誉等。这些成果充分展现了沧运人团结拼搏、奋发有为、与时俱进的精神风貌。可以说,我们公司已具备了加速发展、向国家级先进冲刺的良好基础条件。

2003 年,全司各项工作的指导思想是:以邓小平理论和“三个代表”重要思想为指针,全面学习落实“十六大”精神,紧紧抓住企业发展第一要务,以发展、改制为动力,推进体制、管理和技术创新;继续落实“五大经营战略”,实现集约化、规模化、智能化的新跨越,充分调动广大员工和股民的生产(工作)积极性,全面完成全年各项任务,努力为做强做大新沧运、为沧州全面建设小康社会做出新贡献。

这个指导思想核心是:学习落实十六大精神,做强做大新沧运。落实这个指

导思想，全司上下必须统一思想统一步伐，统一努力方向和目标。回顾我司十几年，特别是近五六年来的发展经验，全司应集中精力抓好“四大产业”“八大支柱”。

所谓“四大产业”，包括客运业，物流业，汽修、销售业，经贸业。

一是客运业。客运业要摆在首要发展的位置。要重点抓好城乡、旅游运输、车站经营、联众公司“四大板块”，自有营运客车要在去年765部的基础上发展到834部，争取900部，提高17.6%，收入在去年5068.5万元的基础上，争取达到6000万元，提高18.4%，吸纳社会车辆312部，总数达1000部。客运业要着重抓服务和运行质量，提高整体效益。

二是物流业。要以改造传统货运业为重点，加快向现代运输，现代物流转变和发展。今年要以建设塘沽创收基地，发展沧州物流配送、专线运输为重点。打响“中转站”经营第一炮，在去年基本持平的基础上，总收入达2600万元，塘沽创收超千万元。

三是汽修、销售业。要以各维修站独立经营管理为契机，抓质量，抓服务，切实搞好员工组合、搞好分配，发挥现有优势，在专业化修理和汽车营销上取得新突破。京沧公司要扩大规模效益，进一步拓展北京市场，在修理、汽车营销发挥带头作用。要全力彻底扭转修理业下滑局面，保持、发展已有“霸主”地位，汽车营销创领先水平。全年利润确保42万元，争取80万元。

四是经贸业。要继续发挥企业各种优势，挖掘内在潜力，全面整合、规范、发展运输服务业，突出搞好房地产利用、开发和市场经营等新兴产业，提高内引外联工作质量，加大开放力度，实现规模、效益双跃进。

所谓“八大支柱”主要包括如下方面。

一是高(快)客运输。客运单位要以河北高客的体制、机制和优质服务为样板，积极发展高(快)客运输使之成为客运乃至全司创收的主力军。河北高客、沧运高客要联手共同打造沧州高客品牌，使之成为华北乃至全国知名品牌。要大力抓好长线、超长线运输，沧州高客要领先，“四市”公司要发展，县公司要突破。今年，使高(快)客营运车由现在的85部发展到200部以上，占客运车辆总数的24%以上，创收千万元以上，力争占客运总收入的20%。

二是旅游运输。北京和沧州的旅行社要和各代表处结合起来，发展京沪、京石、京津沧及沧州至各大中城市、各名胜古迹的旅游专线，年内要取得国际旅游的资质。区内要形成以沧州为中心，连接任丘、东光、吴桥、黄骅港口等市县的旅游网络；发展旅游运输的思路要开阔，重点抓住"黄金周"、重大节日，要针对不同群体开发多样化旅游。要扩大北京天马和沧运旅行社的规模，强化联手联合，网络经营。要发起组建沧州旅游集团。要培养和引进人才，提高素质，改变目前小、散、低的现状，使之成为客运业一支创收新军、强军。

三是特种运输。要以中转站和特货公司为重点，发展好集大件、危险品、集装箱于一体的特种运输，进一步占领货运市场制高点。中转站国际一流的营运车辆、设施已经到位，要全力抓好今年运营。中转站、特货公司及天津集装箱公司，要与代表处紧密结合，努力争夺、占领塘沽阵地，铸就现代化的"铁队伍"，把塘沽真正建成我司创收基地。

四是现代物流。物流是我国新兴产业。要从货物、运输、仓储、配送、信息等环节入手，加快培育、发展这产业。京津、沧州各公司要起点高，特别是中转站不但搞好国内、还要进军国际物流业。各县市公司可先从满足人民生活、社会需求出发，如液化气、纯净水、小件配送、仓储等，逐步把物流业搞起来，全司要形成以沧州为中心，以京、津(塘)、石、沪为结点的物流网。同时，要建好沧州物流园，力争黄骅港物流项目在省或国家立项。

五是轿车修理。随着人民生活质量的提高，我国轿车近年来以30%左右的速度递增，今年预计又以20%的速度增长。沧州市平均日增车100部左右，轿车已拥有5万余辆，这就是个大市场。我司修理业的技术、设备、规模具有一定优势，经营管理体制调整后，要切实把轿车修理作为重点，落实服务、质量、竞争、分配等新举措，真正成为"沧运劲旅"。

六是汽车营销。汽车营销业近几年刚刚起步，去年了明显进展。今年要跟上修理业以修为主向以售车为主的转变。要下决心把这一产业做大。要以京沧、沧运亚飞、一汽大众、一汽与二汽轻卡为重点，联接各县市公司，发展汽车营销业。要扩大、培育汽车营销队伍，学习、运用新营销方式，制订灵活的营销和分配办法，争取汽车营销主动权，今年，收入确保1.28亿元，争取2亿元。

七是运输服务业。对传统的车站吃、住、行、娱乐一条龙的服务摊点要进行整顿，改变小、弱、散、乱的状况，向规模化、规范化发展。要重点抓好为车和旅客服务的加油、维护、保洁、美容、快餐以及旅客接送、小件配送等,有条件市县要上货物快递、专线运输等;各客运站要通过引进超市成连锁店,替代小摊点。要创造商机,使车站成为当地客流中心,物流中心;同时,还要发展家政和物业服务等,使运输服务业向更宽、更广领域延伸扩大。

八是房地产开发。公司已确定要全面涉足房地产业,并作为一个新产业发展。要通过对房地产的租赁、置换,把闲置、半闲置的房地产开发和利用起来。今年重点抓好沧州赵庄西街、献县、河间、黄梯及部分县市分站开发和利用。对已开发、租赁的房地产要重新审视,对收益低的要尽快加以解决,把我司这一资源利用好,开发好。要通过外联,发展股份合作开发,走向社会开发,使之成为公司一大经济支柱。

二、抓好资本运营,发挥品牌、规模等资源优势,促进资本收益最大化,实现企业新扩张

资本运营就是对公司原有资本和新增资本包括各种实物资本和无形资本,作为经营资本的价值,通过流动、兼并、收购、参股、控股、转让、扩张等多种途径,将潜在的资本转为活化资本并进行优化配置的经营管理活动。资本运营的目的是充分发挥市场配置资源的作用,寻求资本生存和发展的环境空间,通过多种途径,实现资本的优化配置和规模经营,提高资本的运行质量,在利润最大化的原则下,使资本在经营过程中实现保值增值,并不断实现资本扩张。搞好资本运营,是做强做大新沧运的关键措施,也是推进企业加快发展的重要手段。

如何抓好资本运营?主要应从以下五个方面入手。

一是以无形资产吸纳社会资金、资本和车辆。经过多年的发展,公司的信誉度、管理水平、竞争力大为提高,感召力和实力明显增强,去年,公司整体通过ISO9001:2000国际质量体系认证,客运、货运并分别取得交通部二级经营资质,其他各项工作取得省部级诸多荣誉。我们要用好这个品牌,广泛吸纳社会资金、资本和社会车辆,从而壮大公司力量。现在联众公司就是一种好形式,应强化管理,使之变为紧密合作型。在外联工作中,要通过学(协)会等各种关系宣传和利用好沧运品牌,吸引国内外客商,搞联营合作。应该申明,沧运品牌已经国家工

商部门注册,凡是打沧运品牌必须经过批准,对擅自打沧运牌子的,应予以取缔。

二是搞好资产优化。据初步调查,我司持开发土地尚有327亩,需改造房产1.53万平米,还有相当数量低效自用、外租房地产、车辆、设备等。各单位、经贸房产部、财务部要对现有资产逐一清理,对闲置、半闲置的土地、仓库、房屋以及设备、物资都要予以有效开发利用,使无效、低效变为有效、高效。今后,我们要把各种物质资源作为企业的资本,管理使用好,努力盘活,"死物变活钱",实现资本的最大效能。同时,要通过对企业产业、组织、运力结构进行调整,减少或消除弱势和亏损单位,使优良资源向主业、向优势产业转移。

三是抓好低成本扩张。在社会上,要继续发挥企业优势。对相关特别是有利于公司发展的企业(单位)进行收购、兼并,对破产企业,停产、半停产企业的优良资产予以置换、收买。近几年,集团公司着手做了这项工作,年内可并购、联营几个企业。各基层单位都要注重对社会资源的吸纳。这方面要掌握三条原则:吸纳过来能较快利用增值的;虽眼前无效益,但中长期可为公司增加后劲的;有利用价值和发展前景的企业。

四是抓好资金有效流动。要对资金实施集中、统一管理,充分有效地利用资金,加速资金周转,减少资金占有率,降低资产负债率。要解决好内外部资金拖欠问题,目前,我司各单位共有1189万元的外欠资金未收回,2012万元库存占用资金,还有相当数量事故费、员工借款等内欠资金,直接影响了企业效益。各基层单位、财务部门要把清欠作为重要职责,争取年内外欠全部收回,财务部要拿出考核办法。各单位对资金使用要把好"三关":即投资关、监控关和评价关,确保资金合理、有效地利用。要抓好生产成本管理,尽量压缩库存,对不良资产要及时处理。公司为适应改制要求,使资金合理利用、负担,要改革投资办法,主要是资金投入和使用由无偿变为有偿,并扩大集团公司融资中心的功能,开办储蓄和小额贷款等业务,对新项目兴建,坚持谁投资谁受益,谁贷款谁归还本息的原则,解决花钱"大锅饭"、不计效果的问题。各级财务部门对各类投资都要建立资金使用、效益追踪检查的办法,并建立健全起报告制度。

五是抓好人力资源管理。人力资源管理是企业管理中一项重要内容。主要是搞好人力合理配置,提高员工素质,充分调动其积极性、创造性。一要强化员工培训,提高业务、理论水平和实际操作能力。二要合理配置人力资源,让员工人尽其才,各尽其长。目前,公司一方面人才紧缺,一方面又有人才浪费的现象,如大学专科毕业生长期在一线从事较简单劳动,也有的技工不在技术岗位,有关单位要尽快把这些同志调整到管理、技术岗位上来。三要对于各类人才,要提高他们的各方面待遇,帮助他们解决生活和工作中遇到的困难和问题,落实集团公司《关于对特殊人才予以补贴办法》,真正做到感情留人,事业留人,薪酬留人,在全司形成尊重知识、尊重人才的良好氛围。四要继续消肿减员。从整体上看,我司富余人员仍占较大比重。公司研究决定,今年要继续按照上级政策和去年公司减员增效的规定,把冗员减下来,减员重点是去年没完成减员目标的单位、亏损单位、辅助单位、经贸摊点,以及长期脱岗、游离企业之外,损害企业利益、身体、文化素质不适应工作等人员。各子公司(包括分公司)要利用改制重新签订劳动合同的机会,对不愿和不适合在企业工作的人员减下来,全司总的减员为300 人。

三、适应新体制要求,建立完善现代企业制度,推进体制、管理、技术创新

经过多年的努力,特别是去年,公司产权制度改革已取得重大突破,母子公司新体制已基本建立,市委、市政府已原则同意了公司整体股份制改造方案。我司已初步形成"经营者和员工持股、国有参股"的产权结构,并按照新的体制运作。我们前面所说的新沧运,就是改制后形成的混合所有制经济,也叫股份制公司。我们不能再沿用国有独资的模式运作,公司上上下下要适应新体制、新机制的变化,适应新的运营和管理方式,把新体制、新机制运用好。

2003 年,公司改革的任务仍然很重,总体要求是:以深化产权改革为中心内容,以建立现代企业制度为目标,以调动基层和员工积极性,提高企业效率、效益为目的、继续推进各项改革。主要改革任务有以下五项。

一是完善现代企业制度,理顺母子公司新体制。总体上分公司按模拟法人运作,子公司按二级法人运作,上下事权关系要进一步调整理顺。为了发挥集团优势,办好大事,集团公司要加强统一管理,同时有所侧重。如要统一使用企业名称、商标等无形资产,统一管理生产经营计划、房地产、基础设施建设、工资分

配模式、重大项目审批;统一对车辆、设备、大宗物资集中采购等。在人事上,对基层单位的领导班子,重点是对法定代表人、经理、党支部书记进行管理,副职按公司法规定,由单位提名,公司予以确认。公司确定,从今年起集团公司领导干部取消终身制,全面实行聘任制,经理层聘期三年,聘期内出现失职渎职、管理混乱、严重亏损、发生重大责任事故等,通过引咎辞职、解聘(低聘)、免职等办法予以调整。今年公司将对基层单位行股份经营责任制,并建立科学的考核体系,按不同方式设置考核指标和考核措施,在处理集团公司和基层经济利益关系上,将落实“包死基数、确保上交、股权分成、超收全留、亏损自补”的原则和办法,在基数核定上实行一定两年,并留有余地,照顺基层股民利益。

二是搞好三项制度的改革,各子公司建立后,各单位法定代表人要重新和员工签订劳动合同,由子公司独立完成员工身份的置换工作,确定新的劳动关系,从以前国有企业的职工置换为股份制企业的员工。在分配制度方面,公司要统一规范分配模式,各基层单位要根据企业实际,实行以岗位绩效工资为主的多种分配形式;在分配中,要把劳动、技术、资本等因素充分考虑进去,对在第一线特别有贡献、有专业的人员,要提高待遇,并且在住房、养老保险等方面予以优惠;要对基层领导班子年薪制予以调整,试行职务消费补贴;公司上下要建立科学的业绩考核体系,真正形成能上能下能进能出、能进能出、易岗易薪的新机制。

三是要实现管理创新。我们刚刚建立现代企业制度,管理科学方面缺乏系统的经验,去年改制中制订了100多万字管理制度,将印发各单位征求意见,集中大家的智慧,把公司的“现代法典”搞好,使各方面工作有法可依,有章可循。各单位依照“法典”,根据自身实际,制订实施细则,从而使科学管理落实到基层、落实到人、落实到岗位,为加强以财务为中心的管理,完善法人治理结构制衡机制,集团公司决定在各基层单位设立财务总监,由党支部书记或监事会主席兼任,履行财务管理职能。要坚持科技创新,不断提高企业的高科技含量,全面应用现代化信息技术和先进适用技术,改造提高运输业和汽修业。今年重点办成四件事:现代信息系统;建立车辆、车场监控系统;售、检票中计算机应用及客运安全检测、修理业检测设备等。要给科技人员下达科研课题,结合生产经营和管理实际,解决难点,提高效益。各基层单位要恢复建立QC小组,组织员工投入到科技创新上来。

四是推行单车股份经营。为了适应市场变化，在车辆经营上，我们先后实行了单车承包、单车租赁等形式，取得了显著成效。根据市场发展和交通部要求，从去年下半年开始，我们又开始推行单车股份经营。推行单车股份经营，我们找到了以公车公营为特征，适合公路运输特点的产权多元的股份经营新模式。这种股份经营新模式共有 4 种形式，分别是企业独资、企业和员工共同投资、员工合资、员工独资。这种模式的特点是：融资方式多元化、车辆产权多元化、经营形式集约化、质量管理智能化，并形成了产权共有、按股分配、利益共享、风险共担的新机制。这种股份经营模式，受到了员工的广泛支持。今年，客运要全面推行单车股份经营，货运也要推行，使运输业走上集约化、规范化、智能化的全新路子。

五是对经贸摊点实行股份合作制。对各单位的经贸摊点，特别是有一定规模的项目，除小门店、小摊点和不便经营小项目外，改为实行股份合作制经营。股份合作制主要有 5 种形式：一是集团公司和基层单位特别是和子公司合作经营；二是集团公司、基层单位和员工共同投资经营；三是基层和员工共同投资经营；四是员工和员工合伙投资经营；五是员工和社会自然人合投资经营。实行股份合作制有利于相互监督，提高资本增值，可解决单人承包对资产的损害以及“以包代管”、负盈不负亏等问题。

四、学习践行“三个代表”重要思想，加强和改进党建和思想政治工作，促进物质、政治、精神三大文明协调发展

公司改制后，体制变了，机制变了，应对市场办法活了，员工通过诚实劳动和股份、技术获利增加。但我们改制为股份制全业，是公有制的一种实现形式，不是民营企业，更不是私有企业。改制后，党和国家对企业的领导不变，党组织的政治核心作用和工人阶级的主人翁地位不变。我们仍要根据企业特点，紧紧围绕如何抓好生产经营和资本运营，提高经济效益，不断加强和改进党的建设、思想政治工作、政治文明和精神文明建设，为企业改革、发展和稳定提供有力的组织保障、精神动力和智力支持。主要做好以下四个方面的工作。

一是以十六大精神为指导，开展好“换脑筋”工程。学习贯彻十六大，是公司当前和今后一个时期重要的政治任务。要用十六大精神武装干部员工的头脑，

解放思想、转变观念，要转变一切束缚企业发展的旧思想，根除一切不合时宜的旧观念，改革一切障碍企业前进的旧机制。要结合企业和自身实际，重点解决好三个问题。第一，转观念、换脑筋，主要是解决小进即满、因循守旧、思想懒惰、无所作为、畏难怵头、强调客观。我们分析公司基层领导班子成员中有三种类型的干部，即开拓创新型、辛苦守摊型、懒惰落后型。所有领导干部都要和自己对对号，以便找出差距，自觉树立与时俱进、奋发有为、昂扬向上的精神风貌，做改革发展排头兵、先锋队，从而找到加快发展的新措施、新办法。第二，通过学习十六大提出，要坚持以信息化带动工业化，以工业化促进信息化，走出一条科技含量高、经济效益好、资源消耗低的新型工业化路子。我们企业如何走新型工业化之路，就是坚持集约化、规模化、智能化的发展方向，形成以运输业为先导，以运输服务业和其他产业为支撑的产业模式，用高新技术和先进的实用技术改造传统运输业。优先发展智能化运输。第三，通过学习、落实十六大精神，要在全公司掀起做强做大新沧运为旋律的第三次创业的新热潮。回顾我司十几年发展史，可以看出，1992 年至 1996 年期间我司掀起第一次创业热潮，那几年，我们靠“多元经营”稳运输，重点强化多种经管和修理业，逐步摆脱了困境，走上平稳发展的路子，1997 年建立现代企业制度，以改革为动力，并实施“外向带动”“人才开发”战略，发展高客、快客、特种运输业，扩展北京等市场引进新项目，使企业进入省、部先进行列等，这可以说是第二次创业。今年以企业改为股份制为起点，以党的十六大精神为强大动力，以做强做大新沧运为目标以发展“四大产业”“八大支柱”为主要内容，开展起三次创业的高潮。旨在经过 3～5 年的努力，使沧运跃上一新台阶：企业资产达到 6 个亿，较当前翻一番；营运车辆达到 4000 部，较当前增加 5 倍；企业总收入达到 6 亿元，较当前增长 5 倍；利税达到 1600 万元，较当前翻一番；员工生产、生活条件大为改善，年人均工资水平达到 1.6 万元，较当前翻一番。

二是抓好党的建设和思想政治工作。要认真提高干部队伍特别是领导的素质，各级领导干部要成为勤奋学习、善于思考的模范，解放思想与时俱进的模范，勇于实践锐意创新的模范。对那些不忠于企业、不思进取、因循守旧、观念保守、多年无业绩的领导干部坚决予以调整，使公司上上下下形成朝气蓬勃、开拓进取、奋发有为的领导层。要搞好党风廉政建设，将党性党风教育、艰苦奋斗、党纪条规和警示教育作为重点；要发挥监事、纪检、监察、审计等职能部门的作用，把组织监督、纪律监督、民主监督、审计监督、法律监督有机结合起来，形成公司良好监督机制；要重点对有一定人、财、物、事权力的人进行监督，并加大查处违规违纪案件的力度，对以权谋私、贪污受贿及损害企业利益等重要案件要一查到底，予以严惩。要认真落实党风廉政建设责任制，按分管单位、部门落实到人，使党风廉政建设的各项制度真正落到实处。要不断加强对党员队伍的管理和培训，发挥好党员的模范带头作用。各级党政和群团组织要紧密结合企业改制和发展的新形势，做好想政治工作，注重解决好企业的难点、热点问题，把思想政治工作做到车间、班组、单车、个人，使“四有”职工队伍不断壮大，成为做强做大新沧运的生力军。

三是要抓好精神文明建设。继续深入开展“八大文明”创建活动，搞好企业文化，要抓好“大院”形象建设，各单位要做到净化、绿化、美化、亮化，创建花园式企业，要重点抓好汽车站形象建设，各汽车站要按照部颁“三优三化”标准，搞好站容站貌，同时加强经贸摊点治理，做到“洁、齐、美”。要深入抓好车间、班组形象建设，彻底解决生产现场脏乱差问题；要抓好员工的自身形象建设，全司员工仪容、仪表整洁、各系统要统一着装，统一规范服务用语；要落实车辆的统一标识和“一线一车型”的要求，强化车辆管理，抓好营运车辆形象建设。

四是要进一步提高员工生活质量。“三个代表”重要思想要求我们，一切从广大人民群众的根本利益出发，“执政为民”。我们要像抓生产经营那样抓职工生活，使生活质量尽快改善和提高。各单位要十分注意改善员工的生产条件，加强劳动保护，让员工有舒心、满意的生产环境。应逐步解决好员工上下班交通工具和取暖、防暑等公用设施不足的问题。要搞好规划住宅楼建设，改善员工住房条件。不断提高员工股民收入，今年要确保调标增资和股份分红的落实。各基层单位要对员工定期体检，预防各种疾病，开展健康有益活动，保证员工以健康体魄投入生产、工作中。要继续认真做好老干部工作，特别是对特困员工重点帮扶，工会及群团组织要下力做好这方面的工作。

（本文刊载于《交通经营》杂志 2003 年第 2 期）

团结奋进，创新务实，努力实现河北高客更大发展

2005 年 11 月 26 日

各位领导、各位股东代表、同志们：

根据省委、省政府关于深化国有企业改革的指示精神，按照省交通厅、运管局对河北高客公司的改制要求，在政府有关部门的大力支持下，在各股东单位的密切配合下，通过近两年的努力，河北高客公司的企业改制工作顺利完成。今天，河北省高速公路客运股份有限公司在此正式成立，在座的各位都是这一河北省乃至全国高速客运业又一历史性时刻的见证人。新公司的诞生，是我们 12 家股东单位又一次精诚合作的结果，不仅对做强做大河北高客，使企业实现跨越发展具有重大意义，而且也必将对全国高速客运事业的战略性调整产生积极而深远的影响。

同志们，河北高客公司通过八年多的快速发展，凭借不断创新的经营管理和个性化的优质服务，打造出了河北省乃至全国道路运输业的知名品牌，取得了良好的经济效益和社会效益，受到了社会各界的一致认可和广泛赞誉。在河北高客公司的企业改制过程中，省交通厅、运管局的各级领导和各股东单位，对沧运集团都给予了极大的支持与关爱，在此，我谨代表沧运集团向各位领导表示衷心的感谢！作为第一大股东和法定代表人，我们决不辜负各位的期望与信任，将以我公司地域和资源的优势对河北高客的发展给予全力的领导和支持。同时，也希望通过河北高客这个纽带，进一步加强我们各股东单位之间的合作，优势互补，团结并进。我相信，新的河北高客公司通过这次资产重组，将会融入各股东单位多方面先进的经营和管理经验，必将进一步提升河北高客的市场竞争能力，为我们实现合作共赢奠定坚实的基础。同时，我倡议全体股东单位，继续加强团结协作，对河北高客的经营和发展一如既往地给予热切的关心和鼎力的支持，以

实现河北高客持续、健康、快速发展。

在此，我希望河北高客公司全体员工，以企业改制为契机，发扬河北高客的优良传统和作风，继续坚持“团结、务实、拼搏、进取”的企业精神，加快企业内部经营和组织结构优化调整的步伐，进一步强化企业文化和品牌建设，完善制度、科学管理、持续创新，努力提高经济效益，回报社会，回报股东。继续秉承“安全、舒适、快捷、温馨”的服务宗旨，进一步提升服务品位，为社会、行业做出新贡献。充分发挥河北高客的优良品牌优势，创新管理，特色经营，再创辉煌！

（本文选自作者在河北省高速公路客运股份有限公司创立大会上的致词）

清醒认识市场变化，加快向综合运输转变

2012 年 2 月 26 日

2011 年，冀运集团积极应对“高铁”的冲击和市场复杂变化的新形势，强化企业管理，加快转型发展，收入、利润均超额完成了董事会下达的计划指标，各项工作取得了较好的成绩。但我们应该清醒地看到，冀运面临着好的外部环境和形势，也面临着极为严峻的挑战，还有一些难题和困难需要我们去克服。

从宏观环境看，当前欧债危机引发的全球性债务危机，导致世界经济不稳定因素大大增加，也影响到了中国经济，而我国的经济状况又直接和运输业紧密关联。**从行业发展趋势看，**航空业迅速发展，邮政业活力增强，特别是邮政快递，已成为我们的直接竞争对手。按照河北沿海发展战略，不仅要沿秦皇岛、唐山、沧州建设高速公路，而且正在建设北京—石家庄高铁，拟建石家庄—衡水—沧州高铁，有的近年就会投入运行，这会对我们形成更大的冲击。从今年春运工作总结和 2011 年工作总结中我们可以看出，京沪高铁开通后，我们的客流下降明显。在上述几条铁路线建成后，预计会使沧州高客的客流减少二分之一。还有就是私家车数量大幅增长，一般家庭都购买了轿车，有的甚至有两、三部车，也分流了大批客源。航空、高铁、私家车，首先冲击高速客运。这绝不是危言耸听，高速客运如不迅速转型，将受到毁灭性的冲击，这对我们将是十分严峻的考验。我在三年前就提出这个问题，冀运集团也积极应对，近几年采取了几项比较大的措施，一是发展通勤车业务；二是与河北机场集团联手合作；三是及时调整了班线，压缩了车辆价位，才使冀运有了今天较好的形势。但是高铁、航空、私家车的冲击，以及油价等影响成本的大问题，都会使市场形势更加严峻。从冀运自身看，“一客独大”的问题没有根本解决，综合运输还没有形成，物流业、旅游业、公交、出租等产业发展速度较慢，汽车营销业和其他产业也未取得实质性进展。因此，我们一定要充分认识到企业面临的形势，积极应对这些挑战，找出新的对策。

就当前我们面临的市场形势进行分析,我们的发展方向就是向现代综合运输业转型。冀运一定要牢牢把握住这个方向,一定要认真贯彻集团公司的要求,落实“运业为本,多元发展”战略,突出主业,同时要向公交、出租、汽车修理、营销以及零部件销售等相关产业开拓,先把自己熟悉的产业发展起来;一定要继续对高速客运实施战略性调整。虽然我们的高速客运班线受到冲击,但是社会上对高客的需求是多元化的。我们有河北高客的知名品牌、优质高档车辆和优秀的驾驶员,可以为社会提供多方面的服务。冀运地处省会,要瞄准高端服务。省会每年组织的国内、国际大型会议有100多次,但是会议用我们的车辆很少。提供会议车辆、会务服务。此外,还有校车、房车以及石家庄省际、城际公交化运作、出租车等领域,都是客运调整延伸、开拓发展的领域,需要我们去开发、去公关大客户。同时,我们冀运多年没有客、货运站点,更没有综合运输枢纽,发展受到了很大制约。因此,新班子要下力气争取政策支持,积极为石家庄社会和经济发展服务。

只有客运没有货运,就不是综合运输业。因此,一定要坚定不移、锲而不舍地发展物流业。国家一直高度重视推动现代物流业发展,先后出台了《关于大力发展物流业的决定》和《关于促进物流业健康发展政策措施的意见》,交通运输部建立专门物流机构,强化对物流发展的指导。省委领导同志也向我们提出了“物流连接河北,旅游对接河北”的要求。沧运高级顾问厉以宁在为沧运集团成立60周年题词时,专门指出要“走向融物品配送、连锁经营、初步加工、产前产后服务、仓储、运输、电子商务为一体的现代物流大型企业,服务社会,利国利民!”可以说,物流业是正在崛起的产业,也是冀运发展的潜力和希望所在,希望能引起大家高度重视,坚定信心,努力开拓,抓紧组织团队,克服当前外部环境不好、业务发展困难、成本高、收益低以及资金方面压力大等困难,要下决心把物流业打造成冀运的强大支柱产业。对于旅游业,不仅要抓组团、国内游等一般性业务,还要发展国际游、策划联盟合作、谋划建立休闲娱乐中心,向宾馆业、餐饮业、休闲娱乐业进军,使旅游业成为冀运的又一支柱产业。总之,“转型中发展、发展中转型”应该作为我们冀运领导层、经营骨干、各基层单位遵循的工作原则,绝不能只抓客运,不抓物流、旅游和其他产业。希望各基层单位、各部门要敢于面对新问题、新事物,在新产业开拓发展上有新的建树,做出新的贡献。

必须确保队伍稳定和安全生产,遏制重特大事故的发生。高客的安全工作历来抓得较好,但仍要毫不放松、更加坚定地把安全生产放在首要位置,特别是要认真落实高金浩厅长“十一个一律”要求,强化各级经营者的安全责任,细化安全指标,严抓严查事故苗头、事故征候,加大安全考核力度,确保行车安全。

(本文节选自作者在冀运集团2011年度总结表彰大会上的讲话)

在推进转型中实现企业创新发展

2013 年 7 月 11 日

为推进企业转型科学发展，集团公司董事会、经理层多次座谈、讨论，制定了《集团公司 2013—2025 年转型、科学发展计划（讨论稿）》。公司对形势的分析和判断是：当前，国际市场复杂多变，宏观经济下行压力增大，直接影响服务业发展。新形势下，党的十八大提出了深入贯彻科学发展观新要求，全国各条战线都在研究转变发展方式、调整经济结构，把经济工作重心转到更加注重质量效益和为民上来，谋求创新转型发展。

从行业看，随着铁路改制、大部制形成，行业集约合力增强。党的十八大以后，交通运输部明确提出行业和企业创新转型发展意见，并出台了支持物流业、城乡客运一体化发展等重要政策文件，全行业转型大潮方兴未艾；从区域环境看，京津冀一体化加速推进，沧州已处于首都一小时经济圈，依托借势京、津两大城市和沿渤海优势发展成为大趋势。河北省提出“四大攻坚战”，沧州市启动“三大板块”“七大增长点”发展规划，形势喜人也逼人。从我司发展现状讲，多年发展，实力、活力、竞争力增强，再上一个台阶发展考验着我们。近几年，受高铁、航空、邮政竞争和私家车的严峻挑战，高客运输收入锐减，原材料、人力成本大幅增长，行业利润空间被挤压。面对这种多重叠加的机遇和挑战，我们必须做出选择：要么叫苦叫难，无所作为，企业萎缩；要么抓住机遇，迎难而上，求得新发展。两条路摆在面前，我们特别能战斗的沧运人包括冀运人，只能理智、毫不犹豫地选择后者。因此，全司从 5 月中旬开始，在省市“解放思想大讨论”活动中，领导带头，在总结创新转型发展经验、对标先进找差距基础上，按顶层设计要求，制订了这个“发展计划”，现在虽然是讨论稿，已反映了公司创新转型发展的经验成果，较全面体现创新转型科学发展总要求，有较强的指导性和可操作性。

落实“发展计划”，要把握好五个原则：

第一,要坚持集团公司发展战略和经营方针。一是坚持“运业为本,多元发展”总体战略和“根植沧州(河北),融入两环,走向国际”的区域发展战略。既要把运输主业放在突出地位,又要坚持发展关联产业和投资少、收益大的新项目。在坚持搞好本区域发展的同时,还要以更加开放的思路和行动,积极融入京津和沿渤海区域发展,并坚定“走出去”方针,走向国际,取得新商机。**二是**坚持“发展企业、成就员工、回报社会”的核心价值观。增加“回报社会”表述,是为了增强企业社会责任感,把发展为了人民的奉献精神发扬光大。**三是**把握行业转型科学发展的总要求。(1)学习落实部道路运输司李刚司长强调的六条原则,即传统货运向现代物流转型;向强化民生、发挥比较优势转型;安全监管向标准化、科学化转型;出租汽车向电召等多样化服务模式转型;汽车维修向连锁化、品牌化转型;信息化建设向业务协同、互联互通转型等。(2)继续落实集团公司提出的“三个转变”“一个发展目标”要求,即由单一运输向综合运输转变,由承包经营向集约经营转变,由粗放管理向精细管理转变;努力建设更大更强、行业领军、具有国内国际竞争力的现代综合运业集团。(3)认真领会省市转型发展要求,要在主导产业上大力拓展服务领域,在新产业上创新驱动发展,做到传统产业“有中生新”,新兴产业“无中生有”,率先建设沿海新增长极,我们都要认真领会贯彻。

第二,进一步明确转型科学发展的标准。一是产业结构进一步优化,由单一客货运输转变为多元、综合产业体系;**二是**服务功能完善,品牌知名度、社会满意度高,获得荣誉的层级高,且无重大投诉;**三是**现代化管理水平和科技含量大幅提升,未发生重特大安全和商务责任事故;**四是**客运、物流、汽车营销三大产业在当地市场占有率均达到主导地位和行业先进位次,市场控制力、竞争力强;**五是**集约化水平高,效益有新的大幅增长,员工薪酬待遇水平有较大提高。

第三,抓好重点区域、重点产业发展。一是要切实抓好重点区域的发展。要重点抓好石家庄、沧州中心城市发展。冀运集团要把握石家庄、唐山、张家口等城市发展机会,发挥省会经济总量大、产业多等优势,在原发展项目基础上,要谋划好汽车站、物流园区建设,实施兼并重组,整合社会资源,力争成为省会运业龙头企业。沧州要以市区及两区一县、渤海新区及黄骅、任丘为发展重点,特别抓好沧州东汽车站和物流园区、汽车园区的扩建以及房地产开发等。要抓好沧州市内东、西两汽车站、北汽车园区、东物流园区以及渤海新区(黄骅)、任丘、泊头、冀运等8个创利千万元以上公司发展。**二是**要支持重点产业、重点项目发展。更加注重对客运、物流业的发展和投入，特别是要加大对港口物流业的投资，把市已论证通过的黄骅港国际物流项目，以及石家庄、沧州、黄骅港等3个公路港项目搞上去。要抓好场站基础设施建设，突出抓好河间、任丘、泊头、孟村、青县、海兴、黄骅及港口等汽车站建设。在经贸业上，重点搞好房地产开发和燃气业发展，冀运、沧运联手在省内各地市、沧州各县市布点推广。汽车营销业要把握4S店向县市延伸的机会，在各县市建设以4S店为主的综合汽车园区，并把汽车维修业网络同步建立起来。要建立项目责任制，重大项目组织专门班子抓落实。结合自身实际，做好项目前期跑办策划，做到谋划一批、实施一批、储备一批。

第四，下力做大做强基层单位。基层是企业转型科学发展的基础。基层活，则公司活。现在从发展角度说，基层大而强，则公司大而强。公司要求一定要把"发展计划"贯彻到基层，把多元发展任务落实到基层。为此，公司提出做大做强基层的工作目标，即按再造一个新沧运总体要求，各基层单位要力争在三到五年内再造一个新公司，主要指标是：资产规模、综合收入、实现利润和员工薪酬待遇在2012年底基础上翻一番。为确保这一目标实现，集团公司将采取几项硬措施：**一是**加强基层领导力量，把领导班子进一步调整好，增强综合集体领导能力。**二是**将各县市各产业都归属基层公司统一管辖，形成运业为主、多元产业共同发展的复合型公司。**三是**谋划了翻番的多个渠道：(1)对公司现有产业进行拓展和延伸，扩规模、增效益，客运、物流、汽车营销三大主业向下延伸、"多网联接"；(2)对各单位现有房地产进行开发和利用；(3)加快同业或相关产业兼并扩张，吸纳、整合社会资源；(4)加强与铁路、港口、机场、供销、邮政等大企业、大集团的联盟合作，增加新增长点；(5)谋划、推出一批带动性项目，如："一批汽车站建设、一批现代物流项目、一批房地产开发项目、一批燃油气项目、一批企业并购项目"等。**四是**为激发基层单位和全员转型科学发展的积极性、创造性，对做出突出贡献、率先实现目标的先进单位、个人实施重奖。

在做大做强基层的基础上，全司经过三到五年的奋发努力，到2017年，把沧运打造成为以运业为主体，多元产业和资本运营为两翼的、由客运与旅游、现代物流、汽车营销与维修、经贸和冀运五大综合集团组成的、规模效益位列环京津和全国同行业前列的现代综合产业集团，这就是我们的"沧运梦"。

第五,大力提高企业科技和管理水平。提高企业整体科技和管理水平,是企业转型科学发展的重要支撑,是企业现代化、国际化的重要标志。**一是**培育科技信息管理优秀团队。按照从粗放管理向精细化管理转变的要求,进一步制定、完善精细管理流程,加强企业全面质量管理。按照业务协同、互联互通的目标,建立集业务、管理、服务、监督为一体的集团公司综合管理信息系统,实现企业管理信息化、标准化、规范化。**二是**贯彻落实安全工作"预防为主"方针以及公司"双零"要求,对安全隐患实行"零容忍""查处关口前移",强化安全管理主体责任,特别要做好驾驶员和操作手安全教育工作,细化落实安全责任。大力应用科技手段提高安全管理水平,加强车辆、场站的信息化、智能化管理系统改造,切实保证不发生重特大责任事故,并把一般事故损失减少到最低。**三是**积极运用科技新成果,努力涉足、开发电子商务、物联网、车联网等提高信息化、科技化、现代化水平。抓好节能减排先进典型经验推广,继续推广燃气、节能车型,积极采用智能交通等新技术、新产品,在清洁生产、绿色发展上做出新成绩。

(本文节选自作者在集团公司2013年转型科学发展会议上的讲话)

推动企业创新转型，构建现代物流供应链

2013 年 9 月 25 日

尊敬的段会长、各位领导及同仁：

大家上午好！九月金秋，硕果飘香，今天我们相聚在沧州，参加全省交通物流发展研讨会，共同研讨我省物流业的发展大计。沧运集团物流业经过近几年的创新转型、科学发展，取得了明显的成效，正在实现从传统货运向现代物流的转变。下面，就我公司物流发展情况向各位领导及同仁作一汇报：

近几年来，为适应市场发展，我们按照集团公司确定的“运业为本，多元发展”总体战略和“立足沧州（河北），融入两环，走向国际”的区域发展战略，在加快创新转型、发展现代物流业方面，重点开拓港口物流、物流园区、特种运输、快运专线、城市配送五大经营领域，构建通达全国的专线快运网络、客运快递网络，建立了功能完备的物流供应链服务体系。

一、拓宽特种运输思路，构建快运网络

面对货运市场竞争激烈，运输价格空间被严重挤压，企业经营步履艰难的现实，我司审时度势地调整了经营战略，淘汰普货运输车辆、设备，发挥企业的品牌资源优势，购置危品、大件运输专用车辆，整合社会车辆，大力发展危险品和大件运输，建设通达全国主要城市的货物直达快运专线，我司物流业开始走上了健康发展的轨道。一是培育了一批服务客户，与金牛化工、内蒙久泰、冀春化工、旭阳化工、宏润重工等 100 多家服务客户建立了长期业务合作关系，先后承运甲醇、二甲醚、液化气、风电塔筒、机电设备、大容器等特种物资运输任务 23.5 万吨，并圆满完成泰山变压器厂至越南河内、俄罗斯的大件设备跨国运输任务；二是为降低客户经营成本，减少货物在途时间，依托我司自有和整合的社会车辆 1000 多部，

开通了通达全国25个省(市)主要城市的62条货物快运直达专线,基本形成通达全国、覆盖国内经济发达城市的沧运物流专线快运网络;三是依托我司客运班车线路网络资源,建立客运快递联盟站70多个,主要经营区域北到沈阳、西到西安、南到上海、广州,逐步形成了省内、京、津"快运当日圈""快递小时圈"。

二、完善园区服务功能,搭建公路物流服务平台

提升物流园区服务功能,为社会物流企业和车辆搭建公路物流经营服务平台。我们在学习考察传化公路港等同行先进管理经验的基础上,投资2000多万元对国际集装箱多式联运中转站进行了改扩建,发展成为了沧州规模最大的物流中心,新建仓储落货泊位、仓储库等6000多平方米,增加了车辆修理、检测、驾驶员公寓等服务设施,使园区具备了仓储、中转配送、装卸、停车、住宿、信息配载、生活服务等综合服务功能。吸纳社会物流企业和车辆入驻园区经营,现园区已入驻企业达150余家,日进出配货车辆达300余车次,日配载货物峰值达2000余吨,成为沧州市内最大的货物集散中心。沧州物流中心改扩建的成功受益,促使我司在公路物流服务平台建设上,开始实施对外扩张,在任丘投资1000多万元建设了任丘物流中心,建有2000平方米仓储功能区、3200平方米的配货档口和5000平方米的停车场,为驻地的石油化工、建材、设备制造、橡胶塑料制品、电子通信设备等产业提供货物集散服务,吸引140余家企业入驻,日进出车辆达200余车次,形成了以车辆配载、货物中转、分拨配送、仓储、包装分拣、停车、修理、餐饮、住宿等多功能服务于一体的区域性货物集散中心。

三、发展港口物流,助推沿海强省建设

我司地处环渤海地区沿海位置,区内有黄骅综合大港,紧临天津港,发展港口物流,我司具备独特的区位优势,确立了打造"两个创收基地"的目标。我司在天津港作业30多年,享有较高声誉,建有滨海集装箱公司,专门从事开展国际货代和为港口提供集疏港服务,年完成集装箱3万余标箱,与天津港务局、中远、中海等船公司建立合作伙伴关系。为适应黄骅综合大港发展的需要,在经过市场

调研和专家论证的基础上，经过我司2年多的谋划，于2013年8月份开始实施了黄骅港陆海国际物流通道项目，在渤海新区注册成立了沧运物流黄骅港陆海国际物流公司，项目定向以黄骅港货物集疏为中心，以陆、海运输专线为两翼，以其腹地（冀中南6市延伸至鲁西北、豫北和晋、陕、蒙）以及广州、福州、上海等进出港口物资的企业为服务对象，打造集信息服务、货物运输、中转、仓储、包装、配送物流供应链，形成港口与腹地互通、陆海联接的国际物流通道。项目由场站建设和专线建设构成，场站建设按规模分为三类，其中一类场站由黄骅港集装箱多式联运中心（化工产品储运中心）、沧州国际集装箱中转站、石家庄鹿泉亚通物流中心组成。二类场站（节点）11个，三类场站（节点）22个，分布于港口腹地重点经济发展区域，专线建设分为集装箱运输专线、散杂货运输专线、危品运输专线、海运专线，投入车辆设施设备1500多部，该项目正在申报省重点项目。

四、培育供应链服务体系，发展现代物流

为培育企业专业化竞争力，我们不断更新技术装备和应用现代信息技术，着力发展第三方物流整体外包服务，先后为日资矢崎、创维集团、天成药业等客户策划实施了汽车线束配件配送、电器产品采购、药品包装原材料供应等物流策划服务。组织专项资金，在开展煤炭运输、钢材运输和甲醇运输服务的基础上，与其原料供应源头单位建立业务合作，实施了煤炭、钢材、甲醇等“采购＋运输＋销售”的运贸结合经营模式，一年来，先后供应煤炭11.2万吨、钢材管件8.6万吨、甲醇15.6万吨，培育了西北危品化工供应专线，采购沧州及山东等地炼油厂的成品油，供应大同、包头、鄂尔多斯等地的石油公司，回程采购驻地甲醇、粗苯等危品化工原料，供应本地化工企业。今年的8月份，我司与河北新合作集团合作，共同投资3.2亿元，在沧州开发区建设占地430亩地的集物流、信息流、资金流三流合一服务于一体的沧运好日子现代物流产业园，开发了货栈网，构建了集B2B电子商务交易、物流、供应链分销、店铺进销存、POS收银管理、信息分析系统等现代化电子商务平台，实现了日用消费品的网上交易。为百货、日用家电、食品等上游生产企业和下游批发商户流通企业，搭建了日用物资集散交易平台，构建了日用消费品为主的供应链经营体系。

各位领导，各位同仁，我司的物流产业仍处于转型创新发展过渡期，与省内先进物流企业相比还存在着差距。我们要以此次研讨会为契机，按照交通部、省厅、局、市处等各级部门关于加快发展物流业的指示，学习借鉴先进单位经验，弥补自身的不足，推动我司物流业更快更好的发展，让我们携起手来加强沟通与合作，互惠共赢，共同发展，为全省交通运输物流产业发展做出新的贡献！

（本文选自作者在全省交通物流发展研讨会上的发言）

适应新常态，引领新发展，为把沧运建设成为现代服务业集团而努力奋斗

2015年7月1日

各位同事,同志们:

今天,是中国共产党成立94周年纪念日,我们在庆祝党的生日之际,召开庆祝我司成立65周年暨国企改制10周年大会。目的是继承和弘扬沧运优良传统,紧跟时代新步伐,更好地适应新常态,引领企业新的、更大的发展,为沧州“五城”和“三个河北”建设做出新贡献。

65年来,沧运靠5辆从日本侵略者手中缴获的破旧汽车和20辆支前用的马车起步,历经了数个历史时期,昂首步入了改革开放的新时代。在党和政府的关怀下,公司历届领导班子带领一代代沧运人披荆斩棘、艰苦创业,企业从小到大,从弱到强,开辟了沧运发展史上一个又一个的新篇章。在沧州发展史上,沧运一直处于先行官地位,在客货运输中发挥着主力军作用,不仅满足了城乡人民出行和物资运输的需求,而且出色地完成了历次抗洪抢险、根治海河、抗震救灾、晋煤外运、公铁分流、集疏港运输以及抗击非典、奥运和国庆安保等重大政治任务,一直受到党和政府的高度重视和社会的广泛赞誉,并屡获殊荣,也涌现出一批又一批国家、省、市劳动模范和先进人物,载入沧州光荣史册。

改革开放以来,我司顺应时代发展潮流,高举邓小平理论、“三个代表”伟大旗帜,抓住国家改革开放和交通运输大发展的良好机遇,走上快速发展轨道。特别是2004年12月国企改制10年来,公司坚持以科学发展观为指导,改革创新,以做大做强新沧运为主题,调结构、转机制、强管理,推进精神文明建设,企业实现了历史性跨越发展。主要标志是:实现了“三到五年再造一个新沧运”的奋斗目标;实现了打入省会跨区域规模发展,成为全国行业领军企业;实现了全司整体成功上市,正式进入资本市场,成为公众公司。可以说,企业改制10年,是我司65

年发展历程中企业面貌变化最大、效益增长最快、员工受益最多、社会贡献率最高的时期。

主要经济效益指标成倍增长。到2014年底,企业总资产达14.59亿元,比2004年增长4.25倍;公司完成客运量1936万人次,比2004年增长1.1倍;货运量550万吨,比2004年增长16倍。在应对高铁、民航、私家车的冲击,消化燃油、车辆价格、人力成本等增成本因素3652万元后,实现综合收入20.38亿元、综合利润7110.81万元,分别比2004年增长8倍、67.9倍,且连年保持两位数增长,增幅位居全省、全国行业领先水平。

产业、产品结构更加优化。公司围绕提高三大主导产业能力和延伸服务,不断加大新产业投入和发展力度,企业产业结构更加优化。客运业,实现了由单一班线客运向客货兼营、出租、公交转变,大客运体系基本形成,除保持传统班线、站务经营外,又投资1.38亿元,在青县、河间、南皮、东光、任丘等11个县市成立公交公司,投放燃气型公交车500部,开通城区公交班线30路,城乡、城际公交线路135条。物流业,在各县市设立了物流分支机构,依托站场发展物流快递,谋划了多式联运、黄骅港陆海国际物流项目等,实现了由单一货运向园区服务、仓储配送、特种危品运输、市场经营、汽车信贷、货物代理等现代物流的延伸。汽车服务业,从两厂维修拓展了汽车销售以及精品销售、汽车美容、二手车经销、消费信贷、汽车检测、保险等汽车后市场业务。同时,旅游业、新能源、宾馆餐饮、房地产等新产业逐步兴起,如:2014年,就组织游客7400余人次。沧州东、西站燃气站,运美连锁宾馆先后营业。一批新型业态和新利润增长点正在形成。

服务社会能力和质量大为提高。客运业,先后投资2.8亿元,新建了沧州西站、吴桥等5个新汽车站,汽车站总数达到17个,候车面积达到61129平方米,高级豪华客运车辆比例达到89%;沧运、冀运集团联手为高铁、机场服务,开通机场直通车线路11条,实现与公交、铁路、航空“零换乘”;同时,通过改造现有客货场站、增加功能、开发项目,满足客户“最后一公里”服务。“全天候、门到门、个性化”的“便捷行”服务,使旅客候车、乘车环境大为改善,出行更加安全、舒适、便捷。物流业,扩建了沧州、任丘物流园区,仓储落货面积达到63500平方米,日进出货物突破2000吨。献县公司在全司率先开发圆通“小件快递”,受到城乡用户欢迎。汽车服务业,新建了一汽丰田、通用别克等 8 个汽车 4S 店,中高档品牌 4S 店增至 13 家,年销车 1.6 万台,修车 1.5 万台次。“沧运高客”“亲情旅程”“沧运汽车”“沧运物流”以及“便捷行”等服务品牌享誉全国。

现代化管理水平进一步跃升。企业整体改制以来,公司形成了较为完善、规范的现代企业制度。在体制上,形成了董事会决策、监事会监督、经营层执行的协调、高效经营管理新体制。在制度上,按照《公司法》和上市公司要求,制订和完善了 35 项基本管理制度,形成了具有鲜明企业特色的“沧运典章”。同时,不断加大科技投入,提高现代科技、信息技术在企业管理上的应用,先后建成公司门户、办公、汽车、旅游、环渤海物流信息等网站及综合业务信息网;开发了站场一卡通、客运 ERP、车辆监控、网上和联网售票、视频会议等智能化系统;班线营运车辆安装了北斗定位系统,实现了 24 小时实时监控,企业经营管理效率、管控能力和科技含量大幅度提高。投入新型节能燃气车 300 余部,电动车辆 60 余部,单车运营成本降低 33%,废气排放减少 62%,走上绿色、低碳、环保运输发展之路。十年间,公司共有 71 项科技管理创新成果分获市、省、国家级奖励和表彰,2013 年荣获交通运输部“全国节能减排先进企业”荣誉称号。

资本运营取得重大突破。从 2007 年起开始谋划企业上市工作。2010 年,我司正式启动主板上市。在历时三年的筹备过程中,公司与中介机构通力配合,按照主板上市公司标准,对公司制度规范、经营机制、财务管理等进行全方位的严格审核,完成 192 项管理规范工作。2012 年全国中小企业股转系统推出后,公司即决定先行在该系统挂牌,于 2014 年 12 月 31 日报送了股票挂牌上市申请。2015 年 4 月 13 日,公司在全国股转系统隆重成功挂牌上市,成为全国道路运输行业第六家、北方行业第一家挂牌上市企业。近两个月,就通过定向增发的形式,为公司融资 8400 万元,收购退出冀运股份 541 万股,并策划企业收购等,为企业新的发展赢得更加广阔的空间。

我们积极实施“联盟共赢”战略,采取收购、合作、吸纳社会企业加盟等多种投资方式,发展外向型经济。先后出资 5000 万元参股沧州银行,进入金融领域;2005 年收购河北高客,2009 年又重组为集客运、物流、旅游为一体的冀运集团,一举打入省会和部分地市市场;沧运任丘物流园区、任丘运佳、运诚、泊头运东、沧州东风南方 4S 店等一批合资合作项目陆续投入运营。去年以来,又先后与中石油、中海油、中国联通、北京神州新能源、河北机场集团等开展合资合作,合作前景良好。

员工素质和生活质量显著提升。公司坚持以人为本,从成就员工健康成长出发,加强培训,促进员工岗位成才,提供出彩的机会。公司每年举办业务知识、新产业、现代管理等各类培训班20余期,基层单位持续进行全员培训,员工年培训达75%以上。公司员工整体素质逐步提高,适应新产业、新业态的旅游、销售、科技等队伍正在形成,一批富有朝气的中青年干部快速成长。全司拥有大专以上学历、具备专业技术职称的员工755名,占在岗员工的40.8%,比2004年增长23.6%。全司先后组织驾驶技能、节油、轿车维修、营销技能、站务服务等技术比武和知识竞赛活动30余次,有71名员工荣获省、市级行业技术、服务状元、能人、标兵等称号。公司致力于民生改善。建立了员工薪酬升级和福利保障制度,到2014年底,员工人均年收入3.28万元,比2004年增长3倍。年均用于员工奖励的资金达72万元。十年来,公司用于员工就餐、工装、通勤、文体活动等改善员工工作环境、生活福利等方面的费用达1200多万元。先后招聘安置了520余名员工子女就业,解除了员工家庭后顾之忧。设立了特困员工救助基金、参加了"职工互助一日捐",为因病、因灾造成生活困难的员工发放补贴50余万元。对离退休老干部、老劳模、老职工、困难员工建立定期家访、帮扶救助制度,年均帮扶资金达15万元。广大员工感到,改制十年,分享企业改革发展成果最丰厚,自豪感、荣誉感、幸福感最强。

党建和文明建设取得丰硕成果。公司始终坚持党的建设、文明建设一起抓,公司两级党组织发挥政治核心作用,为企业发展、改革等重大决策把关定向,通过开展"把党的旗帜亮出来"和"创先争优"、党的先进性教育、群众路线教育实践等活动,充分发挥党组织坚强战斗堡垒作用和党员先锋模范作用。特别是2014年开展的群众路线教育实践活动,改进了两级领导班子作风,增强了党员责任感,提高了服务社会能力,促进了勤政廉政建设,受到上级党委的表彰。目前,全公司共有30个党支部,526名党员,占在册员工的29%。在历年表彰的公司先进中,党员比例都在70%以上。公司党委历年被市委、市国资委党委评为"先进党委"。公司积极开展"八大文明""沧运英模"等文明创建活动,工会、共青团、武装部积极配合,开展"优秀共产党员""六好女工""青年文明号"等评选活动,凝聚起各方力量。在企业文化建设上，实施“十个一工程”，培育“发展企业、成就员工、回报社会”的核心价值观，广泛开展形式多样的文体活动等，形成了独具沧运特色的企业文化体系，通过大力宣贯，使之融化于心，落实行动，大大促进了企业和谐稳定。

企业社会贡献率不断提高。随着企业改制、上市，全司员工社会责任感进一步增强，积极承担社会责任。近十年累计依法依规向国家缴纳各类税费 1.6 亿元；承担改制债务、遗留问题处理费用 9937.85 万元。通过兴办新项目、发展新产业、开发站场经济等，为社会提供就业岗位 2.3 万余个，为政府分了忧；在国家抢险救灾、抗击非典以及国庆、奥运安保、服务“两会”等“急、难、险、重”任务中，为社会提供多项安全运输服务，受到党委、政府嘉奖。公司先后为地震、洪涝灾区、贫困村、学校以及困难家庭、贫困学生等公益事业捐献善款 1300 余万元，如：四川汶川地震捐款 80 万元，今年 5 月为物华市场火灾受损商户捐款 50 万元，充分显示广大党员、员工扶贫济困、无私奉献的优秀品格。

十年来，全司广大员工艰苦奋斗，勤勉敬业，付出汗水和辛劳，也换得了党和政府的奖励。全司获得市级以上荣誉称号 156 个，132 人次获得市、省、国家级荣誉称号。企业荣誉档次由市、省级提高到全国先进行列。连续荣获全国优秀企业、全国质量管理先进单位、全国行业百强和全国物流百强等称号，2012 年跨入“中国服务业 500 强”。董事长、党委书记曹永堂荣获“全国优秀企业家”、省、市劳动模范、“中国企业改革领袖”“全国交通运输行业旗帜人物”等诸多荣誉称号。在此，让我代表集团公司党委、董事会、经理层向广大员工，特别是向奋斗在基层第一线为公司做出贡献的优秀员工，表示崇高的敬意和衷心的感谢！

同志们，改革开放以来，特别是企业改制十年来，在实践中我们积累了值得倍加珍惜的宝贵经验，主要是：

第一，保持战略定力，锲而不舍抓发展，是企业勇立潮头、永续发展的根本。公司始终坚持以市场为导向，以满足市场需求、服务社会为宗旨，坚持“发展才是硬道理”，实施“以运为本，多元经营”发展战略与“立足沧州（河北），融入两环，走向国际”区域发展战略，坚定地为旅客出行服务，为货主物流服务，为车与有车族服务。坚定地坚持转型升级、科学发展，积极拓展服务领域，使传统产业适应社会新需求。公司月有计划，季有安排，年有总结，制定了一系列激励政策和评绩考核措施,以发展论英雄,以干成事比贡献,使企业效益指标连年保持稳定增长,保证了企业实力不断增强和员工收入不断提高,处于行业领先地位。

第二,调整体制机制,激活内部活力,是企业立于不败、协调发展的法宝。现代企业制度的建立,对搞活企业发挥了重要作用。良好的机制,会进一步激发企业活力、竞争力。公司始终坚持改、管并重,坚持体制的完善与机制的重建。我们不仅建立起责权明晰、相互支持、相互制衡的法人治理结构,而且妥善处理法人治理结构与党委、职代会、工会的关系,做到同心协力、密切配合、相互监督。党委发挥政治核心作用,在重大问题上把关定向。工会、职代会维护员工权益,促进企业和谐稳定。对基层单位实行经营责任制和分级考核制;在分配上,采取年薪制、岗位工资、效益提取等多种形式;在用人、用工上采取自荐、竞聘、能进能出等更加灵活的选人用人方式等。体制的顺畅,机制的灵活,更加激发、调动起两级经营者和员工的积极性,使公司各项工作得以有序、协调、高效运转,保持了企业旺盛的活力。

第三,严细管理,规范经营行为,是企业安全稳定、健康发展的保障。运输行业高度分散、流动性强,历来管理较为粗放。公司按照体制变化和上市新要求,狠抓严细管理。近几年,对公司基本制度做了三次大调整。建立、修订、完善系列管理制度及各岗位、各工种的岗位责任制,使之有法可依、有章可循。有的产业、基层单位还制定实施细则。仅在去年党的群众路线教育实践活动中,就制定党风廉政建设、节约型企业细则50余条。在企业安全管理上,不断强化、细化。公司印发了安全管理手册,建立各级安全责任制,从驾驶员动作规范到防灾、防爆,到检查考核、奖惩都制定了严格的标准,确保了安全措施落实到位。去年,按照上市严格要求,对企业制度再次进行了全面规范。通过严细管理,解决了从承包制派生下来的"只管结果,不管过程"的积弊,企业管理步入正规化、标准化、现代化的轨道,促进了公司安全稳定、健康有序发展。

第四,更新观念,发扬优良传统,是企业凝神聚力、和谐发展的关键。公司坚持"以人为本"理念,不断扫除各种思想障碍,通过开展改革与发展大讨论,实施"换脑筋工程",普遍性教育等,打开员工思想观念的"总开关",转变旧观念。在开展党的群众路线教育实践活动中,召开班子民主生活会21个次,组织员工座谈会59个次,通过各种渠道搜集员工意见、建议1916条,促进领导层作风转变,拓展发展新思路。我们沧运是具有“红色基因”的企业。在历史上就一直是紧跟党走，与政府同心，企业改制时我们响亮提出：要依规依法改制，且“改制不改志”，即改企业体制，不改“红色沧运，服务社会”的意志。我们继续秉承沧运人“诚信、创新、拼搏、奉献”的企业精神和爱党爱国的光荣传统。因此，虽然企业改制，坚持发挥党、团、工会作用不变，坚持落实党在企业的方针政策不变，坚持服务人民、无私奉献的精神不变，进一步继承、弘扬沧运优良作风和传统。为此，坚持与时俱进，不断为员工注入正能量，充实信仰理想之钙，保持了员工队伍稳定，企业爱企、爱岗、敬业，风清气正，经受住了艰苦环境、高利诱惑、岗位转换等重重考验，锻造出“特别能战斗”的铁队伍。

同志们，65 年传承，企业业绩辉煌，十年改制，企业登上新台阶。面对新形势，我们应清醒地看到尚存在的差距和不足。主要两个不适应：一是在经济新常态下，思想观念上不适应。特别是对企业面临的严峻挑战、“运输行业新一轮大洗牌”以及我司处于“爬坡过坎”认识不足，危机意识淡薄，新发展思路没有真正落实。二是新一轮竞争形势下工作上不适应。部分领导和骨干仍被传统工作方式和旧运营模式束缚着手脚，表现在转型升级、科学发展上用劲不大，新产业、新产品开发力度小、成效差，有的传统运输无大改变，互联网 + 、电商等新知识知之甚少，科技水平低，一些单位效益严重下滑，且怨天尤人，已影响到全局。这些，应引起各级领导者、经营者、各股东高度重视，采取坚决、果断措施，切实加以纠正。为此，今后几年，我们要在以下几方面做出努力：

我们一定要坚守公司发展战略，全力推进企业转型升级、科学发展。面对经济新常态、市场新考验，公司处于“爬坡过坎”的关键时期，要继续坚持“运业为本、多元发展”总体经营战略和“根植沧州，立足河北，融入两环，走向国际”的区域发展战略；继续坚持由传统运输业向现代综合运输业，进而向现代服务产业集团进军的奋斗目标；继续坚持调整结构，转变发展方式，转型升级、科学发展不动摇。今年公司换届后，集团公司要制定《三年发展计划》。初步设想，经过三到五年努力，在公司成立七十周年时，力争企业总资产达到 20 亿元，年综合创收 30 亿元，实现利润突破 1 亿元，员工人均年收入 5.28 万元，全司基本形成以现有综合运输业为主的现代服务产业集团，成为京津冀区域龙头企业。当前，要按公司发展总方针，狠抓客运、物流、汽车服务三大主导产业发展，创建新业态、新模式、新经济增长点;同时,要大力发展旅游业、新能源、站场经营、房地产开发、金融保险等新产业。突出将汽车站及物流园区改造成以旅客与货物运输为主,旅游、新能源、宾馆餐饮、汽车快修、信息服务等多功能于一体的城市综合服务体。

一定要坚持改革创新,增强企业活力、竞争力。当前,党和国家推动"大众创业、万众创新",掀起了全民创业新高潮,我们要跟上经济发展的新形势,广泛发动群众,大力推动全员创业、创新。要积极运用互联网思维,引进电商等新理念,借机创建沧运全新的经营体系和商业模式,加速向现代运输及服务业转型。集团公司将出台《全面深化改革推进企业转型发展的意见》,推进各项改革创新工作。公司将进一步健全完善公司法人治理结构,健全董事会科学决策、监事会有效监督、经营层高效执行的责权明晰的现代企业制度。大力推行股份制、经营责任制、委托经营等新的经营模式,充分调动基层、车间、班组、个人的积极性、创造性;实施以专业化为主、条块结合的新经营管理体制、机制,提高各产业创效能力;继续完善岗位竞聘用人机制,打破"论资排辈",促进中青年员工尽快成长;推行创办、领办实体,以重奖、期股期权等激励机制,鼓励全员创业、创新。

一定要加强学习,提高全员素质,打造优良团队。要深入推进"学习型企业"建设,特别是强化两级班子和管理骨干学习,把习总书记的治国理政、"四个全面"战略思想和十八大以来党的方针政策、法规以及新知识学习好、领会好,提高工作本领,提高解决实际问题的水平。要加强中青年干部的培养,通过互帮、自学、送培等多种方式提高他们的知识水平和业务技能。要通过竞聘上岗、举荐自荐、岗位轮换等多种形式,把品行好、有担当精神、进取心强、具有专业知识和实绩的中青年骨干,及时选拔到各级领导和业务技术岗位上来,形成合理、适应企业需要的人才梯队。对观念陈旧、守旧摊、业绩低下的领导成员进行调整。党委、工会、人力资源部门要通力抓好培训工作,并使培训更有质量、富有成效。要认真加强反腐倡廉和"三严三实"教育,特别是更加严格管好中层以上领导干部以及业务骨干和广大党员。党组织要切实落实责任制,哪个单位员工出了问题,要追溯主管领导及党支部书记责任。公司监事会、纪委及各党支部纪检委员要履行职责,把"联席会"、巡查、审计、检查结合起来。既要注意抓重点违规事件查处,又要抓小抓早,防范"小毛病酿成大祸",努力保持各级干部清正廉洁、员工队伍敬业纯洁、全司上下风清气正的良好风气。

一定要抓住上市的契机,规范企业运作,搞好资本运作。公司在新三板挂牌后,标志着我司正式进入了资本市场,成为了非上市公众公司。要努力适应资本市场的规则要求,确保依法依规操作,防范经营管理运作风险。全司各产业、各单位都要防范发生重大安全、服务质量、环保事故等对社会和股票市场产生不利影响的问题。要开展资本运营知识培训,培育一支能够在资本市场运作成熟、创造佳绩的优良团队。要利用公司挂牌上市优势,采取公司内外部定向增发、引入做市商、股份制改造等多种形式,为企业发展融通资金。要认真谋划内部资产整合重组和收购兼并工作,对常年亏损、低效又没有发展前途的单位、业务板块实行关停并转。把资金、资产、人力资源等充实到新兴产业上来。对符合公司发展战略需求的企业实施兼并、参股,以提升公司规模和效益。通过努力,力争培育出两三个科技型在新三板上市的公司。

同志们,回顾我司光荣的发展历程,我们倍感欣慰和自豪;展望未来,我们深感任重而道远。我司正处于发展的攻坚阶段、机遇把握的关键时期,全面落实好集团公司总体部署,攻城略地,离不开全司基层单位、广大员工的艰苦努力。希望广大员工尤其是各级领导干部、各位股东、广大党员要牢记历史使命,坚定信心,以更加饱满的热情、更加务实的作风,开拓创新,求真务实,为把企业早日建成现代服务业集团,实现员工更加幸福、安康的“沧运梦”而努力奋斗!

谢谢大家!

(本文选自作者在集团公司建司65周年、改制10周年庆典暨“七一”表彰会上的讲话)

树立综合发展理念，创新“便捷行”服务品牌

2016年3月2日

要转变经营观念，以满足客户需求为出发点，采取高度灵活、多样化的运行方式，解决旅客“怎么来”“怎么走”的问题，提供“全天候、门到门、个性化”服务。一是调整运营路线。各单位要逐条班线研究运行路线，实地考察起止点延伸、中途点停靠，同条线路中既有一票直达，也有绕行、穿行、多点停靠，满足旅客“招手即停”的差异需求；二是调整运力结构。不仅要配备大客车，还要有中巴车型，要大、中、小型皆备，高、中、低档俱全，形成油、气、电各种能源结合的各类专业车队；三是调整运行时间。不仅要按照冬、夏令时安排班次，还要分析不同季节、不同时段的客流量，经常性和季节性相结合，班次和客流相结合，既满足旅客需求，又提高车辆实载率。

要大踏步进军农村市场，占领城乡主阵地，为“三农”服务。各站要和邮政、供销系统合作，开展以客运为主体，货运、旅游、汽车服务、科技能源等为一体的业务，建设各级城市综合服务体。沧州东站已形成多产业综合站，要继续向下延伸；西站园区也在完善住宿、加油、加气、充电等功能，园区北部正在形成能源产业；河间新站必备设施建设上要寻找合作伙伴，建立综合服务体，北面物流场地今年务必开工建设并开展招商；其他各县市车站、分站，也要形成以客运为主体，六大综合产业为一体的复合型场站。集团公司将在体制上进行调整，组成产业科或专人研究，配备好复合型班子，对主要领导、科级骨干等做好各系统业务知识培训。

客运单位要担负起转型发展主力军作用。各客运单位要增强使命感、责任感，在转型发展中发挥先锋模范作用，敢于担当、勇于开拓、创新创业。客运单位负责人要不断提高自身素质，加强团队建设，树立综合发展理念，通过城乡一体

化建设，融合其他产业，牵头把本县、市区域的六大产业向下延伸，构建综合网络，创新服务产品，满足社会、客户需求。

（本文节选自作者在集团公司客运系统转型发展会议上的讲话）

第四章 科学严细管理

导言：咬定青山不放松

管理是企业永恒的主题。天下大事，必作于细。几十年来，沧运咬定青山不放松，坚持一手抓改革，一手抓管理，逐步形成了独具沧运特色的“改管并重、科学严细”的管理模式。针对企业点多、面广、人员高度分散的特点，他们突出了从严从细管理。从领导班子到每个员工，从宏观要求到具体环节，从技术层面到业务流程，都建立了横向到边、竖向到沿的制度体系，特别强化了事前、事中控制和事后的严格责任追究，汇集了覆盖企业全部经营环节的《沧运典章》，保证了企业有序安全、高效运营。

沧运管理的一个特点是改管并重。由于沧运的改革不断深化，带来了运营体制、机制的新变化，原有制度、办法不适应了，就立即跟上新制度、新办法。在企业创新转型发展过程中，出现了公交、出租、旅游、汽车租赁等一批新兴产业，就及时跟进，建立起相应的制度，使新产业从一开始运营就规范运作。在企业上市过程中，他们按照公众企业标准重新进行了制度梳理完善，使公司治理体系更加坚实、规范，保证了上市成功。

注重品牌建设是沧运管理上的突出亮点。早在20世纪90年代就提出了“名牌兴司”战略，围绕提高服务质量和服务水平，精心培育诚信、优质品牌，先后创出了“高客运输”“文明站”“亲情旅程”“特种货运”“汽车服务”以及“便捷行”“运美宾馆”等一批优质品牌，有的已注册为国家著名商标，被媒体称为“群星灿烂的服务品牌”。

在科技上，更加注重智能管理。近几年来他们落实交通运输部建设“智慧交通”部署，十分注重信息化以及智慧运营的开发、推广和应用。如安全监控、网络售票、客运 ERP、办公自动化等信息化管理系统投入使用；全员“双创”活动有序展开，涌现了一批科技成果，冀运集团利用省会人才优势，投资建设了“河北智慧交通科技园”，已吸引近百家客户入驻，成为全省同行业第一家科技园。

安全是交通运输企业的生命线。突出抓安全管理是沧运的又一特点。他们先后提出了“两个宁可”“双零目标”“狠抓两头（人头、源头）”“十条安全红线”“消除隐患关口前移”等多项保安全、保稳定的指导原则和具体举措，并随之建立和落实了一系列安全管理制度，较前更实际、更科学、更有效，保持了企业安全稳定的好局面，多次被交通运输部、省交通及公安部门评为安全生产先进单位。

强化承包制下的企业经营管理工作

1994年1月25日

随着改革的深入，我公司企业管理工作逐步向制度化、规范化、科学化发展，但总体上讲，仍跟不上改革和发展形势。实行全方位承包后，出现了以包代管、弱化管理的倾向，影响了承包制健康发展和效益的提高。因此，必须强化管理，进一步提高企业管理和经营水平。

要注意抓好宏观调控，建立和完善自我约束机制，市场经济是法治经济，越是改革开放，越要加强宏观管理。为确保承包经营责任制健康发展，必须把自我约束机制健全起来。总公司在三轮承包总体方案中提出了，强化审计和财务监督、加强考核过程控制、对基层和机关双向评议、推进民主管理、实行风险抵押制度等，集中体现了宏观管理，自我约束的思想。机关各部门要认真领会，并制定实施办法。各基层单位要自觉遵守有关规定，确保承包经营管理更加规范、更加科学。

要加强成本管理，搞好增收节支，成本过高是影响效益和资金紧张的重要因素，成本高有社会因素，如油材价格暴涨，但也有管理不严、乱摊成本、节支不力等原因，要按省政府要求，学习推广邯钢经验，实行目标成本控制，建立企业内部模拟市场。要采取经济调节办法，解决少数单位拖欠上交费用问题，确保该上收的资金如数上收。各单位要改变计划经济中形成的“等、靠、要”思想，不但要组织好生产经营，还要搞好资金筹措、使用，流动资金紧缺要靠自己解决。各单位都要制定挖潜节支措施，认真抓好油、电、水、原材料等方面节约，管理费超支严重也是一些单位成本高的原因之一，机关和各基层单位都要按制度严格控制。各单位领导要充分认识，我们企业盈利水平很低，底子还很薄，资金紧张仍是制约企业发展的主要因素。必须树立过紧日子的思想，把有限的资金用在关键地方，不能大手大脚，铺张浪费。在公用车购置使用、业务经费开支、医疗及差旅费标准掌握上一定要严格，特别要注意解决“吃公”倾向。在总成本控制上，财务、审计部门要充分发挥职能，深入基层帮助指导，把好执行制度关口。

安全生产是关系公司全局的大事，各级领导任何时候都不能放松，要坚决纠正认为“入了保险，出点事没啥”的错误认识。纠正单车承包（租赁）后放松安全管理的倾向，安保部门要针对单车承包（租赁）后的新情况新问题抓好安全教育，特别要抓好事故预防工作，要坚持召开安全例会和“车辆三检”等制度，机务部门要严格按合同规定对车况进行检查，不能搞名不副实的“甲级车队”，对拼车况、拼设备的要坚决从严处罚。要落实对事故“三不放过”制度，及时妥善处理各类事故，减少企业损失。内保工作要特别注意防火、防盗、防意外事故。安保部门要把保护司乘人员和车辆安全提上日程，凡“车匪路霸”猖獗的地方，除积极求得地方支持外，安保部门要上路、跟车，保证司乘人身安全和正常运输生产。总之，要落实安全考核指标，实现重大责任事故为零的目标。

（本文节选自作者在公司1994年管理工作安排时的讲话）

深学邯钢经验，强化成本管理

1996年8月15日

1995年,我们在认真研究、学习邯钢经验的基础上,结合运输企业特点,制定了"市场核算,本利否决"的考核体系,逐处室、逐单位将管理成本和生产成本指标予以分解,并结合资产经营,按月进行考核兑现,取得了一定成效。但要清醒地看到,我们的差距还不小,有些单位落实得不够好,学得不扎实、不认真。各基层单位要牢固树立长期学和扎扎实实学的思想。一把手要亲自抓。

判断各单位是否认真学邯钢的标准有五条:一是看观念和机制是否转变了,是全力以赴,迎接挑战,还是继续等靠要;二是看是否按集团公司"双考双否"的要求,对车间、班组和个人实施考核和奖惩;三是看各单位的总成本、单位成本是否真正降下来了;四是看职工积极性是否真正调动起来了,人人参与管理、人人参与理财;五是看"两个根本性转变"是否实现;经济效益是否提高了。

当前注意抓好三点:一是深化对邯钢经验的认识。邯钢经验是具有时代性和普遍指导意义的,是实现两个转变的典型,其实质是以市场为依据,通过全员参与、全方位控制,千方百计降低产品成本,创造最佳经济效益。因此,学邯钢不是可要可不要,而是非学好不可,不是摆花架子搞形式,而是要结合实际,要见成效出效益;不是学一阵子,一阵风,而是要持之以恒,坚持数年。二是坚持严格考核兑现,把本利否决机制落到实处。邯钢经验最过硬的就是一个"否"字。真否,出干劲;真否,出效益。学邯钢的关键就是看敢不敢真否。各单位要认真落实集团公司"双考双否"的决定,对各承包车间、班组、车队、多经摊点,严格考核,兑现奖惩。此项工作由企管处负责检查落实。同时,集团公司考核小组,对各基层单位要严格考核,坚决兑现,不准迁就,确保"本利否决"机制落在实处。三是要在促进"两个转变"上下功夫。学邯钢最终要达到由计划经济向市场经济,由粗放经营向集约经营的转变。邯钢推墙入海、严细管理的经验我们还没有真正学到。

各单位要彻底扭转重生产经营轻资产经营、重创收轻挖潜的不良倾向，在研究市场、拓展市场上下功夫，改善车辆、设备、资产结构，最大限度挖掘内部潜力，实现低成本发展。要通过努力，使全司管理总成本年下降10%以上，运输、修理生产成本年下降15% ~20%。通过挖潜力，企业年利润平均增幅要达到30%以上，实现低成本发展，走内涵发展的新路子。

（本文节选自作者在1996年8月公司管理工作会上的讲话）

在集团公司加强企业管理经验交流会上的讲话

1997年7月24日

我司已于1996年12月改制为集团有限公司,形成客货工贸四大产业多元经营新格局。下属25个基层核算单位,6个协作成员单位,分布在沧州各县市及京津塘等地。点多、线长、人员结构复杂,管理幅度较大。多年来,我司各级领导十分注重加强企业管理,而且积累了一整套管理经验。改革开放特别是1994年第三轮承包以来,我们面对激烈的市场竞争,认真落实中央"三改一加强"指导方针,强化企业管理推进"两个根本转变",初步形成独具沧运特色的管理模式、管理制度和管理方法。企业初步实现了由外延发展改为向内涵发展的转变,由粗放经营到集约经营、细化管理的转变。经济效益连续五年保持两位数递增,主要经济效益指标居全省同行业领先地位。

(一)提高认识,健全组织,加强对企业管理工作的指导

几年来,我们不断统一各级班子的认识,采取举办培训班、领导讲话、开座谈会、报刊宣传等多种形式,加大管理知识的学习和培训力度,不断增强全员抓管理的紧迫感。同时,十分注重用身边的典型教育大家。我们首先推广了沧州站、修理二公司、桑塔纳维修站、七公司、九公司、工贸公司等一批典型经验。对原二公司管理粗放导致亏损的原因认真进行剖析,提高各单位对管理重要性的认识。通过以上措施,使大家充分认识到,在改革不断深化和市场经济条件下加强管理仍然是企业发展的重要保障。管理加强,生产发展;放松管理,效益滑坡、人心涣散。要想实现企业快速、稳定、健康发展,必须强化企业管理。从而,较好地解决了"以包、以租代管"等倾向性片面认识,大大增强了各级领导抓管理的自觉性。

为加强对全司企业管理工作的统一规划、部署和组织落实,集团公司成立后。恢复了企管处,充实了管理力量,分工一名副职抓企业管理工作。基层单位

均重新设立了企管机构或专管人员,明确了主管领导,这样形成了自上而下的企业管理组织体系,为开展企业管理工作提供了组织保证。

(二)搞好制度建设,夯实基础工作

我们抓了五点:一是全面修订完善各项规章制度。按照交通部开展"转机制、抓管理、练内功、增效益"活动的意见和"适用、简明、规范"的原则,结合企业实际,对公司原有的规章制度进行全面清理,对不适应改革和市场经济需要的部分进行调整、修订,并增加新的管理规章,初步形成三大系列、十八个类别、200万字新的企业规章制度体系。二是抓好单车经营责任制形势下的基础工作。1994年我们推行单车经营责任制开始,部分单位产生了"以租代管"、统计失实、合同兑现率低等问题,我们相继制定下发了《单车经营责任制管理办法》《站务管理办法》《加强统计工作的决定》等一系列配套制度,并派出工作组深入基层监督指导,协助基层日清旬结,强化营收管理,整顿站务秩序,规范经营行为,使单车经营责任制步入健康轨道。三是建立两级安全管理网络。首先,集团公司与基层单位签订安全责任书,以责任制形式明确基层的安全责任。其次,司乘与二级单位签订协议,明确司乘的安全责任。同时,强调承租者必须投安全险,并建立了大事故基金,以应付不可抗力事故的发生。对重大责任事故实行一票否决,进一步强化了各单位和全体员工的风险意识。四是抓好现场管理。按照现场管理的要求,美化厂区环境,建设花园式工厂;搞好车站站容、站貌,实行"三优""三化"服务,创建文明线路,为旅客提供良好的乘车环境,生产现场基本做到了环境整洁、纪律严明、操作规范、客货流有序、设备完好、信息准确、优质高效。五是抓好管理人员培训。按照企业人才开发战略的要求,强化对全体管理人员的政治教育和业务素质培养,通过电大、电中、函大、自学考试和培训班等多种形式,每年受培人数均在千人以上,一支专业齐全、结构合理的管理队伍基本形成。目前集团公司拥有大中专毕业生近400人,具有中高级职称的124人,分别比1994年增加84%和60%。在两级管理队伍中大中专毕业生有230名,占管理人员总数的53%,具有中高级职称的86人,分别比1994年增加了35%、3%。

(三)正确处理管理与改革的关系,抓好配套管理

几年来,为建立更加适应市场,适应竞争的经营机制,我们坚持改革不停步,先后进行了调整产业和组织结构,"三项制度",单车经营责任制,住房和医疗制

度，建立现代企业制度，推行资产经营等一系列重大改革。每次改革措施出台前，我们都要对各种可能发生的问题和相关情况进行研究，制定出较完备的管理措施作保证。一是1994年按照推行单车经营责任制的需要，制定了《客(货)车租赁经营实施方案》并配套出台了车辆现值评估、安全、财务核算、站务、稽查等配套管理办法，使单车经营责任制按预定的轨道顺利进行。二是完善配套措施，使企业走向资产经营之路。1997年我们对基层单位推行了资产经营。为保证改革成功，我们按照“资产界定、委托经营、定额上交、保值增值”的经营思路，制定了《集团公司资产经营责任制总体方案》。围绕资产经营制定了低值易耗品、车辆、房地产、站务等9个方面的配套管理办法，为资产经营正常运行奠定了基础。为了加强财务监督、保证资产经营正常运行，对基层实行了财务主管派驻制并制定了相应的管理办法。三是围绕企业改制，搞好制度创新规范运作。我司是河北省130家、交通部42家建立现代化企业制度试点单位之一。在组建集团公司和集团的过程中，我们充分借鉴外部有益经验，结合企业实际，起草了包括建立现代企业制度实施方案、集团有限公司章程、集团章程和财务、劳动人事、党委工作、工会工作在内的主体文件18个，共达30万字。集团公司成立后，又相继制定了《董事会工作条例》《监事会工作条例》《总经理工作条例》，规范了法人治理结构，明确了各自的权限、责任和议事规则，强化了制衡与约束。另外，及时制定扩充企业规模办法，以此吸引了6个新成员加盟，实现了优势互补和低成本扩张。

(四)大力开展学邯钢、抓管理活动，提高经济增长质量

一是加强对邯钢经验的宣传。邯钢是市场经济条件下工业企业的一面旗帜，也是公路运输企业学习的好典型。为更好地组织开展学邯钢活动，集团公司多次召开办公会、党委会、司务会专题研究，并认真学习邯钢经验。同时，利用录像资料、运输报、黑板报、编印资料、动员会等各种形式大力宣传邯钢基本经验。对中层以上干部和管理骨干进行重点培训，形成上下共识和浓厚的学邯钢氛围。二是制定了集团公司《学邯钢、抓管理、增效益实施方案》，在学邯钢中，我们结合企业实际，出台了“市场核算，双考双否责任制”，加强了过程控制。将成本费用指标分解到基层、处室，基层再进行第二次分解，落实到岗，考核到人。如，集团公司机关将公用车费、文印费、差旅费、办公费、电话费、招待费等指标分解到各部处，纳入机关考核，节奖超罚，严格兑现。修理二公司将生产成本分解为随工

时收入的材料消耗定额、易损工具定额和资金占用三项定额，定期考核兑现奖惩。汽运三公司一手抓增收，一手抓节支，对泊头—沧州等班线实行公共式流水发车，配备了清一色中巴，抢回了市场，提高了竞争力。他们强化煤、水、电管理，每月节支4000元，今年1～6月份同比减亏增利28.2万元。汽运一公司脚踏实地学邯钢，家大业大不大手大脚，1996年创利润突破百万大关，但领导仍坐吉普，不买轿车。总之，通过开展这项活动，强化了全司的市场意识和成本意识，生产成本及管理费用明显降低，今年1～6月份全公司可控成本同比下降9.5%。

（五）加强资产管理，盘活存量，优化增量，实现资产保值增值

集团公司组建后，我们对基层单位结束了为期9年的三轮承包经营，在全省同行业率先推行了资产经营责任制。对客、货、工、贸各分公司、子公司以资产占用量为主要依据下达利润、资产保值增值率等责任指标，以资产委托经营责任书的形式确定下来。对委托经营责任书中各项责任指标，由企管处按月考核，年终综合考核，兑现奖惩。资产经营责任制的推行，使各分公司、子公司由过去的单纯生产中心变为经营中心和利润中心，不仅积极抓生产经营，更注重存量资产的开发利用，加强了对各类资产管理力度，千方百计提高资产资金利用效率。集团公司成立了资产财务部和融资中心，加强了对内部资金的集中管理。将银行机制引入企业内部，实行内部超占款、借款有偿使用制度；出台了集团公司固定资产、低值易耗品管理办法，强化了对资金运动过程的监控，加大了对不需要、闲置等低效资产的开发、调整和拍卖力度。通过以上措施，使集团公司资产、负债结构有了明显改善。先后共融资1200余万元，资产负债率下降7个百分点，固定资产保值增值率达108%。

（六）下大力抓好质量管理，塑造良好的企业形象

服务质量的高低至关运输企业的信誉和兴衰。特别是在多种运输方式，多种经济成分参与竞争的形势下，国有企业服务质量更显重要。我们在质量管理中着重抓了三件事：一是制定了各类服务标准。按照客、货、工、贸行业特点分别制定服务标准，定期组织检查评比，激励单位和个人创优争先。如修理厂站坚持24小时值班，组织车辆急救服务；汽车站组织上门订票、接送站服务；司乘统一着装、持证上岗、使用文明用语，实行三优、三化等。二是落实服务承诺，搞好形象建设。客货运输、汽车修理均制定了社会服务承诺标准并对外公布，以利社会监

督，对各种违诺问题一经举报和查实，给予单位和责任者相应的处罚。三是积极开展创建文明班组活动。这是我司继创建文明单车、文明班组后强化优质服务的又一举措。要求文明线路参赛车必须做到“安全正点、票价合理、舒适整洁、管理规范”。实施以来，沧州—泊头、沧州—石家庄等班线深受社会好评。

我们在抓企业管理方面主要经验可以归纳为四条：

（一）提高认识转变观念是关键

思想认识和观念是做好一切工作的前提。认识不提高，观念不转变，管理工作引不起重视，落不到实处。正是从提高认识、转变观念入手，在企业实行承包经营、单车经营责任制等改革新形势下，注意狠抓对各级管理人员，特别是基层单位一把手、机关总部和基层两级管理人员的培训，用企业内外正反两方面的典型事例，使大家转变观念，跟上新形势，逐步形成了越是改革开放，越是发展外向型经济，越是加快发展步伐，越要加强管理，克服了管理人员和不少职工中一度存在的“以包代管”“以租代管”的普遍性倾向，树立了外拓市场、内抓管理、以内保外、内外互促的观念。基层单位自觉抓管理的意识普遍增强。

（二）坚持改革管理两手抓

实践使我们体会到，再好的改革举措，没有严细的管理做保障也很难成功。正反两方面的经验教训都揭示了这一点。因此，几年来，我们坚持一手抓改革，一手抓管理，做到了改革与管理并重，用管理保障改革，用改革推动管理。我们在单车经营、资产经营、剥离辅体、整体改制等一系列重大改革中，之所以进展顺利，职工拥护，没有大的震荡和负效应，很重要的一点就是牢牢把握了改革与管理的关系。

（三）坚持严细实方针，突出抓好过程管理

管理就是对过程的控制。离开对过程的控制，也就无所谓管理；不管过程的管理最终没有好的结果，因而只管结果也就成了一句空话。几年来，特别是结合学邯钢，我们较为注意抓了生产和经营过程的管理，特别是加强成本控制和考核。从资金运用、资产调配、车辆设备的购置和运作，均制定了一整套规章制度，使生产经营的每一个环节有标准、有要求、有程序、有人管，均纳入了严格管理、规范运作中，结果有人考核，奖优罚劣，使企业成本得到有效控制。1994 年以来，我们每年消化 500 多万元增支因素，仍实现了效益的两位数递增，保持了良好的发展势头。今年上半年,我们又消化了248万元增支因素,利税和利润仍比去年同期增长38.8%和24.2%。

(四)把质量管理放在突出的位置

交通运输行业是“窗口”行业,服务质量对我们显得特别重要。因此,在工作中我们十分注重服务质量的整顿和提高。我们坚持做到,无论体制如何变化,不忘服务质量;向社会公布服务承诺,突出质量;开展创建文明班线、文明车辆活动,促进服务质量。对不良服务事件严格处理,对服务的好典型实行重奖。正是由于我们在思想上加深了对质量工作的认识,在实践中强化了质量工作的力度,整个企业服务质量始终保持较高的水平,增强和加大了对客户的吸引力,在沧州坐“国营车好”已形成全社会共识。沧州站日发车班次达到300余个,比1991年增长了35%,这样,提高了企业的形象,带来了良好的效益。

尽管我们在抓管理方面做了大量工作,也取得了很大成绩,但也存在不少问题和一定差距。主要是:1. 个别基层领导对管理的重要性缺乏足够的认识,没能正确处理管理与生产、改革的关系,有的观念陈旧,意识落后。以租代管、以包代管现象依然存在。2. 管理手段落后。个别基层领导仍然凭借老经验、老办法抓管理,不注意,甚至不懂得利用经济的、法律的、现代化的手段进行管理,仍沿袭传统的粗放的管理模式、管理方法。3. 基础工作相对薄弱。少数单位规章制度不全,生产现场脏乱差,各种原始记录不齐全、不配套,统计失真。4. 个别单位管理问题较多,造成亏损,甚至出现违纪问题,影响了企业形象。上述问题急需在以后的工作中加以克服解决。

今年下半年,以至今后一个时期,我们在企业管理上,要继续按着中央“三改一加强”的指示精神,围绕企业生产和资产经营,围绕提高效益这一中心目标,全力抓好各方面管理工作。要深入开展学邯钢活动,推进“两个根本转变”,使集团公司管理再上新水平,效益再上新台阶。具体要求有如下几点:

(一)全面抓,重点管

企业管理是个大题目,关系到企业方方面面,我们各级党政领导必须树立全面抓、整体推进的思想,即企业管理学上所讲的全面的、全员的、全过程的管理。但又要结合企业实际,突出重点,抓住特色。当前,从全司说,要重点抓好五大管理。

1. 抓好生产经营管理。要适应企业单车经营责任制和资产经营等新形势，各生产经营处室及各基层单位，要合理组织、科学调度，保持良好的生产秩序，实现生产和资本的安全、有序运行。客货运输单位要认真抓好车辆运行、车辆维护，组织好客流货源，减少商务事故，真正做到人便于行，货畅其流。修理单位要抓好停车场、修理车间等现场管理，合理安排生产，做到进厂车辆停放有序，维修车辆交活及时，确保质量。建立整洁美观的高标准花园式厂区。各单位要结合自身实际及时修订不适应新形势的生产管理办法，建立健全起新的管理办法，确保全公司生产经营处于健康、稳定、高效、有序运营状态。

2. 抓好资产经营管理。一是资金管理。充分发挥融资中心的作用，认真落实《预算资金管理办法》，采取向上争取、对外引资、职工集资等各种渠道融通资金；严格执行财经纪律，该上交的资金足额上交，取缔所有私设账户，严肃查处小金库、账外账；企业所有资金全部纳入资产财务部统一管理，提高资金运行效率。派驻的财务主管要切实负起监督责任，协助资产财务部抓好应交款项上缴和应收账款回收，提高资金利用率。二是抓好有形资产管理。各单位要严格落实《车辆设备管理办法》《房屋地产管理办法》《低值易耗品管理办法》《多经若干规定》等资产经营有关"法规"，维护、保养、管理好各类国有资产。财务、房地产等部门每季联合检查一次，对车辆、设备、房屋等管理好的单位予以表扬，差的予以批评，造成资产严重损坏和流失的要给予经济处罚。对长期闲置低效的厂房、场地、设备等资产，采取招标、拍卖、租赁、承包等方式进行处置，使死物变活钱，收入用于车辆设备更新或开发新项目。三是加强对无形资产的管理。对企业营运路线、技术、商誉、经营技巧等无形资产要注意保护和使用，不能无偿随意利用。在对外合资合作时，集团的无形资产力争要折成一定比例投入，使无形资产变成有形效益。

3. 抓好服务质量管理。质量是企业的生命。作为社会服务窗口单位的交通运输企业，只有不断提高服务质量，才能吸引更多的旅客、货主、车主及其他客商，才能创造更好的经济效益，在坚持落实原有服务措施的同时，当前着重抓好四点：一是进行服务人员的清理、整顿。对所有实行单车经营责任制的车辆进行清理，不符合上岗条件的坚决拿下来，对各经贸摊点临时用工除个别特需人才报劳人处批准外，予以全部清退。在此基础上，调配好业务精、爱岗敬业的人员上岗。二是开展业务知识培训。从今年下半年开始，分客、货、工、贸四产业举办业务知识培训班，按岗位技能要求，由教育部门、业务部门考试考核，合格发放证书，使驾乘站人员、修工、服务员逐步持证上岗，全面提高从业人员的服务水平。运输单位解决车辆脏乱差、丢客、甩客、缺班、晚点问题，坚持上门送票、电话订票等良好传统；修理单位千方百计提高修车质量，降低返修率，建立巩固快速救援网，并注意搞好修后、售后服务，争取回头客；经贸单位要上档次，规范服务经营的标准，杜绝经销假冒伪劣商品。三是把文明班线、文明车等竞赛活动推向深入。全公司力争将50条主干线建设成文明班线；100部车辆成为文明车辆。

4. 抓好安全管理。安全至关企业效益。我们运输企业必须树立安全第一的观念，一刻也不能放松安全管理。近年来，几个基层单位效益滑坡，与行车事故多、成本费用急剧上升有直接关系。我们要牢记1988年"11.3"特大事故等惨痛教训，警钟长鸣，死死抓住安全管理不放松。要坚持"预防为主"的方针，认真抓事前控制和防范，落实好大事故基金和车辆保险制度。安保部门要彻底转变观念，由以事故处理为主转到以安全教育管理为主上来，坚持定期进行多种形式安全宣传，加强安全责任制和现场处理违章作业事件，定期召开例会等。要落实好安全责任制，层层负责，层层控制，将安全事故消灭在萌芽状态。通过努力，全公司杜绝重大责任事故，减少一般事故，肇事损失率降至24元/千车公里以下。

5. 继续推行现代化管理。多产业结构的形成，资产经营的推行，对现代化管理提出了更高、更紧迫的要求。不采用先进手段，不掌握先进技术，不进一步提高员工素质，就必然要影响企业的发展。为此，一是推广以微机为主的现代化管理手段。在沧州中心站实行微机检售票的基础上，各站今、明两年全部实现微机售票。各大单位、驻外办事处利用1至2年时间配齐微机，用于财务核算、经营分析、车辆管理和项目开发等；1998年各单位微机与总部联网，加强集团公司对经营工作的控制；要加大软件开发和应用，至1998年集团总部及基层单位软件使用内部开发率要达到80%，并力争进行对外有偿开发，降低成本，创造效益。二是开展现代化管理知识的培训。人事教育部门要把现代经营管理知识培训作为企业培训的重要内容，侧重抓好计算机知识、英语、高新技术等，每年办班20个，培训人员800人次，提高全员现代化管理水平。

（二）开展企业内部达标升级活动，推动管理上新水平

国家确定不再对企业开展升级评比活动了。目的是为了减轻企业负担，把管理企业的使命交给企业，避免了做形式主义的花样文章。管理是企业永恒的主题，生产越发展，改革越深入，就越要加强管理，并把“外拓经营市场，内抓改革管理”作为常年工作指导原则。因此，集团公司领导班子经过认真总结多年来的经验教训，在征求多方意见的基础上，决定在集团公司内部开展达标升级活动。这个文件已印发给各单位，望认真贯彻执行。开展这项活动，其指导思想和目的就是，强化全员管理意识，狠抓企业基础管理工作，切实提高工作质量、服务质量，促使企业管理上新水平，经济效益上新台阶。此项活动涉及生产经营、财务、安全、机务、精神文明等8个方面工作共300项具体内容，分客货工贸四大系统，内容具体，要求明确，简洁实用，易于操作。集团公司成立达标升级工作领导小组，总经理任组长，有关主管领导处室负责人参加，每季检查一次，年终进行综合检查考核，按所得分数，评出等级。对升级单位给予一定的表彰奖励；对年度不能达标的进行通报批评；连续三年不能升的，将给予一定的经济处罚，直至解除资产经营合同，调整领导班子。要求各单位对这项工作务必提起高度重视，明确专人负责，按考核标准，一项一项地对照检查，未达标的要认真改进和完善，力争早日升级或达标。这样，通过扎扎实实的工作，使我司各项管理工作纳入科学化、规范化轨道。

（三）进一步加强对企业管理工作的领导

1. 提高认识，健全组织。各级领导要注意用改革的思想、发展的思想来考虑管理工作。要采取各种措施，加强学习，提高对管理工作重大意义的认识，努力克服三种倾向、树立三大观念；即克服管理工作是务虚的思想倾向、树立管理出生产力、出效益的观念；克服重生产轻管理的倾向，树立经营管理并重的观念；克服管理是领导职责的倾向，树立全员抓管理的观念。要处理好四个关系，即一是正确处理好管理与生产经营、资产经营的关系。生产、资产经营是企业发展的基本模式，管理是可靠保证。只有不断强化管理，才能提高生产经营和资产经营的质量和效益。二是正确处理管理与改革的关系。改革是动力，管理是基础，必须靠改革推进管理，靠管理巩固改革。三是正确处理发展与管理的关系。发展是目的，管理是后盾，发展要靠坚实的管理来支撑，企业管理越扎实，发展的基础越

牢固,发展的步伐才能更快,上项目的成功率才能更高。四是正确处理管过程与管结果的关系,坚决克服“以包代管”“以租代管”和“只管结果,不管过程”的现象,加强生产经营过程控制、组织、协调、监督、推行严、细、实管理,确保生产过程有序、合理、科学运作,狠抓成本管理,全过程管理,最终实现好的结果、好的效益。通过广泛组织发动职工参与,形成人人抓管理、人人重效益的环境和气氛。集团公司为促使管理上新水平,除聘请高层专家,定期来企业诊断、授课外,还决定成立以总经理挂帅的管理咨询诊断领导小组,下设运输、交通工业、财务、经贸等专业小组,由各方面有管理经验的专业人员组成,专门帮助基层单位查找管理方面存在的问题,帮助制订、改进措施,并检查督导落实。各基层单位领导班子,特别是一把手,要直接抓管理工作,并明确一名副职具体分管。列入一类管理的大单位可单独设企管科,二类单位可在政办室设专人抓管理,三、四类单位也要明确专兼职人员负责此项工作,以形成一支上下结合抓管理的精干队伍。

2. 建立管理责任制,加强监督检查。集团公司机关主要是抓各基层宏观、中观管理,主要抓关系全局的制度建设,做好对基层的检查督导、帮助。各基层单位重点结合自己的实际,贯彻落实集团公司的各项规章制度,抓好车间、班组以至单车等管理,也叫微观管理。集团公司机关各处室要进一步强化对基层的管理、监督职能,按系统建立起自己的检查制度,采取定期、不定期、普查、抽查等一系列办法,加强对基层管理工作的检查、帮助、监督,认真总结本系统或所属单位在管理方面的好典型,剖析存在的问题并拿出对策。为及时发现解决企管中的问题,集团公司建立企管例会。每季由企管处牵头,召开相关处室或有关单位参加的综合管理例会,总结基层好的管理经验,剖析解决存在问题,提出改进意见,并向集团公司领导反馈。各基层单位每季末要报送一次管理方面的专题文字报告。

3. 坚持“人本管理”,发动全员参与。管理要靠人去落实,人的素质决定企业管理的水平。只有采取措施,不断提高各级管理者的业务素质,才能实现企业管理水平的逐步提高。因此,要认真开展员工培训,切实落实人才开发战略和人才培训规划,利用集团公司和基层单位两级培训阵地,对科股级以上管理骨干进行重点培训,年底前普训一次。人才培训中心要发挥职能作用,除办好培训班外,要加强对基层单位职工教育的检查帮助,对有培训前途的优秀管理骨干,要选送大专院校进修。二要发动全员参与管理。党务、工会等部门及各基层单位要注意充分调动全体员工参与企业管理的热情,采取设提案箱、意见箱,定期召开座谈会等形式,广开民主渠道。对热心企业管理的职工要爱护和尊重,好的建议及时采纳,并给予物质或荣誉奖励。对涉及职工切身利益重大决策和企业重要规章制度,要认真征求职工意见,交职代会审议。另外,要保证发挥职工民主监督权力,使每一项生产经营措施、改革管理举措、投资决策均建立在民主参与、职工支持的基础上,把职工这支生产、改革的主力军,变为管理的主力军。

4. 坚持严强实管理,狠抓落实。管理成功关键在落实。为此,要做好三个方面工作:一是定制度。各级领导要注意用严格周密的制度抓工作的落实,克服随意性。对每项管理,每项工作,均制订一套完整的规章制度。对行之有效的规章制度继续坚持;对不适应新形势的抓紧修订或重制定;使每一个岗位、每一个环节、每一个人均有章可循、有规可依、有责可负、有奖有惩。企管处要对各基层单位的管理制度,落实情况经常性的检查。二是抓好基础工作。基础工作是企业的根基,根基不实,管理不稳。在单车经营和资产经营等改革形势下,要进一步完善各类基础数据,把财务报表、统计、计量、信息、行车路单、领料单、台账等各类原始记录全部恢复完善起来,做到各类数据规范、齐全、正确,为领导决策提供可靠的依据。这是达标升级检查的重要内容,各单位务必一项项地落实。三是实施综合管理。各级领导要适应变化着的新形势,克服计划经济条件下传统的经验性和单纯行政管理办法,采取经济手段为主,法律、行政、思想教育为辅的综合管理办法,同时,注意发挥微机等现代化管理工具作用,提高管理效率。

聚焦企业发展目标，加快推进重点工作(节选)

1998 年 1 月 21 日

1998 年，是全面落实党的十五大精神的第一年，也是我司进一步深化改革、加快发展的关键一年。我们要继续全面落实党的十五大和省市经济工作会议精神，高举邓小平理论伟大旗帜，以改革总揽全局，以市场为导向，以效益为中心，继续贯彻落实"多元经营""外向带动"和"人才开发"战略，以发展"八大经济支柱"(客运、货运、修理业、零配件销售、油料经销、房地产开发、站务经济、技术培训)为基本目标，内抓改革管理，外拓经营市场，加速企业实现"多元化、集团化、现代化、国际化"步伐，确保全年生产经营任务圆满完成，两个文明建设再上新台阶，主要经济效益指标继续保持在省内同行业领先地位。各部门、单位要聚焦到公司总体发展目标和重点任务安排，并结合自身工作实际制定实施方案，加快各项工作进度。

一是要精心组织生产经营，实现"四业"新发展。1998 年，生产经营要按照集团公司建设"四大创收基地"和"十大经济支柱"产业的总体要求，加大市场开发力度，认真构筑新的经济增长点，增收节支，进一步提高服务质量和效益水平。在四大产业中，要加速发展旅客运输业，继续拓展交通工业，认真调整货运业，上好多种经营。客运工作要重点落实"稳定一环、加密二环、开发三环"的"三环"战略，以占领主干效益线为目标，建立北京基地，拓展旅游运输，发展高速客运，强化站务管理，加强开放外联，大力发展站务经济，实现超常发展。货运单位要继续压缩规模，精干队伍，建设塘沽基地，集中力量发展集装箱运输和货代业务，开发多种经营，确保扭亏增盈。交通工业单位要继续发展提高修理业，拓展相关支柱产业，完善"三业联网"，上好加工制造，加快科技进步。经贸开发要依托主业，规范提高现有摊点，搞好房地产开发，加大招商力度，抓好 3 ~ 5 个"拳头"项目，谋求经贸效益、管理上新台阶。

二是要大力深化各项改革,建立新型机制。建立现代企业制度是国有企业改革的方向,持续不断地改革是我司得以发展的动力。1998 年,我们要以建立现代企业制度为中心,全力搞好股份制改造,并搞好人事、分配、用工等各项改革,建立起新机制。要配合股份制改造,继续深化三项制度改革,激活企业各个细胞。用工上,搞好劳资合作,实现人员合理配置,抓好减员增效。继续采取层层聘任、竞争上岗的优胜劣汰机制,加强劳动合同管理,把辞职、招聘、解聘等制度建立健全起来。发挥劳务市场作用,培训好待业转岗人员。分配上,全面推行岗位技能工资制,建立企业正常升级制度。为搞活经营,仍实行多种分配模式并存。人事上,对亏损单位和新建单位领导成员实行全员招标竞聘,大胆启用一批年轻有为、德才兼备的专业人才,增强管理层的活力。医疗、保险、住房等改革在调查研究的基础上,将按上级总体要求逐步慎重而大胆地进行。

三是搞好低成本扩张,加快企业发展。当前,国家“抓大放小”,小企业停工破产颇多,要抓住这一机遇,充分发挥我公司的规模、管理、区位、人才等优势,在同行业或相关产业,采取联合、兼并、收购、代管、参股和协作等形式,进行企业低成本扩张,形成沧运“航空母舰”。

四是稳定完善单车经营责任制,放手发展运输业。单车经营适合行业、企业特点,继续推进这项已成功的改革。要本着“大稳定、小调整”的原则,修订原有“单车经营管理办法”,逐步理顺完善管理制度。同时,要加大开放力度,可采取个人、合伙、小集体经营以及一人多车、职工搞股份车队等形式,放手发展客货运输业,企管、改革部门要制定放开、放活政策,鼓励职工搞多种形式的经营。一季度末,由企管、客运召开专门研讨会,重点总结经验,找准问题,解决难点,特别是标的制定与兑现、个人与企业收入合理分配、运行纪律执行保障、乘务队伍使用等,促进其规范化健康发展。

(本文节选自作者在 1997 年度总结表彰暨 1998 年工作大会上的讲话)

双考双否责任制总体方案（节选）

1999 年 1 月 23 日

一、指导思想

认真学习邯钢经验，以市场为导向，以降成本为重点，以提高经济效益为中心，转变传统管理观念，使广大职工人人当家理财，个个增收节支，使企业管理水平再上新台阶，企业经济效益有新提高，真正建立起以“双考双否”为基本框架的成本管理体系和指标考核体系，创造具有沧运特色的管理模式。

二、指标设置

以成本和利润为中心设立两大考核指标体系，在这两大体系中，分别设有若干相关指标。

1. 集团公司领导指标设置：产量、总收入、综合利润、总成本、单位成本、国有资产保值增值率、资产负债率、经费定额。另外，各主管领导挂分管部门单项考核指标。

2. 集团公司机关职能部门考核指标：产量，总收入、利润总额、单位成本，本部门经费定额，另外，各职能部门根据各自负责的业务，分别设置单项考核指标。

3. 客运公司指标设置：产量、总收入，综合利润、单位成本、资金利润率、应交款项上解率、重大责任事故。

4. 货运公司指标设置：产量、总收入、综合利润，单位成本、资金利润率、应交款项上解率、重大责任事故。

5. 修理公司指标设置：总产值、综合利润、单位成本，资金利润率、应交款项上解率、重大责任事故。

6. 经贸单位指标设置：总收入、综合利润、管理费定额、资金利润率、应交款项上解率、重大责任事故（内保、违法经营）。

7. 车站指标设置：营运收入、经贸利润、管理费定额、应交款项上解率、重大责任事故（内保、服务质量）。

三、方法步骤

（一）指标测算

1. 产量测算。根据集团公司下达的产量（产值，销售量）指标，结合上年实际完成情况及本期的实际生产能力，对照本单位历史最好水平，同类企业先进水平，省和国家同行业先进水平，市场需求及略高于计划指标进行测算。

2. 收入测算。在确定产量（产值、销售量）的前提下，结合当时的运价（销售价格）情况进行测算。

3. 利润测算。根据集团公司下达的利润指标、增长幅度，结合本单位上年实际完成情况，对照本单位历史最好水平，同类企进水平，省和国家同行业先进水平进行测算。

4. 成本测算。在产量、收入、利润确定的前提下，用“倒推法”进行测算。

5. 其他指标测算。根据集团公司下达的计划，对照本单位历史最好水平，同类企业先进水平，省和国家同行业水平确定。

（二）指标分解

指标分解到岗到人是邯钢经验的重要步骤，各单位和各部门本着做什么工作，承担什么指标，负多大责任，承担多重担子，基层承担的指标，有关处室必考的原则，将指标层层分解车间、车队、科室、班组，直至细化量化到岗到人，并层层签订包保责任书，做到责权利相统一，奖与惩相对应，做到不漏项、不漏人、不漏岗、不留死角，一目了然，形成一个完整的宝塔型指标体系。

（三）指标考核

为加强过程管理和调控，及时考核兑现，按照月考核、月兑现、累计计算、年终总平衡的程序，由集团公司统一考核，兑现奖惩，并采取成本、利润双项否决和上下条块相结合双向考核的办法，成本和利润各占奖金总额的40%和60%。

1. 奖励。年度考核，集团公司、运工贸系统，基层单位完成必保利润（营收）指标，又全面完成其他指标，集团公司领导、有关部室人员、基层单位领导班子成员和职工可按规定发放年薪，岗位技能工资、基本工资和奖励，如果成本控制在指标之内，可提取降成本部分的10%作为奖金。

2. 惩罚。月考核时，集团公司、运工贸系统、基层单位完不成必保利润（营收）进度计划的职工一律不准发奖金，如超额完成必保或奋斗利润（营收）计划，但成本指标未完成，扣发全员奖金的40%。

3. 重大责任事故具有一票否决权。凡发生重大责任事故和严重违法、违纪案件，造成重大经济损失或国有资产严重流失的单位，按“安全责任书”规定进行处罚。

4. 除上述以外的指标，每少完成一项，扣领导班子成员年薪、有关部室负责人岗位工资的3%。

5. 连续4个月，全年累计8个月完不成成本、利润两项考核指标，一般职工要调整到其他岗位或转岗培训；连续6个月，全年累计10月完不成上述指标，车间、基层科室、班组负责人等自行免职，调整到其他岗位或转岗培训；运工贸系统和基层单位年终亏损，机关职能部门负责人和基层单位领导班子，由集团公司统一进行调整。

［本文节选自1999年1月23日沧运沧集企字（1999）1号文件］

沧运“亲情旅程”服务品牌释义

2004 年 7 月

一、指导思想

创建以“亲情旅程”为主题的客运站服务品牌，争创群众满意窗口，创建车站特色服务品牌，选树优秀服务标兵，促进社会文明和谐，为企业发展提供服务保障。

二、品牌内涵

以“创服务品牌，建优质客站”为总体目标，确立以“亲情旅程”为主题的客运站服务品牌。亲，就是把旅客当作自己的亲人，与旅客之间形成亲和力；情，就是为旅客服务要真诚，对旅客充满热情，具有“旅客情结”；旅程，就是提供服务的过程。“亲情旅程”的整体内涵就是以人为本、尊重旅客，同时实现企业效益和旅客安全的共赢，为旅客提供人性化、个性化的服务。

三、创建内容

“亲情旅程”服务品牌是以优质服务的价值观为核心，是车站向广大旅客提供优质服务的体现，是反映车站的组织管理、服务内涵、服务机制、服务创新和整体形象的综合标志。其创建内容包括：

1. 服务理念：“满足并超越满足旅客需求”。

2. 成立亲情旅程服务班。从客运站抽取业务精湛、形象气质俱佳、文化水平高的站务员组成“亲情旅程”服务班。

3. 工作范围：为旅客提供联网售票、解答咨询、办理退票签证改乘手续、广播、送水、导乘、旅客帮扶、特殊旅客救助等服务。面向社会推出个性化、人性化的十项延伸服务，即亲情儿童护送、亲情老人护送、亲情老人接站、代订宾馆住宿业务、代售民航机票、亲情接送旅客、"亲情旅程"爱心救助基金、提供生日及节日祝福、电话订票并送票上门。

4. 服务特色：提供人性化、细微化、亲情化的服务。

5. 服务标准。

(1) 服装标准：员工在岗期间着统一配发的工作服，要求整洁、干净，无破损、无开线、无污渍、线条清楚。纽扣齐全并全部系好，不准披衣、敞怀、挽袖、卷裤腿等。不准赤脚穿鞋。

(2) 仪容仪表标准：员工在岗期间须面容整洁，精神饱满。男职工不留长发、胡须和大鬓角；女职工不留怪异发型，头发颜色自然大方，短发修剪整齐，长发盘起束于脑后。在岗期间不准留长指甲及在指甲上涂彩色。男职工不准佩戴任何首饰，女职工所戴耳环、戒指等饰物须式样精巧，大方得体，最多不超过两件。上岗证统一戴于左胸前，位置端正，字面朝外。

(3) 服务标准：服务过程中面部表情平和、自然、亲切、真诚，必要时应揣摩旅客的心情，体谅旅客的悲喜，避免造成误会，影响工作质量。工作时间内应举止文明、神情专注，不得哼歌、走神、吹口哨等，也不得随地吐痰、乱丢杂物、当众整理衣服等。听旅客讲话时应全神贯注，随时应答，不得东张西望，心不在焉，也不得用手指或其他物品指点旅客或为旅客指示方向。服务旅客时声调平和自然，语气柔和亲切，用词简练清楚，音量适度，使用三十二字文明用语，绝对禁用服务忌语。

做到"五心""四声""四不要""六不讲"。五心：接待旅客诚心、解答询问耐心、帮助旅客热心、照顾旅客细心、接受意见虚心。四声：对旅客有招呼声，介绍声，解答声，送别声。四不要：不要边走边答话，不要背手叉腰跷腿摇头乱比画，不要叼烟吃零食来答话，不要聚众嬉笑。六不讲：不讲生硬唐突话，不讲低级庸俗口头语，不讲讽刺挖苦语，不讲有损旅客人格语，不讲欺骗糊弄语，不讲伤害自尊心语。

(4) 作业标准：遵章守纪，按时开关窗，交接班认真仔细，挂牌上岗；主动为老弱病残孕旅客提供便利,积极帮助外宾及重点旅客解决实际困难。

(5)卫生标准:窗明地净、四壁无尘、内外整洁;保持资料备品齐全定位,标志鲜明,清洁整齐;不乱摆放杂物。

6.品牌目标:以旅客运输服务为主,建立亲情化、现代化、具有鲜明特征的客运服务品牌,全面实施标准化、规范化、科学化管理的大型客运优质火车站,初步实现"服务质量品牌凸显、安全基础巩固提高、经营业绩不断提升、维护企业和谐稳定"的目标。

进一步加强规范管理，扎实做好上市准备工作

2012 年 1 月 18 日

近几年来，为推进企业上市，我司做了大量的工作，对上市途径进行了多方面的研究和探索。2006 年，我司就已成为市政府重点扶持的拟上市企业。2010 年，我司物流业在天交所挂牌，这使我们积累了上市的经验，也培育、锻炼了队伍。近年来，我们又派员分别到四川富临运业、湖北宜昌交运等上市企业进行了考察学习。对照这两家同行企业，我们信心倍增，也更加明确上市的路径，确定了以运输业和汽车营销业为主体（包括冀运集团客运业），在深交所中小板整体上市目标。近几个月，我们完成了公司六大产业板块的事业部制调整；聘请了会计师、律师事务所等上市中介机构开展了尽职调查等上市筹备工作。可以说，企业上市已有了良好开端。

大家应认识到，上市是把“双刃剑”。一方面，上市是对企业管理水平、发展前景、盈利能力的有力证明。如果成功上市，作为公众企业，通过对外公布财务数据和经营成果，可规范企业管理，提高运营效率，确保企业依法依规经营；公司将在资本市场上募集到更多资金，享受低成本的融资便利，解决大发展的瓶颈；可以对土地、房屋、车辆、设备等产权进行界定，做到权属明确，产权清晰；可大大提高企业知名度，扩大市场影响力，增强国内、国际竞争力。

另一方面，股市有风险。现在上市发行受政策影响，过程复杂多变，审批手续十分严格，多种不确定因素都有可能产生上市中断，上市后也有因经营不善等导致退市。但是“开弓没有回头箭”，我们必须用理性的心态看待上市，要坚定信心，全力以赴，积极准备，化解风险，争取成功上市。为此，我们除了按上市要求做好股改、资产确权、上市辅导等工作外，必须在以下三个方面下功夫：

一是做好企业规范管理。今年，是公司“规范管理年”。要按上市公司标准，

进一步修订、完善各项管理制度,特别要规范企业管理、经营行为。公司要成立专门机构,组织召开专门会议,对规范整顿管理工作做出总体安排。在领导管理思想上,要确立分类指导、分层管理的原则。如客运业,西部县市初步形成公车公营模式,东部和铁路沿线县市尚处于承包经营旧方式。要按不同的模式进行管理,引导逐步向公车公营转化,并明确转化年度目标,逐月推进,对转化不利的要及时帮助。**二是**加强对公司资产、资金管理。计划财务部要设专门人员统管公司资产,包括车辆、设备、土地、房屋等,与后勤、技术部门加强配合,确保资产完好、增值。在资金管理上,要抓好资金,包括贷款、集资的全面清理,落实资金管控制度,特别抓好项目、大额资金的投入、使用、产出回报。要减少资金占用,降低财务成本。**三是**抓好安全生产,遏制重、特大安全事故。必须更加坚定地把安全生产放在首要位置,强化各级经营者的安全责任,细化安全指标,严抓严查事故苗头、事故征候,加大安全考核力度。

(本文节选自作者在公司 2012 年 1 月 18 日工作会议上的讲话)

抓好五方面管理，助推企业转型发展

2015 年 10 月 12 日

管理是企业的一项基本工作。近两年来,集团公司 16 字“经营总方针”中提出“严细管理”,当前,管理上要注重以下五个方面:

一是要加强新兴产业管理。我司经过了 6 年转型,现在已进入转型发展新时期,涌现出了一批新兴产业、新办企业,仅公交和出租公司就十几个,比如旅游、公交、出租及新能源、非运产业等。目前,部分领导还囿于传统产业,对新兴产业研究较少,还不适应变化了的新形势,有的同志谈班线、客运管理滔滔不绝,而对公交业、出租业、旅游等工作却较为词穷。这主要是没有适应新形势,还不会严细管理,对国家新产业政策还不甚理解,考核指标还是老办法多,对出租业、公交业管理团队没有形成,没有成熟的管理制度。汽车服务业也有类似情况,今年大部分 4S 店收入回升,是注入了保险业,仅此增收 1100 多万,而二手车市场、快修网怎么管理、开发? 仍亟待解决。汽车后市场增加“沧运快修”连锁项目,汽车美容师要重新培养,原来只是洗车、卖饰品。汽车服务业,挂靠在国家、全球先进的汽车制造业上,后市场还有很多服务领域没有涉足。物流业也一样,怎么管园区,怎么搞电商,怎么开展多式联运等,还没真正弄明白。因此,强化管理,首先要加强对新兴、新办产业的深化管理。

二是要加强对合资合作企业,特别是控股单位的管理。现在,我司有 20 个合资合作单位,有金融、能源、客运、物流等产业。历来是董事会每年召开一次,兼职的董事长、董事、监事履职也并没完全到位,平时没有真正发挥好领导作用。公司派出的代表,没有定期回来汇报工作。我们投资了,回报怎么样? 为改变这种状况,执行董事工作已做调整,牵头负责对外投资、合资合作单位管理,但平时还要落实到各产业管控。各合资单位董事长、董事、监事平时都要履行好职责,作为业绩考核一项内容。我方派驻代表要定期汇报、反映经营效果。合作要有共赢思想、合作意识,但一定要考虑公司的投资效果,不是把钱扔出去就不管了,发现问题要向公司及时反映,以便及时解决,不要等到年度董事会上再去处理。

三是对新办单位及新招录员工加强管理。今年,我们整合了黄骅客运资源、泊头公交产业,还收购了肃宁客运、陆洋公司客运等一批企业,也新建了几个新公司。要加强对新引进单位的车辆、设备、资产管理,人员要进行入司培训。使其尽快融入沧运文化,继承沧运优良传统,懂得并遵守沧运制度、办法、规矩。党群部门要协同人力资源部门,做好员工政治思想、技能提升等素质培训,使每一个新进入公司的员工与沧运文化融合起来,成为优秀员工,以此强化全司优良团队建设。

四是再次重申安全管理工作。安全就要天天讲、月月讲、年年讲。近段时间,我和安稳会的同志多次研究,召开了四次专门会议,部署了一系列措施,从产业到单位,从车到人,都有新的具体办法。如:要求驾驶员上车后,就知道肩上的重量、肩负的担子,树立起安全责任感。驾驶员上车前,包保人要有“三问”,包括“昨晚休息好了吗?”“身体健康状况如何?”“安全准备工作做得如何?”等,问清楚了,签字;上车后,驾驶员要明确向旅客承诺“不超速、不超员、保证安全送达目的地”,请求旅客监督,还要告知旅客紧急逃生办法等。这些措施,是“双零”目标、“两个宁可”原则、抓“两个源头”办法的具体化,体现了“预防为主”方针,一定要抓好落实,不要怕麻烦,不要认为搞形式,要“宁听骂声,不听哭声”。安全部门下去检查工作,要着重看安全制度是否真的落实。经验证明:只要一把手真重视,做好了驾驶员工作,安全就有了保障。对存有各种安全隐患的驾驶员,要重点严控,不行就调整、辞退,丝毫不能含糊。谁要心存怜悯,保“亲戚里道”、优亲厚友、默认包庇等,就要承担相应的责任。安全生产,就是公司头等大事。要在全司,特别是一把手和领导班子成员心中牢固树立“安全第一”思想,行车安全是要持之以恒狠抓的第一件事,同时,防火、防盗、防中毒等内保也要重视,防范意外事故发生。

五是加强对员工特别是党员领导干部的管理。企业管车、管财、管物,关键在管人。管好了人,就管好了一切。全司党政组织要更加尊重、关心员工,落实激励员工的措施,及时鼓励、表彰先进,要把激励先进政策、关心员工的措施充分显现出来。要敢于、善于管理,抵制社会上各种不正之风,反腐倡廉。党群组织要全面负起管人的责任，特别要管好党员干部。经过讨论，公司初定了《关于严管党员及党员干部的暂行规定》（讨论稿），对党员提出10条要求，对党员领导干部再加10条要求，称“双十条纪律”，已经下发，广泛征求各单位意见。“双十条纪律”管理，包括对党员驾驶员超速超员等违规问题，都纳入进来。对违章违规处理，既有经济处罚，还有党纪处分。大家知道，对违规违纪驾驶，国家定性为“危险驾驶罪”，再不要小看驾驶超限、超速、超员等问题。各级党员干部要对照“双十条纪律”，在党小组会上做自我对照检查。文件规定，对有问题的党员要进行诫勉谈话；谈话再不改的，通报批评；错误严重，影响坏的，要加重处置。这个暂行办法紧密结合了企业实际，符合中央严管党员干部的战略方针。各基层党支部、机关党总支要认真组织学习讨论，并提出意见和建议，经修订后再下发执行。

（本文节选自2015年集团公司四季度经营工作会上的讲话）

十条红线保安全，关口前移除隐患

2018年1月18日

日前，董事会专题听取了公司安全工作汇报，分析了安全形势，研究了进一步抓好安全工作的具体措施。大家认为，近年来全司总体安全生产形势较为稳定，主要是各级安全责任制进一步落实，各项安全生产指标完成较好，一般责任事故和经济损失减少，特别是遏制了重、特大责任事故的发生。2月28日刘小明副部长来我司检查指导工作，对我司安全管理给予了较高的评价。6月20日省交通运输厅召开的全省行业安全会议上，总经理又做了安全工作典型经验介绍。安全工作的成绩应充分肯定。但是，我们应清楚地认识到，我司安全形势仍很严峻，总的看，全司安全责任事故次数仍较多，且中小事故频发势头尚未从根本上遏制住；一些安全隐患远未完全消除，仍存在着发生重大安全责任事故的风险，重生产、轻安全、安全管理责任制不够完全落实，领导主体责任未真正压实。因此，一定要正确地研判安全工作的成绩和问题，不可对成绩估价过高。安全生产不容我们有任何松懈，不能有任何骄傲自满情绪，决不能掉以轻心。董事会在讨论中提出了安全管理上的一些新意见、新要求，主要是：

一、必须更加重视安全生产，把安全主体政治责任担负好。近年来党和国家对安全工作更加高度重视，党的十八大以来，以习近平同志为核心的党中央对安全工作高度重视，做出了一系列重要指示；党的十九大又专门提出保安全问题，国务院、发改委、交通运输部多次发文，再三重申安全的极端重要性，并提出明确要求；习总书记也多次亲自批示抓好安全生产工作，交通、公安等部门大力整顿运输企业安全秩序，对事故处置和追责更加严厉，并实施了多项监管措施，如：限速、限客，多点路查路禁、整顿旅游从业队伍、对物流危品运输停运查纠。最近又明确长途运输夜间停止运行等，形成了全党协力共抓安全的大趋势，对重大安全事故的处理加大了力度，不仅严查严处直接责任人，还追究主管业务部门甚至政府主管领导的责任，把过去超速、超载等认为是一般性错误的行为升格为危险驾驶罪，纳入刑事处置范畴等。面临着复杂的经营和道路环境，即使我们千方百计狠抓，尚难消除安全隐患，怎么能再有重生产、轻安全、麻痹大意的错误思想和认识呢？另外，我们沧州处在京畿重地，负有维护首都安全的重大责任，我们各级领导、广大干部、共产党员必须从思想到行动上，把抓安全真正作为首要工作，肩负起这一重大政治责任，用抓好安全生产的实际行动，担负起维护本市、本区域安全稳定大局和履行好维护首都安全的重任。

二、必须进一步落实安全责任制和责任追究制，形成全司“齐抓共管”新体制、新机制。这方面公司安全管理制度已做了明确规定，从党政领导、各级一把手到各级安全管理人员都有明确的要求，要确保落实到位。这里再强调四点要求：一是要认真学习贯彻国家《安全生产法》和省、市、行业系列安全管理规定，制定具体的落实计划，保证这些法规的贯彻执行到位。二是要压实一把手的主体责任，加大对主要领导安全责任的考核，对责任不落实、忽视安全管理的予以严肃查纠，有的要免除一把手的职务。三是按要求配齐、配强安管人员。各单位要选调优秀干部分管和从事安全管理工作，对车站、车间、市场、仓库、停车场等重要部位要增设安全员。同时要更加关心安管队伍建设，总经理提出提高安管人员地位的意见，董事会完全同意，要落实优秀安管人员技术职称评定以及评优晋级优先考虑的意见。对安管人员、驾驶员、一线员工认真负责、敢抓敢管，采取必要措施避免了责任事故，特别是重大责任事故的，各单位安保部门要及时上报，公司将按突出贡献奖予以表彰。四是落实安全工作齐抓共管的要求。除安全部门具体抓好安全生产以外，各有关部门也要担负起安全工作职责。人力资源、科技部门要抓好安全培训；生产业务部门要落实“四个同步”要求，既抓生产又管安全；党群组织要按照党政同责要求落实领导责任，要围绕安全生产，抓好员工思想政治工作，总结推介先进典型，真正形成全司党政、上下方方面面共抓共管安全的安管新体制、新机制。同时要注意发动广大员工乃至旅客、货主等社会人员对安全工作进行监督，及时处理他们提出的意见和建议。

三、必须继续落实“严细管理”要求，确保执行好“七条安全铁律”。近年来集团公司高度重视安全管理工作，先后提出了“两个宁可”“双零目标”“抓两头”“党政同责”等一系列总体要求，对此，各级、各单位、各部门要继续锲而不舍、毫不含糊地落到实处。古语说,“天下大事,必做于细”。对安全工作要落实公司严细管理要求,既要严管,还要细管,按照“以人为本”理念,重点做好人的工作,特别是领导层的重视,一线员工特别是驾驶员安全责任落实。只要各级领导认真抓,广大员工认真执行,我司安全工作就有了坚实的基础。

董事会总结历年安全工作经验,分析当前安全生产新形势,提出了防重大风险、确保安全的措施,综合大家的意见,划定了防风险、保安全的“十条红线”:

(一)对运距800公里以上的客运班线尽快叫停,今后一般不再审批申报;对途经山区班线、夜间通行三级及以下公路、事故多发地、通信信号弱不能保持安全监控的,一律调整发车时间,保证白天通过,对不能调整的实行停运。对以货为主的客运班线,要更换中小型客车+货车运营,实行客货分离运输。

(二)对超长途且终点或途经景区属于山区三级以下路况的旅游业务,原则上不予组织。确有特殊需要的,由所属单位领导或安管人员跟班带队;对多日包车日均行程超过600公里的,一般不予发车;对严寒、冰雪、暴雨等特殊天气期间容易引发自然灾害、无安全保障的景区,期间不得组织旅游团队。

(三)对客运站,凡“三品”(易燃、易爆、危险品)安检措施不落实,致使“三品”进站上车,或驾驶员在中途未开包检查,致使“三品”上车,一律按重大安全事故隐患,对单位和责任人严格追责。

(四)对厢货快递和客车捎带,严禁收取国家明令禁止的涉毒、涉黄、涉恐以及易燃、易爆等物品,违者依规严肃查处。

(五)对货运危险品等级2类以上易燃、易爆业务不予承接,对防燃、防爆、防泄漏及人员防护等安全措施不落实、无保障的车辆一律停止运营。

(六)对客、货站场、油、气、电站、各类停车场、贸易市场、仓库、维修店站等摊点和部位,消防安全措施不到位、火灾隐患未消除的,一律停业整顿,经达标验收后方可恢复运营。

(七)对入司客、货驾驶员和车辆进行全面摸底排查登记,建立基础档案和技术档案,凡不能按时参加公司安全例会、安全培训、不遵守集团公司安全管理制度以及车况经整改达不到技术要求的,一律解除合作。

(八)对全部驾驶员进行摸底排查,建立驾驶员档案,对发生一般责任事故、轻微违章的驾驶员予以下岗培训;发生同责(含)以上行车事故,造成死亡、重伤或公司损失5万元以上的驾驶员予以辞退;被处两次以上超员、超载、超速,连续两次以上不参加安全教育、被旅客投诉或被媒体曝光存在危险驾驶行为的予以辞退;对被辞退的驾驶员,列入集团公司黑名单,永不录用;对造成严重事故和社会恶劣影响,触及危险驾驶罪的,移交司法部门处置。

(九)对各级领导(含一把手、主管安全负责人、关联产业负责人)和安保人员履行安全监管责任不力,引发单位(产业)死亡、重伤3人以上重大责任事故、火灾事故且经济损失10万元以上,以及工伤、中毒等其他责任事故造成经济损失50万元以上的,或受到省级以上安全检查处罚、严重损害公司声誉的除按规定给予经济处罚外,视责任大小给予党政纪处分。

(十)对安保人员、驾驶员及时排除重大安全隐患,或采取果断、有效措施,避免了重特大事故发生,一经核实,则给予荣誉和资金的重奖。

以上十条,既承继了原有公司规定,又有新的更加严格的要求,是安全管理上必须遵循、不可逾越的“铁律”。两级安委会、两级经营层、各基层单位都要认真研究贯彻落实,对不符合这一要求的公司的原有规定要进行修订。当前我司的安全形势仍是较为严峻的,突出问题是,一般行车安全事故较多,影响了安全质量。今年,在整体安全管理要求上,要突出抓好客、货运行车安全,抓好消防、火灾事故隐患排查,抓好重点单位、重点部位的安全防范,坚持落实“双零”目标要求、全力打造落实“平安沧运”。要配齐配壮各级安管人员,力量不能削弱;要落实各级安全责任制,强化主要领导、安管人员、直接责任人的责任,不仅坚决遏制重特大事故发生,同时要努力减少一般性事故。

当前值得注意的是,在部分领导和安管人员中,不仅仍存有侥幸和麻痹思想,还错误地认为,发生中、小事故难免,没有发生重特大事故就是安全形势好,就算安全先进,这种安全低标准思想值得我们警惕。再提出一个“防范事故关口前移”新要求。

第一条,安全防范从事故苗头抓起,即“三不放过”从事故苗头就抓住不放过,凡出现事故苗头就要分析原因、分清责任、制定改进措施、对责任人进行警示教育。对于出现较轻事故苗头的,给予责任人安全警告;出现两次以上或较重事故苗头的,给予严重警告;凡是受到多次安全警告和一次严重警告的,当年一律取消评先、评奖资格;凡是年度内累计受到警告、严重警告人次较多的单位,主管安全领导和主要负责人要做出安全责任检查,不得参与当年评先评优。受到上述处理的,要记入个人安全业绩档案。

凡发生了责任事故的,无论是主次责任、损失大小,都要按照"三不放过"的要求,写出专题事故分析报告,并按规定上报,安管部门要及时做出经济或行政处罚。凡发生较大事故、较大损失的,都要及时按公司《安全管理规定》处理到位。

第二条,要严格落实公司"双零"目标。对单位安全业绩的考核和处治要更加严格。对责任追究要真正落实。凡年度内事故发生率在全司排名前三位的,一律不得评先评优。凡发生人员伤亡及重大责任事故的,公司纪检部门要进行诫勉谈话。对隐匿事故不报或压着不及时处理的,要给予相应经济和党政纪处罚。

在安全事故防范中,对安全工作高度负责、避免了事故发生的司乘和安全管理人员要及时给予奖励;对遏制了重大事故、实现了"双零"目标的单位要给予表彰和重奖。

发生重特大责任事故,是我司经营面临的最大风险。遏制、避免重大事故发生,是我们各级党政领导的政治责任。发生重大事故,已不仅是个人受党纪国法处罚、企业受经济损失,它关系到家庭幸福、公共安全稳定,株连各方。在这里,我再次对全司敲一次警钟,对那些仍抱有麻痹、侥幸思想的同志再"猛击一掌",大喝一声:"醒来,同志!"

(本文节选自在集团公司2017年总结表彰暨2018年经营工作会议上的讲话)

加快科技进步，打造智慧交通

2016年10月8日

推进企业科技进步是我们迫在眉睫的任务。作为交通运输企业，要明确科技创新的发展方向，就是要以推进全司智慧交通发展为重点。

当前，我国已经进入信息化社会，科技发展一日千里。比如，制造业大国重器不断推出，神舟（飞船）上天，蛟龙（深潜器）入海；大数据、互联网等信息技术广泛应用，促使众多行业发生了巨大变化，一些企业被淘汰出局。就我们行业来讲，从高铁到通用航空、从无人机到无人车、从共享单车到共享汽车、从燃油车到电动车、无线充电、智慧物流等，新技术、新业态每天都在大量涌现。交通运输部提出，运输企业一定要走智能化、智慧交通的路子，而我司还处在一般信息化的水平。冀运在转型过程中，开发了河北交通科技产业园项目，成功研发了“河北快线售票平台”，在智能交通发展上走在了前面，沧运必须奋力迎头赶上去。

要立足当前，按照“互联网+”要求，建立科技和信息平台，重点做好联网售票、应用“一卡通”、公交智能调度、车联网、安全监控系统等平台整合和建设工作，全面提升公司各产业的科技信息应用水平，实现我司成为科技型、现代化管理服务型企业的目标。

要加快落实与华港燃气合作的西客站、河北机场两个橇装加气站项目，并在全省各地市、沧州各县市布点推广。要推进“油改气”营运车发展，保证落实200部以上，争取300部的目标。各单位对节水、节煤、节电、节油及节约原辅材料等，都要积极采用新技术、新产品、新材料，在节约能源管理上作出新成绩。信息技术部要抓好典型经验的推广落实。

要把当前科技建设任务与长远目标结合起来，特别是要加快科技人才队伍建设，采取选拔和招聘相结合的方式，吸纳一批专业人才，对领军人才要给予较高薪酬，做出成果要给予重奖。

要上下结合,共同推进我司科技进步。科技公司要负责制定好集团公司科技发展规划,分产业、分单位提出不同任务和目标要求,落实责任,分步组织实施。各系统、各单位要落实好本单位的科技发展计划,并选调优秀人员组建专兼职结合的科技队伍,把本单位科技信息化抓起来。同时进一步发动全体员工,继续深入开展“双创”活动,发扬“工匠精神”,特别是立足本岗位创新创业,力争快出、多出较高质量的创新成果。科技部门要注意指导基层开展好“双创”活动,定期举办创新成果发布、汇报,并积极争取上级政策支持。

(本文节选自作者在公司2016年科技座谈会议上的讲话)

发挥科技引领作用，实现冀运新腾飞

2017 年 11 月 21 日

互联网技术在降低成本、满足出行需求等方面的作用日益显现，在当前长途班线逐步萎缩，以及高铁、私家车的冲击下，如何利用好互联网技术，通过线上、线下的互动，将旅客出行与运输企业供需信息进行整合，依托线上平台信息数据，对客运数据进行精确分析、准确定位，为我们满足社会日益增长的多元化、高品质、定制化出行需求提供了新的途径，也为我们的客运业创新转型带来了前所未有的机遇。

我们自主研发的“河北快线”售票平台已经实现了平稳运行，通过了“十一”长假出行高峰期的客流测试，实现了人、车辆、收入、成本费用、统计的全面精细化管理。“河北快线”平台要把今后的开发重点聚焦在机场巴士、定制通勤、物流、旅游和汽车维修等产业上，继续推广科技信息化的应用，助力冀运转型升级，最终实现交通智能化、人员数量精简、产业大数据应用、无现金班线、成本控制精细化的目标。

日前，我们又与交通科学研究院合作建立了河北省交通智慧产业园区，并投资收购了 5A 创业俱乐部，旨在通过创新、创业的手段，利用大数据、互联网、物联网等新兴技术服务于交通产业，助力河北省经济腾飞。从目前的运行情况看，要牢牢把握自身发展方向，立足于服务交通产业、服务实体经济，通过平台的资源积累，整合河北省内交通产业大数据资源，并且融合其他相关产业数据，形成以点盖面的交通大数据中心，形成以交通大数据为核心服务、其他创新创业服务齐头并进的服务环境，为科技型中小微企业提供一个完善的孵化平台。

下一步，要充分发挥“交通智慧产业园区”的科技引领优势，吸引交通、物流、电商等优质数据，与金融、保险等行业对接，实现资源共享，建立起互惠互利的产业孵化体系，形成良好的局面，形成科技与交通共同发展、多方共赢的良性生态，把冀运集团建设成为以交通运输主业为支撑、以科技为引领的现代服务产业集团,实现沧运的新腾飞。

（节选自作者在冀运集团领导班子汇报会上的讲话）

第五章 维护员工权益

导言：一枝一叶总关情

“衙斋卧听萧萧竹，疑是民间疾苦声，些小吾曹州县吏，一枝一叶总关情。”郑燮的《墨竹图题诗》，堪称历代良吏关心百姓疾苦的座右铭。作为现代企业的沧运，同样以此自勉，他们始终秉持“发展企业，成就员工，回报社会”的企业核心价值观，把员工的心当作企业的根，方方面面注意关心员工生活、维护员工权益，使员工不断增强幸福感、荣誉感、获得感。坚持“成就员工”就是让“以人为本”管理理念在企业落地生根，使员工与企业同频共振，同成长、共进步。几十年来，先后解决职工“住房难”“收入低”及“子女就业难”“办公环境差”“一线安全保障”等一系列问题。在企业改革中，确定了“让每位员工有业可就、有岗可上、有钱可挣，员工转岗不下岗”的方针，使员工都得到妥善安排，各得其所，各尽其能。在企业整体改制中，他们精心解决关系职工利益的几百件共性和个性问题，将党和国家政策、改革成果惠及到每一名员工，实现了“无震荡平稳改制”。对老干部、生活困难员工，持续开展“送温暖”活动，对特困户设立专项救助基金，解除了员工的后顾之忧。

在企业整体改制后，他们坚持了“三个不变”，即全心全意依靠员工办企业的方针不变，工会的桥梁纽带职能不变，员工当家做主的主人翁地位不变。不断完善各级工会组织建设，确保工会职能有效发挥；畅通与员工交流渠道，多种形式征求员工意见和建议，确保员工民主管理权益；建立了工资协商制度和专业技术人员职称评定补贴办法等。全国总工会领导两次到公司调研，对沧运重视工会工作、保护员工权益的作法给予了高度评价：“改制后的沧运，仍保留了国有企业的优势元素，是改制企业的典范，其经验在全国具有典型意义和推广价值。”

坚持以人民为中心,是习近平新时代中国特色社会主义思想的核心内容,是坚持发展中国特色社会主义的基本方略之一,是践行党的根本宗旨的核心要义。在学习贯彻党的十九大精神中,对维护职工权益有了更深刻的理解和把握,进一步强化了思想自觉与行动自觉,他们正重新修订维护员工权益方案,决心更好地发挥员工主人翁作用,让员工有更多新时代的获得感、幸福感、安全感。

搞好后勤服务，关心职工生活

我们要继续像抓生产那样抓职工生活，努力为职工多办实事。一是逐步提高职工收入，这也是赢得职工对企业信任的关键所在。要继续改善职工住房条件。1992 年重点解决北环宿舍楼的改造。有关部门要积极筹措资金，积极设计施工，力争当年竣工交付使用。同时结合地、市房产部门，走房产开发的路子，争取明年再解决一栋住宅楼。此外，对分散住房继续采取公地建房、公建民助等办法，解决职工住房困难。另外，对职工十分关注的水、电、暖、维修、存车等具体问题，要想方设法解决，已形成住宅小区的，要加强对防火、防盗、环境脏乱等管理。

要切实抓好职工食堂。总公司后勤处、工会要和基层单位结合起来，开展创建文明食堂活动。推广九公司、三公司的经验，切实保证职工吃上可口的饭菜，保证职工的身体健康。并且要发动有条件的单位养猪、养鸡、种菜，提高职工生活水平，降低伙食价格和费用开支。年内力争创建五个文明食堂，其他职工食堂也要有较大的进步，达到职工满意。

继续解决司乘人员食宿问题。司乘人员是我们的生产主力军，解决好他们的食宿问题，是各级领导义不容辞的责任。总公司后勤处、各有关单位后勤部门要会同客运处，把这项工作抓出成效来。各县站、分站司乘宿舍要做到设施齐全、清洁卫生，有专人管理，对没有食堂的县级站要抓紧解决。对驻分站的司乘食宿问题也要妥善安排，客运联查要把这些工作作为主要内容。同时，对个别司乘人员毁坏设施的行为要严厉批评和处罚。

必须更加关心职工业余文化生活。有条件的单位要设立图书室、电视室、游艺室，开展各种有益健康的文体活动。工会和共青团、民兵组织要把这项工作真正抓起来，要定期举办文艺会演和文体竞赛活动。对单身职工给予更多的关心，解决业余生活枯燥无味的问题，总公司工会、团委要组织业余宣传队定期到基层慰问演出。

要继续做好关心离退休人员及困难职工工作。对离退休老干部、劳动模范及特困职工，各级党组织、工会要给予特别关注，注意解决他们的实际问题，对特困户要及时救助。对驻外作业人员，要设法改善他们的吃、住、行条件，使他们安心工作。对退休、退养老职工要采取定期家访或召开座谈会等形式，征求他们的意见，解决他们生活中的实际困难。各单位要对计划生育工作给予高度重视，认真落实计划生育有关政策，保证不出现违纪问题。同时，对医疗卫生、女工劳动保护、幼儿园等工作也要进一步做好，以解除职工后顾之忧。

要加强思想政治工作，提高职工素质。提高干部职工的政治、业务素质，是搞好企业一切工作的基础。为此，首先要紧密围绕生产经营，加强职工的思想政治教育。要大力开展“双基”教育、法制教育、时事教育、反腐防变教育和爱国、爱企业的教育，紧紧围绕职工生活中的难点和热点，做好经常性的思想教育工作。进一步办好《沧州运输报》，充分发挥其宣传、鼓舞、教育职工的作用。培养树立典型，总结推广先进经验，开展“比学赶帮”的活动，把我公司政治思想工作搞得更加生动活泼、富有成效。

其次，要加强职工业务素质的教育和培养。1992 年我们仍然要抓好以岗位培训为重点的职工教育，抓好技术工作定级培训和考核，实行符级、符岗和持证上岗制度。要下力量培养一批客、货生产的业务人才，以适应市场竞争的需要。要搞好中青年干部的培训，提高他们的业务素质和管理水平。要继续抓好电大、电视中专、自学考试函授等各种专业教育。各级党政领导切不可放松职教工作，要进一步贯彻落实总公司《职工教育条例》，常抓不懈，不断提高职工政治、文化、业务、技术素质，建设“四有”职工队伍。

（本文节选自作者在 1992 年总公司后勤工作会上的讲话）

努力改善职工生活和工作条件

1995年1月17日

不断改善职工生活条件,要作为各级领导工作的基本目标。各级党政领导班子都要注意研究职工生活,努力为职工办实事,工会组织和后勤部门要把安排好职工生活作为一项重要任务来完成。今年重点抓三件事:

一是继续解决职工住房,在建好七、九公司两栋宿舍楼的同时,年内在沧州再建两栋内部商品住宅楼,力争使160户职工再迁新居。十一公司要结合建站,解决多年来职工无住房问题。驻县市单位,凡职工有建房积极性且土地又允许的,可集资、独资建内部商品住宅楼,进一步改善职工住房条件。二是解决好驻外地作业人员和司乘人员食宿及单身职工的食宿问题,二、四、五公司及有关客运公司对驻塘沽、鞍山、山东、天津等地及驻外司乘人员的食宿及业余文体活动要进一步安排好,不断改善食宿及卫生条件,把业余文化生活安排好,并要关心和帮助解决驻外职工家属的一些实际困难,解除他们的后顾之忧。各客运公司、汽车站,要把司乘食宿安排好,改变司乘宿舍脏乱差的问题,各单位职工食堂对外经营后,对内服务标准不能降低。保证职工按时就餐,吃上经济实惠的饭菜,对职工不得搞盈利经营,工会、后勤等部门对司乘宿舍,食堂要经常检查,推广好的经验,鞭策后进单位。三是要抓好职工医疗保健工作,职工医院开展的对内对外双向服务中,要把全公司候车室、食堂等方面的卫生检查及防疫搞好。计划生育工作,今年要抓好驻沧单位和男城女乡职工两个重点,防止、杜绝早婚早育和计划外生育,保持市计划生育先进单位荣誉。四是着手解决基层单位和职工住宅取暖问题,由于资金紧张,不少新建站锅炉不能启用,不少单位还在生煤火炉,这种状况要列入我们两级领导的议程,逐步加以解决。各有关单位要学习七公司的做法,先搞简易锅炉,投入少量资金,解决办公及旅客候车取暖问题,多年来,我们多数职工住宅没暖气,确应解决。今年起,本着建设资金由单位、个人共同负担的原则,逐步加以解决,哪一片职工有积极性,先解决哪片,要多种办法、多种渠道突破这个多年来的老大难问题,力争每年解决 1 ~ 2 处。

要充分关注离退休、退养职工的生活。总公司政治处、各基层党支部、工会要切实负起责任,坚持定期走访,对确有特殊困难的要帮助解决,特别是对曾为企业做出过贡献的老模范、老先进进行家访,各单位一定要对离退休干部、职工加强管理。除明确领导负责外,人数较多、任务大的单位要设专人负责,要落实好他们的政治、生活待遇,经济效益差的单位,也要保证他们的基本工资和基本生活待遇,单位困难要向他们讲清楚。凡不注意管理,基本待遇不落实,使老干部、老职工上访或出现其他不正常问题的,要追查单位一把手和主管领导的责任,离退休职工较集中的单位,要定期组织开展一些文体活动,以利于他们的身心健康,使他们安度晚年,对身体好,有技术专长的,可组织他们做一定的工作,以发挥余热,也增加本人收入。

(本文节选自作者在公司 1995 年工作安排会议上的讲话)

妥善安置富余职工，保持企业稳定发展

沧运面对职工就业的压力，不等不靠，以“四负责”（对党负责、对社会负责、对企业负责、对职工负责）精神，开阔视野，广辟门路，千方百计落实“三有”方针，在实践中摸索出了具有沧运特色的安置富余职工的新路子。

第一，调整组织结构，使职工合理流动。为了适应市场，使企业布局更为合理，职工得到妥善安置。几年来，沧运在企业组织结构上进行了三次较大调整。一是在大部分县市派驻车辆，建立客运分公司，使司乘和修工得到合理流动。二是将原在任丘为华北油田服务的货运四公司制迁至黄骅市，使苦于缺少货源处于待业状态的职工有了新岗位。三是对交通工业进行调整，按地域和车型组建了修理一、二公司，规模扩大，人才相对集中，职工就业有了充分保障。为解决“一些职工没事干，一些岗位无人干”的问题，除教育职工转变择业观念外，特别注意清理不合理用工。沧运临时工曾多达 240 人，挤占了企业职工的岗位。为此，沧运严格控制临时工使用，结合股份制改造，对临时工进行了彻底清理，190多名临时工被辞退，157 名富余职工重新走上了工作岗位。

第二，调整产业结构，拓宽就业门路。根据市场需要，沧运实施了“多元经营”战略，努力改变单一运输经营格局，把发展交通工业和多种经营放在了突出位置，大力培植支柱产业。经过几年苦心经营，沧运交通工业形成了以沧州为中心，上连京津，辐射各县市的经营网络。从业人员由过去的 320 人发展到现在的 700 多人。原修理一厂由于受市场冲击，一度濒临关闭，260 多名职工无活可干，通过建立二汽、标致、切诺基等特约维修站，起死回生，并成为集团公司发展快、创利高的骨干企业。充分发挥企业区位优越，人流密集，交通方便，场地宽阔，设施配套，搞多种经营得天独厚等优势，先后建立起餐饮服务、汽车配件、油料经销、房地产开发、装饰装潢、技能培训、计算机服务、广告策划、信息服务、内外贸易 10 大门类、32 个品种的经营体系。沧州及各县市汽车站大力发展吃、住、行、购物、娱乐等一条龙的运输服务业，安排 270 多名富余职工上岗。到 1999 年，全司兴办各类经营摊点185个,安置人员1155人,成为职工再就业的主渠道。

第三,延伸拓宽主业,扩充职工就业空间。随着市场需要的变化,客运由普通客运发展到旅游、高速运输,组建了高客公司、旅游公司、沧运旅行社及联众公司等。为进一步发挥国有运输企业的市场主体和龙头作用,充分利用企业资源、规模、品牌、管理等优势,沧运做出了加快客运发展的决定,集中优势力量,大力发展客运,抢占客运市场竞争制高点。货运发展了集装箱、危险品运输,成立了货运服务中心。交通工业由修理延伸到汽车及配件销售、油料经销、汽车装具、汽车美容等相关产业。主业经营领域的扩大,为分流和安置富余人员创造了条件。

第四,剥离辅体办实体,分流富余职工。按照"精干主业、剥离辅体"的原则,集团公司机关进行了四次调整改革,先后将物货、后勤、教育、医院、机关食堂和俱乐部等全部推向市场,组建了汽车物资经销公司、物业服务公司、工贸公司等经济实体,使之既对内服务又对外创收,变"输血"为"造血",安置机关分流人员210余人,随着单车经营责任制的推行,各基层单位也将油材料、修理、食堂等变为实体或半实体,分流安置了一大批富余人员。

第五,培育新的经济增长点,增加新的安置渠道。1996年,沧运提出了"外向带动"战略,借助外力、外智、外资,发展外向型经济。通过内引外联,创办合作、合资、联营项目,增加新的就业门路,先后建起京沧修理公司、渤海轿车修理厂,引进了韩国现代维修站、玉柴华北中转库、沧州车站工业品批发市场、布匹批发市场、国际集装箱多式联运中转站等项目,可容纳就业人员580人。

第六,开辟外埠基地,使职工向大市场流动。沧运围绕京津做文章,把眼光投向外埠市场。先后在京津建立了轿车修理厂、客运站,与北京影视城合作,组建了北京天马旅行社,容纳职工80多人。货运主力多年坚持在天津塘沽港区作业,又打入北京、广州、鞍山等地。沧运在外埠作业职工达360余人。

妥善安置下岗职工是一项涉及面广、政策性强的工作,单靠行政命令是不能奏效的,必须给予政策引导、扶持和激励,使富余职工重新走上新岗位,愉快从事新工作,努力创造新业绩。为使再就业工作走上良性发展轨道,沧运在注意加强思想政治工作的同时,还制定了一系列优惠政策。

第一,建立全员考试考核制度,提高职工就业能力。国企富余人员分流难,难在让谁分，怎么分。沧运本着“凭业绩上岗，优上劣下”的原则，1998 年开展了全员大考试、大考核。制订了《全员考试考核办法》，拟订了培训和考试计划，按照职工的实际岗位与级别确定应达到的理论和技术水平，把考试考核结果作为竞争上岗的依据，实行“末位淘汰制”，从而把减员增效与竞争上岗有机地结合起来。这次职工参考率达到95.7%，及格率达到97.79%。通过全员考试考核，调动了广大职工学理论、学技术、比贡献的积极性，促进了全员整体素质的提高，为职工转岗分流、重新上岗提供了有力保证。

第二，制订优惠政策，对富余人员转岗多方鼓励。沧运先后制订了《发展多种经营的优惠政策》《富余职工从事第三产业的优惠政策》《关于实施再就业工程若干问题的规定》等 10 余个文件，明确规定：多种经营单位和人员实行“两个放开”“四个一样”，即经营方式放开，采取更加灵活的经营方式，既可承包经营也可合伙经营，又可个人经营，可国营、可集体、可私营；分配形式放开，可计件工资、收入提成、效益工资等，并规定职工平均奖金可高于主业 20% 发放。转岗分流人员在政治上同主业一样待遇，在干部任用上同主业一样提拔，在职称评定上同主业一样安排，在奖惩上同主业一样看待。在全司年度表彰序列中，增加了多种经营标兵及优秀经营者。这样，转岗分流的职工吃了“定心丸”“兴奋剂”，真正转变观念，自强自立，在新的岗位上充分展现自我价值。

第三，积极扶持新项目，变“再就业”为“再创业”。新开发项目是安置富余职工的主要渠道。因此，扶持新开发项目实际上就是推动富余职工转岗分流。凡新项目安排富余职工上岗的，三年内免交公司规定的各种费用和利润，坚持“不上收、不平调”，并在资金使用上给予倾斜。集团公司对有一技之长的职工给予鼓励引导，帮助他们开发新项目，把再就业的过程变为再创业的过程，把转岗分流的过程变为“人才开发”的过程。

第四，坚持给出路，实现“无震荡转岗”。沧运作为河北省、沧州市和交通部改革试点，先后进行了单车经营、“三项制度”、承包经营、资产经营、机关改革，公司改制、股份制改造等多项全局性改革。每项改革方案出台前，都认真考虑职工的切身利益和承受能力，实行“无情的剥离分流，有情的转岗安置”。如，在推行股份制改造中，提出了转岗人员六条出路：对口接收、转岗培训、自愿调出、申请辞职、办理病退、内部退养等，并就其经济政治待遇作出具体规定。这些办法符合上级政策和企业实际,使“留者安心,走者愉快”,得到了职工拥护和支持。对需要分流转岗的富余职工,先做好项目准备再分流,实现“平稳过渡”“无震荡转岗”。努力做到:职工思想工作不通不分流;新岗位没安排好暂不转岗;新项目没有建成,职工不一哄而上;新单位没正常运转,保证转岗职工的基本生活费。由于政策到位,措施得力,在“转岗分流”中没有出现任何“乱子”,职工都顺利上岗。

(1998 年 8 月 20 日中交企协厂长经理经验交流会发言)

坚持民主管理，实现“六个到位”

1999年5月

实行民主管理是贯彻党的全心全意依靠工人阶级的根本方针的具体体现，是工人当家做主的重要内容，也是国有企业的光荣传统。沧运的做法主要是“六个到位”。

第一，注重源头，确保组织参与到位。沧运自上而下形成两个组织网络。一是工会组织网络。全司所属基层单位都建立了工会组织，设立专（兼）职工会主席。同时，在车间、分队、科室设立了187个工会小组，各小组都有兼职小组长，这些小组是工会活动的基本单位，也是进行班组民主管理的最基层单位。二是按照《公司法》的规定，职工民主选举代表进入董事会和监事会。集团公司董事会中有两名职工代表，监事会中有两名职工代表。为充分发挥这些代表的参与作用，沧运制订了《关于建立健全基层股份制单位职工董事和职工监事制度实施办法》，对职工董事和职工监事的产生、权利、义务、责任及与职代会的关系做了明确规定，使职工的组织参与法制化、程序化。

第二，建章立制，确保制度参与到位。几年来，沧运先后制定了《集团公司职工代表大会实施细则》《班组工作条例》《全心全意依靠职工办企业的若干规定》等一系列工会组织职工参与企业管理的规章制度和办法，从制度上保证广泛参与，并逐步形成“五个坚持”的参与制度，即坚持发动广大职工讨论企业重大问题，保证职工的广泛参与；坚持定期召开职工代表大会审议和决定重大问题，保证职工代表的参与；坚持定期召开代表团组长联席会议，讨论解决临时性重要问题，保证职工代表和工会的及时参与；坚持认真听取职工董事和职工监事的意见，保证决策和监督参与；坚持工会主席参加党政联席会和总经理办公会，保证源头参与。

第三，尊重民意，确保决策参与到位。利用多种渠道，全力组织职代会和各级工会组织积极参与企业的重大决策。工会主席参加党政领导班子联席会议，直接参与企业重大问题决策。工会主席还担任集团公司决策委员会、改革领导小组、分房领导小组、转岗分流领导小组成员，从组织上保证重大决策的有效参与。与职工切身利益相关的企业重大决策都经过职代会或主席团联席会审议。坚持定期召开职工代表大会或职工代表团组长联席会议。每年召开一次职代会，每季召开一次团组长联席会议，审议集团公司重大决策、改革方案，使职工代表和工会主席的参与作用从制度上得到保障。通过审议，较好地反映、集中了广大职工的意愿，使决策、方案和制度等更具代表性和权威性，有了坚实的群众基础，贯彻落实起来都比较顺利。

第四，广开言路，确保日常参与到位。紧紧围绕生产经营这个中心，开展生动活泼、卓有成效的重大活动，引导职工自觉参与管理。一是围绕生产经营开展合理化建议和劳动竞赛活动。先后开展了“总经理问计”“我为抢占市场献一计”等合理化建议活动，开展了以“五个一”为主要内容的劳动竞赛和“拜师学艺、爱岗敬业”活动以及弘扬社会主义精神文明、树行业新风的“文明车”“文明线路”“文明班组”“文明职工”等八大文明创建活动。二是围绕企业经营战略开展大讨论。根据企业发展需要，集团公司自1991年以来相继提出并实施了“多元经营”“外向带动”“人才开发”和“名牌兴司”四大经营战略。每个经营战略提出前后，都认真组织广大职工充分地酝酿和讨论，转变观念，统一认识，主动参与，把每个经营战略的实施变为职工的自觉行动。三是表彰在企业生产经营活动中的突出贡献者和有功人员。设立了“总经理特别奖”，对优秀者予以重奖。几年来，受到总经理特别奖的集体和个人60多个(人)，极大地激发了职工参与管理、心系企业的积极性和自觉性。

第五，司务公开，民主监督到位。司务公开是民主管理的基础和延伸。沧运坚持对企业的重大事项、职工关心反映强烈的问题、与职工切身利益相关需要职工清楚的事项、容易引发矛盾和滋生腐败的问题等进行公开，重点是业务招待费开支、重要资金的使用、承包标的、住房分配、人事调动、单位招工、职称评定、计划生育、干部任免等。为了便于公开内容直接同职工见面，让职工简捷、方便地了解司情厂情，建立了公开栏、司情发布会、情况通报会，重大情况及时公布，和职工通气。

为把司务公开和监督落到实处，采取了三项措施。一是成立监督小组，负责监督检查各单位公开内容是否真实全面，公开程序是否合法，群众反映的问题能否及时得到解决。二是严格考核。将司务公开作为各单位政绩考核的重要内容。凡没有建立公开制度，不接受群众监督的单位，年终不能参加集团公司先进单位的评选，领导不能评为先进个人。三是推广典型。拨亮一盏灯，照亮一大片，在司务公开活动中，先后总结推广了修理一公司、沧州汽车客运总站、客运四公司等单位司务公开的经验，使各基层单位学有榜样、赶有目标。

第六，签订集体合同，确保平等协商到位。沧运于1996年7月总经理代表行政，工会主席代表职工签订了集体合同。平等协商签订集体合同，为工会的民主管理工作赋予了新内容，提出了更高的要求。为确保集体合同的全面落实，沧运制订了《关于平等协商制度的实施意见》和《集体合同检查制度实施办法》。为保证集体合同发生效力，落到实处，坚持每年与劳动部门普遍检查一次集体合同执行情况。对执行中的难点、职工反映的热点认真分析研究，提出可行性意见。几年来，沧运协调处理劳动争议方面的来信来访210件次，有160件次得到较圆满的解决。

（本文节选自作者在河北省工会汇报会上的发言）

在总公司第六次
职工代表大会上的工作报告(节选)

1996 年 7 月 15 日

一、关于第五次职代会以来的工作回顾

1984 年五次职代会以来,在上级党委、政府及有关部门的正确领导和大力支持下,总公司领导班子团结带领广大职工积极投入运输市场竞争,抓生产、抓管理、搞承包、增收节支,取得了显著成绩。特别是 1991 年进入第二轮承包以来,我们认真学习贯彻邓小平同志建设有中国特色的社会主义理论,以市场为导向,以效益为中心,全力实施“多元化经营”和“外向带动战略”,着力开发拓展经营领域,不断优化产品结构,培育新的经济增长点,努力转换经营机制,强化企业管理,狠抓职工生活,推进精神文明建设,获得了更加辉煌的成绩,集中表现在六个方面:

(一)经济效益持续、快速增长。在全国公路运输企业效益普遍下滑、经营艰难的形势下,我们的主要效益指标在 1990、1991 年一度下滑后,从 1992 年起,连续四年保持两位数增长。产量于 1995 年首次突破亿吨公里,达到 10711 万吨公里,比 1991 年增长 15%;营业收入达到 10970 万元,比 1991 年增长 155%,年递增 26.4%;实现利税 417 万元,比 1991 年增长 126%,年递增 22.6%;实现利润 112.8 万元,比 1991 年增长 8.6 倍,年递增 76%。主要效益指标从 1993 年起年居全省同行业领先地位,1994 年跨入全国同行业前列,实现了历史性跨越。综合生产经营、货运生产、交通工业、多种经营以及企业改革、政研工作、职工教育、财务管理等十余项工作先后在省、部工作会议上介绍了经验。

(二)固定资产大幅度增值,基本建设成绩突出。在省厅、市局支持、帮助下,先后建新汽车站 15 座,总投资 1904 万元,其中企业投资达 482 万元,新建桑塔

纳、奥迪、标致等高级车维修站三个,扩建修理厂地5600平方米。职工住宅先后建起45000平方米等。到1995年末,全公司固定资产原值已达1.05亿元,比1984年增长3.5倍,比1991年的5830万元增长80%。其中购置、更新车辆372部,购置机具设备420台件,新建厂房、车站、货场等1.5万平方米。除青县旧站尚无改造外,十三个县市级汽车站和富镇、淮镇两个分站由简陋低能变为亮丽、多功能的新站,企业后劲显著增强。

(三)企业运行机制更加完善。认真调整了产业结构、运力结构和组织结构,使企业更加适应市场竞争。成功地进行了机关改革,压缩管服人员67%,节约了管理费开支,提高了办事效率;"三项制度"改革深入扎实,全面推行了劳动合同制,建立了"三能"机制;率先在全省推行了单车租赁经营,搞活了单车;实行了承包经营责任制和经营成分多元化,搞活了基层;进行了住房制度改革,实现了住房商品化。解决了企业办社会等弊端,分流了富余人员,减轻了企业负担。由于企业转机建制和经济效益显著,1994年被列为市、省政府现代企业制度试点单位,被交通部列为企业改革重点联络点。1994、1995年分别在交通部、河北省交通系统工作会议上介绍了经验。

(四)发展外向型经济卓有成效。为了拓展国际市场,借外力求发展,积极发展外向型经济。近两年来,先后促成合资、合作项目21个,引资5000余万元,年创产值5600万元,创利300万元。目前,企业外联项目创收已占总收入的52%。由于加速了对外开放步伐,不断培育出新的经济增长点,企业开始与国际大市场接轨,为新的经济大发展闯出了路子。同时培养、锻炼出了一批适应国内国际大市场的人才。

(五)文明建设上了新台阶,1984年以来,先后有278个基层单位(包括车间、班组)和970多名个人荣获省部、市以上表彰奖励。涌现出王学鹏、于连发、康庆祝等全国、全市先进典型12人。总公司连续8年获市级文明单位,1994年,历史上首次跨入省级文明单位行列,并先后被评为河北省交通系统先进单位、省第三产业先进单位、省思想政治工作优秀企业、省财会工作先进单位。站务、教育被交通部授予铜牌。企业领导班子被市委、市政府授予"先进领导集体"称号,职工队伍素质经过多方培育,有了较大提高。截至1995年底,大中专毕业生达到371人,比1991年增加84%。全员培训达到11000人次,具有中高级职称的124人,比 1991 年增加 60%。《人民日报》《中国交通报》《新华社内参》《河北日报》《河北经济报》等报刊近百次报道了我公司先进事迹和经验。精神文明建设“调五军、用五策”及“五新”工作法得到了交通部、省交通厅的肯定和表扬。

（六）职工生活水平得到较大提高。先后投资 2028 万元，其中集资 1237 万元，兴建各类住宅 45000 平方米，其中楼房 18 栋，解决无房户 650 户，职工家庭人均住宅面积达到 9.5 平方米，职工年人均工资平均增长 15%，1995 年人均达到 4800 元，比沧州市职工平均工资水平高出 11%，成为本市收入稳定增长、水平较高的少数几个企业之一。认真落实老干部“两个待遇”，对离退休（含退养）的 936 名职工，确保基本工资和医疗费的及时发放。通过实施“鱼水工程”，救助了 58 名特困职工，使其基本生活得到保障，“老干部工作”和“鱼水工程”等受到市委和上级工会的表扬。

回顾 10 年来，特别是二轮承包 6 年来企业的奋斗历程，我们主要做了以下几个方面的工作：

（一）实施“多元化经营”和“外向带动”战略，使企业由计划经济转到市场经济轨道上来，赢得了竞争主动权，运输市场彻底放开后，企业单一运输模式受到猛烈冲击，特别是 1990 年主要货源基地——塘沽 200 部货车被解除运输合同，年 500 万元收入、近 200 万元利润被卡断，企业陷入了极端困难的境地，1991 年，新的党政领导班子为打破单一运输模式，开发更广的社会大市场，提出了“面向市场，四大支柱一起上”的方针。在邓小平同志南行讲话发表后，又发展完善为“两多一全”（多元化经营、多产业创收、全方位竞争）的多元化经营发展战略。为贯彻这一战略，我们多次召开班子会议，举办基层单位负责人和业务骨干学习班，组织全公司大讨论，使大家转观念、换脑筋，接着又大刀阔斧地进行了组织机构、运力结构、产业结构的大调整，并逐一制定鼓励发展的优惠政策，设立专门机构，强化组织领导。经过不懈努力，总公司逐步形成了运工贸齐发展的新经营格局。1993 年，经市政府批准，组建了运工贸（集团）总公司，从体制上确立了多元经营的路子。这一战略的实施，最根本的功绩是彻底打破了多年仅靠“车轮子”吃饭的传统单一经营模式，真正走上了多元化经营之路；使企业由一味“等靠要”“守旧摊苦撑”局面，转到“四自”发展轨道上来，从而找到了一条发挥国有企业整体优势，摆脱困境、综合发展的新路子。

在企业走出低谷并步入稳定发展的轨道后，为实现新的腾飞，我们在充分调查市场、认真研究改革开放新形势的基础上，于1995年春又提出并实施了“外向带动”战略，引导企业向“多元化、集团化、国际化、现代化”方向发展，与国际市场接轨。为此，我们开展了全公司范围的“改革与发展”大讨论，召开大会，重奖了“三引”贡献突出的单位和个人，并制定了《总公司三年发展规划》，提出到1998年生产经营、职工收入等具体奋斗目标和保证措施，规划内引外联项目80余个。经过一年多时间的努力，全公司已引进建成外联项目21个，有15个已产生效益。其中一汽捷达奥迪维修站、北京切诺基维修站、与空军司令部联办的北京长空修理厂、与天津华丰公司联办的华沧集装箱车队，已获得较好的经济效益。外向带动战略的实施，使沧运进入了一个蓬勃发展的新时期。1996年2月、6月分别在全省交通会议、中交企协工作会议上介绍了这方面的经验。

（二）调整产业的运力结构，进一步适应竞争。按照“多元化经营”的发展战略，我们制定了“稳定发展运输业、拓展交通工业、大上多种经营”的方针，着力对产业结构进行调整，对运输业靠优化运力结构，走由普通运输转向特种运输求发展的路子。客运先后淘汰280余部运行效率低的老旧车辆，购置中高档豪华客车220余部，拓展公共式运输和旅游运输。为此，建立了旅游出租公司和公交旅行社。货运先后购置集装箱、零担、土石方运输车180余部，走上了特种运输之路，1993年扭转了亏损局面，1994、1995年分别创利50万、60万元。经过调整，目前，客车的中高档车占52%，创收占总收入的80%；货车的特种车占90%，创收占总收入的97%，运力结构更加适应市场。修理业改变过去只为内部车服务的“配角”地位和由只修普通车的做法，转到内外修结合，主要维修高级轿车的轨道上来。先后筹资1800万元改建、新建起6个厂、18个特约维修站，使之由1991年濒临倒闭的“两个厂”发展成1995年创利400多万元的总公司最大的经济支柱。多种经营发挥企业多种优势，给政策、加压力、促发展，先后扶植、发展起配件经销、饮食服务、房地产开发、技术培训、装饰装潢等行业，摊点共达185个，从业人员1021人，除负担500万元人员工资外，年创利320万元，实现了由安置型向效益型的转变，成为企业的主要经济支柱，为减轻“车轮子”负担，稳定职工队伍发挥了重要作用。

（三）转机建制，搞活企业。在改革中，我们首先制定了建立适应市场需要的运行机制总体目标，并狠抓了各项改革的推行和完善工作。一是改变总公司对基层单位“一层楼”式的领导。先后下放20多项权力，给扶植政策，推行了多成分经营，使基层单位形成模拟法人运转。由原来的“等靠要”“听喝型”变为市场经济竞争和投资主体，走上了“四自”发展道路。先后对机关进行了四次优化组合，将机关机构精简了三分之二，人员压缩了三分之二，主要精力转到了宏观管理上来。二是推行单车租赁及全方位租赁经营。为搞活单车这个基本生产单元，我们从1991年开始探索，1992年推行了单车专线责任制，1993年推行了单车承包，1994年又率先在全省推行了单车租赁经营。针对运行中出现的问题，我们多次召开座谈会，起草了全省第一个《单车租赁管理办法》，使单车租赁走上了科学化、制度化和健康发展的轨道。在推行单车租赁的同时，适时提出了“全方位租赁经营”，即将基层单位为车辆服务的后勤、加油、材料、食堂等单位全部实行租赁经营，形成内部模拟市场，现金交易对内对外双向服务创收，激活了每一个“经营细胞”。三是深化“三项制度”改革。1992年制定了《沧运深化改革总体方案》及配套办法，对分配、人事、用工开始实行全面改革。1993年，推行了工效挂钩效益工资制。1995年推行了全员劳动合同制，建立了内部劳务市场，清理了职工队伍，清退临时工220人，对长期脱岗、拒不回厂的21名职工除了名，清收停薪留职费74万元。对干部任用全面实行聘任制，职工推行了上岗、转岗考核制。企业“干部能上能下、职工能进能出，工资能高能低”的“三能”机制正常运行。四是剥离辅体，自己动手解决办社会负担。住房改革进行了旧房出售、新房集资、公房提租，初步实现了商品化。先后将后勤管理、职工教育、医院、幼儿园、文印室、食堂等辅体予以“剥离”，逐步推向市场，变单一服务为既服务又创收，变“输血”为“造血”，仅总公司机关就减轻企业130多万元负担，还创造了年收入180万元的效益。

（四）强化管理，挖潜增效。几年来，我们十分注重企业管理工作，坚持靠科学的管理不断巩固经营和改革成果。重点抓了机关、服务质量、安全、改革配套、文明生产及财务、统计等管理工作。认真组织全公司职工学习邯钢、华铜海轮、青岛港等单位的先进经验，相继制定了《固定资产管理办法》《管理费用开支办法》《生产成本管理办法》，上下建立起市场调研、经营分析制度，提高了各级管理人员了解市场、驾驭市场、管理企业的能力，从而使企业在每年政策性增支500余万元的情况下，费用不断下降，效益年年上升。我们十分注重作为城市“窗口”的作用，大力组织开展文明单位、文明个人和红旗车等各种服务竞赛活动，狠抓了服务质量和站容站貌、车容车貌等，改变了服务“冷横硬”、场地“脏乱差”等现象，使服务水平得到新的提高。沧州中心站连续三次蝉联部级文明站，有6个县级站被评为省级文明站。我们坚持改革与管理并重，靠科学的管理保证改革成功。对单车租赁、三项制度改革举措，都超前用制度管理，事先设计“方案”，做出规范性规定；实施中，又不断完善、补充，形成“法规”，使改革成果巩固下来，发展下去。平时，我们针对个别单位领导管理力量薄弱、开拓意识差等现实，实行重点帮扶、召开班子会、谈心会，选派骨干，驻厂帮助等，使后进单位建立健全了管理制度，理顺了经营思路，改变了落后面貌，多年亏损的七公司和一度陷入困境的八公司等跃入先进行列。

（五）坚持两手抓，不断推进精神文明建设。我们坚持“两手抓，两手都要硬”的思想，一手抓物质文明，一手抓精神文明，不断推动企业沿着正确、健康方向前进。一是抓学习，转观念。连续几年坚持实施“换脑筋工程”，通过组织大家学习邓小平同志建设有中国特色的社会主义理论和上级党委政府有关改革开放及加快发展的文件精神，使全体员工实现了“五破五立”，即破除故步自封，小进则满的思想，树立敢于闯市场、跳跃式发展的观念；破除单一经营，单一市场思想，树立多元化经营、综合创收的观念；破除单一生产重数量、轻质量的思想，树立集约经营、资本经营的观念；破除不计成本、粗放经营的思想，树立细化管理、效益第一的观念；破除单纯“等靠要”的思想，树立独立作战、自我积累、自我发展观念。二是狠抓反腐倡廉工作，净化企业空气。领导班子严于律己，带头执行“准则”和“党员干部十不准”等规定。企业盖楼十几幢，优先考虑职工，大多数领导成员仍住旧房，没一人超标准住房。外出公务，住普通房，吃便饭，不搞大吃大喝；辛勤工作，带头实干，节假日常常加班。严格遵守财务制度，坚持政务公开，自觉接受党委和职代会的监督。近几年上级组织部门多次考察，均给我们班子较高评价，1995年作为全市唯一的企业被市委市政府授予“先进领导集体”荣誉称号。在党政“一班人”的带动和影响下，各基层单位领导及全体员工认真执行上级规定，自觉勤政廉政，查纠不正之风等，形成一支思想好、作风正、清正廉洁、业务较强的管理队伍。多年来，企业没有发生过违法和严重违纪案件，管理难度大的计划生育工作始终保持年年先进。三是强化人本管理,增强企业凝聚力和向心力。坚持抓职工生活像抓生产一样重视,积极为职工办实事、解难题。先后投资2028余万元,兴建职工宿舍45000余平方米,解决困难无房户650余户;改善了司乘、驻外作业职工的生活、食宿条件;为中层干部和技术骨干解决了子女就业、住房、家属工作和生活困难等难题300余人次;开展"总经理问计""职工献计"及民主谈心等活动,对关系企业发展的重大改革方案、政策措施均交由职工讨论,征求意见;先后搜集职工合理化建议800余条,对已产生效益的实施了奖励。1995年以来,对生活困难职工组织工会进行逐户调查慰问,开展"鱼水工程""送温暖活动",拨专款进行困难补助,增强了企业凝聚力,密切了党群干群关系。

在充分肯定十年来我公司各项工作成绩的同时,也要充分看到工作中存在的问题和困难,主要有四个方面:一是部分职工,包括一些中层干部思想观念陈旧,没有完全从计划经济的思维模式中摆脱出来,"等靠要"思想较重,缺乏闯市场,搞竞争的决心和勇气。有的单位效益不好,不是从主观上找原因,而是一味强调客观,"四自"发展意识不强,少数职工总想躺在企业身上吃"现成饭",而不是凭本领、技术实现人生价值,依赖思想严重。二是个别单位改革措施不到位。有的基层单位仍存在"平均主义"大锅饭,收入拉不开档次;产业结构单一,没形成运工贸综合发展格局;货运公司租赁未到位,客运个别单位租赁工作未做好等。个别单位三项制度改革,全方位租赁等工作出现反弹,影响了全公司转机建制步伐。三是管理粗放问题远未解决。一些单位管理措施不落实,行车事故较多,增产不增收;有的服务意识差,生产现场脏乱差;少数单位由于对市场研究不够,经验不足,在经贸工作中出现了几起失误,造成一定损失;有的领导工作作风不扎实,不注意抓难点、弱项,致使企业车辆、设备老化与资金紧缺矛盾及几个新办的延伸项目效益低的问题解决的不好。四是生产经营面临一定困难,外部环境不尽人意。到1995年底,沧州市社会及个体客车达3000部,超出我司8倍;货车18000部,超出我公司96倍,给我司运输生产造成极大压力。加之养路费、附加费、车购费等大幅度上调,公司成本年增200多万元,生产经营面临新的困难。如不采取措施,企业仍有跌入低谷、陷入困境的可能。因此,我们在成绩面前,应增强忧患意识,继续艰苦奋斗,团结一致,奋力拼搏,去克服不足,战胜困难,争取更大成绩。

二、关于近期工作意见

各位代表,在1995年总公司党政班子研究制定的“九五发展规划”中,我们提出了企业发展的具体奋斗目标,即到2000年,营业收入达到了2.4亿元,利润1200万元,职工人均收入在1994年基础上翻一番,达到8400元。我们决心团结带领全体员工,乘风破浪,勇敢奋进,坚持不懈地努力,圆满实现既定目标。近期重点抓好以下五项工作:

(一)全力落实“外向带动战略”,发展外向型经济。面向国际国内大市场培育新的经济增长点,是确保企业向“四化”(多元化、集团化、国际化、现代化)目标迈进的关键措施,是今后一段时期我公司工作的重点。因此,要在已取得成绩的基础上,再接再厉,谋求新发展。我们将继续按照“三为主”(发展运输业、修造业和相关产业)方针,充分发挥企业人才、技术、场地等优势,主攻运输、修造及相关产业的大发展。从总公司领导到各经营部、基层单位主要领导都亲自跑项目,引资金。对基层单位,特别是外联项目空白单位将加大考核力度,增强其引资金、引项目的紧迫感,力争外向型经济发展在年内实现新的突破。通过努力,客运建成1个外资联营车队和1个内资联营车队;货运首先建好冷藏设备项目,力促明年上半年正式投产,同时,建成1个合资联营车队;交通工业重点建设好日产和大宇维修站,尽快引进设备,早日对外营业,抓好京、津基地修理、配件业发展;经贸战线确保建成内引外联项目15个,引进资金1000万元。今明两年,外引项目要抓效率、上效益,力争创收1500万元,使其成为又一经济支柱。

(二)以建立集团有限公司为契机,加大转机建制力度。今后一段时期企业改革工作将以建立集团有限公司为重点,加快企业经营体制、运行机制改革步伐,尽快进入资产经营轨道。按照省、市政府对现代企业制度试点单位的要求,7月底,我公司将正式改组为沧运集团有限公司,这不是简单的翻牌,而是企业经营体制的一次重大变革。组建集团后,大部分二级单位将变成模拟法人,获得更充分的生产经营自主权,真正成为市场竞争主体。从实现资产经营角度出发,我们将继续认真落实多成分经营方针,不仅对客货运输实行多成分经营,对交通工业、经贸开发等也要推行多成分经营。除特殊大项目、骨干项目由总公司控股外，鼓励内外商独资或控股，特别是对闲置房地产，广泛吸引内外商投资开发。单车租赁重点抓好《单车租赁管理办法》的落实、到期车辆的顺利转换以及特种货车租赁进轨道问题，确保租赁工作健康发展。结合建立现代企业制度，继续深化三项制度改革；分配上落实正常升级制度，并选择部分单位实行岗位技能工资制；人事上对领导干部实行全员竞聘，促进优秀人才脱颖而出；用工上实行双向选择，竞争上岗，杜绝不合理用工，确保全司职工有岗可上，有业可就。

（三）深入开展学邯钢降成本活动，实现企业由粗放经营向集约经营的转变。管理是企业永恒的主题。在今后的工作中，我们将认真开展学邯钢降成本活动，盘活各类资金资产，全面推行现代化管理，下大力挖掘内部潜力，实现企业由粗放经营向集约经营的转变。邯钢经验的实质是“模拟市场核算，实行成本否决”，是使每一道工序、每一个环节、每一名职工都全部纳入成本核算体系，人人当家理财，人人关心效益。为此，我们将从下半年开始，在全公司范围内，分系统、分单位落实学邯钢活动，挖潜增效。此项工作由计财处会同四个经营部，分别就客货运输、修理、经贸制定专门实施办法，并尽快实行。同时，继续强化现代化管理、安全管理和基础管理，提高管理质量和效率，增加收益、降低成本。通过努力，生产成本力争每年下降 15%，管理费用开支下降 10%。

（四）坚持不懈地推进精神文明建设，促进企业向更高目标迈进。精神文明建设的重点是按照上级要求和总公司统一部署，狠抓干部队伍建设、反腐倡廉和文明创建工作，推动企业再上新台阶。在各系统、各单位开展文明单位、文明车站、文明车辆、文明司乘等评比竞赛活动，选树一批先进典型，并进行隆重表彰，促进全公司文明创建活动走向深入；认真考察、考核各级干部，按照“能者上，平者让，庸者下”的原则进行选拔或调整。特别注意发现新苗子，抓紧配备一批德才兼备、年轻有为的人才进各级领导班子；认真抓好干部勤政廉政教育，树立艰苦奋斗、勤俭办事的风气，严禁基层单位自行超编购置公用车、大哥大，不许高档装修办公室，严把审计、审批关，对顶风而上的将严肃追究责任，予以处罚。严格掌握业务往来标准，杜绝大吃大喝、铺张浪费。对各类严重违纪案件，坚决查处、决不姑息。

（五）继续搞好职工生活，强化民主管理。关心职工生活是我们多年来常抓不懈的工作。今后需进一步加大工作力度，大力提高职工生活水平。我们将认真抓好职工住宅建设,按上级规定,扩大职工住房面积;注意维护房屋和公共设施,并根据公司财力情况逐步解决职工住宅取暖问题,及时排除职工在住房中遇到的各种困难。下大力抓好职工收入,确保每年都有新提高,力争到2000年职工年人均收入较1994年翻一番。切实落实好集体合同中所确定的职工应享受的工作、休息、劳动报酬等各项权利,对离退休老干部、老职工继续给予关照,认真落实两个待遇,对特困职工通过开展送温暖活动给予帮助。关心一线职工特别是驻外作业职工的生活,千方百计改善他们的食宿和工作条件。我们将进一步强化民主管理,充分保障广大职工参政、议政的权力,坚持总公司重大改革措施和职工关心的重大问题交由职代会讨论,定期听取职工意见。同时充分发挥工会、共青团、武装部等部门的作用,广泛听取职工意见,认真倾听职工呼声,使广大员工真正成为企业的主人。

确保规范运作，维护职工权益

2005 年 8 月

沧州运输集团有限公司是从事公路运输的专业企业，改制前为国有独资企业。自 2003 年 10 月份起，按照省、市国企改革精神和市政府对我司改制的批复意见，进行了企业整体改制工作。在市委、市政府领导下，我司坚持党委精心领导，把握改制各项法规、政策，注重维护职工合法权益，经过全司广大干部、员工共同努力，历时一年零二个月，企业整体改制取得了圆满成功。

组建起了由 460 个股东 4000 万元注册资本组成的股份制新公司。由主要经营者和职工买断了国有净资产，实现了国有资本全部退出。2004 年 12 月 30 日，新公司完成了工商注册，正式挂牌运营。

完成了职工身份置换。所有员工均与原国有企业签订了解除劳动合同协议书，有 196 名职工自愿申请离开了企业，87 名职工办理了退养手续，1705 名员工与新企业签订了劳动合同，实现了由国有企业职工向股份制企业员工的转换。

构建起现代企业制度。解决了国有“一股独大”和“全员持股”，形成多元产权制度；依法产生了集团公司法人治理结构；制订出新公司基本规章制度。对 32 个基层单位，通过直选确立了新的经营班子，并按照重大经营决策、生产经营管理和监督保障三大板块组建了总部机构，形成现代组织制度。

促进了员工观念转变，推动了企业发展。通过改制，尤其是“身份置换”“领导班子直选”“岗位竞争聘任”等，全司员工受到新体制、新理念教育，以往的旧思想、旧经营模式受到了冲击、转换，精神面貌、工作态度发生新变化。通过共同研讨、制定“三年发展规划”，大家看到了新公司的良好发展前景，对公司、个人的未来充满了希望和信心，生产（工作）热情高涨，全司经营和各项工作运行态势良好。

一、认真统一员工认识，转变观念。改制必先改观念、换思想。公司党政领导班子认真分析了这次改制政策性强、涉及人员多、与员工利益密切、牵涉大量现实和历史问题、极易引发不稳定因素等特点，较早认识到这次改制是一次攻坚克难而又绕不开的硬仗，要实现稳定改制，必须使员工认识改制、理解改制，从而参与改制、支持改制。因此，我们一开始就着眼于把员工的思想真正统一到党和国家法规、政策上来，统一到省、市改制文件规范要求上来，并贯穿改制全过程。

为了组织广大员工学习好中央、省、市改革文件精神，先后印发了上级改制文件和省市领导一系列讲话，编写了改制宣传提纲、改制工作问答以及致全体职工的一封信，达50多万字。先后举办了4期基层“一把手”和中层干部学习班，培训了一百多名改制骨干，召开改制座谈会20多个。在基层单位广泛利用简报、内部网、板报、企业报等形式大力宣传改制法规政策，从而使广大员工逐渐加深对国企改革的重大意义和这次改制特点的认识，澄清了员工队伍中存在的“怕乱”“怕下岗”“怕生活没保障”和“国企恋”“改不改一个样”以及“盲目攀比”等思想问题，排除了改制思想障碍和阻力。广大员工较普遍认识到：这次改制，政府是主导，企业是主体，它关系到国家发展大局；是要彻底解决国企的体制和机制障碍；是实现企业大发展、快发展的良好机遇；是员工增加收入、改善生活质量的重要举措。从而使员工由过去的怕改制到盼改制，从不愿改制到积极参与、支持改制，为顺利改制奠定了良好的思想基础。

二、认真把握改制法规、政策，依法规范运作。这次改制不是改制初期“摸着石头过河”，也不是过去“改错了，改过来就是了”的低要求，完全是有法可依、有政策可循的。因此，必须把握上级法规、政策，依法、依规运作。我们在改制中，首先明确了改制指导思想，即“一条红线”“五条原则"。“一条红线”是：邓小平理论、“三个代表”重要思想和省市改革一系列政策规定。“五条原则”是：①依法规范改制，确保国有资产真实、完整；②以改制促发展，以稳定保改制；③充分考虑企业承受能力，切实维护职工正当权益；④坚持创新，建立更具活力的现代企业；⑤既要考虑职工当前利益，又要维护国家利益和企业发展。改制实践证明：我们的改制“方案”及其改制指导原则是既符合改制规范要求，得到政府充分肯定，又符合我司实际、顺民心、便于操作的。在这次改制中，我司坚持集团公司和基层领导上下统一方案、统一标准、统一政策，基层一律不准开口子，确保改制的每个环节都保证依法、依规运作。如：在资产和土地评估中，聘请了有资格的事务所依规进行,并经过财政土地等部门审核批准;在经济补偿金核定中,对全体员工一一明细造册,由劳动保障部门逐人逐项核定。坚持民主改制,充分尊重员工意愿。“方案”和重大问题都经过职代会充分讨论通过;经济补偿金张榜公布,做到“三公开”,即政策公开、方案公开、程序公开。改制全过程在“阳光”下操作,让员工清楚,不搞“暗箱”操作。同时,让股东和员工挑选自己的“带头人”。集团公司法人治理结构和基层公司经营班子的产生,都采取了上下酝酿并直接选举的办法,股东代表和员工当场投票,公开唱票、计票。集团公司股东大会请国资委、总工会有关领导列席;请公证处和律师事务所人员现场监督、公证。这样,股东心顺、员工服气,形成了职工依法审视、衡量改制,企业依法运作的好局面。

三、扎实做好职工思想政治工作,切实维护职工合法权益。我司点多线长,人员高度分散,改制涉及每个员工切身利益,牵动所有家庭和众多亲友,历史积淀和现实存在的各种矛盾都会在改制中诱发。这次改制在某种意义上说,是国家与员工利益的调整和分配。思想政治工作跟不上,员工正当、合法的权益得不到维护,就不能确保改制成功。因此,我们把扎扎实实做好员工的思想工作,特别是切实维护员工合法权益当作改制工作的重中之重。我们利用党、工、团、武组织为主,行政、业务紧密配合,组成上下联动的“大政工队伍”,共180余名骨干,通过各种形式,着力解决员工中存在的思想认识和实际问题,先后排查和化解了680多个如工龄、工资标准等个性问题,170多个如企业年限、补偿金标准、职工身份等层面问题,消除了不稳定因素。坚持亲民、爱民、善待员工。在法规政策允许的情况下,我们精心制定了一些“宽松”“优惠”政策。如:对员工总体上实行了“三自愿”“三不”“一优”,即走留自愿、入股自愿、补偿金转股及转债自愿;不压、不挤、不逼;经济待遇可上可下从优。在员工最为关心的经济补偿金上按高线确定,使千余名员工提高了测算标准。在劳动合同上,适当照顾老同志,可延长签订合同三年等。这样使员工享受到国家改制的优惠政策,体验到党和政府的关怀和温暖。集团公司领导班子成员和中层领导干部坚持廉洁自律,让利于员工,不当“既得利益者”,更不搞“借机捞一把”。主要领导带头,主动压缩补偿金计算标准,改变原有规定较高比例的配股,影响和带动了广大员工,增强了工作的亲和力。我们感到:这次改制不仅牵动所有员工,其改制本身就出现了若干个不平衡。如行业之间、地域之间、企业之间、新老职工之间、在职在岗年限等。因此,我们充分理解员工由此带来的各种情绪。我们坚持带着感情做员工的思想工作,用“柔性”的办法解决“刚性”的问题,摸准职工的脉搏对症下药。在改制每一个阶段都注意全面分析、掌握并抓准职工的思想动向,对“改制方案”的出台和实施,我们曾先后三次以不同形式向员工渗透、传达,做到:“紧烧火,慢揭锅”。对有这样或那样问题的员工,采取个别谈心、算细账、师徒互帮、家庭走访等方法,深入细致地做疏导工作。坚决防止作风粗暴、方式简单,不搞“硬碰硬”,以柔克刚。通过强有力的思想政治工作,使广大员工以平静心态,在和谐的环境中参与改制,投入改制,成为改制的主力军。

四、强化集体领导,靠前指挥。我们意识到,这次改制的艰巨性和复杂性胜过任何一次改革,不仅是对员工一次检验,更是对我们领导班子驾驭企业和重大变革能力的实际考验。我们强化集体领导,靠前指挥。一是坚持改制在党委统一领导下进行,党委书记为第一责任人。各基层单位改制由党支部负责,党支部书记为第一责任人。公司党政领导思想高度统一,拧成一股绳,形成一股劲,落实改制“一把手工程”,两级主要领导坚持三个“亲自”,即亲自上阵指挥,亲自动手部署,亲自解决难点、热点问题。关键阶段、关键问题党政领导班子一齐上,一齐抓。集团公司主要领导把主要精力放在改制工作上,多次深入基层,召开座谈会、现场会,与基层班子分析、解决问题。从改制方案的制订,到改制文件起草,到每个阶段的工作等都认真把关、亲手修订,亲自部署,掌握第一手情况、信息。公司改制领导小组三名领导及其办公室的同志都紧张有序地工作,节假日很少休息,常常工作到深夜,保证了上下信息畅通,问题及时、有效地解决。二是建立起了强有力的改制工作机制,公司上下都成立了主要领导挂帅,有 180 名骨干直接参与的改革小组及办事机构。工会、改革办公室开辟了 24 小时职工热线。三是实行了改制责任制。公司党政班子成员按分管系统进行了分工,坚持生产、改制两手抓;各基层单位与集团公司签订了稳定改制责任状,责任落实到人。这样,全司上下形成了党政工齐抓共管、协调联动的局面。

企业改制后,我司从法人治理结构的规范运作入手,搞好管理体制和经营机制的转换,加强企业经营管理,不断促进企业的发展。一是加强法人治理结构建设,进一步明确董事会、监事会、总裁层的职责,理顺了相互关系,充分发挥其领导决策、经营管理和相互制衡作用。新公司成立后，董事会先后召开了5次会议，就企业的投资、项目开发、体制变更、鼓励为企业发展做贡献的奖励规定、建立和谐型、节约型企业以及重大发展举措等重大问题进行了决议。监事会及时召开会议，对集团公司、基层分公司财务状况进行检查、监督。二是理顺管理体制和经营机制，重新明确了分、子公司设置及事权划分；对总部各生产部门实行了事业部制和部门经理制，自认经营指标，实现了由管理型向经营型的转变；在分配机制上，制定了全员薪酬及绩效考核办法，对两级领导班子实行年薪制，管理服务人员实行岗位工资制，一线人员实行效益提取工资制，形成了以岗位工资为主、多种形式并存的市场化工资制度；完善用工制度，出台了《人力资源管理办法》，进一步压缩管理服务人员，充实到生产一线，实行了双向选择、竞争上岗、择优聘用的用人机制；推行了基层单位经济指标自认、薪酬贡献统一制度，出台了《关于鼓励为企业发展做贡献的十项奖励规定》，最大限度地激发了全员增收创效的积极性，调动全社会人才、资金为企业所用，进一步完善了奖励机制；理顺了财务管理体制，建立了财务核算中心，对分公司统一实行报账制。三是在生产经营上，坚持项目拉动，积极拓展新产业，加快企业大发展、快发展。在抓好主营业务的基础上，着力抓好一批利司、兴司的项目，如房地产开发、煤炭运销、航运航修、建立文化产业公司等，不断拓展新的产业领域。

企业改制的圆满成功为企业发展注入了活力，带来了新的发展契机。今年以来，我们注重发挥新体制的优势，全司上下谋发展，找项目、拓市场、创效益的热情空前高涨，企业效益明显提高，发展后劲极大增强，先后被评为河北省明星企业、2005年中国道路旅客运输企业50强、中国道路货物运输企业50强，一个生机勃勃、蓄势待发的新沧运正展现在世人面前。我们决心以企业改制为契机，充分发挥新体制优势，提高综合经济效益，在中国道路运输和物流领域中做出新成绩，实现第二次创业，为发展沧州乃至河北经济做出新的贡献。

（本文刊载于《河北省促进道路运输市场健康发展研讨会论文集》）

工会要切实维护好员工权益

2010年1月18日

改革开放以来,特别是公司改制以来,我司各级工会组织在党组织的领导下,发挥了党的桥梁和纽带作用,整体工作有了新的发展和进步。我们坚持了职代会制度,每年度和股东大会同时召开职代会,使员工有建言献策的机会和平台;我们坚持了民主管理,广泛向员工征询企业改革和发展的建议,每年都有一批合理化建议得到采纳;我们积极维护员工的权益,使员工的政治和经济待遇得到保证,薪酬和福利水平不断提高。改制以来,先后进行了4次工资调整,人均增长1423元,增幅达67%,在全市企业中居于上等水平,在省内同行业达到一流水平。

公司各级工会组织切实为员工办好事、实事,维护员工权益,积极开展了“送温暖”活动,对因灾因病等原因造成家庭困难的员工进行及时帮扶和救助。近几年救助困难员工及家庭76个,救助金达40余万元。各基层单位工会还广泛开展了多种形式的劳动、知识比赛、学赶先进等活动,大大提高了员工素质,增强了企业活力。上述这些表明,沧运改制后工会组织发挥着不可替代的重要作用,工会工作有了新的创新发展。

但在当前企业加快推进稳健安全跨越发展的新形势下,我们的工会工作还存在着一些不足。部分单位工会组织活动单一,和企业中心工作结合尚不够紧密。改制时我们讲过,现在重申:企业改制,形势变化,工会的桥梁纽带职能不能变,职工当家做主的主人翁意识不能变,全心全意依靠职工办企业的方针不能变。因此,各级党、政组织必须进一步认识工会工作的重要性,建立良好的工作运行机制,对工会各项工作认真安排并落实好,使工会干部真正成为员工的代言人,工会成为职工之家。

目前,公司已经落实了员工工资协商制度,就是在市场化情况下,维护员工利益的重要举措。在此,我作为公司法人代表郑重承诺:要严格遵守工资协商制度，切实履行好协议，确保员工利益。近期，公司正在调整员工工资，主要是提高除两级领导以外的一线员工工资，特别是提高年龄偏大、工资偏低员工的工资水平。随后，为了调动专业技术人员的积极性，还要对工程、会计以及驾驶员、修工等专业技术人员进行职称评定，给予适当的补贴。这次特别对在一线辛苦创收的驾驶员、修工聘任职称，充分肯定他们对企业的贡献，进一步调动起积极性、创造性。还有对职工职业病防治等工作，工会要积极参与，把这些好事做好。今后，还要进一步完善员工工资正常升级机制，使企业发展成果不断惠及员工。工会组织要关心员工政治、思想方面的进步，对驾驶员、女工、青工、老同志等不同员工群体的诉求，工会要及时了解，其实际问题积极向党委反映。按照市总工会部署，深入开展“面对面、心贴心、实打实，服务职工在基层”活动，落实每个工会干部联系3～5名员工的要求。

为发挥专业技术人员的积极性、创造性，解决管理干部职数限制，确定建立企业内部专业职称评聘制度，对确有实绩的优秀专业技术人员，可以通过评聘会计师、技师、工程师等职称，给予相应待遇。对优秀的驾驶员、修工、市场营销等人员，授予技师称号，并适当提高经济待遇。

对那些热爱企业、经验丰富的专业、技术人员和自愿在公司工作、能担负岗位任务的员工，可适当延长离岗时间，原则上男同志延长至60周岁，女同志延长至53～55周岁。

要推行工资集体协商制度，建立员工工资正常晋升机制，确保落实好员工收入年平均递增不低于15%的目标。同时继续推行差别工资制，加大对贡献多者的薪酬所得。今年，公司研究决定，要提高一线工龄长、工资偏低员工收入，一季度，人力资源部门要出台具体的实施意见。

要一如既往地关心员工生活，特别要重视员工职业病的防治。继续完善困难员工帮扶，特别要及时帮助因病、因灾造成特困的员工。各单位要关心员工家庭以及就餐、休息、健身等事宜，为员工创造良好的工作环境。要定期对离退休人员、老劳模、老领导和军转干部进行走访慰问，确保各项待遇的落实。

（本文节选自作者在集团公司2010年度职工代表大会上的讲话）

向全国总工会服务职工工作组的汇报

2012年5月23日

尊敬的全总各位领导、市总工会领导：

大家好！诚挚欢迎各位领导来公司检查、指导工作。下面，我代表沧运集团公司向各位领导汇报企业发挥工会职能作用、促进企业稳健发展的做法。

第一、充分认识工会工作重要性，进一步发挥好工会职能作用

我公司于2004年整体改制为股份公司。面对企业体制新变化，我司一如既往地坚持“三个不变”，即工会的桥梁纽带地位不能变，职工当家做主的主人翁意识不能变，全心全意依靠职工办企业的方针不能变。各级党、政组织进一步提高了对工会工作重要性的认识，积极推进工会工作健康向前发展。各级工会组织发挥了不可替代的重要作用，整体工作有了新的发展和进步。

一是，公司主要领导亲力亲为，积极支持工会工作。凡是召开涉及职工利益的重要会议、研究讨论重要决策，都由工会负责人参加，充分听取和吸纳工会组织所反映的职工意见和要求。公司党委定期听取工会工作汇报，及时研究和改进工会工作。集团公司为工会办公和开展活动提供应有的设施、场所以及经费、时间保障。工会的重要活动，党政主要领导均出席和参与。

二是，不断健全各级工会组织。集团公司2010年召开了工会会员代表大会，选举产生了新一届工会领导班子。各基层单位分别按程序进行了选举，配齐、配好基层工会干部，健全了工会组织。同时建立了良好的工作运行机制，对工会各项工作认真安排并落实好，使工会干部真正成为职工的代言人、娘家人，工会成为职工之家。

三是，坚持了职代会制度和民主管理。每年度和股东大会同时召开职代会，请职工代表参加会议，使职工有建言献策的机会和平台。公司注重广泛向职工征询企业改革和发展的建议，每年都有一批合理化建议得到采纳。

四是,积极维护职工权益。改制以后,职工的政治和经济待遇更加得到保证,进一步完善职工工资正常升级机制,每年确保职工工资平均增长15%。建立了职工工资协商制度。公司法人与工会主席签订工资协议。目前,我司职工人均收入2215元,比改制前翻了一番,在全市企业中居于上等水平,在省内同行业达到一流水平。

第二、深入开展劳动竞赛和技术比武活动

近年来,我公司工会紧密结合生产经营,组织开展了驾驶员驾驶技能和节油、轿车维修技术、营销员技能、站务员服务技能等技术比武和知识竞赛活动20余次。各基层单位工会广泛开展了多种形式的劳动、业务知识比赛、学赶先进等活动,大大提高了职工素质,调动了职工生产经营积极性,增强了企业活力。

通过活动的开展,职工学业务、学技术的良好风气蔚然形成,涌现出近百名市级、省级乃至国家级技术能手。如,刘斌、赵鼎明在2009年全省青工技术比武中分获第八名和第十名,驾驶员张加青、徐伟力在首届全国"宇通杯"驾驶员节能技能竞赛中分获个人二等奖、三等奖。张加青在中央电视台"状元三百六"节目中介绍了驾驶技术和节油经验,被评为"沧州十大能人",被省总工会授予"燕赵金牌工人"荣誉称号。2011年,赵鼎明被交通运输部评为"全国交通系统金牌工人"荣誉称号,驾驶员钱天长荣获首届全国"百名安全节能驾驶能手奖"。

第三、一心一意为职工谋福祉,构建和谐的沧运大家庭

我公司确定了"发展沧运,成就员工"的核心理念,持续关心职工生活,切实为职工办实事、办好事,着力改善民生,形成了"送温暖活动"制度化、常态化,让企业发展的成果不断惠及职工,构建和谐、温暖的沧运大家庭。

一是,实施了全员健康工程。全司30多个单位每年都组织职工体检,三年时间公司支出体检费用100余万元,保障了职工的身体健康。公司还制定具体措施,根据企业特点,对特殊岗位的职业病预防提出了办法。

二是,不断改善一线职工生产生活环境。各单位建起了职工休息室、职工餐厅和淋浴室,并购买和安装了电视、空调、取暖、饮水机等设备,使职工的生产和工作环境更加舒适。工会每年对一线职工都进行暑期慰问。公司每年用于改善职工生产生活环境的投资达200万元。

三是,开展丰富多彩的文体活动。集团公司总部先后投资20多万元建起了

职工文体健身活动中心，各单位也都创造条件购置了部分健身器材。公司工会组织职工开展摄影书画、象棋、乒乓球、篮球、自行车慢骑、拔河等比赛，并在重大节日，进行文艺会演、主题演讲。全司近几年共组织各项活动50多次，参与职工达3000人次。

四是，持续开展“送温暖”活动。工会对因灾、因病等原因造成家庭困难的职工进行及时帮扶和救助。近几年，救助困难职工及家庭76个，救助金达40余万元。同时，积极承担社会责任，组织职工献爱心，踊跃参加地震灾区、博爱一日捐、救助困难职工一日捐等捐助活动，三年时间，共计捐款100余万元。

第四、积极开展创先争优，培育企业新风尚

公司工会结合生产改革和企业实际，积极开展创先争优，组织开展人与人、车间与车间、班组与班组、单位与单位、行业与行业之间的对标活动，瞄准先进，开展“比学赶帮”和“树标杆、找差距、赶超先进”的活动，弘扬正气，培育企业新风尚。

公司提出建设诚信企业，擦亮服务窗口，为好人之城增光助力的号召，广大员工积极响应，沧运好人的事迹多次在市级、省级及《中国交通报》《光明日报》、中央电视台等国家级主流媒体报道。沧州电视台把基层单位沧州东客站好人群体现象，制作成18分钟的电视专题片，在今年“五一”节后连续三天进行播放。工会把抓先进典型当作一项重点工作，及时发现先进典型，大力宣传。仅改制几年来，公司表彰各类英模人物180人次，其中，有硬骨头干部于连发，有舍己救人的驾驶员刘宝昌，有勇斗歹徒的李树行父子，有常年见义勇为的好职工买德彪，有勇于开拓市场的女职工李艳英等。沧运出英雄，沧运英雄多，已经成为社会的共识。

多年来，公司工会把职工道德建设当作工会的一项职责，持续开展“社会公德、职业道德、家庭美德、个人品德”宣传教育。今年“三八”期间，在女工中开展了争做“好职工、好女儿、好儿媳、好母亲、好妻子、好姐妹”的“六好女工”评选活动，在员工中引起强烈反响。

第五、扎实开展“面对面、心贴心、实打实，服务职工在基层”活动

按照省总、市总的安排部署，我们切实把服务基层活动作为全年工作的主线，成立了由工会主席李顺宏同志任组长的活动领导小组，精心安排、迅速行动，

目前，这项活动在我司已经全面启动起来。截至5月10日，全体工会干部已通过入户走访、约谈见面、电话交流、网络互动、信函往来和召开企业经营管理人员、工会干部、职工座谈会以及到企业车间、班组、职工文体活动场所调研等方式，面对面、心贴心地与职工群众进行了联系、沟通与交流。

一是，工会干部下基层蹲点。集团公司工会组织工会干事每3人结为一组，深入到人员多、经营比较困难的基层单位，集中一周时间到车间、班组蹲点，了解情况，解决难点问题。平均每人走访了一线职工50名以上，并与职工群众一同在食堂吃饭、在职工宿舍住宿、在生产一线劳动工作。

二是，为困难职工办实事。对我司12名市级特困职工、25名市级困难职工一户不漏地全部走访一遍，帮助他们解决一批实际困难和问题，发放慰问品及慰问金共计20440元；并组织工会法律工作者为一线职工提供法律服务；为工资协商送政策指导。

三是，建立"联系职工交朋友"制度。按照省总《关于在全省工会干部中深入开展联系职工交朋友活动的意见》，我司专职工会干部做到每人常年联系5名一线职工，并统一制发了联系卡，写明每个工会干部、职务等个人信息、联系电话和邮箱等，将"联系卡"交于被联系的职工本人手中。

我司工会工作得到了上级的肯定，全司共涌现出省级劳模8名，市级劳模2名。集团公司被市总工会评为先进职工之家、客运总站和西客站被省厅工会评为"全省交通系统工人先锋号"，商品配送公司被沧州市总工会命名为"工人先锋号"荣誉称号；沧州东客站被河北省交通工会评为"全省交通运输系统先进职工之家"荣誉称号，沧州运通汽车销售服务有限公司被河北省交通工会评为"全省交通运输系统先进职工小家"荣誉称号等。

虽然我们在工作中取得了一定的成绩，但也存在着一定的问题，主要是部分工会干部对改制后工会工作重要性的认识有待提高，认为企业繁忙，活动多了影响生产经营；工作主动性不够，标准不高；在与企业生产、改革等中心工作的结合上不够紧密等。今后，我们一定要认真落实全总及省、市工会的工作部署，牢固树立"职工利益无小事"观念，关心职工冷暖，打造团结、拼搏、和谐、奉献的职工团队，促进企业安全、稳健、跨越发展。

关注民生，提高员工生活幸福指数

2013年5月16日

关注和改善民生，是党和政府的要求，是企业应常抓不懈的工作。今年，我们要继续坚持以人为本，为员工谋福祉。要按照国家指导意见和企业效益增长情况，建立员工正常升级制度。继续提高员工收入水平。今年拟重点提高部分业务骨干和中低收入员工的工资水平。人力资源部要在调研基础上拿出方案。各单位要全面落实公司要求的“五险一金”缴纳、工装、乘车、就餐、体检等10项员工福利待遇。对困难员工子女符合公司录用条件的要照顾解决就业问题。

最近，公司党委已研究决定建立特困员工救助基金，旨在做好因病、因灾等原因成为特困员工的救助、帮扶工作。各基层支部、工会要继续对长期在公司两级领导岗位上工作的老领导、离退休老干部、部省市级劳模的关心照顾，继续落实定期走访、慰问和解决实际困难工作。

要搞好员工培训，特别是中青年骨干的培养。公司党委确定加强员工培训教育工作，恢复培训中心职能，选拔得力干部抓培训工作，把党管人才、提高团队素质的要求落到实处。对忠诚企业、有培养前途员工的给予深造的机会，对德才兼备的员工要及时提拔到领导和管理岗位上来。党群工作部、人力资源部要定期对各单位落实员工各项待遇工作进行检查，对执行不力的要给予通报批评。总之，一定要采取多种措施，让广大员工在公司愉快地工作，健康地成长，不断获得政治进步、经济实惠，增强沧运人的优越感和幸福感。

（本文节选自作者在集团公司工会工作汇报会上的讲话）

向全总副主席陈荣书同志汇报工会工作

2016 年 1 月 21 日

尊敬的陈荣书、贾永信主席、王大虎市长以及全总、省总、市总工会各位领导：

大家好！我代表沧运集团公司党委、工会向各位领导汇报企业工会工作。

一、公司概况

我司是沧州唯一一家大型道路运输企业，是 1950 年建立的传统运输企业，2004 年整体改制，成为股份公司。下辖 56 个分、子公司，分布在京津、石家庄和河北各地县市，在册职工 2338 人(含冀运)，离退休职工 1830 人，总资产 14.4 亿元，年营业收入 20.3 亿元，2015 年利润总额 4159.61 万元，比去年增长 38.6%，在沧州市占据市场主导地位。在创造利税的同时，我们积极承担社会责任，除完成市分配的扶贫任务外，年为社会捐助约 100 万元以上，安排 3.5 万名社会人员就业。我司主要从事道路客货运输、旅游、现代物流、汽车服务四大产业，还有房地产开发和新能源等产业。公司按照“运业为本、多元发展”和融入“两环”京津区域战略，经过多年努力发展，现已成为跨区域、跨行业的大型企业集团。2015 年 4 月，在北京“新三板”挂牌上市，是全国同行业第六家，北方第一家上市企业，企业发展迈上新台阶。但近五年来，受到高铁冲击，加之社会竞争激烈，经营效益呈下滑状态，现处于“爬坡过坎”关键时期。

我司 2012 年成为中国服务业 500 强单位；连续 20 年获省市文明单位称号，是中国道路运输企业百强和中国物流企业百强，沧州客运站是部级文明站。高客运输、“亲情旅程”为全国行业知名服务品牌。

二、工会组织状况

集团公司党委传承“红色沧运”传统,始终重视工会工作。2004年国有企业整体改制后,我们叫“改制不改志”。工作中坚持做到“四个不变”:即员工的主人翁地位不变,工会的机构职能不变,员工的生产经营主力军作用不变,工会工作与党政工作同步安排部署检查考核不变。公司党委主要领导亲力亲为,积极支持工会的组织建设和各项活动,凡是召开涉及员工利益的重要会议、研究讨论重要决策,工会主席都参加会议,充分听取和吸纳工会组织反映的员工意见,工会开展活动所需设施、场所、经费、时间都予以充分保障,工会的重要活动,党政主要领导均出席参加。

2010年5月,我司召开工会会员代表大会,选举产生了11人组成的工会委员会,工会主席、副主席和经费审查、女工、文体等工作委员会。今年任期届满,已决定筹备换届工作。公司所有基层单位都建立了工会组织,员工入会率100%,工会组织、工作制度,基础资料健全。

市、省领导和工会组织非常关心支持我司和工会工作,经常莅临检查指导,我司重大活动,均是部、省、市领导出席,市四大班子主要领导多次出席。2012年5月,全总服务职工工作组莅临我司,命名捐赠了“职工书屋”,保障工作部副部长陈杰平对我司工会工作,尤其是对改制后保留了国有企业优势元素,给予高度评价。2013年市总工会又推荐我出席了河北省工会十二大会议。集团公司工会被全总命名为“模范职工之家”,3个基层公司工会荣获“全国模范职工小家”,“亲情旅程”服务班荣获“全国工人先锋号”,沧州东站、西站和客运一公司分别为全国海员建设系统“工人先锋号”和“全国模范班组”。我司共有省、市级劳动模范11人,河北省能工巧匠2人。

三、工会主要工作情况

1. 落实党组织对工会的领导。公司党委每半年听取工会汇报一次工作,对存在的问题进行研究,提出意见,特殊情况随时召开会议讨论,并建立了检查考核机制，用制度保证工会各项工作落到实处。公司党委贯彻落实党中央关于“把更多资源和手段赋予工会组织”的要求，把党政所需、职工所急、工会所能的事更多地交给工会去办，支持工会独立开展活动，在人、财、物等方面充分保障。

2. 落实职代会制度。公司每年召开一次职代会，总经理向职工代表报告工作，征求意见，接受职工代表的审核监督。遇有改革、管理等重大事项，特别是涉及员工切身利益的问题随时提交职代会讨论通过，一般问题，召开职代会团组长会议讨论，让职工代表更好地参与民主管理，充分享受民主权力。

3. 落实维护员工的合法权益。公司确定了“发展企业，成就员工、回报社会”的核心价值观，切实为员工办好事、解难事，积极维护员工合法权益，每年都要谋划为职工办几件实事，让企业发展成果惠及全体员工，构建和谐、温暖的沧运大家庭。

一是保障员工各项待遇落实。从改制之初，公司就向员工庄重承诺，保证充分就业，除自愿离开外，员工转岗不下岗；保证员工薪酬待遇每年有提高；保证员工充分享受合法权益。虽然建立了股东会，但职代会、工会等机构全部保留。公司健全了员工工资正常升级和集体协商机制，年均增长 12%，并足额为员工缴纳“五险一金”等各项薪酬待遇，近几年就安置了 40 余名困难员工子女就业，年均用于改善员工生产生活环境和福利投资达 320 万元。

二是做好新形势下的送温暖工作。我司现有困难员工 42 人，其中，特困员工 11 人，多数是因为本人或家庭成员患重病、意外灾害造成的。公司坚持有困难必救助，逢重要节日必走访，不单对困难员工，对所有离退休员工、先模人物等每年至少普遍走访 1 ~ 2 次，十年来，仅春节、中秋用于帮扶慰问困难员工、先模人物、离退休员工等资金达 112 万元。公司设立了“特困员工救助基金”，每年对经审查核实的困难员工给予一次性救助（大额）；对考入高校的特困员工子女给予资助，形成了困难员工救助长效机制。我们还与市万盛老年公寓合作，对公司离退休人员入住养老提供服务并每年给予人均 1500 元补贴。

4. 开展了丰富多彩的文化活动。工会围绕企业中心工作，开展“转观念大讨论”活动，开展为企业发展献计献策活动等，始终坚持开展“沧运英模”“六好女员工”、优秀驾驶员、站务、乘务、销售员、经营者等系列评选活动。先后推出站务班长李力金、优秀司驾驶员买德彪和“亲情旅程”服务班、沧州东站好人群体等一大批叫得响、立得住的先进典型。仅 2015 年就表彰各级先进集体 55 个、先进个人 183 名。同时,建有文艺演出队、乒乓球队等团体,经常开展单位内部、业务客户之间的联谊赛。每年组织 1 ~2 次文艺联欢会、专项运动会、演讲比赛、书画摄影展,健康讲座等,让员工参与其中,实现文体活动常态化,受到员工的热烈欢迎。

适应新常态新要求，提高“两个服务”能力

2017年6月28日

工会是党领导下的工人阶级的群众组织，是党联系员工的桥梁和纽带。在企业中肩负着组织员工、引导员工、服务员工、维护员工合法权益的历史使命，全面做好企业各项工作，必须要充分认识新时期工会组织的使命，全心全意依靠广大员工，进一步做好工会工作，发挥好工会的重要作用。当前，工会工作的领域、对象、内容和方式都发生了深刻变化，中央印发了《关于加强和改进党的群团工作的意见》，集团公司在“创新转型发展”战略中，提出了创新党群工作的要求，工会组织和全体会员必须认真学习，不断适应新常态下的新要求，以改革创新精神做好各项工作，提高服务生产经营的能力，提高服务员工群众的能力。

早在2004年国有企业改制时，我们就宣布：沧运改体制不改意志，即不改跟党走和服务民众的意志，坚持党的领导不变，全心全意依靠员工办企业的方针不变，“发展企业、成就员工、回报社会”的核心价值观不变。我们要坚定不移地传承“红色沧运”基因，坚持在党组织的领导下，按照工会章程和法律法规开展工会工作，以组织优势把广大员工动员起来，在推动“创新转型发展”战略实施和完成公司各项生产经营任务中，发挥好工人阶级的先锋队作用。

当前，我们国家的经济和社会发展进入了新时期，要顺应员工的新期待，把维护好发展好员工的根本利益作为出发点和落脚点，完善员工利益协调机制、诉求表达机制、权益保障机制，建设和谐沧运大家庭。同时要加强对员工思想品德、信仰、理想和道德教育，信党、爱党，与党中央保持一致，要遵守职业道德、社会公德和家庭美德，做新时期“好人”，要争先创优，紧紧跟上时代步伐，做新时代的骄子。

当前，我国经济发展进入新常态，全面融入全球一体化，经济结构调整，特别是行业性调整加快步伐。我司同全国道路运输企业一样，正处于“爬坡过坎”关

键时期,转型升级发展任务非常繁重。最近,公司制定出台了《关于实施"创新转型发展"战略的决定》,提出了转型升级发展的新思路、新方针、新举措,提出了"向农村进军、大力发展旅游业、把站场改造为城市综合服务体和提高企业科技含量,向科技型企业转变"等措施,这是指导我司"十三五"乃至更长时期的纲领性文件,是保证企业发展方向、实现更大更好发展目标,保障员工生活水平更稳定提高的关键举措。

员工是企业创新的主体。习近平总书记指出,当代工人不仅要有力量,还要有智慧、有技术,能发明、会创新,以实际行动奏响时代主旋律。近年来,我司涌现出以李力金、张加青、李树斌等为代表的生产一线先模人物,成为由劳动型向技能型转变的典型,也是"工匠精神"在我司的体现。集团公司"创新转型发展"战略的实施,对广大员工提出了新要求,布置了新任务,搭建了员工"双创"工作平台,"六大创新"任务,都需要一大批高技能人才作支撑,都需要一支高素质劳动大军作基础。工会组织要在"双创"工作中发挥作用,团结动员广大员工,学习创新创业知识,建立"员工创作室"、组建"创新小组",组织动员起广大员工积极投身创新转型发展的火热实践中,形成强大的创新创业力量,在落实"创新转型发展"战略中,发挥生力军作用。

广大员工要以先进人物和劳动模范为榜样,努力学习新知识、钻研新技能、攻克新难题,干一行、钻一行、精一行。要踊跃参加科学文化和技术技能的学习培训,参加多种形式的岗位练兵和技术革新活动,参加各单位的"员工创作室""创新小组",在学习中增才干,在实践中长本领,努力成为知识型、技能型、创新型劳动者,建设有理想、有道德、有文化、有纪律的优良团队。

工会工作是党的群众工作的重要组成部分,加强党的领导是确保工会工作健康发展的关键。习近平总书记指出,全心全意依靠工人阶级不能只当口号喊、标签贴,而要贯彻到党和国家政策制定、工作推进全过程,落实到企业生产经营各个方面。我们一定要坚持"改制不改志",加强对工会工作的领导和支持。实现"红色沧运、绿色崛起"。在工作中做到"四个不变":即员工的主人翁地位不变,工会的机构职能不变,员工的生产经营主力军作用不变,工会工作与党政工作同步安排部署检查考核不变。工会干部要真正植根于员工群众中,广泛听取员工意见、体察员工冷暖、了解员工的意愿和诉求,扎扎实实为员工办实事、解难事，让员工真正感受到工会是“职工之家”，工会干部是员工的“娘家人”。

公司党委和基层党支部都要认真落实这些要求，尊重员工的主人翁地位，保障员工的合法权益，关心员工生活，改善员工的生产（工作）环境，做好高温作业和职业病等的劳动保护，采取各种有效措施调动和保护好员工的积极性、创造性。

要加强和改进对工会工作的领导，为工会工作提供更多资源和手段，为工会履职创造更好条件，定期听取工会工作汇报，研究解决工会工作中遇到的难题，保障工会开展活动所需的设施、场所、经费和时间，支持工会开展具有组织特色的活动，如先进典型评选表彰、技术比武、知识竞赛和各种文体活动等，召开涉及员工利益的重要会议、研究讨论重要决策，要吸收工会主席参加，充分听取和吸纳工会组织反映的员工意见。

要建设好基层工会组织，配齐精干、有担当、员工信赖的工会干部，关心工会工作人员的成长，给他们交任务、压担子，搭建发展进步的平台。目前，全国党组织正在开展“两学一做”学习教育，各党支部要按公司党委部署，吸收工会干部和骨干员工参加学习，转观念、促改革，推动各项工作。

（本文节选自作者在沧运集团股份公司工会会员代表大会上的讲话）

第六章 打造优秀团队

导言：不拘一格降人才

企业发展的实践证明,优秀企业必须有优秀的团队,优秀团队才会创造优良业绩。沧运在发展中,始终顺应时代要求,把打造优良团队作为企业的一件大事来抓。早在1996年,就提出"振兴企业、教育为本"、建立"学习型企业"的决定,在具体工作中落实了"五抓"。

一是抓机制做保障。集团公司建立了主要领导挂帅的领导机构,设立了职工培训中心、职工技能学校。在职工教育培训上制订了学习、考核、奖惩办法,并聘请外部专家组成了讲师队伍,形成了一整套内外结合抓教育的良好机制。二是抓骨干带全员。努力抓两级领导班子、两级业务骨干培养,"公司训骨干、基层训全员",重点抓好复合型人才、领军人才、创新人才培养。三是抓思想提素质。员工培训既要学习专业知识又要学习政治理论,设立市委党校教学示范基地,定期举办党员干部封闭培训班,聘请党校教授授课,以习近平新时代中国特色社会主义思想武装头脑,培育有理想、勇担当、守纪律、有才干,适应新时代新要求的优秀人才。四是抓锻炼促成长。注重在实践中发现、培养、锻炼人才。对发现的好苗子,有的放在生产技术攻关岗位,有的调到艰苦环境中去锻炼,并定期对他们的成长情况进行评估、考察,在实践中建功立业、尽快成才。五是抓引智引才,面向行业内外广招各类英才,开展多种形式的产学研合作,吸引各类科技型、领军型人才为企业发展贡献才智。

青年是国家的未来,也是企业的未来。针对党的十八大以来科技飞速发展,公司向智慧交通、绿色交通转型,更加注重抓中青年人才培养。每年都针对青年特点开展普训和重点培训。集团公司党委从基层班组到部门,选拔文化水平高、有培养前途的优秀青年骨干，开办青年才俊培训班，有的送到北大、清华等高等院校培训，全面提高素质，使之更快成长。

不拘一格降人才，经过长期不懈的努力，沧运逐步形成了“五支优秀队伍”，即一支善谋划、会管理、驾驭市场能力强的领导干部队伍；一支专业能力突出、技术过硬的专业技术队伍；一支创新创业、敢打敢闯的中青年骨干队伍；一支勤恳敬业、热诚服务的一线员工队伍；一支政治素质过硬、善做思想政治工作的党群工作队伍。企业团队素质也出现了明显变化，大专以上学历员工达到1487人，占全员比例的48%，具有专业技术职称118人，市级技术标兵32人，省部级技术状元5人，先后获得科技成果奖35项，在全省同行业中处于领先水平。

企业职工教育改革刍议

——解读我公司职教工作做法

1989年6月

职工教育是我国教育事业极为重要的一个组成部分。职工培训是企业一项重要的基础工作,它关系到现代化人才的培养、企业的兴衰。在当前运输市场激烈的竞争、汽车运输企业经营艰难和推行承包经营责任制的新形势下,职工教育工作出现了一些新情况、新问题、新矛盾。如何解决这些矛盾,进一步抓好职工培训,这是摆在汽运企业面前一个十分现实的课题。现结合本单位一些实际工作,谈谈自己的认识。

一、职工教育工作面临的新问题

近几年来,随着党的改革开放方针的贯彻执行,交通汽运企业的职工教育工作有了新的发展,也取得了一些成绩。但是,由于运输市场激烈竞争中汽运企业遇到外部环境欠佳、经营困难等问题,又加之推行层层承包经营责任制,给职工教育工作带来了一些新问题、新矛盾。充分认清这些问题,解决面临的新矛盾,才会使职工教育工作适应新形势、跃上新台阶。通过分析我公司及河北省一些公司的情况,主要有以下六个矛盾。

(一)“软指标”与“硬指标”的矛盾。实行承包经营后,一些经营者把主要精力集中在落实利润、安全、车辆完好等“硬指标”上,使本来就视为“软指标”的职工教育更“软”。更甚者是一些单位在承包指标中根本没有职工教育这一条。因此,职工培训上不了领导议事的日程,大不了“蜻蜓点水”说一说,“挂在嘴上,贴在楼上”,实际行动不落实。

(二)岗位培训和学历教育的矛盾。在“学历风”影响下,一些职工积极追求学历,学以致用,而对岗位培训因没有"承认其学历"的有货,职工不愿参加,形成"领导热,职工凉",办班办不起来的局面。

(三)工作与学习的矛盾。这虽是个老问题,但层层承包经营后问题更加突出。基层单位往往以怕影响经营指标、耽误工作为理由,拒绝抽人参加培训。又因为参加培训的职工怕影响个人奖金收入,也不愿参加学习。

(四)企业急需人才和资金短缺的矛盾。由于资金不足,企业首先考虑的是职工的"饭碗",虽然人才缺,但因资金困难导致无法办学,搞出资培训的话,企业并不情愿。

(五)学历与待遇的矛盾。一些职工企业出资金培训有了"学历",刚刚回单位往往要求落实"知识分子"政策,挑拣工作岗位,甚至要求增工资、调住房等,如单位不解决就闹情绪、闹调动。而他们这些要求,往往能在某些文件和领导人讲话中找到"依据",使企业很难办,这种"花了钱,惹麻烦,学成飞走"的教育,企业甚为不满。

(六)政治思想教育与业务技术培训的矛盾。新形势下思想教育尚未走出新路子,靠"空洞说教"职工产生"逆反心理",不感兴趣,而政治思想教育又必须搞,有时往往流于形式。而业务员技术教育因为现实工作需要,职工觉得"学了有用""是长真本事的事",所以较乐于参加。

产生上述矛盾的原因,是企业对新形势下出现的新情况、新问题研究不够,没有采取相应措施应对。就思想认识上讲,还是对职工教育的地位和作用没有真正认识,以致形成汽运企业职工队伍素质较低、管理粗放等弊端,影响了企业的竞争能力和发展。因此,汽运企业各级领导应反思这方面经验教训,下决心解决好新形势下出现的新矛盾,把职工教育搞得更好。

二、端正企业领导思想是搞好职工教育的前提

从当前企业领导看,相当一部分领导对搞好职工教育的必要性和迫切性认识不足。一个流行的说法是,汽车运输企业就是开好车、修好车,搞好服务,文化技术素质差点没关系。甚至出现"给大中专毕业生"不要,认为不能"现得利",不如文化低的职工顶用。这个认识应该解决。解决这个问题,一些单位采取用事

实讲话的方法,效果较好。一是捋现状,查原因。据有关资料统计,全国交通系统321万职工中,具有大专以上文化程度的仅占3.3%;中专占4.5%;高中占17.4%;初中占45.7%;小学占25.8%;文盲半文盲占3.3%。科技力量不足,领导班子缺乏现代化管理人才。我公司3020余名职工中,大中专毕业生仅有145名,占4.8%,小学文化占30%。机关处室改革后,基层公司班子成员104名,大中专含高中毕业生仅有41名,其余为初中及以下水平,受过专业管理培训的仅有7名,其余多为转业军人。因此,搞财务分析、经济分析搞不了;市场预测无人会,攻关解决技术难题靠"对付"等,更不用谈高科技领域及现代管理在企业的应用了。同时,还摆出了历年决策无依据、造成失误等事例,使企业领导思想开了窍,认识有所提高。再是处理好承包经营和职工培训的关系。应认识到,职工素质的提高,有利于工作的开展,有利于竞争和生产经营,也就是有利于承包指标的完成,决不能把职工教育与承包对立起来,实际上搞好职工培训正是搞好承包的迫切需要。有了这种认识,就不会把职工教育视为"软指标"了。为了提高对职工教育的认识,还应加强企业领导学习领会党的十一届三中全会以来的方针政策和关于中央发展科技教育的战略决策,以对国家和企业高度负责的精神,自觉地把职工教育抓起来,抓出成效。

领导有了充分的认识,还要建立起胜任工作的精神的办事机构,特别是要选派文化技术素质较高、热爱并胜任职工教育工作的、负责精神好、组织能力强的干部担任此项工作。我公司把原教育科发展成立"教育中心",成为统一综合企业各种教育的机构,并赋予一定权力。领导层中又成立领导小组,主要负责日常主抓,还要求基层公司有领导分管,有人具体抓。这样上下形成体系,使职工教育有领导、有体制、有计划的开展起来。

总之,领导认识调高了,机制建立健全了,就为搞好职工教育奠定了一个好的基础,提供了可靠的保证。

三、坚持以岗位培训为主的方针,多种形式办学是搞好职工培训的关键

前几年,在社会上"学历风"影响下,企业职工教育开展困难,特别是搞岗位

培训,因为得不到一定的文凭,职工不愿参加,而纷纷向“承认其学历”的地方挤。企业职工教育方针、重点到底是什么?一时人们看法不尽相同。1987 年,我们总结回顾了职工教育工作经验教训,分析了企业职工文化、技术思想现状,进一步明确了这个问题,确定了企业职工教育要以岗位培训为主,学历教育为辅的指导思想,就是对已经走上各种岗位以及转换工作岗位或重新就业的职工进行相应的岗位培训,根据干什么学什么、缺什么补什么的原则,把培训的着眼点放在提高职工本职工作能力和生产技能上,而学历教育也要面向生产、从需求出发,对职工进行学院性教育提高,不搞学历追求竞争那一套。根据这种思想,我们先后办了“驾驶员培训”“乘务培训”“稽查人员培训”“领导集体培训”,今年六月机关改革后,以王福田教授主编的交通运输企业干部培训教材《汽车运输企业管理基本知识》为内容,集中对处室中层干部分批进行培训。学完后,各处室再深一步学习本岗位知识,然后进行答辩考核。这样做,很受干部职工欢迎,他们反映,“职工教育走上了正路,这样的培训,我们乐意参加”。实践告诉了我们单纯学历教育,就会使职工教育脱离实际,脱离了大多数职工,越搞道路越窄。同时还影响改革一线职工的情绪,不利于他们安心生产,不利于他们提高本职工作能力、发挥更大的作用。

方针明确后,我们在办学形式、培训方法上采取灵活多样的形式,以确保培训质量和吸引职工积极参加。主要做到“贯彻一个原则”“坚持三个为主”、搞好“四个结合”。具体是:

(一)贯彻一个原则,即理论和实践相结合的原则。

这是搞好岗位培训中应该始终不渝坚持的重要原则,也是使培训真正取得成效的关键。因此,培训中坚持从实际需要出发,企业需要什么人才就培训什么人才,使培训人需要补充、学习什么方面的知识就学那方面的知识,不学习一次就丢掉系统性,学习有重点。另外在学习过程中都强调用学习到的理论去解决实际工作中的难题,经常组织学员总结工作中经验教训,而后再剖析产生失误的原因,今后怎么办。这样使学习不“空对空”,而是实实在在解决一两个问题,学员颇为满意。学后也做到学以致用,越学习越有兴趣。

(二)坚持“三个为主”的方针,即自学为主、业余学习为主、学习本职业务技术为主。

自学为主,即提倡干部职工按公司的布置内容,自觉地学习。在自学的基础上,由教师解释难点、疑点,教师上课选课程重点章节,教学授课和自学学时比例一般为3:7。

业余学习为主。以往职工培训常常占用大量工作时间,职工脱离生产岗位关起门来造车,由于生产任务重,基层人手少,影响了培训。有时即使抽出人来学习,中间有急工作又叫回去处理,办班人员稀稀拉拉,越办人越少,学员学着没劲,教师教着也泄劲,效果不好。为了解决工学矛盾,采取利用业余时间学习、就地办班的方法,就是主要利用星期日、晚上时间集中上课,平时分散学习。有些培训班照顾到基层困难,由在上面(公司)集中办,改到下边(基层)去办。教师下去讲课。这样,基层很满意。

学习本职业务技术为主,即本着提高本职工作能力为目的,干什么学什么,分专业办专题班,如会计、统计、劳资员、乘务、驾驶员、修理工等分别办班,还有党务工作者、计划生育管理人员等都按工作需要进行培训,提高管理业务。

(三)搞好"四个结合"。

一是公司集中培训与基层普训相结合。采取"公司训骨干,基层训全员"的分工合作办法。公司主要培训中层领导干部、业务骨干和较高学历要求的电视中专班,电大班等;基层公司、厂、站则主要训练车间主任、班组长和一般工作人员,充分利用公司使培训的骨干当"小教员",努力实现"全员培训"。公司对基层能办培训班给予教材、教员、教具等方面的大力支持和帮助,解决办班中的困难,对基层办班起了一定技术帮助和促进作用。

二是短期培训与长期培训相结合。为此企业要制订长远培训规划,有计划、有目的地培训人才。公司搞了"七五"期间培训规划,提出了培训目标、培训任务、措施及验收办法等,并按计划实施。短期培训主要是根据实际需要选薄弱环节有计划性地培训,或按上级布置学习必学内容。一般不搞"开会式"的所谓培训,防止流于形式,达不到预期的目的。

三是社会文化、生活教育和业务技术教育相结合。社会文化、生活教育是为了满足职工精神和物质文化生活的需要,内容和形式多种多样,包括科学知识、社会知识、生活常识、理论、职业道德教育等,教育的目的是为了提高职工,特别是青年职工知识水平,陶冶情操,树立教育思想,提高道德水准,增强服务意识,使职工生活更美好、更愉快、更丰富多彩。反过来,影响和促进身心健康、促进各项工作的开展。当前正在中国兴起的“企业文化”,我们拟向这方面发展,以把职工教育提高到一个新的水平。

四是企业内部培训与选送员工去大中专进行深造相结合。为了企业发展的长远利益,必须培养具有较高专业知识的管理人才,为此,对那些有培养前途、企业需要的人才,应适时选送他(她)们到国家正规大中专院校学习、深造。近几年,我公司先后选送了十一名职工到各类大中专院校学习。同时,公司还开放了交通部举办的电视中专两个班,培养财会和企业管理人才,办一个电大班,有十多名职工参加学习。另外,还积极支持职工报考各类函授、刊授、电视大、中专,支持参加社会各方面办的各种培训班等。

四、制订必要的鼓励政策是使职工教育生气勃勃开展的重要保证

职工教育的管理同其他工作管理一样,没有必要的行政、纪律措施和手段不行,但没有一定的经济手段也不行。因此,我们先后制订了一些行政的和经济的措施方法规定,保证了职工教育常抓不懈、生气勃勃的开展。这些办法和措施主要内容有以下几点:

(一)把承包经营责任制合同中写入职工教育的内容,作为一项重要的考核指标,并联系单位及承包人奖惩。实行同其他指标一起考核、审定,一起参与对承包人工作的评价。这样把所谓“软指标”变成了“硬指标”。

(二)为了鼓励基层培训的积极性,公司除尽力提供师资、教材帮助支持外,还从教育经费中适当拨付一定资金,予以支持鼓励。这样把教育经费用活了,也解决基层一定实际困难,较好地调动了办班的积极性。

(三)为了鼓励职工自学,公司制定了《自学成才奖励条例》,明确规定,凡业余自学获得大、中专毕业证书,奖励自学奖300元~500元,对用所学知识解决企业技术难题或提出有价值观点并获得经济效益的给予重奖;对在社会上,同行业获得各种荣誉称号的,也视情况给予鼓励奖等。近三年来,已有二十余名职工获得这类奖励。

(四)逐步建立在职人员考核制度。公司今年六月机关改革后,试行了职务工资制,并联系定期考核。规定,凡经考核不合格者,调作其他适当工作,今后没

有考核合格证的不能上岗。这个办法,较好地解决了“不学无术”或“不求进取”人员,学业务、学技术的“空气”浓厚多了。六月底办班首先学习王教授编著的《汽车运输管理基本知识》,以往科长们总强调“事多坐不住”,办班越办人越少,这次,争着参加学习,有的出差后还回来补课。教育部门高兴地说,多年没有见到这种学习精神了,这么办,职工教育就好办多了!

(五)拟实行企业内部技术职称制度。由于绝大多数职工工作在第一线,过去搞职称要看学历,这使部分青年职工不安心本职工作。为了解决这一问题,鼓励职工学技术,我们考虑在企业内部实行技术职称制度。职工可以由初级工,升到中级工,而后升入高级工,在高级工中选少数优秀者评为技师,并与工资、奖金联系起来,许多职工拥护这个办法,目前尚待研究制订具体办法,以争取尽快实施。

(六)对积极组织、从事职工教育并确有成绩的人员,公司适时给予奖励表彰。职工教育是一项很辛苦的工作,既需要脑力劳动又需要大量组织工作。我们应注意纠正部分人认为职教工作轻松、安逸的认识,对工作成绩显著的及时表扬、奖励。原公司教育科普是公司先进性之一,公司职工教育工作也受到省厅、地区行署通报表扬。一名教师被评为省厅交通部先进个人,公司树其为标兵之一,并给予一定的物质奖励。还应注意教师培训工作,提高教学水平,并在调资、住房、职称晋升等方面给予注意,适当解决。这样,使他们更加安心和热爱本职工作。

综上所述,对于职工教育工作只要企业各级领导高度重视,及时解决工作中出现的新问题、新矛盾,制订出若干激励政策和规定,采取多种形式灵活多样的办学办法,调动起职工参加学习的积极性,又有一支强有力的师资队伍,那么,企业职工教育就会更加适应当前改革开放及市场竞争形势的需要,就会逐步提高职工队伍素质,从而,大大增强汽车运输企业在市场上的竞争能力,提高经济效益,求得企业的生存和发展。

(本文选自作者 1989 年在交通部经理厂长培训班上的论文)

选拔优秀人才到领导岗位

1998年6月15日

切实发挥党组织的政治核心作用、共产党员的先锋模范作用,是确保国有企业健康发展的根本和基础,党管干部是发挥企业党组织政治核心作用的具体体现。在企业,落实党管干部原则,就是认真贯彻党的组织路线,按"四化"标准培养、选聘、任用好各级干部,为企业开放搞活、健康发展提供强有力的组织保证。

坚定一个思想。通过认真总结企业内、外部经验教训,在深入学习邓小平有关党建理论和沧州市委有关干部管理指示精神的基础上,沧运"一班人"坚定了一个思想:即党是企业的领导核心,党管干部又是充分发挥领导核心作用的重要体现。国有大中型企业,必须始终不渝地坚持党管干部的原则,切实发挥好党组织的政治核心作用,保证党的各项方针、政策的贯彻落实,确保企业沿着有中国特色的社会主义道路前进。在国有企业,必须依照党的干部"四化"标准,科学选拔和任用政治过硬、业务精通、作风正派的人担任各级领导职务,以保证企业正确的发展方向和社会主义性质。这个思想沧运叫"党管干部的思想"。

树立一个观念。一些企业的教训和实践告诉我们,只有始终不渝地树立集体决策的观念,才能把党管干部原则切实落到实处。国有企业,"一把手"和分管干部工作的领导,特别是党政一身兼的领导,必须强化而且切实遵循集体决策观念,在干部提名、推荐、考察、任用等每一环节上充分发扬民主,充分尊重班子成员的意见。在干部提拔使用上,主要领导和分管领导固然负有主要责任,但决不能因此而无视班子其他成员的存在和作用,必须做到群策群力,真正体现班子的意志和职工的意志。这个观念沧运称之为"集体讨论决定的观念"。

正确处理三个关系。一是正确处理个人负责与集体负责的关系。工作中,坚持做到总经理提名与党委推荐结合起来;把"一把手"拍板与集体讨论决定结合起来。在领导班子成员意见不一致时,不急于拍板,不把自己的意志强加于人，而是多做沟通工作，特别是对重要单位和关键岗位，都是先由领导班子成员反复酝酿，最后提交党委或党政联席会讨论通过，会上不“争论”，不吃“夹生饭”。

二是正确处理主管干部工作领导与主管业务领导的关系，使之在用人上相互补充。毋庸讳言，主管干部工作的领导（大多为党委主要领导）由于工作分工的原因，常常不如主管业务的领导更了解基层业务干部，因而双方容易出现认识、评价上的某些不一致。为了解决这个矛盾，沧运在坚持正常组织考察、主管干部工作领导负主责的前提下，采取给主管业务领导优先提名权的办法，首先听取他们的意见，然后再由党委考察。从而使主管业务领导既管事又管人，使分管系统干部队伍凝聚力更强。同时，也解决了因管事与管人脱节而带来的问题。沧运对基层单位的调整，大都是由主管业务领导提出初步建议，与分管干部领导协商同意后，履行必备手续，上会集体讨论决定的。因此，所提干部没什么争议，素质普遍较高。

三是正确处理好培养业务干部与培养党务干部的关系。这些年，一些企业对党的工作重视不够，甚至有些淡漠。有的党政一把手一人兼，由于市场竞争激烈，企业事情纷繁，大量企业经营管理的事情缠身，因而客观上容易出现轻党重政、轻党务干部重业务干部现象，在一定程度上影响了党的建设和精神文明建设工作的开展，以至出现“一手硬、一手软”的问题。为此，企业必须建立一支精干、形象好、清正廉洁、有战斗力的政工干部队伍，以确保党的工作、精神文明建设工作得到落实。

沧运对部分大单位，配备了专职党支部书记或副书记，“一身兼”的要求必须具备做党务工作的能力和水平，以保证加强党的工作，强化思想政治工作。基层单位设有政办室，并设专员、纪检员等。沧运共有专职政工干部48人，占在职职工的1.5%，形成上下统一的政工网络，确保了党务工作和精神文明建设健康发展。由于正确处理了培养业务干部和培养政工干部的关系，正确处理了物质文明建设和精神文明建设的关系，企业两个文明建设实现了同步发展。

坚持把好四个关口，受前些年企业实行承包制放权的影响，对基层企业班子管理只强调管“一把手”，对班子其他成员的选拔聘用权放给了基层“一把手”，搞“层层聘任”，也出现了一些弊端，特别是过分强调副职与“一把手”的一致性、凝聚力，在干部聘任中出现了任用的干部素质差、选拔干部的标准低、班子整体结构不合理,甚至产生了“凭个人好恶用干部”的“家长制”倾向,个别单位在组织上搞“宗族班子”“熟人班子”,思想作风上助长了“家长式”“一言堂”等。为纠正这种倾向,坚持贯彻好党的干部路线,沧运在干部的选拔任用上坚持把好四个关口:

一是提名推荐关。按干部管理规定,在企业对干部的选拔任用上,行政有提名权,党委有推荐权。沧运班子成员,对这两项权力都慎重使用,首先把住“病从口入”关,无论是行政(厂长、经理)提名还是党委推荐,之前都要对拟提名推荐的干部通过座谈了解、查阅档案、面试等多种形式进行充分了解,对其德、能、勤、绩有基本的认识,对其拟任职务的胜任程度进行必要论证,得出胜任工作的结论后再行考察。近年来,公司先后提拔任用干部百余名,绝大多数政绩突出。

二是组织考察关。对干部进行组织考察是具体落实党管干部原则的实际步骤。在考察中,注重考察干部的一贯表现,看其对党的事业的忠诚程度;考察干部在关键时刻的表现,看其开拓精神和创新意识;考察干部的实际工作能力,科学认定其工作实绩。具体工作中,注意处理好四个方面的关系,即(1)德与才的关系。德者,才之帅也;才者,德之资也。德才相比,德居首位。德不备,没有正确的方向以施其才;才不具,没有得力的凭借以显其德,防止“歪才掌权”。(2)资历与能力的关系。既看资历,又不唯资历,关键看其实际工作能力,敢于大胆启用年纪较轻的干部“挑大梁”。在基层31名一把手和机关总部11名部室正职中,92%是中青年干部。(3)文凭与水平的关系。既重文凭和学历,更注重真才实学和实际表现,特别是看其运用理论知识解决实际问题的能力,从不搞文凭、年龄“一刀切”,防止“马谡式”干部握“帅印”。(4)优点与缺点的关系。不以小瑕掩良玉,对本质好、偶尔犯过一般错误并事实证明已改正了的,大胆任用;对优点突出但缺点也明显的,放到合适岗位,扬其长,避其短。

三是群众公认关。就是干部任用充分走群众路线。在平时工作中,有的干部会走“上层路线”,但群众威信低;有的干部,能与群众“打成一片”,有一定威信,但领导层认可程度差。这两种人在思想和工作方法上都有其偏颇和不足。考察中,采取民主推荐、民主测评、召开座谈会等多种形式充分听取群众意见,把群众拥护不拥护、认可不认可作为选拔任用的一条重要依据。对只有领导满意而群众基础很差的,暂缓提拔。在公司股份制改造中,为了体现“群众公论”,由原来的一般征求意见、民主测评变为职工直接民主选举，职工赞成票达不到80%的不能当选。直接选举反映了职工的意愿，扩大了选拔干部的视野，调动了职工“参政议政”的积极性。同时也促使少数干部克服脱离群众、“眼睛向上”的毛病。事实证明，选拔符合党的需要、群众又公认的干部，是一项艰巨的系统工程，是企业落实“人本管理”原则的基础工作。做好这项工作，才能建设一支符合“四化”要求的骨干队伍，才能团结带领职工搞竞争、打硬仗，成就事业。

四是领导班子统一思想关。在干部的选拔任用问题上，“一班人”坚持统一思想认识，充分酝酿协商。企业工作千头万绪，有许多棘手事要立即决策，但干部选拔任用要慎之又慎，尽可能成熟。有不同意见，甚至有争论的干部，要充分讨论、协商。这里重要的一点是，主要负责人和主管干部的领导要“一心为公”、不谋私，不弄权，还要敢于否定自己，对自己提名、推荐的干部，经酝酿发现确有影响提拔使用的问题时，要敢于收回个人“意见”，决不拍“硬板”，使党的民主集中制原则在干部管理工作上得到落实。沧运公司党委在干部选拔任用上，有四种人坚持不用，即：政治上不可靠，与党离心离德的“能人”；道德品质差，善于钻营的“精人”；私心很重，见利忘义，见钱眼开的“小人”；吹吹拍拍，不干实事，遇事争功诿过的“虚人”。

（本文获第六届全国城市经济期刊优秀文章一等奖）

建立学习型企业的实施意见

为深入落实党的十六大会议精神，全面提高干部职工的整体素质，应对知识经济的挑战，适应建立现代企业制度和市场经济的需求，集团公司党委提出了把我司建设成为学习型企业的总体目标。根据这一要求，结合我司的实际情况，就建设学习型企业提出如下实施意见。

一、指导思想

以邓小平理论、“三个代表”重要思想为指导，贯彻落实集团公司“人才开发”战略，坚持以人为本、与时俱进，以提高人的综合素质建立现代化的企业为目标，以“学科学、学技术、学文化”为工作主题，努力造就高层次经营管理人才、高水平专业技术人才、高素质外向人才队伍、高技能职工队伍，不断增强企业的核心竞争力，为做强做大新沧运，实现企业的可持续发展，提供坚强的人才保证和智力支持。

二、总体目标

通过建立学习型企业，进一步提高全体员工的思想道德素质、科学文化素质、专业技术素质、岗位职业技能和创新能力，逐步“形成一个体系，建立四支队伍”：即形成全员岗位学习培训的终身教育体系；培养一支政治强、业务精、懂经营、善管理的企业领导干部队伍，一支具有较高政治素质、精通现代化管理和科技知识的专业技术管理队伍，一支以技师为龙头、高级工为骨干、中级工为主体的精通业务、技能娴熟的技工骨干队伍，一支爱岗敬业、业务精通、事业心强的员工队伍，使干部员工队伍的文化和技术结构发生明显变化。到2006年，中层以上领导干部具有相当大专学历（中级职称或一方面业务专长）的达到76%；全司管理人员中具有相当大专学历(中级职称或一方面业务专长)的63%;技术工人中各等级所占比例:高级技师由现在的0.6%上升到2%、技师由现在的0.2%上升到5%,高级工由现在的4%上升到10%,中级工由现在的25%上升到60%,初级工由现在的13%上升到20%;员工队伍中90%以上的汽车驾驶员、维修工和站务员通过技术(业务)等级培训、考核、鉴定,持证上岗。全员文化结构,具有中专(高中)文化的人员由现在的33%上升到81%;相当大专文化程度的员工由现在的18%上升到36%;基本消灭初中以下文化程度的员工。

建设学习型企业将分三个阶段逐步实施。

第一阶段:计划用半年的时间做好普遍宣传、全面发动和机制构造工作。充分发挥我司现有培训机构和借用本市大专院校师资力量的培训优势,营造一个建设学习型企业的良好氛围和保障支点。同时,要着力培育建设学习型企业的示范点,拟定抓两、三个公司级,五、六个车间(班组)级,七、八个个人作为示范,为集团公司整体建成学习型企业提供学习、借鉴的典型。

第二阶段:计划用一年半的时间,通过培训教育和推广先进典型,不断扩大创建面。至2005年底争取有70%左右的基层单位达到学习型企业的要求。中层以上领导干部具有相当大专学历和中级职称的达到51%;全司管理人员中具有相当大专学历(含中级职称或具有一方面专业特长)的49%;技术工人中各等级所占比例:高级技师1%、技师3.5%,高级工8%,中级工45%,初级工15%。全员文化结构,具有中专、高中文化的人员达到68%;相当大专文化程度的员工达到15%。员工队伍中80%以上的汽车驾驶员、维修工和站务员通过技术(业务)等级培训、考核、鉴定,持证上岗。

第三阶段:到2006年沧运集团整体达到学习型企业的要求。在人才总量上达到既定目标,使我司真正成为学习工作化、工作学习化,把学习自觉导入企业管理,以人的发展为中心,以不断增强企业竞争力为目的,具有人力资源挖掘和再造功能的可持续发展的企业。

三、学习内容

(一)深化政治理论学习,提高思想政治水平。组织广大干部员工特别是组织领导干部进行邓小平理论、"三个代表"重要思想和胡锦涛同志重要讲话精神的学习。通过学习,进一步提高理论素养,坚定正确的政治方向,增强贯彻执行党的路线、方针、政策的自觉性;进一步推动解放思想、更新观念、开阔视野、勇于创新;进一步加强爱国主义、集体主义、社会主义教育和加强社会公德、职业道德、家庭美德建设。

(二)加强"双基"学习培训,增强企业竞争能力。《国有大中型企业建立现代企业制度和加强企业管理的基本规范》及世贸组织基本规则(简称"双基")的培训,是企业加强内部管理,建立现代企业制度,尽快与国际接轨,提高国际竞争力的迫切需要。企业要组织管理人员参加多层次、多形式的培训,充分了解和掌握基本规范的内容和要求,了解世贸组织基本规则的内涵和我国的承诺,加快企业与国际惯例接轨的步伐,增强企业竞争力。

(三)强化现代企业经营能力和管理知识培训,提高经营管理能力。搞好对经营者和两级领导班子的培训。一是进行经营理念、经营战略、投资战略、市场营销及科技开发战略等现代企业经营思路和决策能力的培训,提高经营者的决策能力。二是进行领导科学、领导方法、领导艺术方面的培训,提高两级领导成员的领导水平。三是针对不同岗位的经营者和领导干部,进行实际工作能力和业务能力培训,如企业管理、财务管理、运输经营、法律知识、车机务管理、英语、计算机等,提高经营者和领导干部的经营管理水平。

(四)搞好物流、外贸知识培训,培养外向经贸人才。根据我司物流、经贸人才队伍的现状和特点,加大物流和外经贸人员的职业培训力度,对物流、外经贸从业人员进行基础理论知识和实际操作能力的培训,培养一批熟悉国际物流、商贸、法律、金融知识,懂得实业化管理的外向人才队伍。

(五)抓好岗位学习培训,培养高级技能人才。根据企业生产需要和生产技术的发展,积极组织全体员工的岗位培训和职业技能培训。重点抓好对汽车维修技术、汽车驾驶员、站务、司乘人员培训,定期组织开展全司职业技能大赛、名师带徒和岗位竞赛活动,推广职工的先进操作法,把职工的聪明才智和创造热情引导到企业生产经营活动中来。

(六)加强继续教育和科技教育,培育企业复合型人才。组织开展在职学历教育,鼓励员工参加函授、夜大、自学考试、高新技术技能培训等学习,改善知识结构,提高科学文化素质。有计划地选派优秀员工到国内外知名大学深造,培养企业急需的高层次、复合型人才。同时开展学电脑、学外语、学科技知识活动,开展技术攻关、技术创新和“五小”活动,对广大员工进行科技知识的教育,壮大科技人才队伍。

四、学习的主要形式

(一)集团公司和基层单位上下结合,共同进行学习和培训。集团公司抓好整体学习规划的实施,并利用职工夜校、培训中心,搞好中层以上领导干部、两级管理人员和业务技术骨干的培训教育,为企业培养更多的适应企业需要的各类人才。

(二)以内部培训为主,并安排外部送培、高级班参培等形式。选派领导骨干、业务技术骨干到大专院校进行深造学习和参加高级经济管理、专业技术培训班学习;与大专院校联合办学开展学历教育和聘请大专院校专家教授讲课,或组织业务骨干到大专院校进行短期脱产封闭培训。

(三)适时组织领导干部、业务骨干走出企业,走出国门,到国内外先进企业学习观摩。集团公司和各基层单位每年都要组织2~3次外出学习、考察活动,学习对方的先进管理经验和先进的经营理念,并确保学到的新经验、新知识应用到本企业的经营发展和创新中去。

(四)利用好“四个阵地”搞好学习教育:一是建立学习小组。要以班组、车间为单位建立学习型组织,制定学习计划,规定学习书目和研究课题,定期组织学习和研究,不断提高学习效果和自身素质,争取年内出一、二次学习成果。二是业余党校和教室。各单位要恢复原有的业余党校和教室的培训功能,充分利用业余党校和教室对员工进行综合培训。三是图书阅览室。各单位都要建立图书阅览室,备齐介绍当今世界最新管理、经营等方面的书籍、报纸,让大家平时学到新知识。四是黑板报。各单位按照学习型企业的要求,把黑板报设置为定期介绍企业发展的新知识,并交流大家的学习体会。

(五)在干部员工中开展“四个一工程”。即每月读一本和企业发展、岗位工作相关的书籍,做到学习工作化,工作学习化;每季度写一篇指导企业发展的论文或经验体会文章;每月提一条合理化建议;每半年基层单位召开一次不同形式的座谈会,交流学习经验和体会。

(六)利用好互联网开展学习教育。目前,各单位均已实现办公自动化。要充分运用好互联网这一重要传播媒体,组织专业人才下载各类新知识、新信息,让人们及时掌握知识经济发展潮流。

(七)利用好内部报刊。公司企业报和各单位的简报、板报要主动为建立学习型企业服务,开辟相应学习专栏,加大新知识的宣传。

五、建立学习型企业的运行机制

(一)目标机制。一是制订学习规划和目标。集团公司和各基层单位每年都要制订学习规划和目标,明确学习内容和保障措施,并把参加学习培训的情况作为经营者、员工年度考核的重要内容。二是集团公司和各基层单位都要实行学习培训总体目标层层分解,落实到基层单位、到车间班组和每个岗位,保证总体规划和目标的实现。

(二)激励机制。公司确定每年从教育经费中拿出10%左右,用于奖励和技能津贴。一是对干部员工的学习要认真组织,定期考核,并把学习成绩作为晋级、评定职称、评先进的重要依据。对学习优异、并将学习成果转化为生产力的优秀分子,予以晋升工资或提拔重用,年终列入公司的表彰计划,命名“学习明星”;对班组、车间、科室、单位学习好的,由集团公司统一命名为“学习型班组”“学习型车间”“学习型科室”“学习型单位”等荣誉称号。二是建立技能津贴制度,切实提升高技能人才待遇水平,将技师、高级技师职业资格与工资、岗位津贴相结合,对确有突出贡献的高级技能人才、技术能手要给予相应津贴。三是要建立内部职称评聘制度。要不唯学历、不唯年龄、不唯资历,按照学习和工作业绩,建立企业内部评聘职称制度。四是对自学成才,而且学有所成、有业绩的人才,作为先进典型进行宣扬,同时与评选先进、干部考核、任用挂钩。对于评选的“学习明星”和再教育取得学历中的优秀人才给予一定数目的奖金和报销学杂费用。

(三)考核机制。结合企业的实际情况建立考核机制,推进学习型企业的创建工作。考核工作将由集团公司建设学习型企业领导小组按照学习型企业的评估标准、考核内容进行考评。

（本文选自《沧运集团党办字〔2004〕12 号》文件）

明确努力方向，担当发展重任

2010 年 6 月 19 日

集团公司举办这次培训班，达到了较好的效果，希望在全司进一步掀起学习的热潮，促使我司在学习型企业建设上有新进展，在优秀团队培育上有新作为，在个人服务企业能力培养上有新提高。

近几年来，为适应市场变化，寻求企业新发展，公司已先后在客运业、货运与物流业、汽车销售与维修业、资本运作、企业管理等方面采取了一系列有效措施。首先是调整公司经营战略，从九十年代初起，从脱困求生存为主的“多元经营”到打造核心竞争力的“回归主业”，突出发展运输业，再到近年来以满足社会需求、惠及民生和员工，特别是为了扭转运输行业利润率低的现状，正在形成的全面转型发展战略，即以发展现代运输业为主体、延伸新产业（包括资本运营）和涉足高利产业的发展战略。这一战略的基本要点，就是推动企业整体向现代运输业转型，提高企业创效水平和员工收入水平。

我们经过改制以来近五年努力，实现了改制时制订的“三至五年再造一个新沧运”的宏伟目标。主要标志是企业彻底甩掉了低效、微利帽子，走上了健康、高效、快速发展之路：企业资产达到 6.1 亿元；目前员工年均收入已达 2.1 万元，比 2004 年翻一番；企业社会贡献率大大提高，年上缴税金 1000 多万元，为社会提供就业岗位 15000 个；员工队伍更加精干，员工素质大幅提高，现在岗 1600 人，全司拥有大专以上学历、具备专业技术的员工 418 名，占在岗员工的 26%。员工团队上下、基层相互之间更加和谐，全司上下形成了争先创优、不甘落后、风正气顺的良好局面。员工精神面貌发生巨大变化，英模人物和优良团队不断涌现，每年均有 130 人次受到上级和集团公司表彰；企业知名度和美誉度明显提升，全司整体工作全面跨入全国先进行列，成为全国改革领袖、全国交通行业 60 名旗帜人物、河北冀商领袖、最具成长力企业的单位，河北物流领军企业和全国行业百强等。

当前，我司的“十二五”规划正在酝酿、谋划，随着60周年和改制五周年庆祝活动筹备，我司未来的战略构想和发展框架正在逐步形成。

(一)经过三至五年努力，我司建设成为一个国内一流、融入国际、具有现代化水平的综合运业集团，形成以现代运输为主，集客运、现代物流、汽车贸易、旅游、房地产、资本运作六大现代产业为支柱的体系。

(二)突破低利行业束缚，成为高利企业。企业年创利水平突破亿元大关，员工收入水平在现有基础上再翻一番，工作、生活环境有较大改善。

(三)在资本市场上博弈赢得更多的利润源，在物流业上市的基础上，争取再拥有两个上市公司，获利水平比现在增长两倍以上。

(四)全面建立起适应市场、股份制为中心的新体制、新机制，企业成为充满活力、实力、竞争力、基业长青的“百年老店”，形成更加团结、文明、富足、和谐的沧运大家庭。

(五)社会贡献率有新的提高，年上缴税金翻一番，为社会再增加5000个就业岗位，企业信誉度、美誉度和文明程度大幅提升。

同志们，要实现上述目标，需要我们付出艰苦不懈的努力，特别是需要一支懂经营、善管理、敢想、敢干、能干事、干成事的领导骨干队伍。中青年干部是这支队伍的中坚力量，大家肩负着继往开来、承上启下、承前启后的重任，担负着完成企业新发展宏伟目标的光荣使命，可谓责任重大，任重道远。希望广大中青年干部在“十二五”期间，在推进企业发展中建功立业，勇当先锋。

最后，我代表集团公司向全司广大中青年干部、业务骨干、共青团员提出几点希望和要求：希望大家一定要树立终身学习的目标，不断完善和提高自己；要传承沧运文化，树立创新意识；要积极创先争优，勇当时代先锋。同时，也希望各级党政组织要加强对共青团的领导，注重学习，把建立学习型企业的目标落到实处。

(本文选自作者在集团公司中青年管理干部培训班结业仪式上的讲话)

培育适应时代要求的管理人才

2014年6月7日

集团公司历来高度重视加强各级管理干部的学习培训,公司改制以来,这已是第三次大规模集中培训干部。为什么要在这个时间搞这样大规模的培训,主要基于四点认识。

首先,这是适应时代发展趋势的需要。国际、国内发展形势已从知识爆炸时代转向多种知识交融发展的时代,工业、农业、科技信息、军事、金融、管理等很多新知识涌现出来,很多新事物在知识的推动下出现并逐步成长起来。知识推动经济发展,经济发展需要新知识。我们获取知识的渠道也越来越多样、便捷,不再只是传统的看电视、听广播、读报纸,越来越多的人通过微信、微博等信息平台学习知识、交流信息。如果我们的知识跟不上大趋势,势必要落后。毛泽东同志说过:“落后就要挨打。”对企业来说,知识落后同样挨打、被淘汰。

其次,是推动企业转型发展的需要。一是我们企业处于转型升级科学发展的新时期,班线运输、场站经营、公路货运、汽车维修等传统产业,需要新观念新知识推动转型升级,公交出租、旅游、现代物流、汽车服务、经贸等新产业的经营管理、创新发展迫切需要开拓一批创新人才。二是企业要整体走向现代化,需要科技信息的支撑,需要知识和人才。虽然我们建立了联网售票、安全监控、客运ERP、财务统一管理等信息系统,但就实现企业现代化、科技信息化管理来说还远远不够。微信等信息平台还需要高素质的科技信息、企业管理人员来进行更好的研究和应用,以更好促进企业内部上下交流,反映员工诉求,传递正能量。三是今年新组建的广告传媒、汽车租赁、二手车经营、小额贷款等几个专业公司需要一批有知识、懂管理、会操作的优秀人才。企业要在激烈的市场竞争中取胜最主要的途径是靠人才、靠知识。这次培训就是适应公司这些发展要求所采取的措施。

第三,是员工个人成长进步的需要。我们每位同志特别是中青年干部都需要提高个人素质,提高胜任岗位、胜任新工作的能力和水平,促进个人成长进步。有些老同志知识老化,跟不上形势,需要吸收管理新理念、新方法;最近几年入司的年轻干部也需要知识更新,更需要在实践中学习,应用好所学知识,提高实践能力、管理能力,不断摔打、锻炼、成长、成才。

第四,是落实焦书记批示精神的重要措施。去年,市委焦书记在给我司批示中指出:"树雄心壮志,提高战略管理能力、企业管理能力,寻找新机遇,实现大发展。"焦书记又在市龙头企业座谈会上提出要提高企业竞争力、企业家素质。近日,焦书记专程到公司视察,看望沧州汽车西站亲情旅程"工人先锋号"先进集体。在沧州西站听取汇报后,对企业又提出了新期望新要求。我们企业所处的地位、肩负的社会职责要求我们不能辜负市委、市政府的期望,必须提高管理干部素质和能力,把企业发展好,多出亮点,为市争光,为沧州经济发展做出更大贡献。

公司非常重视这次培训,倾注很大力量,新成立了公司教委和职工培训学校,做了充分准备,努力给大家创造更好的学习条件,一定要倍加重视、珍惜这次培训机会。同时,也希望大家注意四个方面的问题。

第一,要注意克服几种思想障碍:一是认为学不学一个样,特别是一些在公司工作时间长的同志,认为工作很熟悉了,经验较多了,还有什么必要学呢?二是部分领导不重视,认为生产经营工作、群众路线教育的工作够多了,再学习怕耽误时间耽误事。三是有的同志认为企业内部人能讲出新东西来吗?能学到新知识吗?能有新提高吗?对办班学习的信心不足。我们要排除这些思想干扰,我们要端正学习态度,认真联系社会经济发展大趋势、企业发展、个人成长进步以及市委、市政府的要求,就会充分认识到这次学习的目的和意义,真正重视起来,认真学,学出新进步、创立新业绩。

第二,要本着"干什么、学什么""缺什么、补什么"的原则,提高培训质量。一是要选择较高水平的教师,内部教师要认真备课,讲好基本理论知识、做好成功案例分析,一些较难的课程可以请外部专业教师讲,内外很好结合起来。二是要选择好基本教材,自编教材要提高质量和水平,不能讲成经验介绍,要注重素质提升,吸收新知识、新观念。三是除组长外,各分管领导也要高度重视本系统的培训,要加强组织工作,认真抓好。业务难题要专题讲、专门引导,促使大家认真学。抓好这三点,这次培训就会取得更好的效果。

第三,要遵守学习纪律和要求,加强激励。一是不管哪级领导,只要进入这个班就是学员,全部纳入学员管理,要以学员身份严格要求自己,遵守学习时间和考勤制度,一般不准请假,请假的要补课,不参加学习不请假的学员按旷工处理。二是注重考试,阶段性考试考核与最后结业考试考核相结合,以考促学。考试成绩、结业证书作为选拔干部、评职称、评先进的参考依据。三是在学习过程中,公司将加强对参培同志进行素质、品德、业务水平、领导能力方面的考察,及时发现、培养更高层次人才。对有管理技能、忠诚企业、有培养前途的中青年干部可以送出参加更高层次的学习培训,或提供到外埠或出境、出国考察等学习机会。公司教委、职工培训学校要切实组织好这次培训,及时有效解决学员遇到的难题,同时认真研究、制订学习的激励政策,形成学习培训长效机制,切实提高办学质量,取得更好效果。

第四,要跟上时代学习要求,培育良好社会主义核心价值观。习近平总书记在今年"五四"青年节到北大做了关于社会主义核心价值观的报告,要求广大青年调整把握政治进步的方向和事业追求的目标,与党和人民的需要紧密结合起来,融入对中国梦的实践中去。我们"红色沧运"永远要与党中央保持一致,讲奉献讲奋斗,创造良好的基业。希望中青年干部要冲破传统观念、旧体制的束缚,牢固树立爱国、诚信、敬业、奉献精神,以优良的学业学识,展现才华,在传统产业转型升级、新产业创新发展、科技信息、现代化管理上勇于探索,敢于破题,敢于冲刺,为企业发展做出新贡献。

(本文选自作者在公司管理干部培训学习动员会上的讲话)

充分体现竞争上岗，着力选拔复合型人才

2015 年 8 月 17 日

这次竞聘上岗，是在 7 月 26 日集团公司 2015 年第二次临时股东大会进行了法人治理结构换届改选后，按照惯例进行的，目的是通过竞聘上岗选拔忠诚企业、品行好、能力强、有业绩的优秀人才。本次竞聘有几个新的目标。

一是这次竞聘要与生产经营指标紧密结合。人才选拔不仅要求竞争者品行好、有能力，还要符合当前“爬坡过坎”的形势下有信心、责任心强、敢于担当的要求，不仅要有三年工作的措施，而且有当年的竞争指标，并依靠实实在在的业绩，脱颖而出。

二是着力选拔复合型人才，具备既懂客运又懂物流、旅游和管理其他产业的知识和能力。基层领导班子要配备一名 35 岁左右的副职或助理。要选拔出业绩好、驾驭能力强的中青年干部，目的是更好地抓好主业之外的产业发展，培养适应多元发展、具有一定科技能力的人才，形成老中青三结合的班子结构。从总体上说，既要重视一贯的现实表现，更注重业绩和廉洁自律，同时员工支持率不低于 80%，从而建立一支复合型的领导集体。

三是充分体现竞争上岗的原则。愿意竞聘各单位一把手、副职或助理的人员都要写出竞聘方案，不仅“我要干”，而且“我要干好”，要把三年目标和当年目标结合起来，并有较好的发展举措。要体现自愿的原则，也要体现领导的考评、点评。公司号召部分同志上下交流，勇于到基层担重担。这次竞聘的条件放宽，具有 2 年以上科级管理经验和在公司工作 1 年以上的优秀人才，都可竞聘基层副职和助理；具有基层或总部部门副职 3 年以上经营管理经验的，可竞聘基层单位一把手。这充分体现了集团公司选拔优秀人才和班子队伍年轻化步伐在加快。

四是实行上下交流、行业交流，打破产业（区域）界限，总部各部门和不同产业单位的人员可相互任职，允许大家挑选自愿从事的岗位。从各单位岗位职数

设置看,较大单位设一正三副,涉及一些同志的去留。有的到了年龄退下来,有的走上新的岗位,有的安排相应的职务。对确实不愿在公司工作、符合等退条件的,可办理离岗等退或转做更适合自己的工作。公司对工作多年、有贡献的,要“高看一眼”,在“易岗易薪”基本政策不变的基础上,给予提高一个级别的工资待遇。对一些特需人才,一时不便安排的,适当放宽年龄和学历等条件。

要严肃竞聘纪律。在方案传达后,多数同志表示服从组织安排和工作需要,也有个别同志出现了思想波动。因此,要特别强调竞聘之前,原班子成员必须坚守岗位,出了问题要追责。也要注意不能借反映问题等名义,对其他同志打击报复。大家要自觉遵守组织纪律,竞聘看方案,遇事找政策,传播正能量。

最后,对总部人员提出希望。总部机构也随之进行适度调整,以建立更加精干、高效的总部。总部有一批工作多年、领导和管理经验比较丰富、能够胜任基层主要领导职务的人员,要积极争取到基层任职锻炼。有的已在科级岗位上工作多年,也具备了在基层当副职或正职的条件,也应积极参与竞聘。这次竞聘就是展示才能的机会,不能错过。还有一部分进入公司时间不长、有一定知识水平和领导能力,如果愿意尽早进入领导岗位锻炼和提高,也应积极竞聘。总之,要敢于竞聘,不要失去机会,既要竞聘驻沧单位的岗位,也要竞聘驻外的岗位。即便聘任不上,也会进入领导视野。希望大家放下包袱,积极参与。

(本文选自作者在公司基层班子成员竞聘动员会上的讲话)

提高学习力，锻造企业团队更高素质

2016年1月22日

面对当前国家和社会发展新形势，提高素质和驾驭企业的能力，特别是全面提高员工素质、提高驾驭管理现代化企业的能力，是各级管理人员和广大员工面临的新课题。从全司员工队伍知识结构看，中、高层次人才，特别是新兴产业领军人才不足，成了创新创业过程中的一大障碍。

学习力是企业最大的竞争优势，公司领导班子、中层干部知识分子、科技人员等要自觉学习新知识。总结我司改制，特别是转型发展以来的经验证明，一把手决定领导班子素质，领导班子素质决定领导力，领导力决定企业的兴衰。今年要紧紧抓住这个“关键的少数”，强化学习培训，全面提高领导班子素质。我司两级领导同志都很敬业、辛勤工作，也大都有新业绩，但用经济新常态新形势要求，还有相当距离。因此，提高各级领导班子成员素质已很迫切。首先是抓学习。在强调个人自觉学习的同时，公司党委牵头与工会、经营层一起狠抓培训。今年公司两级领导干部、骨干要分期分批办学习班，对一把手要普训一次。认真学习党、国家政策和习近平同志治国理政系列讲话，学习行业和相关法规，提高把握方向、执行政策自觉性；要突出新产业、新业务学习，对标吸取先进经验，努力培养一批“全才”或“一专多能”专才，以适应建立复合型公司的需要。

要重在实践中锤炼、提高领导素质和领导力。所有成功人士的一条经验，就是全身心投入事业，在工作中“摸、爬、滚、打”，在成功和失败中“炼”出新本事。两级班子成员要亲力亲为，自觉抓大事、抓难事、抓新事，在实践中成长、成才。要积极组织领导和业务骨干到先进单位考察学习；继续抓中青年对口挂职学习，以宽眼界、长见识。集团公司党委要结合领导干部考核考绩，每半年对中层以上领导干部逐人评价一次，并选择先进典型进行宣传、推广。

要继续抓好全员普训，落实“公司训骨干、基层训全员”的要求。各基层单位要开展好岗位培训。公司业余学校要恢复起来，人力资源部要切实负责抓好公司培训计划的制订和落实。各基层单位要抓好党员、科级骨干和全体员工的学习，把建设“学习型企业”要求落到实处。要充分运用教育网络，接受国内外先进的经营管理知识。培训方式要灵活多样，实行专业培训，提高学习的针对性和有效性。

沧运有深厚的企业文化内涵，企业文化建设有较深的经验积累。党委、工会部门要在充分研究、总结的基础上，按股份制企业要求，制订出新企业文化建设方案，并会同企管部门年底汇集出版《沧运典章》，形成新的企业文化体系和统一的核心价值观，为企业发展注入活力。

要在新产业发展和创新创业中发现、培养专业人才。要把品行好、上进心强、有一定学识和能力的员工调整到新产业上去，压担子，使他们得到实际锻炼，经受考验，更快成长。同时，要大胆重用、提拔青年干部，发挥中青年知识分子的作用，学习新业务、新技术、新知识。要采取送培、引进各类人才的方式，培养高、中级人才，改变企业人才结构。还要积极从学校、社会吸收引进一批人才，特别是新产业发展奇缺人才。对确有能力的，要破格录用，给予相应的薪酬待遇。

（本文选自作者在集团公司2016年职工代表大会上的讲话）

把握新时代要求，培育优良经营团队

2017年1月23日

企业改革与发展，离不开一支优良的团队。提高全员素质，特别是各级领导素质，建立一支“政治过硬、业务过硬、责任过硬、纪律过硬、作风过硬”的优良团队，是新时代、新征程的必然要求。

我们应认识到，当前我国经济社会发展日新月异，各种新兴产业、新模式、新技术层出不穷，人们的生产、生活方式都在发生着巨大的变化；我国社会主要矛盾转化为人民日益增长的美好生活需要和不平衡不充分的发展之间的矛盾，人们对出行、物流、用车等服务要求更高了，我司处在转型攻坚期，必须大力提高经营管理和服务水平。

从我司整体素质看，与时代和企业发展要求还有很大差距，如：两级领导班子，大部分是从传统产业成长起来的，对新产业缺乏管理经验；公司组织的“双创”活动，组建了16个创新工作室，大部没有优秀创新成果；汽车站网售票系统推行缓慢，物流信息网多年没有正常使用等。员工素质亟待提高，有的已成为创新发展的阻力。

因此，公司决定通过强化培训和人才引进两条途径，提高公司全员，特别是各级领导和管理骨干的整体素质。一方面人力资源部门已成立了专门培训机构，重点加强员工培训教育。要选拔一批责任心、事业心强的优秀员工，实行新产业转岗培训；对新入司青年员工要及时、大胆起用；培训要坚持高质量、高标准，不要走形式。要通过培训教育，发现和选拔一批经营管理人才。另一方面，要积极引进、招聘一批认可沧运文化、热爱运输事业、具有专业特长的人才，委以重任，给予较高薪酬待遇，壮大我们的管理人才队伍。就各级领导干部来说，都要把学习当作终生目标，自觉自学，补自身短板，尽快改变文化、专业水平和现代管理能力低的现状，努力成为新时代的优秀管理者。对进取心差、管理能力低下、确不适应新形势需要的，要及时进行调整。

（本文节选自作者在集团公司2016年度“双先”表彰暨考核兑现大会上的讲话）

第七章 弘扬时代文明

导言：只留清气满乾坤

早在20世纪末，曹永堂同志在全省企业家联谊大会上就宣布：沧运21世纪的新追求是出人才、出英模、出效益。“三出”成为公司发展方针。多年来，沧运始终坚持“两手抓、两手硬”，采取思想宣贯、倡导文明、选树典型等方法，大力开展精神文明和企业文化建设，努力提升员工理想信念、道德水准、文明素养和服务能力，涌现了以沧州西客站为代表的3个部级文明站、“亲情旅程”服务班、“六好女工”“运输世家”以及“硬骨头干部”于连发、舍己救人的刘宝昌、见义勇为的刘树行父子及牛忠杰等一批享誉行业和社会的先进典型、英模人物。“沧运出英模、沧运好人多”，成为社会对沧运的共识，企业也连续22年保持了河北省文明单位荣誉。

党的十八大以来，沧运把传承“红色基因、绿色崛起”作为企业发展的核心文化理念，使企业文明建设更富有时代性。一是坚持学习贯彻习近平新时代中国特色社会主义思想，大力创建带有鲜明时代特点的沧运文明，继续以“八大文明”（即文明企业、文明站、文明线路、文明车、文明科室、文明班组、文明职工、文明家庭）等为抓手，更加广泛深入抓好文明建设。二是坚持以人为本，用文化铸魂，大力弘扬社会公德、职业道德、家庭美德、个人品德建设，使人们从“信念淡薄”“向钱看”“我为中心”等的桎梏下解放出来，树立爱岗敬业、无私奉献、崇德向善新风尚；增强理想信念和“三观”教育，净化员工思想，树立为民服务、勇于担当、为民族振兴不懈努力的价值观。三是贯彻习近平生态文明思想，在绿色崛起中，加大科技投入，大力减少生产经营中污染排放，改造工艺设备近百台套，购置环保车型达到车辆总数的30%以上，在生态、绿色交通水平呈现了质的提升，成为交通运输部节能减排先进单位。四是弘扬窗口单位形象，注重形象建设，狠抓客运、物流、汽车服务等场站运行秩序和环境治理，整治脏乱差死角，实施汽车站场亮化、绿化、美化工程，使之装扮得更清洁、更环保、更靓丽，不仅带给旅客、客户更加温馨的感受，也影响带动了站场周边文明水平的提升。最近交付使用的黄骅市汽车站，被称为“华北明珠”。

“不要人夸好颜色，只留清气满乾坤。”乘着党的十八大、十九大的东风，沧运的时代文明建设，为企业健康、持续发展提供着更加坚实的保障。

《沧州运输报》发刊词

1991 年 8 月 29 日

《沧州运输报》今天问世了，沧州地区运输总公司三千三百名干部职工有了自己的报纸，非常欣喜。

为什么要创办《沧州运输报》？毛泽东同志曾说过："在报纸上正确地宣传党的方针、政策，通过报纸加强党和群众的联系，这是党的工作中一项不可小看的、有重大原则意义的问题。"用报刊宣传革命，传播真理，是我党的光荣传统。近年来，企业报异军突起，受到社会的注目。我们交通运输企业点多、线长、面广、作业流动分散，长期以来，大家深受彼此封闭之苦。《沧州运输报》将为改变这种状况助一臂之力。她将使总公司的经营决策、方针、目标和工作方法，最广泛最直接地同职工见面；她将组织、宣传、教育职工，同心同德，奋发图强，为建设一个具有稳定市场基础和发展后劲、对国家贡献不断增长、职工生活水平逐步提高的新沧运而奋斗；她将记录下沧运前进、发展的脚步；她将成为联系公司与基层单位和职工的纽带、桥梁；她将为职工提供一块坦露心声的阵地；她将开辟一个展现沧运人精神风貌的窗口。总之《沧州运输报》将不遗余力地推进我公司两个文明建设鸣锣开道，摇旗呐喊。

《沧州运输报》是新闻百花园中蓓蕾初绽的一朵小花。耕耘好这块园地，是全体职工共同的心愿和责任。我们的办报方针是"两为""两说"，即：为生产经营服务、为广大职工服务；说职工的话、让职工说话。

沧运人有信心有能力办好自己的报纸。首先，要有坚定正确的政治方向。作为企业的喉舌，必须把报纸时刻置于党委的领导下，以保证报纸在正确的轨道上前进，及时传达上级党组织和总公司党委的声音，用四项基本原则统一职工的思想，规范职工的言行。其次，要有明确的办报方针。我们这张企业报，要一心一意地靠全体职工来办。写职工，职工写，职工看，为职工。职工要在报纸上唱主角，报纸要成为职工政治上的向导、工作中的参谋、生活中的顾问、学习上的益友，报纸和职工之间要相互信赖、互诉心声、同享欢乐、共担苦恼。其三，要办出自己的特色。我公司是沧州地区最大的国营交通运输企业，它客货兼备、站车配套、保修齐全、以运为主、兼营其他，俨然是一个“小社会”。我们要充分发挥自己的优势和特长，办出自己的特色。报纸内容力求做到通俗易懂、生动活泼、形式多样，集思想性、知识性、趣味性于一体，让读者从中吸取知识的营养、受到智慧的启迪、美的享受。

好风凭借力，送我上青云，我国改革开放在深化，大中型企业活力在增强，这为我们办好《沧州运输报》提供了更加广阔的天地。由于编采人员水平较低，所采所编，恐难尽人意。只有唯恐自己落后，才能给人以清醒，以新的前进动力，才能实现超越和嬗变，让《沧州运输报》在三千三百名职工的热心栽培下，枝繁叶茂，姹紫嫣红。

沧运文化核心价值体系

核心价值体系是企业文化的核心内容,是企业发展的血脉,是凝聚企业员工、推动企业发展、提高企业美誉度的内在动力。

一、企业使命

企业使命:服务社会　当好先行

释义:就是把服务和谐社会,建设和谐社会,实现社会价值最大化作为企业的最高追求,当好经济社会发展建设的先行官。

二、企业愿景

企业愿景:建设省内一流、行业领军的现代综合运业集团,具有国内国际竞争力的大型现代服务业集团,为社会提供安全、便捷、绿色、文明的高品质、多样化、个性化服务。

释义:就是把沧运由传统企业转型为现代化企业,打造全面、优质、特色的服务项目,使之更大、更强、更优,具有国家一流效益,一流品牌,成为行业领军者。

三、核心价值观

核心价值观:发展企业　成就员工　回报社会

释义:发展企业,就是咬定发展不放松,不断拓展企业规模和创效水平,提高核心竞争力,铸就百年基业;成就员工,就是确保企业发展和员工发展同步,让员工富足,为员工成长、成才,实现自身价值搭建平台;回报社会,就是增强企业社会责任感,把发展为了人民的奉献精神发扬光大。

四、企业精神

企业精神:诚信　敬业　创新　奉献

释义:诚信,就是沧运作为服务企业,大力提高用户的感知度,服务的美誉度,打造诚信企业;敬业,就是要用一种恭敬严肃的态度对待自己的工作,尊重岗位,勤奋工作,创造良好的业绩;创新,就是适应新形势,着力变革,不断突破创新体制、机制、管理形式、服务方式;奉献,就是员工在岗位上做出奉献,企业奉献社会,回报社会,带动和推进经济社会的发展和进步。

五、经营和区域发展战略

1. 运业为本、多元发展

释义:就是立足主业、延伸主业、跳出主业,以客运与旅游业、现代物流业为主导产业,加快发展汽车服务业、房地产开发业、新能源等相关产业,推进资本运营。

2. 创新转型发展

释义:在经济新常态下,适应调结构、转方式和应对高铁冲击新形势,创新产业、产品结构,改变传统经营方式,向科技、智慧、绿色型企业转变,以建立现代服务产业集团,为社会提供高品质、个性化服务。

3. 根植沧州、立足河北、融入两环、通达全国

释义:坚持搞好本市、省发展的同时,以更加开放的思路和行动,积极融入京津和环渤海区域发展,努力建立通达全国的经营网络,以达“客走八方,物流天下”。

六、经营理念

经营理念:因势应变　抢占先机

释义:就是摒弃传统、固定的经营模式,采取灵活多变的经营举措,抢占商机,构建新的经济增长点,创造最佳经济和社会效益。

七、服务理念

服务理念:客户至上　关爱有加

释义:就是信奉客户至上,主动关心、关爱客户,从细微之处入手,用心为客户提供人性化服务,满足用户新需求,以诚信赢得社会。

八、安全方针

安全方针:严查细管 防控并举　“两个宁可”　抓死“两头”

释义:落实“安全第一、预防为主”的方针,对事故及其隐患严查细究,为保安全“宁可停车、减收”,落实安全责任及责任追究制,抓住领导和驾驶员两个关键人,保障客户生命和财产安全。

九、企业标识

1. 司徽

司徽图形为圆形,底色为绿色,上面地球经纬线交错,内有沧运英文字头组成的红色转向盘。

2. 司旗

司旗为蓝、红、黄三色旗,蓝、黄色各占四分之一,红色占二分之一,中间缀有司徽标志。

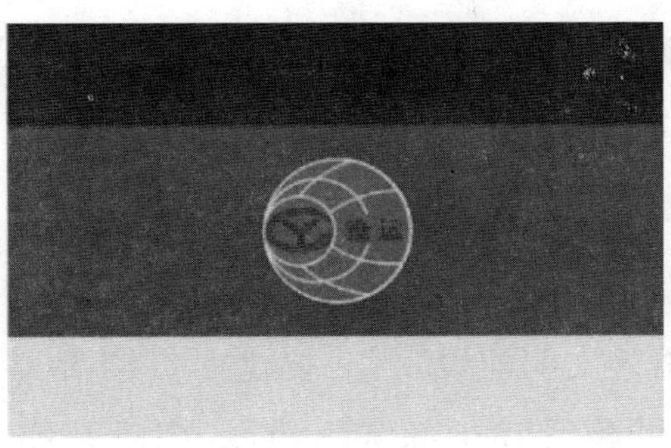

3. 司歌

沧运之歌

1=F 2/4　　　　词：曹永堂

自豪地 进行曲　　　　曲：王卫华

(i•i i|i —|7 6 5|6 2 3|4 5|6• i|5•3 2 3|1 0|
3•4 5 6|5 —|2•2 2 3|5 —|6•6 667|1 3|5•5 6 2
燕赵大 地 渤 海 湾 巍然屹立着 沧运集
燕赵大 地 渤 海 湾 巍然屹立着 沧运集
3 —|6•6 i|6• 3|5 6• 3|2 —|6•6 6 1|3 2 1|
团。马达 奏 响 创业 歌 车轮 谱 出新 诗
团。驰骋 万 里 添壮 志 物流 天 下心 甘
2 —|5 —|3 • 3|6 6|2 3 1|6 2 3|6 • 3|5 0
篇 “一 体 两 翼”绘 蓝 图, 市场竞 争
甜 文 明 温 馨 满 旅 途, 便捷安 全
5 3 2|1 0|5•3 i|i —|7• 7 6 5|6 —|2• 3|
3•3 3|3 —|5• 5 2|3 —|
求 发 展。团结 诚信 创 新 奉 献 紧 握
记 心 间。
4 5 6|7 6 7|5 —|i•i i|i —|7•7 65|6• 2|
1 7 6|2 3 #4| |3•3 3|3 —|5•5 2|3• 2|
时 代 方 向 盘 高举 旗 帜, 迎接 挑 战,为
2• 2 2 3|4 4 5|6 —|i —|5 2 3|1 0|1 0 2|
|4 —|6 —|
祖 国 繁 荣沧运 腾 飞 永 向 前, 为

慢

2·2 23|4 4 5|6 —|6 —|7 —|6 5|i —|
|4 —|4 —|2 —|1 2|3 —|
祖国繁荣沧运腾飞 永 向 前,
|i —|i —|i 0||
|3 —|3 —|3 0||

围绕生产与改革，搞好精神文明建设

1999 年 1 月 22 日

关于今年全司的精神文明建设工作，要全面贯彻落实党的十四届三中、四中全会精神，重点抓好党的建设和干部队伍建设，广泛开展文明创建活动，巩固省级文明单位成果，促进公司综合效益的提高，重点抓好以下几项工作。

（一）抓好党的建设和干部队伍建设。市场经济的发展，给党的建设和干部队伍建设提出了新的要求。党的建设，今年首先要抓好基层党支部组织、制度建设，把基础工作，主要是基本工作制度建立起来，保持组织健全，活动正常，"核心"作用明显。二是民主集中制要落实好。重点解决一些单位"一言堂"，核心及监督保证作用不强的问题。三是进行思想、作风教育，今年要抓好"学理论、换脑筋工程"。采取多种形式，用邓小平同志建设有中国特色的社会主义理论武装广大党员、干部头脑，使之进一步在生产、改革中发挥模范带头作用。

干部队伍建设事关全局。人才，是企业振兴的决定性因素，育人、选人、用人是每个领导，特别是一把手的基本职责，特别要抓好科（股）、车间主任、分队长以上干部队伍，要不断提高各级干部的政治觉悟、领导水平和决策能力，努力造就一支有理想、讲奉献、顾大局，勇于拼搏、带头作用好的干部群体，为企业发展提供组织保证，总公司党委、各支部要加强干部的党性教育、民主集中制教育，今年利用业余党校对部分科（股）级干部和全部中层干部进行一次轮训。重点学"邓选"学经济理论，学政策法规，结合自身总结经验，要坚持好领导干部谈话制度、民主评议制度，同时，党委和各基层支部把选拔培训青年后备干部工作抓好。各基层单位都要培养一批政治上坚定，思想品质好、有开拓进取精神，有一定文化业务水平，年纪较轻的干部，并选择 1 ~ 2 名优秀者作为后备干部，名单上报政治处，并注意给他们压担子，放到一定的岗位上锻炼，使之尽快成长。总公司党委确定，对后备干部，可安排经理助理岗位，也可安排到政办、业调等综合部门任职,安排经理助理的后备干部,要报党委审批,总公司年内将召开党建工作和干部工作经验交流会。

(二)加强民主监督,抓好廉政建设。抓好廉政建设是发扬党的优良作风、密切群众关系的需要,也是增强企业凝聚力,实现企业发展的需要,各级党、政、工组织领导成员要按照市委要求和总公司制订的党员、干部"十不准"严格要求自己。今年,总公司拟在总结前几年抓廉政建设经验的基础上,进一步制订具体的领导干部反腐倡廉行为规范,要继续坚持"两公开一监督"制度,各单位对职工敏感、关系职工切身利益的问题,都要事先征求职工意见,重大问题还要交职代会讨论通过,并将执行结果公之于众,增加透明度,充分发挥监督检查作用,定期检查各级干部廉洁自律情况,总结宣扬先进典型,查处违纪案件。当前,要重点检查以权谋私、以职谋私、违反财经纪律及经济往来中的贪污受贿、铺张浪费、假公济私等方面的问题。为加强党政监督,总公司纪委(监察)在各基层单位设党风政纪监督员,对违纪问题及时反映,并协助查处违纪案件,对各种说情干扰,严重阻挠案件查处工作的,要追究其责任,要通过多方面努力,建立起一支热爱企业、富有献身精神,又清正廉洁,受职工信任的干部队伍,以更好地团结带领职工搞竞争,求发展。

(三)深入细致地做好职工思想政治工作。今年,生产经营任务重,改革又加大力度,必然触及部分职工的切身利益,加之社会上诸多矛盾,职工思想异常活跃,思想政治工作任务十分紧迫而繁重。政治处要把建立"大政工"体系落到实处,巩固扩大专兼结合的思想骨干队伍,要认真总结推广基层在去年单车租赁改革中的好经验,要充分发挥"沧运报"的宣传舆论作用,大力宣扬公司各条战线上的先进人物、模范事迹,大力开展学先进、争先进活动,激发职工爱国、爱企、爱岗的热情,要给每个党员划分责任区,实行"一帮一""一带二",从而带动周围群众齐心协力干事业,要开展好"党员驾驶员兑现合同达标"和争当"创利标兵"活动,总公司"七一"前拟对党员考核评选一次,作出综合评价,对优秀者加以表彰,对不合格党员批评教育,违反党纪的进行处理。

(四)开展文明单位创建活动。文明单位创建活动要间纵延伸,开展创建文明职工、文明家庭、文明车、文明班组、文明车间活动,具体实施方案由政治处制定下发。对精神文明建设落后单位,将继续实行黄牌警告制度,凡被出示黄牌的,年终单位不能受表彰,一把手和主管领导不能评先进,问题突出的要受经济处罚。原已评选出的文明单位,不搞终身制,经统一检查,不合格的予以撤销。同时,为丰富职工的业余生活,提高企业知名度,配合文明创建活动,总公司将组建“沧运艺术团”“沧运体育队”,业余为主,拿一定时间训练提高,服务企业并参加市内外重大比赛活动。各基层单位都要组织业余文体队伍,并定期举办灵活多样的书画、摄影、武术、棋类、文艺等比赛,要求每月、季有活动,重大节日组织比赛,不参赛单位不能评为文明单位,使企业业余生活丰富多彩,以促进职工身心健康,增强企业凝聚力,工会、团委要下决心把这项工作抓起来,组织开展好文体活动,这要作为一项指标进行考核。

(本文节选自作者在 1999 年党政领导联席会上的讲话)

深化“八大文明”创建，促进企业全面进步

2000年8月3日

党的“十五大”把精神文明建设作为综合国力表现之一，为我们指明了工作方向。作为服务企业，我们要坚持“两手抓”，继续围绕生产经营提高服务质量，认真搞好文明创建、干部队伍建设、形象建设和企业文化建设，确保两个文明建设双丰收。

总结我司几年来精神文明建设的经验，我们认为，“八大文明”创建活动能够充分体现我们沧运的行业、企业特点，可涵盖沧运企业精神文明全貌。因此，公司决定把“八大文明”创建活动作为精神文明建设的主导活动。具体要求是：创建10个文明车站、60部文明车、5条文明线路、100名文明员工、50个文明家庭、30个文明班组、20个文明科室、10个文明企业。公司将制订具体创建标准，以正式文件下达，望各单位、机关各处室认真学习并贯彻落实好，广泛发动职工参与，在员工中掀起争先创优、比学赶帮热潮。集团公司每半年将初评一次，年终总结表彰。各客运单位要以文明线路创建带动各项文明活动，带动企业各项工作，光大沧运形象。政治处继续牵头，抓好这项活动，把文明创建引向深入。《沧运报》要紧密配合，加大宣传力度，发挥舆论作用。各单位、各部门要注意发现、培养、总结、推广各方面的好典型、好经验，真正发挥先进典型引领推动作用。

（本文节选自作者在2000年党委扩大会上的讲话）

企业道德建设的实践与思考

2001年8月

企业道德是企业内在素质和外在行为的综合表现,是企业生存与发展的精神支柱,是企业的灵魂。企业道德建设是一项系统工程,只有通过全方位、持之以恒的“塑魂”,法治、德治并举,才能全面提升员工整体素质,推进企业双文明建设,创造新的先进生产力水平。

近十年来,我们从道路运输行业和企业实际出发,努力践行“三个代表”,锲而不舍抓企业道德建设,取得了一些成效。现仅就道德建设的一些实践与思考和大家交流、探讨。

一、应培育“以德为先”的企业家和经营者

长期以来,企业被看作是一台赚钱和聚财的机器。企业家往往忽视社会责任,特别是忽视道德修养,也就是忽视人格魅力。然而,众多事实表明,企业之间的较量,其胜负取决于道德力。道德力也是生产力。先进的生产力必须以高尚的道德力作为支撑。企业高尚的道德力首先取决于企业家有高尚的道德。因此,企业家要讲“以德为先”,要讲人格魅力,要讲精神力量。

我们公司一直注重企业道德和道德建设,特别是公司“一班人”的道德建设,这方面又强化了政治思想素质的修养。首先是坚持政治理论学习,用邓小平理论武装头脑,自觉树立正确的世界观、人生观、价值观、道德观。大家自觉学马列、毛泽东思想、邓小平理论原著,学江总书记一系列重要论述,并坚持写心得笔记,定期交流。这个学习制度,成为领导班子建设的重要内容,长年坚持。今年6、7月份,我公司作为市国有大中型企业试点率先在领导班子成员中开展“三讲”学习教育活动,接着又主动在基层单位领导班子中开展了“三个代表”学教活动。

对此,有的人和企业不够理解,但我们感到,开展“三讲”教育是提高企业经营者政治思想素质、加强道德建设的好机遇、好形式。因此,我们坚持高站位、高标准、高质量,获得好成效。二是树立强烈的责任意识,即爱国爱企的高度责任感。不讲责任,不讲社会责任就不能称其为真正的企业家。我们所说的责任主要是讲对党、对国家、对员工负责精神,并落实到千方百计把企业搞好,只有企业发展了,才能为国家多做贡献,改善员工生活,保持社会稳定。近十年来,我司面对激烈的市场竞争,咬定发展不放松,打破了单靠“车轮子”的传统经营模式,谋划并实施了“多元经营、外向带动、人才开发、名牌兴司、科技创新”五大经营发展战略,领导班子团结、动员起员工“同心干”,使企业得到健康、持续、稳定的发展,员工生活水平逐年提高,企业整体经济效益连年位居全省同行业首位,被称为全国交通系统改革开放的一面旗帜,企业领导班子被市委授予“先进领导集体”称号,主要领导被评为市“十佳公仆”。三是“德治”与“法治”并举,勤政与廉政并举,自省、自律,树立良好的廉洁形象。企业道德建设,既要靠教育,更要靠制度来保障。在反腐倡廉中,我们先后制定了《司务公开制度》《党员廉政建设规定》《领导班子建设十项制度》等一系列勤政、廉政制度,强化制约机制,把组织监督、纪律监督、民主监督、审计监督有机结合起来,做到领导干部的权力行使到哪里,有效的监督就到哪里。两级领导者坚持以法、以德自律,以绩树德,做到胸怀大志,实干清廉,积极进取,赢得了员工信任。社会评论:沧运班子身正,员工风正,对顾客心正。

二、应建立“企业+学校”的办企业新模式

作为社会主义企业,一定要追求经济效益和企业发展,也一定不能忽视员工的道德建设,也就是不可忽视员工的精神层面,以培育“四有”职工队伍作为义不容辞的任务。2001 年省企业家春节联谊会上,我曾提出“出效益、出人才、出英模”应当是社会主义企业家在新世纪的新追求。所谓出人才,就是企业要“以人为本”,出高素质的人才,所有员工不但要有良好的业务技能,还必须要有良好的道德素质。为此,我特别倡导并努力实践使我司形成“企业+学校”的办企业新模式,从根本上改变“不读书,搞运输”的传统观念。人才是企业发展的动力,人

才从根本上说就是企业的核心竞争力,"入世"冲击的第一波就是人才的挑战和竞争。因此,企业应成为培育人才的学校,成为培养"四有"职工队伍的基地。

基于这一认识,我司多年来,把培养人才作为企业的重中之重,提出并实施了"人才开发"战略,在积极引进人才的同时,通过强化职工培训来全面提高员工的综合素质。我们坚持十六年办电大和电视中专教育,"双休日"后,又成立职工业校。培训中心实现了现代化电子教学,并在13个基层单位建立了分校,全面创新培训内容、教学形式和教育体制,探索出一条企业培育人才的新路子。为培养高素质经营人才,我们与长安大学合作,请教授来我司授课,把大学的课堂搬到企业。我们还选送32名有培养前途的骨干到大专院校和国外学习、深造,组团到国外学习考察。全司有110多人自学成才,取得大专、大学、研究生等学历,并引进各类专业和高中级人才330名。目前,全司大中专以上学历人员占员工总数的41.7%,基本形成了一支品德好、业务精、善经营、懂科技、适应市场需要的职工队伍,为应对"入世"打下了坚实的人才基础。我司职工教育是河北省和国家交通系统先进单位,获省政府"铜牌奖"。

三、应利用多种载体推进企业道德建设

在精神文明建设中,我们紧密结合行业和企业特点,充分利用多种载体,开展丰富多彩的系列活动,积极推进企业道德建设。

一是根据道路运输企业的特点,选择"优质服务"这一突破口,以"八大文明"为载体,广泛、深入地开展文明创建活动。1995年,我司将精神文明具体规范化为"八大文明"(文明企业、文明线路、文明车、文明车站、文明班组、文明科室、文明职工,文明家庭),连年开展创建活动。1998年我司提出并实施"名牌兴司"战略,把质量、品牌、形象、声誉做为企业兴衰的头等大事来抓,为文明建设注入新的内容。客运广泛开展"三优三化"和"争当优秀驾、站、乘人员"活动,还抓了高客运输的航空式服务达标、货运"铁队伍建设"等一系列活动,形成了"沧运高客""沧运快客""特货运输"等一批闻名于沧州和周边地区的知名品牌。文明创建活动的经常性开展,使员工保持了良好精神风貌,整个公司出现了奋发向上、你追我赶蓬勃发展新局面。

二是积极塑造具有沧运特色的企业文化。即实施了“十个一”工程:一种企业精神、一个司微、一面司旗、一支司歌、一张《沧运集团》报、一本《沧运之路》、一本《沧运集团》画册、一个沧运艺术团、拍摄了专题系列片,设立了荣誉室、司史展览室和图书阅览室,通过一系列媒介大力塑造、倡导“团结、拼搏、优质、奉献”的企业精神,并不断赋予其新的理念和文化内涵,渗透到经营和改革、发展中。为加强形象建设,聘请专业策划公司,对企业进行整体形象策划,以外在形象的改观,促进企业内在的变化,树立起沧运新形象。通过这些有载体和寓教于乐的活动,弘扬了沧运精神,陶冶了员工情操,增强了企业向心力、凝聚力。

三是坚持不懈开展多种形式的思想教育活动。如“铸魂”教育,努力培育员工市场、竞争、发展、效益、信息等观念,以适应经济全球化和市场竞争新形势。在干部中连年推行了“换脑筋”工程;在员工中开展了“抓机遇,迎挑战,寻对策”大讨论;在党员中进行党的宗旨、理想、信念教育;在团员、青年民兵中进行了“理想、信念、追求”系列活动等。通过这些活动,引导、教育职工树立坚定的理想信念和正确的世界观、人生观、价值观,激发爱国爱企爱岗、明理诚信敬业奉献和开拓进取争先创新精神。在“创业”教育中,大力开展艰苦奋斗再教育,特别是去年结合建司50周年,请老干部、老职工、英模以亲身经历,讲公司发展史、创业史。并树立起“艰苦奋战、敢打硬仗”的“铁队伍”——特货公司,“不怕困难、勇于开拓北京市场”的“先锋官”——京沧修理公司两面红旗。大大弘扬了勤俭兴企、艰苦奋斗、无私奉献、拼搏竞争的优良作风。

四、应坚持不懈抓典型树英模

英模典型在企业道德建设中起着导向和表率作用,是企业的精品和名牌。榜样的力量是无穷的。一个英雄一面旗帜,一个典型一盏明灯。坚持不懈抓典型树英模,以先进的思想、身边的典型教育人、鼓舞人、塑造人是搞好企业道德建设的一条成功经验。这条经验,是抓正反两方面典型中体验到的。修理二公司经理于连发,平时工作扎实、常年与员工在一线边干边指挥,员工称赞。在赴广州执行任务中,身负重伤,腿部伤口缝了二十多针,仍坚持冒雨开车行程2800公里,回厂后昏倒在工作现场。公司总结宣扬这一典型,授予“硬骨头干部”称号,市总工会、军分区等予以表彰，成为省劳模。这一典型，在员工中引起不小反响，迅速掀起“学英模、做劳模”的热潮。十多年前，公司曾是全市有名的“乱摊子”，因历史遗风和裙带关系影响，常常“一人‘受气’，一伙起哄”，为扭转“闹而优则胜”坏风气，我们决定开展“运输世家”评选活动，对两代、三代在公司工作获得先进的家庭送匾重奖。结果是“奖一人乐一家”“奖一家促百家”，风气大变。总结这一经验，使我们从中看到“典型”强烈的影响力、感召力，增强了抓典型的自觉性。因此，十几年来我们始终坚持抓典型，以榜样力量推动道德建设，搞好政治思想工作，公司每年年终都树立表彰一批各方面、各岗位的先进典型，并予以重奖。对平时涌现出的先模人物做到及时发现，及时表彰。近十年来，公司被授予市级以上荣誉称号的员工百名，其中国家、省、部级劳模、先进生产者20多名。近一年多来，我司又连续涌现出了一批英模人物，如，不顾生命危险，勇救落水青年的旅游公司司机刘宝昌；面对持刀抢劫的歹徒勇于挺身而出，保护旅客生命财产安全的客运一公司王树行、王洪刚父子；奋不顾身、从窃贼手中夺回旅客被盗巨款的客运八公司司机孙占山等。这些英雄事迹，被省市媒体广泛报道，在社会上引起强烈反响。最近，市委授予我司综合治理先进单位、获沧州市见义勇为先进群体称号，有6名同志受到表彰。“沧运出英雄，沧运英雄多”成为沧州人一种共同赞赏。媒体不约而同地向沧运人发问：为何沧运英雄多？他们响亮的回答：沧运两个文明一起抓，有英雄产生、成长的沃土。

十年的努力，换来了丰硕的成果。一大批典型和英雄人物让沧运精神文明的百花园更加姹紫嫣红、光彩夺目。让典型引路，让英模示范，发扬“团结拼搏优质奉献”的沧运精神，弘扬革命英雄主义和团队精神，已成为沧运人高扬的时代主旋律，成为沧运企业道德建设的特色。集团公司连续7年被省委、省政府评为文明单位，并先后被命名为河北省先进企业、省优质服务先进单位，省质量效益型企业、全国质量管理先进单位。沧州客运总站连续十年蝉联交通部文明单位称号，客运一公司、汽修一公司成为交通部的先进集体和维修文明单位，这三家同时被列为省行业服务示范单位。中共中央《公民道德建设实施纲要》公布后，极大地鼓舞了沧运员工，公司党委专题进行研究，提出了“争创国家级文明单位”新的奋斗目标，全司正在兴起学习“纲要”的热潮。我确信，通过全体员工不懈努力，坚持“两手抓，两手都要硬”方针，深入贯彻实施“纲要”，企业道德建设一定会开创新局面，进而推进企业两个文明再上新台阶。

（本文选自作者在2001年河北省精神文明先进典型座谈会上的发言）

学习实践“三个代表”，推进企业双文明建设

——学习江泽民总书记“三个代表”重要思想的体会

2002 年 11 月 20 日

江泽民总书记“三个代表”的重要思想,内涵极为丰富,思想十分深刻,具有很强的理论性、实践性和鲜明的时代特征。它不仅是新时期党的建设的伟大纲领,而且是企业发展壮大的力量之源。回顾总结近十年来企业改革、发展的历史和经验,展望新世纪面临的新形势、新任务,不断深化了对“三个代表”重要思想的认识和理解。

一、加快企业改革发展步伐，做先进社会生产力的代表

国有企业是我国国民经济的支柱,是财政收入的主要来源,也是参与国际竞争的主力军。发展社会主义社会的生产力,增强国家的经济实力,始终要依靠和发挥国有企业的重要作用,在经济全球化和科技进步不断加快的形势下,国有企业面临着日趋激烈的市场竞争,只有敏锐地把握国内外经济发展趋势,不断拓展发展空间,才能形成国有企业的新优势,当好推动社会生产力发展的排头兵。

做先进生产力的代表,必须咬住发展不放松。而企业要发展,必须要超前谋划,适时制订适应市场、凝聚人心的经营发展战略。沧运在过去的 10 年中,先后提出并实施“五大经营发展战略”。20 世纪 90 年代初,为应对市场猛烈冲击,打破单一靠“车轮子”经营的模式,提出并实施了“多元经营”战略,稳定发展了客货运输业,又把汽车修理业和经贸业由“配角”变为“经济支柱”,形成了“运、工、贸”三位一体的经营新格局。1995 年,瞄准更广阔的国内,国际市场,实施了“外向带动”战略,并规划了“多元化、集团化、国际化、现代化”的发展目标,先后共引

资8000万元,引进联营、合作项目15个,如:引进世行贷款2000万元,兴建了国际集装箱多式联运中转站;在北京组建了总公司,先后兴办起京沧轿车修理厂、天马旅行社,租赁了写字楼,加盟交通国旅和现代物流研究院等,形成了跨行业、跨所有制、跨区域的企业集团。为了建立高素质的员工队伍,1996年,我国提出了“人才开发”战略,实施了“5678”人才工程,强化全员素质教育,先后培训员工5500人次,引进企业急需人才330多名,并聘请我国著名经济学家厉以宁,世行专家、美国物流专家考比斯基以及部省行业专家、教授组成的顾问团。为全面提高企业服务质量,提升企业新形象,1998年我司推出了“名牌兴司”战略,开展了以创建“八大文明”为载体的活动,全面进行质量和形象教育,全方位提高服务意识和服务水平,提高了企业的知名度和信誉度,面对新经济和“入世”新形势,2000年初,实施了“科技创新”战略,用高新技术和先进的管理手段改造传统企业,增强企业核心竞争力,应对国际市场挑战。计算机应用、办公自动化、信息化水平迅速提高,体制、机制、技术创新,结出新硕果,结构重组,调整增强了企业生机和活力。实践证明:经营发展战略是方向,是旗帜,是统一全司行动的强大思想武器和无穷动力。实施“五大经营发展战略”,使我司实现了脱困并快速发展。截至2002年8月底,企业总资产达到3.1亿元,是10年前的6倍,客货营运车辆达到1704部,是10年前的4倍;修理业由两个内修厂变为8厂、23个维修站,设备1300台套,经贸业从“四小”摊点20余个,变为十大门类180多个门店,容纳千人就业,年提供利税近300万元的产业。经管规模由全省同行第九位跃至第四位,综合效益自1992年起连续10年增长,自1996年起连续6年居全省同行业首位,并跨入全国同行业先进行列。

做先进生产力的代表,就要改革旧体制,创立新体制、新机制,增强企业活力,为此,我们坚持进行以建立现代企业制度为中心、以股份制改造为内容的深化“三项制度”改革,建立市场化绩效工资分配制,建立干部择优竞争上岗、能上能下的选聘制,建立起合同互选、能进能出的用工制。推行了单车租赁经管责任制,搞活了最基本生产单元。对总部机关和基层管理层减并机构和富余人员,人员精减50%,建立起适应市场、反应灵敏、精干高效的管理队伍,同时,建立了母子公司体制,实行董事长、总经理分设,初步建立起“领导骨干持大股,国有参股、员工有股”的股份制企业。先进管理出生产力,坚持改革与管理并重,对传统的、旧的管理体制、模式、方法进行改革,强化对会业严细、科学管理。对基层单位建立了“双考双否”考核责任制、资产经营责任制、财务会审制、责任监督追究制等,逐步建立并完善了以现代企业制度为中心的一整套规章制度。企业管理实现了“四个转变”:在管理思想上,由以物为主的管理向以人为本的管理转变;在管理内容上,由速度型向效益型转变;在管理重点上,由只管结果的粗放管理向既管结果又管过程的严细实管理转变;在管理手段上,由以传统的行政、经验管理向以现代化、以经济、法律科学管理转变。改革与调整经济结构结合,使企业发生了深刻变化,资产结构、经营结构、人员结构更趋合理。改革极大地解放了生产力,调动起员工的生产积极性、创造性,促进了企业发展进步。

做先进生产力的代表,就要大力推进企业技术进步,落实科技创新。“科学技术是第一生产力。”现代科技每前进一步,都会引起对社会生产力的深刻变革。企业要上新台阶,向更高层次迈进,在国内国际竞争中立于不败之地,必须用高新技术和先进技术改造传统企业,提高企业的科技含量。我们建立了公司科技机构“科技开发中心”;组织起一批以知识分子和专业技术人员为主的科技创新队伍;设立了科技发展基金;每年度都选定、完成一批技术攻关课题和项目。为了吸收国内外先进技术和管理经验,我们每年都派员、组团到国内先进企业和国外学习考察。如:修理业学习考察了德、日汽车技术;集装箱运输学习考察美、德、加等国的管理经验等。先后组团外出考察达276人次。在实际工作中,我们积极应用现代技术和管理经验,如:沧州和部分县市客运站实行了计算机售、检票和车辆调度、进站报班,大大提高了工作效率;货运打破传统组货方式,建立了配货信息网站,与全国40多个重要城市实现了货运联网,实现“网上交易”;汽车修理从车辆进厂报修到维修,配料、检验、结算、出厂等全部实现了计算机管理,集团公司机关各部室和基层单位配备了微机,全面展开办公自动化。在因特网上建立了沧运集团网站,获取和发布信息的渠道更加宽广,今年以来,又投资120万元,建立了公路运输企业管理信息系统,开发了生产管理、车辆技术安全管理、机具设备管理、人力资源管理,资本运营管理、办公自动化六个软件系统。为落实“科技创新”企业整体改造规划,我司现正向发展高客旅游智能运输、现代物流业、修理国际达标的发展目标迈进。

二、大力加强精神文明建设，做先进文化的代表

先进的文化是人类文明进步的结晶，又是推动人类社会前进的精神动力。是否拥有先进的文化，是否代表先进文化前进的方向，决定着一个政党、国家和民族的兴衰。一个企业，同样要有先进的文化为其提供强有力的思想保证、精神动力和智力支持，如何代表中国先进文化前进方向，在实践中，我们把握和做到这样几条。

第一，始终坚持“两手抓，两手都要硬”的方针。国有企业必须始终代表中国先进文化的前进方向，坚持“两手抓，两手都要硬”的方针，这是我们国有企业同西方资本主义企业的根本区别，也是发挥党的政治核心作用、政治优势，搞好企业的基本保证。我司党、政组织自觉克服精神文明建设是“软任务”“可有可无”等错误认识，坚持“四个一起抓”，即文明与物质建设一起抓，生产经营和企业改革一起抓，干部队伍与职工队伍一起抓，思想工作与业务工作一起抓。党委及群团组织紧紧围绕生产经营，大力开展卓有成效的精神文明和思想政治工作，增强全员凝聚力、向心力。

第二，广泛、深入地开展文明创建活动。为全面搞好精神文明建设，我司规范开展了“八大文明”（文明企业、文明线路、文明车、文明车站、文明班组、文明车间、文明职工、文明家庭）创建、“沧运人十大好形象”（好党员形象、好公仆形象、好青年形象、好女工形象、好乘务员形象、好站务员形象、好修工形象、好知识分子形象、好管理人员形象）和“沧运功臣、标兵、模范”等评选活动。同时，在运输系统，重点抓文明车和文明站；在汽修系统，重点抓返修率为零、客户满意活动；经贸系统围绕文明经商，抓了文明门店及文明班组等。文明创建活动的经常性开展，使企业保持良好精神风貌。近几年，全司涌现市级以上先模人物 33 名，其中省部级 18 名。集团公司连续 7 年被省委、省政府评为文明单位，又先后被命名为河北省思想政治工作优秀企业、河北省先进企业、省优质服务先进单位、省质量效益型企业、全国质量管理先进单位，民兵预备役工作被总参总政评为“全国基层民兵预备役工作先进单位”，沧州客运总站、修理一公司、客运一公司等三个基层单位被评为省部级先进单位或文明单位。

第三,加强和改进思想政治工作,这是建设先进文化的有机组成部分,企业要发展,一刻也离不开思想政治工作。在工作中,一是突出“铸魂”教育。在素质教育中,十分注重培育员工市场、竞争、发展、效益、信息等观念,公司多年实行“换脑筋”工程,突出“五破五立”,即破除等靠要的思想,树立独立作战、自我积累、自我发展的观念;破除小进即满的思想,树立敢于闯市场、跳跃式发展的观念;破除单一经营,单一市场的思想,树立多元化经营、综合创收的观念;破除单一生产重数量、轻质量的思想,树立集约经营,资本经营的观念;破除不计成本、粗放经营的思想,树立细化管理、效益第一的观念。面对全球经济一体化和我国加入 WTO 的新形势,上下开展了“抓机遇,迎挑战,寻对策”教育,学理论、办展览、搞征文、大讨论等活动蓬勃开展。全方位寻找对策,为“入世”做了心理和实际上的准备。在中层以上干部中加强诚信、“双赢”和公仆意识、群众观念教育;在全体党员中进行党的宗旨、理想、信念教育;在团员、青年、民兵中进行了“四有新人”教育和“理想、信念、追求”大讨论;在全司范围内开展了职业道德、社会公德、家庭美德教育和重塑企业精神有奖征文活动,引导职工树立坚定的理想信念和正确的世界观、人生观、价值观。二是强化“创业”教育。结合建司 50 周年,在全司进行了一次革命传统教育,请老干部、老职工以亲身经历,讲公司发展史、创业史等,大力弘扬敢打硬仗的“铁队伍”和“市场开拓先锋”等精神。通过这些活动,培养了企业员工良好的精神状态,使艰苦奋斗、无私奉献、拼搏竞争的思想深入人心。坚持典型引导。年年评选、表彰一批先模人物。在驾驶员中树立舍己救人的优秀共产党员刘宝昌、见义勇为父子王树行、王洪刚;在乘务员中树立了旅客的贴心人张建红;在修理工中树立了修工状元、省劳模王学鹏;在中层领导干部中树立了“硬骨头干部”于连发、“清正廉洁”于德禄;在科技人员中树立了技术能力岳培芳和青年楷模董华冰等。先模是旗帜,是样板,先进正气受激励,后进歪风受鞭策。我在省企协会“二十一世纪企业家新追求”演讲中,就提出了企业“出效益、出人才,出英模”的目标,充分体现公司党委人本思想。

第四,积极塑造沧运文化体系。一个企业要想长盛不衰,必须有丰厚的企业文化底蕴。几年来,我们积极塑造具有沧运特色的企业文化,实施了“十个一”工程:一种企业精神、一个司微、一面司旗、一支司歌、一张《沧运集团》报、一本《沧运风采》、一本《沧运集团》画册、一个沧运艺术团、发展史和民兵活动两个展览,现又建立大型图书阅览馆。我司大力塑造，倡导“团结、拼搏、优质、奉献”的企业精神，并不断赋予其新的文化内涵，渗透到经管和改革、发展之中。加强形象建设，聘请专业策划公司，对企业进行整体形象策划，规范司微、司旗的制作、悬挂，统一标准字体、统一颜色、统一外观，整顿类化厂容、司貌，以外在形象的改观，促进企业内在的变化，树立沧运新形象。同时，积极组织各类文体活动。每逢重大节日，集团公司艺术团、各基层单位都自编、自导、自演文艺节目，举办智力知识竞赛以及球类、棋类，书画展等各种比赛，丰富员工的文化生活。通过这些有载体，寓教于乐的活动，弘扬沧运精神，陶冶员工情操，增强企业向心力，凝聚力。

强化素质教育，建设“四有”员工队伍。企业间竞争最根本是人才竞争，面对“入世”这一竞争形势更加严峻。没有高素质的员工队伍，企业必将失去竞争的基础，为提高全员整体素质我公司多年坚持实行了一系列奖励政策，鼓励员工自学成才。最近，成立了职工业校，坚持开办交通部电视中专班，开展各种形式的培训。在中层干部中，进行了现代企业制度、入世规则、法律等知识培训；在管理人员中，进行了计算机应用、日常英语、新会计法等知识培训；在维修行业，抓了现代维修技术人员的培训；在站乘人员中，开展了计算机技术操作、英语日常用语、哑语会话等培训；在全体员工中开展了知识竞赛和岗位练兵比武活动。全司员工培训面达到90%以上。对32名有培养前途的骨干选送到北京大学、中国科学院、西安交通大学等院校和日本、德国学习、深造。同时，我们还引进各类专业和高中级人才330名。目前，全司大中专(含高中)以上学历人员占全司在职员工的32.7%，比五年前增长23%。

三、依靠员工办企业，做广大员工根本利益的代表

按照江总书记“三个代表”重要思想的要求，必须保证党在国有企业始终代表广大人民群众的根本利益。从国有企业的性质看，出资者是全国广大人民群众，企业作为独立的经济实体，又是社会财富的直接生产者、创造者，这一性质决定了国有企业生存发展的目的，就是要为全国的广大人民群众最大限度地创造财富，办企业的根本宗旨是奉献社会，服务人民。企业党组织的根本任务，就是要认真贯彻党的基本路线，围绕生产经管、改革开展工作，为实现党的任务和企

业改革发展服务。近十年来，沧运得益于党的好政策，企业不断有新发展，经营规模不断扩大，职工生活不断提高。“九五”期间，完成产量56亿吨公里，营收5.75亿元，企业生产性投资1.3亿元，上缴利税3654万元，企业总资产达到2.88亿元，由单一经营运输企业成为“四跨”集团，成为省、部双文明建设先进单位。

只有代表广大人民的根本利益，才能将群众的力量凝聚起来，才能使我们的改革与发展具有坚实的群众基础，克服一切困难，保证我们的事业从胜利走向新的胜利，多年来，坚持代表广大人民的根本利益，主要落实了党的“全心全意依靠工人阶级”的办企业方针，紧紧依靠广大员工，团结广大员工办企业，密切了党群、干群关系保证了企业制定的改革和发展举措，更加符合客观实际，更加符合员工根本利益，更能最大限度地落到实处。

第一，坚持民主管理。实行民主管理是贯彻党的全心全意依靠工人阶级的根本方针的具体体现。在工作中，我们注意做到“六个到位”，即注重源头，确保组织参与到位；建章立制，确保制度参与到位；尊重民意，确保决策参与到位；广开言路，确保日常参与到位；司务公开，确保民主监督到位；签订集体合同，确保平等协商到位。集团公司和各基层公司普遍建立完善职代会制度，重大问题由职代会讨论通过；建立集体合同签订制度；建立司务公开司情发布等制度。对重大决策、重大投资，招投标、改革举措或其他职工关心的重大问题，都全面实行公开接受员工监督。员工代表对企业经营活动的有关问题可直接向有关职能部门提出质询，有关负责人当场给予明确答复，受到广大员工的欢迎。发扬民主中，公司广开渠道，除了设立公开栏、意见箱、董事长信箱、热线电话等外，对公司重大举措，坚持开展全员“大讨论”，普遍开展了“我为公司献一计”“总经理问计”“改革与发展”大讨论等活动。最近五年，员工就提合理化建议1870条，被集团公司采纳487条。

第二，切切实实为员工办实事。全心全意依靠工人阶级，团结、凝聚职工，形成市场竞争力强、敢打敢拼的队伍，企业党组织就要真正关心职工疾苦，设身处地解决他们的实际困难和问题。因此，多年来，我们坚持像抓生产经营那样抓员工生活，关心员工疾苦，每年都规划为员工办几件实事、好事。一是创造新的生产门路，大力安排员工就业。多种渠道安置，努力使有能力的员工有岗、有位、有为，思想安定，工作稳定，各得其所。在市场激烈竞争中，除了发展客货运输外，修理业由260人扩大到870多人。多种经营由25个摊点扩大到185个摊点,形成一大支柱产业,安置员工近千人。二是认真解决员工住房问题。历史的原因"住房难"曾是公司一大难题。近10年来,我们先后兴建住宅楼20栋,面积达5万多平方米,改造了旧平房、危房,除员工集资外,集团公司投资2440万元,安置了780余户员工,"住房难"已成为历史。三是不断提高员工收入水平。随着企业的不断发展,我们确保不断提高员工收入,每次国家政策性调资,我们都坚持从优办理,我司人均年工资水平高于沧州市职工平均收入的13%。同时,确保936名离退休人员的基本工资和医疗费按时发放。四是解决员工子女就业。近几年,子女就业又成为员工一大"难"。在企业减员增效的形势下,公司党委充分体会员工特别是老干部、特困员工困难,通过发展生产腾出岗位,解决部分子女就业问题。先后解决了老干部,中层干部、劳模、特困员工等子女就业349人,还坚持每两年为在岗员工、离退休干部进行身体检查。对48户特困员工家庭,公司领导结帮扶对子,定期家访慰问,多方解决困难,已使34户脱困。这些实实在在的送温暖工作,拉近了企业与员工的距离,密切了党群、干群关系。

第三,正确处理员工当前利益与长远利益的关系。企业越发展,改革越深化,就越要正确处理好员工当前利益与长远利益的关系,努力使广大员工享受到企业改革发展的成果,把员工的利益实现好,维护好。只有这样,我们的事业才能获得最广泛、最可靠的群众基础。一些改革举措的出台,在一定程度上触及了个别员工的眼前利益,但从长远看,却为普遍提高员工的生活水平创造了条件,如我们在进行产业结构调整时,一些技术落后、缺乏市场竞争力的基层单位被淘汰,导致一些员工暂时换岗、待岗。但从全局考虑,却实现了企业资源的优化配置,使企业能够在激烈的市场竞争中迅速发展起来,为这些员工重新上岗提供更多、更好的机会。为改善员工住房条件,今年,我们集中投入500多万元资金对河西平房进行改造,建设新型住宅小区。由于这带居住的多是老职工与其遗属,因资金困难和大量遗留问题等,部分员工思想不通,一度上访,影响了拆迁进程。我们一方面教育员工看长远,着发展,变观念,算细账,一方面制订了一系列优惠政策。大量的思想工作,使人们认识到了平房改造的好处,仅一个月时间就使260户员工顺利搬迁,受到市委、市政府表扬,由于我们正确处理员工当前利益与长远利益的关系,在股份制改造、减员增效、员工调资等涉及员工直接利益的工作中,都坚持对员工进行大局与小局、个人利益与企业,国家利益教育,从而得到了最广大员工的理解和支持。

第四,加强勤政,廉政建设,密切联系群众,树立班子好形象。在实践中,我们党委班子成员充分认识和摆正自己的位置,明确自己的权利和义务,既是生产经营指挥者、管理者,又是普通党员,把自己融入广大员工中,做员工的表率。在工作中,任劳任怨,埋头苦干,节假日很少休息,难事抢着办,相互支持,形成合力,做到"自身正"。为了始终保持领导干部的先进性和纯洁性,我们及时组织各级干部学习、落实中央,省市党风廉政建设一系列指示,增强反腐倡廉的自觉性。同时,制定了一系列勤政,廉政制度,开展以"三讲""三个代表"为主要内容的党性,党风教育;建立强化制约机制,加强效能监察,把组织监督、纪律监督、民主监督,审计监督有机结合起来,做到领导干部的权力行使到哪里,党和员工的监督就到哪里,下力量查找并处理经济领域各种不正之风,以及以权、以职谋私、损公肥私、违反财经纪律等违法违纪行为,通过建章立制和落实党风廉政建设责任制,堵塞了漏洞,形成各级领导齐抓共管的局面。由于我们时刻注意保持干部队伍的良好形象,处处维护员工的切身利益,真心实意地依靠员工办企业,从而获得了广大员工的支持,全司上下团结一心,开创了企业改革与发展的新局面。

实践使我深刻认识到,"三个代表"的重要思想,是我们党的立党之本、执政之基、力量之源,是衡量我们各项工作做得好不好的基本准绳和标尺。面临新经济和市场竞争更加激烈的新形势,我们一定继续遵照江总书记"三个代表"的重要思想,千方百计实现企业新发展、新跨越,以实际行动庆祝党的十六大的胜利召开。

(本文选自作者在沧州市政协委员学习交流会上的汇报发言)

进一步加强精神文明和企业文化建设

2017 年 7 月 11 日

沧运历来坚持精神文明与物质文明“两手抓”，连续多年保持省级文明单位称号，争创国家级文明单位是我们一个重要工作目标，部分基层单位已经是所在县(市)级文明单位，沧州东汽车站、西汽车站、运通、河间、盐山等公司成为沧州市文明单位，我司在精神文明创建上有很多好的经验和先进典型。

但是，近几年对精神文明和企业文化建设工作开展方法比较陈旧，没有时代发展的需要，时代特点还不够鲜明。今年，公司党委对文明建设重新进行了安排部署，提出恢复原来的“八大文明”评选以及站务联查等活动。同时，通过与党校合作，强化各级领导和骨干员工的政治思想教育，继续把“两学一做”“三严三实”等教育扎扎实实地抓好。各单位，特别是各基层党支部，都要把精神文明建设和企业文化建设进一步重视起来，按照公司党委年度工作安排开展好各种学习教育及健康向上的文体健身等活动，增强员工理想信念，增强职业道德观念，增强爱岗敬业和社会美德。要使每一个单位既要有产量、收入、利润的不断攀升，又要有讲诚信、业务精、重道德、守纪律的优良团队精神。21 世纪初，我在接受国家和省媒体采访时曾提出沧运把“三出”，即：“出效益、出人才、出英模”作为企业的追求，至今仍然适用。

要切实注重学用好生态文明建设。十八大报告提出了建设“美丽中国”的要求，令人鼓舞。我们企业如何落实这个要求？就是要建设“美丽沧运”。大家知道，各汽车站是当地的社会、政府服务窗口，一定要进一步落实“示范窗口”要求，提高服务能力和质量。当前要解决一些单位运营秩序紊乱和现场“脏、乱、差”的现象。要抓好清洁生产，做好绿化、美化工作，给乘客、顾客创造一个满意的候车、候修环境，给员工创造一个良好的工作环境，把经营环境搞得亮丽、舒适，使员工愉悦健康地工作，就是落实生态文明要求的内容之一。要继续搞好精神文明建设各项活动，丰富活动内容，把争取文明单位、文明员工、文明岗位活动搞好。要搞好企业文化建设，抓好“软实力”建设。

（本文节选自作者在公司2017年半年经营工作会上的讲话）

建设生态文明、美丽沧运要抓好几件事

2018年2月5日

党的十八大明确提出，建设美丽中国，把我国建设成为生态环境良好国家，努力走向社会主义生态文明的新时代。习总书记指出，走向生态文明新时代，建设美丽中国，是实现中华民族伟大复兴的中国梦的重要内容，生态环境保护是功在当代、利在千秋的事业。建设生态文明，关乎人民福祉，关乎民族未来。党的十九大又重申和强调了建设美丽中国的要求。学习领会党的十八大、十九大精神和习总书记系列讲话，使我进一步认识到，生态文明建设是党和国家大事，是民族未来发展的大事，一定要在实际工作中认真贯彻落实。

就我司来讲，贯彻落实党的十八大、十九大精神，搞好生态文明建设，当前要抓好以下几件事。

第一，首先要对全体员工进行生态文明的宣传教育，增强员工节能意识、环保意识、生态意识，营造爱护生态文明的良好风气。在各级领导骨干中要进一步明确，企业文明建设，不仅限于搞一般化创建，要把生态文明摆到重要议事日程上来。

第二，要以建设“美丽沧运”为目标，制订好公司生态文明建设方案，提出今后三年发展计划，包括我司生态文明建设指导思想、工作目标、具体要求，以及建立责任制等保证措施，以利有计划、有步骤展开。

第三，要从现在做起，抓好几项重点工作：一是，把企业美化、绿化、亮化工作抓好。要重点解决部分单位和一些部位，如维修车间、运输站场等的脏、乱、差问题，树立良好的社会“窗口”形象。要继续优化旅客乘车环境，主要是候车室、车厢卫生环境，使客户到站如到家。二是，深化“绿色”“低碳”发展，继续采购电动车、减少社会油气污染，为国家“蓝天保卫战”做贡献；要严格按国家环保标准处理“三废”，做好废机油、废机件等物品回收工作；要大力推广张家青节油驾驶经验,减少传统车型的油耗,在节能减排上继续保持交通运输系统单位中的先进地位。三是,要实现各类资源的节能高效利用,要充分利用我司房屋多,顶部可搞太阳能的条件,发展太阳能发电产业,在节能上创出新路子。四是,在两级管理机构实行智能化、规范化办公,特别要管好长开空调、长明灯、长流水,节约管理费等项开支,使两级管理机构办公环境改善,文明办公成为习惯。

做到上述四点,只是当前的工作要求。随着对生态文明认识加深,要按照国家的生态文明制度规定,逐步建立公司能源环境一体化管理体系,引导、规范和约束各类生产行为,建立领导责任制,形成长效机制,通过制度约束,把生态文明建设长期不懈搞下去。

生态文明、美丽沧运——应该是我们追求的工作目标,是我们落实党的十九大精神的一个实际行动。

(本文节选自作者在2018年2月公司董事会扩大会的讲话)

第八章 高擎党建旗帜

导言：不忘初心　牢记使命

习近平总书记指出："党建是企业发展的支撑和保证，企业发展是抓好党建工作的依托和归宿。"沧运是有着68年历史的企业，一直重视党的建设。2004年企业改制后，企业性质由国有变为股份制企业。如何传承红色沧运的优良传统？沧运在改制时，就有了自己的信条。改制揭牌仪式上，董事长、党委书记就明确宣布：沧运坚持"改体制不改跟党走、为民服务的意志"，坚持"四个不变"，即：坚持党组织核心领导作用不变，党群机构职能设置不变，党管干部原则不变，党政工作同步安排检查考核不变。

党的十八大以来，沧运跟党走的信念更加坚定。沧运人认真学习以习近平总书记为核心的党中央的一系列指示精神，不忘初心，牢记使命，提出了高擎党建旗帜不动摇的新要求，并根据企业实际，创新党建工作。一是持续开展了学习党的十八大精神大学习、大落实活动，积极落实"五位一体"总体布局和"四个全面"战略布局，在经营中采取多种措施，落实"创新、协调、绿色、开放、共享"新发展理念。二是抓从严治党，制定并实施了《党建目标管理责任制管理制度》《领导干部党风廉政建设责任制》《领导干部作风建设五项规定》《严管党员和党员领导干部"双十条"》等一系列党建工作制度，推行诫勉谈话、述廉自查、专项检查审计、违规违纪问题查处通报等办法，实施了公司党委委员督导巡查制度，强化了纪律规矩。三是扎实推进党的群众路线教育实践活动，狠抓领导班子建设。在活动中，党委班子和成员认真学习反思，总结个人工作中存在的问题和不足，并召开民主生活会，深入开展批评与自我批评，使班子成员的党性观念、宗旨观念、理想信仰观念进一步增强，受到沧州市国资委党委的好评。在公司党委的带动下,公司全体党员,特别是党员领导干部积极转变作风,深入一线,密切同员工群众的联系,争创一流业绩,党员模范带头作用大为提高,员工队伍面貌为之一新。

党的十九大以来,沧运人又根据十九大和全国两会精神,对公司工作重新做了新部署,提出“全面落实十九大精神,推进企业创新转型高质量发展”。结合公司换届,谋划今后三年(2019—2021 年)发展计划。法人治理结构顺利换届,老同志愉快离岗,中青年骨干走上领导岗位,习近平总书记所要求的“信念坚定、为民服务、勤政务实、敢于担当、清正廉洁”的领导集体已经形成。今年“七一”,公司党委召开总结会,表彰“两优一先”,对今后党群工作进行了新部署。

党旗高扬企业兴。“不忘初心,牢记使命”,在党的阳光雨露沐浴下,沧运公司党委核心领导作用会进一步改善,各级党组织战斗堡垒作用会进一步增强,共产党员先锋模范作用会进一步发挥,沧运的新一届法人治理结构驾驭市场、发展企业的能力会进一步提升,新沧运的明天会更加壮丽辉煌!

充分发挥党组织的政治核心作用，奋力建设现代化企业集团(节选)

1998年12月31日

一、关于两年来工作的简要回顾

我集团公司是1996年12月由沧运总公司裂变改革后成立的国有独资有限责任公司。两年来，在上级党委的正确领导下，公司党委团结和带领全司党员、员工，高举邓小平理论伟大旗帜，发扬团结、拼搏、优质、奉献的企业精神，奋力拓展市场，深化企业改革，加强企业管理，努力提高企业的经济效益和社会效益，使我司在激烈的市场竞争中，站稳了脚跟，并走上健康、持续、稳定的发展轨道，“双文明”建设均提高到一个新水平。

高举邓小平理论伟大旗帜，使企业坚持了正确的政治方向。两年来，公司党委始终用邓小平理论武装员工的头脑，努力提高党员和员工的政治素质。特别是党的十五大召开后，公司党委和各基层支部，以认真学习和深刻领会邓小平理论为主线，以贯彻落实十五大精神为主要内容，在公司两级领导班子和全体干部党员中掀起了学理论、强素质的换脑筋热潮。重点学习了邓小平文选1-3卷、党的十五大报告、江泽民同志关于建设高素质干部队伍等一系列重要讲话，学习中，还着重学习了市场经济、科技和法律等知识。学习坚持理论联系实际，提高解决实际问题的能力。通过采取内外培训、心得交流、知识竞赛、答卷测验、理论研讨形式，并狠抓了“换脑筋工程”等，使学习不断深入。公司党委和各基层支部坚持和完善了干部集体学习和个人自学制度，加强了学习的硬约束，做到时间、内容、计划三落实。党委对领导干部、基层领导班子的理论学习随时抽查、定期检查，实行领导干部述职时“述学”、评议时“评学”、考核时“考学”，把理论学习情况作为评价班子、考察使用干部的重要依据之一。由于党委始终坚持抓好班子和干部、党员的理论学习，使得整个干部队伍的理论素养和思想观念不断更新，紧紧跟上改革开放新形势，以崭新的姿态和面孔投入到双文明新建设中来。

深化改革，建立了现代企业制度框架。我司是市、省和交通部建立现代企业制度试点单位。两年来，党委坚持以改革为动力，以建立现代企业制度为改革方向，按照“产权清晰、权责明确、政企分开、管理科学”的总体要求，以建立适应市场需要的运行机制为总体目标，抓改革、促发展、转机建制、搞活企业。1996 年 12 月，由沧运总公司裂变为沧运集团，除集团有限公司外，还有 3 个全资子公司、2 个控股公司、3 个协作单位，完成了法人治理结构的组建，使企业进入一个全新的发展阶段；在落实十五大精神中，我们成功地对基层公司进行了股份制改造，实现了职工与企业的联资、联利、联心；进行了转岗分流减员增效工作，使全员“转岗不待业，分流不下岗，减员不回家”，维护了职工利益，保持了企业的稳定。在深化企业改革中，我们调整经营、组织结构，改变“单一运输”模式，形成运工贸齐发展的新经营格局；认真推行了投资主体多元化和经营成分多元化，多渠道筹集资金，购置车辆，兴办项目；结束承包制，推行了资产经营，提高了资本的运营效率；集团公司机关和基层精减了机构，建立起了更加高效精干的指挥系统；“精干主业，剥离辅体”，使单纯为内部服务部门变成既对内服务又对外创收的新军；客运实行了单车经营责任制；货运重新调整了运力结构；交通工业拓展了配件和整车销售市场；经贸依托主业发展；房地产开发取得佳绩。通过改革使全司机制转变，活力增强，生产力提高。

围绕中心，推进生产经营健康发展。两年来，集团公司党委和各基层支部紧紧围绕生产经营和资本经营这个中心，积极开展工作。提出并实施了“多元经营”“外向带动”“人才开发”和“名牌兴司”四大经营发展战略，使企业逐步向“多元化、集团化、现代化、国际化”大型企业集团方向发展。经过全体员工的奋力拼搏，企业的经营水平、经济效益和整体素质明显提高，大大增强了抗御市场风险的能力。客运牢牢占据了主干线竞争主动权，保持了稳定发展；货运组织、车辆结构得到优化，有效抑制了下滑；交通工业异军突起，服务水平赢得了市场，已成为集团公司第一大经济支柱；多种经营不断开发新项目，安置了千余名职工。两年来，企业总资产由改制前的 1.09 亿元增到现在的 1.2 亿元，增长 10%；年客货换算周转量突破亿吨公里，达到 1.15 亿吨公里，营业总收入达到 1.2 亿元，在消化各种增成本因素以后，年实现利税仍快速增长，去年创改革开放以来最好水平，在全省同行业名列首位，并跨入全国同行业先进行列。

加强了干部、党员队伍建设，党组织的战斗力明显增强。公司党委认真落实“党要管党”“从严治党”的要求。首先，公司党委“一班人”在发挥核心作用的同时，认真加强了干部队伍建设。为提高干部队伍的素质，组织干部认真学习邓小平理论，选送重点人员，到西安交通大学、北京大学、中国社会科学院培训，到国内外考察；为加强对干部的监督，公司定期组织“下评上”活动；公司党委研究制定了《干部管理暂行办法》，使干部管理规范化、科学化。其次，抓了党员队伍建设。开展了学理论、学《党章》为主要内容的“双学”活动，进行了世界观、人生观、价值观的“三观”教育，搞了“一岗双责”达标活动。公司两级党组织，认真做好吸纳新党员工作，先后把44名先进分子吸收到党内来；加强了老干部工作，认真落实“两个待遇”，充分调动了老干部的积极性。三是狠抓了党风廉政建设。党委配备专职纪检书记，基层设立纪检监察小组和纪检监察员，建立和完善了党风廉政建设责任制，强化了内外部监督约束机制。制订并坚持了党员干部“十不准”，抓了通信工具和不合理住房的清理，有关违纪案件的查处，编印了《党风廉政建设文件汇编》等。党委、支部两级班子的战斗力明显增强，党的政治核心作用、党员的先锋模范作用得到进一步发挥，受到上级党组织的充分肯定，公司党委书记曹永堂同志先后荣获省级优秀共产党员和“党管武装好书记”等荣誉称号，公司党委连续8年被上级党委评为先进基层党组织，公司领导班子被市委命名为先进领导集体。

认真加强了群团组织建设。公司党委注重加强对群团组织的领导，定期听取汇报并作出指示，充分发挥群团组织的职能作用。近两年，先后召开工会第六届代表会和共青团第四次代表大会，健全了公司工会及团委。在工作中，鼓励他们独立自主地开展适合自己特点的工作。工会在党委的领导下，认真开展了社会主义劳动竞赛和“送温暖”活动，工会代表职工与公司行政签订了集体合同，建立了职代会制度、民主评议干部制度，加大了职工参与民主管理、民主监督的力度；共青团突出抓了“创青年文明号，争当青年岗位能手”活动，使青工的思想道德水平和劳动技能、优质服务意识等有了进一步提高；民兵武装工作坚持“党管武装”，做到思想、组织、人员“三落实”，深入开展国防教育和练兵活动，多次完成了“危、难、险、重”任务，成为军分区和省军区先进典型；计划生育工作，始终坚持领导抓，抓经常，认真落实“三结合”方针，连年保持市级先进单位称号。

思想政治工作活跃，增强了员工凝聚力。思想政治工作坚持在“创新”上作文章，在“实效”上下功夫，使其更加贴近生产经营，贴近改革，贴近员工思想实际，实现了与企业生产经营和各项工作的有机结合。公司党委思想政治工作的“五新工作法”被交通部和河北省交通厅肯定和推广，公司先后被授予全省“思想政治工作优秀企业”、全市思想政治工作先进集体等荣誉称号，公司政研会被河北省交通厅评为优秀政研会。强有力的思想政治工作，团结、凝聚了员工，有效地促进了企业生产经营和各项工作开展。

精神文明建设取得丰硕成果。两年来，公司遵循精神文明“重在建设”的方针，深入贯彻落实中央和省市“为人民服务，树行业新风”和加强“窗口”行业文明建设的决定、指示，开展了以“八大文明”（即文明企业、文明站、文明线路、文明车、文明职工、文明家庭、文明科室、文明班组）为主要内容的精神文明创建活动，特别是结合行业特点和经营实际的文明线路创建活动，受到省市领导和有关部门的肯定和推广，通过一系列群众性精神文明创建活动，企业员工精神面貌和企业形象焕然一新，爱岗敬业、优质服务蔚然成风。集团公司连续 5 年被省委、省政府和市委、市政府命名为“文明单位”。沧州汽车站连续 6 年获部级文明客运站称号，并被确定为省文明窗口示范单位；修理一公司桑塔纳特约维修站，被评为全国十佳维修站，交通部专门派员送挂牌匾。两年来，先后有 23 个单位和专项工作、48 名同志被评为省（部）、市（厅）级先进，荣誉规格之高是公司历史上没有的。

总结两年工作，我们的主要经验和体会是：（1）邓小平理论是党建和各项工作的指南，要坚定地高举旗帜，为建设有中国特色社会主义努力奋斗；（2）发展是硬道理，企业的党组织，要紧紧围绕生产经营这个中心服好务，充分发挥政治核心作用；（3）一定要坚持社会主义办企业方向，坚持两手抓，两手都要硬，全心全意依靠职工办企业；（4）党要管党，从严治党，充分发挥党支部的战斗堡垒作用和党员的先锋模范作用，建设好一支强有力的政工队伍，不断增强党组织的凝聚力和战斗力。

两年来，我司党的建设取得了很大成绩，但是，应该清醒地看到，我们的工作还存在许多缺点和不足，与上级要求和员工的期望还有很大差距，主要表现在：

(1)党的建设上抓得不狠,工作计划有的落实不够,中心开展工作,特别对生产经营和改革配合还不够紧密,政治思想工作从思想到内容还不够活跃;(2)部分党组织成员党的观念、“当公仆”观念淡薄,在市场竞争中思路窄,带头作用差;(3)有部分党员对自己要求不高,先锋模范作用差,把自己混同于普通老百姓,个别党员受拜金主义的影响,搞特殊,争名利,给企业造成不应有的损失。我们要高度重视这些存在的不足和问题,认真加以解决,进一步把今后的工作做得更好。

二、关于今后的任务

大家知道,二十世纪即将过去,新世纪的曙光已展现在我们面前。在这世纪之交,努力把我司建设成为现代化企业集团,已成为历史赋予我们的神圣使命。为此,今后我司党委工作的指导思想是:高举邓小平理论伟大旗帜,继续认真落实党的十五大精神,认真落实公司“四大经营战略”,紧紧围绕集团公司的改革和生产经营,全面加强党的建设,充分发挥党组织的政治核心作用和党员的先锋模范作用,下大力推进两个文明建设,为把我司建设成现代化企业集团,进而为沧州经济社会发展做出更大贡献而努力奋斗!

根据这一指导思想,提出以下六项任务。

第一,高举邓小平理论伟大旗帜,全面提高党员队伍的政治素质,培养“四有”职工队伍。高举邓小平理论伟大旗帜,把建设有中国特色的社会主义事业全面推向二十一世纪,这是十五大的主题,是全党各项工作的主题,也是我们这次大会的主题。邓小平理论是我们时代最有影响力的理论,是我们最大的政治优势。高举邓小平理论伟大旗帜,就是要深入学习邓小平理论,全面、正确地理解和掌握邓小平理论的科学体系和精神实质。作为基层党组织,要首先抓好邓小平理论学习,用这个理论武装全体党员的头脑。在学习中要深入领会和认真贯彻解放思想、实事求是的思想路线;党在社会主义初级阶段的基本路线;把握时机、发展自己,分三步走、基本实现现代化的战略目标;“两手抓,两手都要硬”的基本方针,真正让邓小平理论指导党员的思想和行动。同时,也要系统地对广大员工进行党的基本理论、基本路线、基本方针教育,进行爱国主义、集体主义、社会主义教育,引导职工树立正确的世界观、人生观、价值观和良好的社会品德、职业道德、家庭美德及敬业爱岗意识，自觉抵制拜金主义、享乐主义和极端个人主义思想的侵蚀，继承和发扬沧运人识大体、顾大局、自力更生、艰苦创业、无私奉献的光荣传统，树立起与时代相适应，与企业发展相适应的新的沧运人的形象，培养一支有理想、有道德、有文化、有纪律的“四有”职工队伍。

思想政治工作是我们党的政治优势，我们要继承和发扬。尤其在当前，我国改革处在攻坚阶段，发展处于关键时期，整个经济处在战略结构调整中，许多深层次矛盾日益显露，各种问题相对集中，加强思想工作刻不容缓。我们要认真按照党中央和省市委关于做好当前思想政治工作的总体要求，结合实施市委提出了的“想民、富民、安民、乐民”的“四民”工程，用强有力的思想政治工作激发全体员工立足本职、多做贡献的热情。同时，要充分发挥思想政治工作理顺情绪、化解矛盾、活血化瘀的特殊功能，切实关心职工疾苦，把职工的衣食住行、安危冷暖挂在心上，每年为职工办几件牵动人心、凝聚人心、看得见、摸得着的好事实事，逐步提高职工的生活水平和收入水平。

第二，紧紧坚持生产经营这个中心，发挥党组织政治核心作用。过去的几年，面对激烈的市场竞争，全司上下解放思想，开拓进取，使企业逐步走上了稳定、健康、发展之路，综合实力明显增强。但是我们应该清醒地看到：受国内外市场需求萎缩、铁路、个体及社会车辆与我们竞争更加激烈、国家将推行“费改税”等因素影响，企业将面临更加严峻的考验。在今后一段时期内，我们生产经营任务很重，明年我们初步做了研究，确定要继续发挥我司人才、设施、场地、技术等优势，建设创收基地，培育支柱产业，加速实现“集团化、多元化、现代化、国际化”步伐。广大党员都要在党政组织领导下，发扬永不自满敢于创新，敢于争先的精神，各级党组织要站在竞争第一线，发挥核心和堡垒作用，全力投入到生产经营和各项工作中来，贡献自己的才智，使企业经济实力有新的突破。

第三，以高度政治责任感，加快企业改革步伐。明年是企业脱困转制关键年。我们应充分发挥企业党组织的政治核心作用，坚定信心，勇于探索，大胆实践，不断开创企业改革和发展新的局面。要按照建立现代企业制度的要求，在企业内部建立起责权分明、团结合作、相互制衡的公司治理结构，真正使“三会”职责到位、工作到位、奖惩到位，使企业成为适应市场的法人实体和竞争实体。要把企业改革同改组改造、加强管理结合起来，以资本为纽带，通过市场，采取联合、兼并、租赁、股份合作承包经营等形式，迅速实现企业低成本扩张，形成具有较强竞争力的跨地区、跨行业、跨所有制的大型企业集团。要妥善搞好减员增效、转岗分流工作，这是事关企业改革、发展与稳定的一件大事。各级党组织都要以高度的责任感，通过政策引导，为员工提供更多的就业机会并做好员工思想政治工作，抓好党员模范带头作用。同时，要注意引导职工转变择业观念，增加自我解困意识，提高就业能力，变就业为创业，在新的岗位上释放出光和热。要继续抓好单车经营责任制，三项制度、住房、医疗等项改革，推进企业改革向纵深健康方向发展。

第四，切实加强党的自身建设，努力建设一支高素质的党员、干部队伍。党要管党，首先要把我司800多名党员管好。在新的历史条件下，每位共产党员要刻苦学习邓小平理论，带头执行党和国家现阶段的各项政策，增强辨别是非的能力；要诚心诚意为企业为职工谋利益，吃苦在前、享受在后、克己奉公、多做贡献；要掌握做好本职工作的知识和本领，努力创造一流的工作业绩；建一支高素质的干部队伍，是党的要求，也是建设现代企业集团的需要，公司党委要求各基层支部要切实抓好党员队伍思想、组织、作风建设，培养、宣扬带头作用好的典型，开展多种形式教育活动。要加强对各级领导班子考核，加大监督力度，及时调整不称职成员。大力提拔优秀干部，特别是中青年干部。要及时查处党员干部中的违纪案件，把反腐倡廉工作搞好。要积极培养，吸纳新党员，壮大党的队伍。要认真落实老干部的政治、经济待遇，做到“高看一眼、厚爱一层”，并鼓励他们为企业的发展贡献余热。

最近，中央提出，明年要在全党开展“讲学习、讲政治、讲正气”教育，各级党组织要认真组织全体党员干部认真开展“三讲”活动，以此整顿好党员队伍，提高党员干部政治觉悟，顾全大局，坚定党的观念，为党为企业做出更大贡献。

第五，加强对群团工作的领导，充分发挥群团组织的职能作用。工会、共青团、武装部等群团组织是公司各项生产和建设事业的生力军，是党的助手和依靠力量。各群团组织要按照各自的章程，紧密结合企业的中心工作，积极主动地开展好各自特点的活动，保证上级要求的落实和本单位各项工作的完成。

工会要全面落实中国工会十三大和省工会九大精神，紧紧围绕企业中心，找准位置，发挥特色、保持活动、有所创新，充分发挥维护职能，当好桥梁和纽带，在改革、发展、稳定的大局中作出新贡献。要认真坚持职工代表大会制度，坚持职工代表团联系会制定，坚持职工董事和职工监事制度，坚持民主评议干部和司务公开制度及集体合同制度；要认真开展学技术、比技能的岗位练兵活动、合理化建议活动、文体娱乐活动和评先创优活动；要搞好工会自身建设、基层班子建设和职工之家建设，通过卓有成效的工作，把党的“全心全意依靠工人阶级”的方针认真落到实处。

共青团是党领导的先进青年的群众组织。青年团要自觉服从于全司工作大局，突出团的特点；贴近青年实际；广泛团结青年要结合企业实际，广泛开展争创“青年文明号”和争当“青年岗位能手”活动；要始终坚持建功和育人的有机结合，充分发挥团员青年在两个文明建设中的生力军和突击队作用，努力培养跨世纪人才。各级党组织要一如既往地充分信任青年，热情关怀青年，严格要求青年，切实把青年的积极性引导好、维护好、发挥好。

公司的民兵工作，要继续坚持党管武装的好传统，把武装工作作为党委的一项重要任务来抓，坚持民兵工作与企业建设同步发展，教育、鼓励和引导民兵在企业的两个文明建设中当先锋，打头阵，充分发挥他们在“急、难、险、重”任务中的带头突击作用，使民兵组织成为生产经营的主力军，文明建设的排头兵。

第六，认真落实“名牌兴司”战略，把精神文明建设提高到新水平。“文明兴司”关系企业的发展，企业的形象，是建设现代企业集团的重要课题。各级党组织要高度重视，认真抓好这一战略的落实。在具体工作中，一要继续抓好“八大文明”创建活动，特别要把文明线路创造活动持之以恒地开展下去，努力把这项工作提高到一个新水平。二要开展好以提高服务质量为中心的各项活动，“名牌兴司”核心是提高服务质量，要教育全体党员、职工，通过自己的行动树立良好的企业形象，以此展开有力的竞争，从而赢得市场，赢得更好的效益。三要搞好形象建设，擦亮沧运的牌子，要通过我们的扎实工作，彻底改变一些地方整体形象差，服务质量低，不适应市场竞争的情况。各级党组织要注意和行政紧密配合，加强对各项活动的组织领导，注意层层抓典型，树样板，从而激发党员、职工争先创优的热情。各县站和各修理单位都要以“两站”（沧州站和桑塔纳特约维修站）为榜样，争当本地的文明窗口，争做服务行业的标兵。

（本文节选自作者在中共沧运集团公司第四次代表大会上的报告）

发扬光荣传统，坚持改革发展，为把沧运建设得更加兴旺、发达而努力奋斗

2000 年 6 月 18 日

各位领导、各位来宾、朋友们、同志们：

今天，我们怀着无比兴奋的心情聚集一堂，隆重庆祝沧运集团公司成立五十周年。首先，请允许我代表公司党政领导及全体员工向百忙中前来出席大会的各位领导、各位来宾和朋友们表示热烈的欢迎！向奋战在全司各条战线上的员工及离退休、退养的老同志表示诚挚的问候！向为公司发展做出突出贡献、今天受到大会表彰的百名“沧运功臣”和“沧运模范”表示衷心的祝贺！

回首往事，我们沧运走过了五十年不平凡的光辉历程。我司始建于 1950 年 6 月。当时称谓是河北省运输公司衡水分公司沧县支公司。随着行政区划的变更和经济的不断发展，曾先后七次更名。到 1996 年 12 月通过公司制改革称为河北沧州交通运输集团有限公司。公司创立之初，仅有员工 148 人，破旧车辆 15 部，总资产 30 万元。五十年来，在上级党委、政府的正确领导和有关部门及社会各界大力支持帮助下，公司历届领导班子同心协力，励精图治，团结带领广大职工发扬艰苦奋斗、奋力拼搏、无私奉献的革命精神，战胜了一个又一个艰难困苦，出色地完成了党和国家交给的各项任务。除满足城乡人民出行和货物运输需求外，还多次担负了抗洪抢险、根治海河、晋煤外运、抗震救灾、公铁分流、集疏港运输等重大政治任务，为沧州的经济发展、保障国家和人民生命财产的安全做出了重大贡献。

改革开放以来，特别是近十几年来，面对运输市场复杂多变、激烈竞争和全行业陷入困境、效益大滑坡的新形势，我们解放思想，更新观念，抢抓机遇，奋力拼搏，使企业摆脱了困境，走上了持续、健康、稳定发展的轨道。回顾总结公司发展、壮大的历程，历数广大员工创造的辉煌业绩，概括起来主要是企业发生了七

个重大变化。

（一）企业规模有了新发展。通过全体员工长期不懈的努力，公司总资产已达到1.66亿元，是建司时的530倍，用近十年时间翻了一番半。客货营运车辆830部，为建司时的54倍，中高档豪华客车、特种货车、中小型轿车已成为主要运输工具。生产基础设施大为改观，14个市、县级客运站和沧州总站重建和扩建，建筑面积达28.5万平方米，为建司初期的140倍。产业结构由单一运输业拓展为运、工、贸三位一体、多业并举的经营新格局，运输、交通工业、经贸分别占营业收入的32%、60%和8%。客运营运班线达238条，总营运里程12300公里，汽车修理业居于全市垄断地位，在交通运输战线发挥着主力军作用。

（二）经济效益达到新水平。在年均消化原材料涨价、过路过桥费、职工工资增长等成本330.2万元后，公司综合效益自1992年以来连续9年增长，从1992年起，连续四年居全省同行业领先地位，从1996年起连续四年居全省同行业首位，并跨入全国同行业先进行列。1999年全司实现营收1.06亿元，利税515万元，其中利润292.3万元，是改革开放二十多年来最好水平。公司现已形成由24个分公司、8个控或参股子公司、3个协作成员、4100名员工组成的跨行业、跨地区、跨所有制的大型公路运输企业集团，在全省大型国有公路运输企业中，总规模从十年前的第九位前移到第五位。

（三）建立起适应市场的新机制。通过改革探索，我司已基本建立起具有公路运输企业特色、符合现代企业制度要求的新机制。对基层单位实行了资产经营责任制；对营运车辆，推行了产权明晰的单车经营责任制；深化“三项制度”改革，建立起“干部能上能下，工人能进能出，工资能高能低，机构能建能撤”的“四能”机制。通过股份制改造，实现了投资主体和产权多元化，形成股份公司体制。对基层经营者落实了业绩考核制、年薪制、会计委派制、全方位监督制等一系列规章制度，形成一套激励和自我约束新机制。在领导体制上初步建立新老三会交叉任职，相互合作，相互补充，相互监督的有效制衡机制。我司被称为全省企业和全国同行业改革开放的一面旗帜。

（四）创立了较为科学的管理新模式。持之以恒坚持“强管理练内功，改管并重”的指导思想。进入九十年代以来，以学习邯钢为契机，以强化基础管理入手，以推广、应用现代化管理手段为重点，以窗口建设和贯标为龙头，以全面实现科学管理为目标，在管理思想、管理内容和管理方法上，进行了一系列的探索和创新。在实践中建立了资本经营、基层达标升级、依法治企、信息反馈、形象建设、竞争上岗、末位淘汰以及党的建设、政治思想工作、企业文化等一整套制度，形成了以人为本，以效益为中心，以财务、质量、成本管理为重点，凝聚人心的民主和集体决策的科学管理体系。公司在计划经济体制下形成的传统的管理思想、方法和模式正在被标准化、科学化、现代化的新理念、新管理模式所代替。先后有六项管理成果在市、省和全国行业会上介绍并获奖。

（五）职工素质有了新提高。我司的职工教育工作多次受到省交通厅、省政府和交通部的表彰。1996 年公司推出“人才开发”经营战略，全面实施“内强素质，外引人才”后，使员工队伍的文化和技术结构发生了新变化。近几年来，出国送培学习考察的领导和后备干部 72 人次，与大专院校联合办学培养中高级人才 534 人次。引进各类高中级人才 118 人。目前，在职的 3086 名员工中，具有大专以上文化程度的 190 名，占员工总数的 6.16%，具有中专和高中文化程度的 1010 名，占 32.7%，分别比十年前提高了 2.86 个百分点和 15.7 个百分点。具有高、中级职称的 125 名，初级职称的 314 名，先后荣获市厅级和省部级技术状元能手称号的职工就有 50 名。沧运已形成一支懂经营、会管理、精技术的骨干队伍，在市场竞争中充分显示出人才的关键性作用。

（六）员工生活水平有了新改善。注重改善和提高员工生活水平是我司领导班子一贯指导思想和工作重点。在贯彻落实市委提出的“四民工程”中，为员工办实事、帮难解困更加自觉。十几年来，全力解决员工“住房难”问题。通过公司投资、公私联建和职工集资等方式，先后兴建职工住宅楼 33 栋，面积 9.7 万平方米，1310 户员工家庭乔迁新居，91.7% 的住宅通了暖气。员工收入逐年增长，1999 年人均工资达到 7096 元，比 1998 年提高 6 个百分点，高于全市职工平均工资的 19.8%。通过开展的“送温暖”活动，努力帮助特困员工脱困，先后安置 319 名子女就业。开辟“八条渠道”安置富余员工，坚持不推职工下岗，确保了员工就业。当前，整个公司政治稳定，上下团结，员工争先创优，生产蓬勃发展，展现出沧运良好发展前景。

（七）精神文明建设上了新台阶。多年来，自觉坚持两个文明一起抓。近十年来，全司以建设“四有”员工队伍为出发点，以提高服务质量为中心，广泛深入地开展了以“八大文明”(文明单位、文明站、文明线路、文明车、文明科室、文明班组、文明职工、文明家庭)为载体的创建活动。同时,大力加强企业文化和企业形象建设,形成了以“十个一”(一张报《沧运集团报》、一本书《沧运风采》、一本画册《沧运集团简介》、一个沧运业余艺术团、一支司歌《沧运之歌》、一个企业精神、一个司徽、一个司旗、一个沧运发展史展览、一个沧运电视专题片)为代表的先进文化框架和良好形象。坚持开展了“学理论换脑筋”“争先创优”和比、学、选、树等活动,涌现了一大批先进集体和英模人物。从1989年起连续十二年被评为市级文明单位,连续十年被省厅评为先进单位。1994年至今保持省文明单位称号。去年又被省政府命名为省级先进企业、质量效益型企业和优质服务单位。我司的交通工业、多种经营、改革、财务、职工教育、质量管理以及党建、政治思想工作、工会、武装等二十多项工作均在全省及全国行业会上介绍经验,受到表彰。沧州客运总站、修理一公司、客运一公司等基层单位成为省部级先进单位。王学鹏、于连发、曹永堂、姜义华等18名同志先后被评为省部级劳模和先进生产(工作)者。先后有新华社、人民日报、经济日报、中国企业报、中国交通报、企业管理、河北日报等新闻媒体报道我司的经验。我司双文明建设水平和社会认知度可称为企业历史之最。

回顾我司五十年的战斗历程,可以说,这是一代代沧运人团结拼搏、艰苦奋斗的创业史,是沧运人勇于探索、敢于创新的改革史,是沧运人精心谋划、抢抓市场的发展史,是沧运人服务社会、争创一流的奉献史。当我们回顾历史,展现丰硕成果的时候,我们不能忘记多年辛勤工作在各个岗位上的创业者,决不能忘记呕心沥血、开拓进取的历届领导班子,不能忘记带头苦干实干、成绩卓著的众多英模人物,也不能忘记默默支持亲人忘我工作的千百个“贤内助”们,当然,更不能忘记一贯关心、支持、帮助我们的上级部门的领导和同志们。让我借此机会,代表现任党政领导班子和全体员工向上述所有领导和同志们再次表示衷心的感谢和敬意!

各位领导,各位来宾,同志们,沧运由小到大,从弱到强,我们沧运人付出了大量心血和汗水,经历了许多挫折和困扰,也品尝了不少苦涩和欢欣。回顾总结我们成功的基本经验,主要有以下几点。

第一,坚持高举马列主义、毛泽东思想、邓小平理论的伟大旗帜,不断解放思想,更新观念。在企业改革和发展的实践中,我们坚持以正确的理论为指导,特别认真学习和领会邓小平理论,在理论和实践的结合上下功夫。我们认真学习生产力标准,打破以"公"和"私"为分水岭的所有制标准,勇敢地引进个体私有成分,合作经营;我们深刻领会"三个有利于"的论述,打破以"计划"和"市场"为界限的经济体制标准,冲破左的思想束缚,放胆打破单一运输模式,走上多元化经营路子;深入领会"摸着石头过河""敢试敢创"的思想,打破墨守成规的观念,大胆走向京津和国际大市场,努力探求出以"六个坚持"为主要内容的公路运输企业脱困、发展之路,受到同行们和学术界的称赞和关注。发展和改革的实践,使我们深深体会到:沧运能较快的发展,靠的就是邓小平理论撑腰壮胆,指方向。今后,我们要继续高举这面旗帜,去迎接新挑战,夺取新胜利。

第二,坚持咬定发展不放松,积极抢占市场。发展才是硬道理。面对日趋激烈的市场竞争,我们不等不靠,不畏难,不叫苦,笃信"狭路相逢勇者胜"。我们在谋划、推进企业发展中,首先是制订出一条清晰的经营发展战略。先后推出并实施了"多元经营、外向带动、人才开发和名牌兴司"四大经营发展战略,并落实了具体发展计划、措施,随之推出了调动员工积极性的政策和办法。二是树立了强烈的抢占市场意识。充分发挥国有企业企潜在的优势,做好搞活企业这篇大文章。采取一系列适应市场、抢占市场的措施,提高市场占有率。三是上项目,增实力。面向全社会、面向国内外大市场,寻找发展空间,开发新项目。通过大力招商引资,借助外力、外智,走联手联合的新路子,先后引资7000多万元,新上40多个合资、合作项目,拓展企业新经济增长点。近几年,新增项目产生的收益占全司总收益的67%。

第三,坚持企业改革不动摇,转机建制闯新路。沧运的发展壮大得益于改革,企业改革是沧运前进的巨大动力。我司的改革具有四个明显的特点。一是领导带头改。特别是1994年、1995年被列为省市试点和交通部重点联系企业后,领导班子改革意识进一步增强,企业改革列入公司重要议事日程。认真学习改革理论和国内外先进经验,广泛听取职工意见,反复研究制订方案,倾注了大量心血和精力。二是政策引导改革。正确处理改革、发展与稳定的关系,始终坚持"积极稳妥、改管并重、多方结合、减少振荡"的指导思想,每项改革举措出台都充分考虑员工心理和实际承受能力,做到发动充分,认识统一,因势利导,逐步深入,员工受益。坚持以改革促管理,以管理保改革。三是改革不停步。我司改革做到循序渐进。如:对单车实行单线承包后,又引申到触及产权的单车经营责任制;对基层单位推行承包经营责任制,又深化进入资产经营责任制;1996年改组为国有独资后,又推行基层股份制,进而实行整体股份制改造,形成股份制公司。四是勇于探索创新。在改革中敢于打破旧框框、老模式,探索符合道路运输企业实际和现代企业制度的新机制、新模式。"改管并重""双考双否""四能"机制、"六个坚持"脱困发展的新模式等都是靠自己不断探索、创新所取得的成果。

第四,坚持依靠职工办企业,推进民主管理。企业的根基在员工。我司注重发挥广大员工,特别是先进典型的模范带头作用。一是组织参与制度化。公司董事会和监事会都吸收一定比例的员工代表参加,较好地发挥了参与决策和民主监督的作用。公司和基层关系到员工切身利益的重大问题,均由员工代表参与,认真听取和采纳员工的意见和建议。二是制度参与规范化。我司依靠员工办企业和民主管理制度健全,相互配套。职代会、司务公开、民主评议干部、集体劳动合同等制度,坚持经常,标准规范,成效明显,得到广大员工的认同和赞成。三是参与渠道多样化。我司创造了不少员工民主管理好形式,如总经理问计、司情发布会、合理化建议、改革发展大讨论等,广开言路,广辟渠道,多方面听取员工意见和建议,充分发挥员工聪明才智,大大提高了员工对企业的关切度和向心力。同时,党政工组织注重密切联系群众,坚持为员工释疑解困办实事,受到员工欢迎、拥戴。

第五,坚持两个文明一起抓,提高员工素质。在两个文明创建中,我们十分注重精神文明建设。根据企业特点,坚持做到"三个结合"。一是两级领导班子"一岗双责",做到分管业务工作与精神文明建设相结合,自觉将双文明建设融为一体抓。二是精神文明建设与加强企业管理相结合,把精神文明建设渗透到经营管理的各个环节中去,如加强现场管理,实行文明生产;贯彻预防为主的方针,突出安全教育;纠正以权、以职谋私的不正之风,端正行风等。三是精神文明建设与提高服务质量相结合。在贯彻落实"名牌兴司"战略中以"八大文明"创建为载体,争创沧运名牌,大大促进了服务态度的改善和服务质量的提高。

同志们,当我们欢庆建司五十周年的时候,我们面临着国家"入世"和经济全球化的新形势,企业也面临着机遇和挑战,前进道路上,还有许多困难。我们的队伍知识不足,整体素质还不适应,企业的实力还远远抵不住“外侵”。最近,油价跳涨、员工调资又使得成本大幅度上升,由于铁路、航空以及国外资本加快侵占市场而使市场竞争更加激烈。资金不足与发展的矛盾仍很突出。这些“老课题、新矛盾”都须我们付出极大精力去解决。我们一定借司庆的东风认真总结经验,查找不足,发扬光荣传统,再接再厉,奋发进取,再创新的辉煌。

我们一定要继续高举邓小平理论伟大旗帜,紧紧团结在以江泽民同志为核心的党中央周围,用“三个代表”的重要思想武装全体员工的头脑。落实市委“四民工程”总体要求和五届十次全会(扩大)精神,进一步发挥党组织的政治核心作用,从严治党,加强监督,加强干部和员工队伍建设。通过两三年努力,公司两级领导班子文化结构以大专为主体,两级管理人员以中专和高中为主体,造就一支适应知识经济需要骨干管理队伍。同时,继续抓好两个文明建设,推进以“八大文明”和“十个一”为载体的精神文明创建活动,使“名牌兴司”战略进一步落实,确保企业形象、服务质量再上一个新台阶。

我们一定要抢抓新机遇,谋求新发展。抓住我国“入世”前的时间,加强学习,做好思想和物质准备。要将企业放在国际大市场的坐标上,从全球经济一体化的高度来重新审视企业,重新谋划和调整经营思路,抓住千载难逢的大好机遇,向新的经营领域进军,特别要在推进企业“国际化”上下功夫,要通过资产重组、联合、兼并、合资合作等方式,实施低成本扩张,拓展新市场,加速企业发展。通过努力,我们争取到2010年在企业规模、创利水平和人均收入上,在现有的基础上翻两番,以实现我司“多元化、集团化、现代化、国际化”的宏伟目标,成为真正国际有竞争实力的“四跨”企业集团。

我们一定要继续深化企业内部改革,巩固和完善现代企业制度。要在建立股份公司基础上,在制度上创新。建立、健全现代企业要求完善的制度。要进一步完善法人治理结构,真正达到“产权明晰、责权明确、政企分开、管理科学”的要求,并充分发挥好新机制的强大威力。要以壮大企业实力,提高经济效益为目标,继续进行结构调整和资产重组,做到“有进有退”,使低效资产变为高效资产。要继续推进内部“三项制度”改革,全面建立、完善起激励、约束机制,充分调动基层和员工积极性,推动企业大发展。

我们一定要强化企业管理,苦练内功,全面实现企业达标升级、科学管理要求。要继续开展学邯钢活动,努力实现成为全国交通战线的“邯钢”的奋斗目标。要在推进现代化管理上下功夫,继续推行国际质量贯标认证工作,客运业和交通工业争取明年通过国家级认证。当前,要开展好“质量管理效益年”活动,重点搞好成本、财务、质量和安全管理,向管理要质量,要效益。加强员工素质教育,纠风倡廉,落实社会承诺,以更高的服务水平和服务质量回报、奉献社会。

同志们,回顾50年,我们豪情满怀,展望新千年,我们信心百倍。让我们高举邓小平理论伟大旗帜,发扬“团结、拼搏、优质、奉献”的企业精神,继续“抢市场求壮大,靠改革促发展”,向着建设更加兴旺、发达的新沧运的宏伟目标奋勇前进,为沧州人民和沧州经济发展做出新的更大贡献。

胜利永远属于特别能战斗的沧运人!沧运的明天一定会更加灿烂辉煌!

(本文选自作者在沧运集团公司成立五十周年庆祝大会上的讲话)

在集团公司党建工作会议上的讲话(节选)

2000 年 7 月 1 日

我司党建工作的主要任务是:高举邓小平理论伟大旗帜,紧紧围绕生产经营和资产运营,推进企业改革和发展,充分发挥核心作用、保证作用和监督作用,突出抓好党员队伍素质提高,抓好组织建设,尤其是干部队伍建设。充分调动党员生产(工作)积极性,为落实公司"四大"经营战略,推进"四化"建设努力奋斗。奋斗目标是:经过两三年的努力,党建及群团、老干部等工作全面进入省级先进。

一、抓好党的自身建设,充分发挥党组织的核心作用、监督作用、保证作用

(一)加强思想建设,用先进思想武装党员头脑。要进一步深入学习邓小平理论和党的十五届四中全会以来,党的路线、方针、政策。当前要认真组织好对江泽民同志"三个代表"重要思想的学习贯彻,结合本职工作深入开展讨论,提高认识。继续开展"讲学习、讲政治、讲正气"教育。"三讲"活动要和省市提出的"三学习一提高"(学理论、学政策、学业务,提高队伍素质)结合起来。搞"三讲"要在转变党员观念上做文章,在正确贯彻执行党的现行政策上用气力,在推进企业改革发展上下功夫。

(二)进一步搞好组织建设,抓好党的基础工作

1. 在基层党组织建设上要抓好五点

(1)进一步健全组织机构。党委决定基层单位有党员 50 人以上的可由支部改建为党总支,总支要设专职党总支书记。在较大车间、分队建立党支部。各单

位综合办公室内，要选文化素质较高、有一定工作和领导能力的同志做党务工作。要求二类单位要有两名专职做党务工作的人员，三类单位一个，四五类单位可设兼职政工干事。专职副书记、工会主席要以主要精力抓党群工作。党的工作也有自己的业务、专业知识。在工作中要处理好以下几个关系：一是党务工作与生产经营的关系，即要围绕生产经营，又要有党务工作的特色，不能被生产经营所代替；二是书记和经理的关系，两者只是分工不同，党的建设要结合经理经济目标工作，也要落实党建目标的考核制，书记要领导党支部的工作，不是听经理指挥；三是党务工作和其他工作的关系，必须以主要精力抓党务工作，同时亦可兼管其他工作；四是保证和监督作用的关系。党务工作者要发挥领导监督作用，保证党的方针、路线、政策、上级决定的落实，保证班子勤政廉政，队伍不出问题，同时也参与生产经营及单位重大决策研讨。

(2)建立健全例会制度。一是建立党委会例会制度。公司党委拟每半个月，即每月的1号、15号召开党委会，专题研究党的建设，从制度上保证党委研究党建问题。二是集团公司党委建立党支部书记例会制度。每月的30日定为例会日，各支部书记就一月来的工作进行总结，并对下一个月的工作进行安排，同时听取党委的工作安排。三是继续坚持“三会一课”制度。要求党委书记、支部书记每年要带头讲党课2~3次。各支部要组织党员定期过组织生活，各项活动要有记录。支部要定期听取党员的思想汇报，有针对性地对党员进行教育。

(3)加强对党员的管理，特别要做好党员发展工作。要突出抓一下党员的发展工作。现在全司党员中，46~55岁的占近50%，初中文化程度的占46%。因此，要加快对党员的培养、发展。要按照“坚持标准、保证质量、改善结构、慎重发展”的要求，成熟一个发展一个。今后发展党员要坚持“三个倾斜”，即由机关向基层倾斜，由二线向一线倾斜，向脏险累岗位和知识分子倾斜。要努力消灭基层班组党员空白。当前要重点吸收中青年业务骨干、知识分子、一线优秀员工、优秀经营管理者入党，并注重发展妇女及少数民族员工入党。

(4)抓好党员的先锋模范作用。要开展好民主评议党员活动。要善于结合工作实际，对各个岗位上的党员提出不同要求。如党员驾驶员，要优质安全、创利高；党员维修工，业务上要成为技术能手；党员管理人员敢于、善于管理、善于出成果等。要抓好党员带头作用。在全体党员中开展“四查四比”活动，即查思想观念、查精神状态、查工作作风、查工作思路;比党性觉悟、比工作(生产经营)成绩、比团结协作、比廉洁勤政。这项活动,各支部采取一季一小评,半年中评,年终总评。几年评比都优秀的选为单位的先进典型;评比不合格的,支部对其亮黄牌,明确专人帮助,并制订改进措施,全年评比不合格的,不能评为先进。

(5)抓创先进党支部活动。为抓好基层支部建设,要在各党支部中广泛开展"五有五好"活动,即:有坚定正确的政治方向——思想建设好;有坚强有力的领导班子——核心作用好;有率先垂范的党员干部队伍——模范作用好;有密切联系群众的工作方法——工作作风好;有开拓进取的创业精神——工作成效好。通过"五有五好"活动,更好地发挥基层党支部的战斗堡垒作用。为切实搞好党建工作考核,要层层签订责任状。年初集团公司党委与各党支部书记签订责任状,各支部书记与党小组长签订责任状,党小组长要与每个党员签订"一岗双责"责任书。使党务工作做到定量、定责、定奖惩。明年"七·一"前,公司党委将对"五有五好"支部进行评选表彰。

2. 加强领导班子建设,建立党建骨干队伍

当前基层党政班子普遍存在"三低一高",即文化程度偏低,在基层班子中,中小学文化程度的占38%;政治素质低,党的基本知识少、政策水平低,甚至不懂得党支部书记该主要抓什么,要么"叫干什么就干什么",要么只管后勤,当"后勤书记";理论水平低,对马列主义、毛泽东思想、邓小平理论知之甚少,对党的基本知识缺少系统的了解和掌握。基层班子年龄偏大,平均年龄已达45岁。针对这一问题,一是对现有干部进行培训。今年要以提高干部素质为干部管理的重中之重。实施"543"工程,即要求在位干部提高五种素质,发挥四种功能,树立三种形象。五种素质包括政治素质、法律素质、开放素质、文化素质、团结互补素质;四种功能包括驾驭工作全局的功能、改革创新的功能、化解矛盾保持稳定的功能、建设精神文明凝聚员工合力的功能;树立三种形象包括开拓创新的形象、认真务实的形象、公正廉洁的形象。二是大胆选拔年轻干部。各基层班子要老中青结合,以中青为主,年轻干部在30岁左右,最高不能超过35岁。有培养前途的青年干部,25岁左右的,可放到车间主任、主要业务处室,提早上岗进行锻炼。经过两三年的努力,使基层领导班子大中专文化程度达到80%左右,平均年龄40岁以下。对领导干部选拔任用,要改变目前大多是提名考察,直接任命的办法,

采取自荐、举荐、推荐等多种办法，广开选贤渠道。实行竞争上岗，择优聘用。在基层要推行直选办法，坚持群众公认的原则，正常情况下得不到半数员工以上拥护的不准进班子。正式任命前，实行公示制和试用制，试用期半年至一年，工作胜任的进班子，不胜任的回原工作岗位或改做其他工作。在抓好班子的同时，还要抓好车间主任、班组长，包括机关科级干部的配备，保持一支良好的骨干队伍。三是加强对领导干部的监督。要建立健全领导干部监督机制，把干部监督贯穿于干部培养、选拔、使用、管理的各个环节。

二、搞好以“八大文明”为载体的精神文明创建活动

全司文明建设的目标是，经过三至五年努力，在现有省级文明单位基础上达到国家级文明单位要求，并成为国家级文明单位。因此，精神文明要重点抓好以下几方面的工作。

第一，要下大力气，夯实文明建设的基础。重点抓好点上的示范作用，以此带动全司的文明建设，在巩固好已评选出的文明站、文明线路、文明科室、文明班组的基础上，在客运上，重点抓文明车的创建和各汽车站的星级升档，抓好十大窗口的竞赛活动。

第二，抓优质服务，抓运行和劳动纪律。集团公司确定：要首先建立公司行政执纪队，重点查纠服务质量、运行纪律（包括形象建设），下大力抓好优质服务。开展好“百家用户评行风”，聘请旅客监督员；在全公司范围内开展“争做文明的沧运人”“沧运人十大好形象”（即好党员形象、好公仆形象、好青年形象、好女工形象、好驾驶员形象、好乘务员形象、好站务员形象、好修工形象、好知识分子形象、好管理人员形象）评选活动。其次，要落实“名牌兴司”战略，光大企业形象。年内要有 3 ~ 5 个个人成为省部级典型，要有 5 ~ 10 项工作成为省部级先进。三是，积极培育企业文化。充分运用好“十个一”（即一种企业精神、一个司徽、一面司旗、一支司歌、一张《沧运集团》报、一本《沧运之路》、一本《沧运集团》画册、一个沧运艺术团、一个发展史展览、一个反映沧运成长的录像片），大力开展各种形式的文化娱乐活动，要在“十一”“两节”“五一”等重大节日前，以沧运艺术团为中心搞好有益活动。各单位要继续办好“职工之家”和“五个一”，即一个职工活

动阵地、一个简报、一个司务公开栏、一个阅报栏、一个先模人物展示栏。要建立起自己的文艺宣传队伍,开辟集阅览、文体、教育于一体的文化阵地。四是进一步搞好全司的形象建设。从单位外观、匾牌的文字,到内部办公环境、形象都要认真抓,经常抓,抓紧抓实。各单位院内要美化绿化,要植树、种花、种草,都要向“花园式单位”方向努力。

三、加强对群团和老干部工作的领导,充分发挥群团组织的作用

第一,要配备群团工作人员。工会工作、团的工作、民兵工作,不论专职还是兼职,总之要明确有人去做。要改变一些基层单位党工群后勤一人管,“只抓后勤,不管党群”的倾向。本着精干、效能的原则,基层大单位要在综合办公室设专职人员做群团工作,明确团支部书记、武装干事,并给予一定的时间保证,小单位也要明确人员抓群团工作。

第二,要充分发挥群团组织在改革、生产经营和精神文明建设中的作用。对工会要认真坚持职工代表主席团联系会制度,坚持职工董事和职工监事制度,成立员工持股会;坚持民主评议干部和司务公开制度、公示制度、干部直选制度、集体合同制度等,定期召开议事会、答疑会;认真开展好学技术、比技能的岗位练兵活动、合理化建议活动、送温暖活动、文化活动和评选创优活动;要搞好工会自身建设、基层班组建设和职工之家建设。

武装工作要结合生产经营,做实各项工作。巩固好修理公司、汽运一公司民兵建家成果,达到“四有”“七册”;做好增强军事观的工作;搞好“以劳养武”工作。

共青团工作要在全司全面推进“青年文明号”活动,继续开展“我为企业增收千元”、先进青年的表彰和“岗位练兵”“拜师学艺”等活动。老干部工作要做到管理工作规范化制度化。切实落实老干部的政治、经济待遇,对效益较差的单位,千方百计保证“两费”的发放;搞好老干部的综合服务,坚持家访制、为老干部祝寿、体检等制度,老干部工作争取年内跨入省先进行列。

计生工作,要进一步强化基本国策的教育。下半年组织一次计生培训;强化目标责任制管理,抓好已婚育龄妇女的季普查工作。各单位党组织要加强对计

生工作的领导,搞好基础管理工作,做到领导、办事员、制度、记录、例会五落实。通过努力,力争达到省级先进水平。

四、围绕企业中心,搞好行之有效的思想政治工作

第一,要统一各级党组织的思想,认清面临的新形势,如改革开放的新形势、企业变革的新形势、社会改革的新形势、竞争激烈的新形势、入世的新形势;要建立起党政工上下结合、纵横交织的大政工体系;在教育的方式、方法上,我们采取多种形式,注重运用先进典型影响和带动职工。

第二,充分发挥各种舆论宣传工具在思想政治工作中的重要作用。《沧运集团报》《党的生活》、集团公司和基层的各种简报、黑板报、宣传栏、文艺宣传队等都是进行思想政治教育的重要渠道和阵地。

第三,关心职工生活,切实为职工办实事。做思想工作要和办实事结合起来,要多做得人心、稳人心、暖人心的工作。切实解决好下岗、困难职工、老职工、老模范、老干部的实际困难,使职工真正感受到企业党组织的温暖,凝聚人心。

五、学理论,换脑筋,提高干部职工的整体素质

第一,要切实抓好两级中心组学习,即两级班子学习。首先,党委班人要深入学习邓小平理论和党的十五届四中全会以来党的路线、方针、政策,当前要学好江总书记“三个代表”的论述,并展开“珍惜50年成就,今后如何大发展”的大讨论。要建立和完善理论学习制度:一是集团公司理论中心组和各基层党支部每月集中学习不少于半天,每次学习要结合实际,着重解决好一两个认识或实际问题;二是自学制度。党委工作部和基层各单位党务工作者,要安排和落实好班子成员个人自学篇目和集中学习讨论专题,做到学习一篇、领会一篇,不定期抽查个人自学笔记;三是培训制度,要通过职工教育,分期分批培训全司党员干部,基层单位要利用企业业余学校,培训全体党员、职工;四是交流研讨制度,在学习中,各支部要坚持做到两个引导,即通过写心得、谈体会等方式,引导大家把学习成果转化到世界观改造上,通过比实绩、找差距等方式,引导大家把学习成果提

高到决策水平上。

第二,要抓好科级以上干部学习。年内要办好两三期以学习“三个代表”为主要内容的学习班,对科级以上中层干部进行普训。选拔一批学识高、有讲解能力的队伍,编写辅导材料,辅导职工学习。为促进工作,要求各基层党支部成员每年撰写2~3篇,机关支部成员3~5篇。基层一、二、三类单位要定期出“政工简报”。

第三,对党建工作、政治思想工作,各基层单位要召开座谈会和经验交流会。集团公司政研会要进一步活跃起来,研究思想政治工作,撰写思想政治工作文章,从思想和理论上,对我司两个文明建设进行正确引导。

党建工作和生产经营紧密相连,党建工作搞不好,生产经营也不会搞好,即使一时搞得好,也会掉下来,希望全体党务工作者要认真学习,积极工作,大胆创新,为充分发挥党组织的战斗堡垒作用和党员的先锋模范作用,努力实现使党建工作跨入省级先进的目标,从而为全面推进我司“多元化、集团化、现代化、国际化”的宏伟目标努力奋斗!

把民兵预备役工作提高到新水平

2003 年 3 月 25 日

各位领导、各位来宾：

我代表沧运集团党政领导班子及全体民兵和职工，向前来授牌的市委领导、军分区首长、向新华区委、区政府、区武装部的各位领导，向与会的多年关心支持我司民兵预备役工作的同志们表示热烈欢迎和衷心的感谢！

“全国基层民兵预备役工作先进单位”称号是我司历史上获得的最高荣誉之一。获得这一国家级荣誉，对我司搞好民兵工作是一个加油站。我们清醒地认识到，在工作中还有许多不足，与市委、军分区高标准要求还有不少差距。我们要认真落实市委和军分区党委指示，认真总结民兵预备役工作的经验教训，发挥成绩，克服缺点和不足，进一步做好民兵预备役工作。在企业改革新形势下，我们要继续把民兵预备役工作列入党委的重要议事日程，像重视生产经营那样重视民兵预备役工作；要进一步保证民兵的活动场所、活动时间、活动经费、活动内容、活动措施的“五落实”；要继续抓好国防教育，进一步提高民兵素质，增强国防意识；要继续抓民兵培训，充分发挥民兵在企业两个文明中的骨干带头作用。以民兵预备役工作为动力，促进沧运的大发展，为沧州民兵预备役工作，为沧州建设小康社会做出新贡献，以更加优异的成绩，回报市委、市政府和军分区首长的关怀和厚望！

（本文节选自作者在公司荣获全国基层民兵预备役先进单位授牌仪式上的发言）

发挥党组织的政治核心作用，推动企业创新科学发展

2011 年 8 月 26 日

各位代表、同志们：

这次会议，是我司改制以来召开的首次党员代表大会，也是我司在新的历史起点上，全面落实企业“十二五”发展规划和新的发展战略的关键时期召开的一次重要的会议。开好这次大会，对于进一步加强党的建设，发挥党组织的政治核心作用，推动实现企业创新科学发展具有十分重要的意义。现在，我代表集团公司党委向大会作工作报告，请予审议。

一、五年来工作的简要回顾

我公司是 2004 年 12 月按照省市政府要求，依法依规完成整体改制后，成立的股份制新公司。五年来，在中共沧州市委和市国资委党委的正确领导下，公司党委团结和带领广大股东和全体党员、员工，以邓小平理论和“三个代表”重要思想为指导，深入贯彻落实科学发展观，积极发挥党组织的政治核心作用和共产党员的先锋模范作用，坚持以人为本，以做优做强新沧运为中心，调战略，转机制，强管理，努力推进企业转型发展，使我司在市场竞争激烈、成本大幅攀升的形势下，取得了“两个文明”建设丰硕成果，整体效益连续 15 年保持了两位数增长。公司党委连续 20 年被上级党委评为先进基层党组织，连续 17 年获省级文明单位称号。集团公司先后被评为全国行业百强和物流百强企业，河北省最具成长力企业、重点行业排头兵、物流领军和示范企业，主要领导荣获全国企业改革领袖、交通行业旗帜人物、河北冀商领袖等荣誉称号。经过 5 年奋斗，我们实现了改制时提出的“三至五年再造一个新沧运”的宏伟奋斗目标。

(一)加强理论建设,保持企业正确的政治方向

公司党委始终坚持以邓小平理论和“三个代表”重要思想武装广大党员和员工的头脑,着力在提高党员和员工的政治素质上下功夫。党的十七大召开后,公司各级党组织在全司掀起了“学理论、强素质、开展解放思想”的热潮。通过办班培训、心得交流、知识竞赛、答卷测验、理论研讨等形式,对党的十七大精神进行了系统学习,还着重讨论了如何发挥股份制新体制优势、寻求企业快速发展新途径等问题。党委对领导干部学习情况进行检查和抽查、述职述学,推动了学习的开展。各基层党组织广泛开展了党员和员工学理论、学业务的岗位培训。五年来,全司共投入教育经费120余万元,举办各类培训班70个,培训人员3800人次,使公司党员、员工的理论素养不断提高、思想观念不断更新,紧紧跟上了时代和企业发展的步伐。

改制后,公司党委继续充分发挥党组织的政治核心作用,重大问题党委集体研究决定,坚持在涉及企业调整发展战略、项目建设、重大对外投资、重要人事安排以及事关员工切身利益等问题上把关定向。注意妥善处理好党委、工会、职代会与董事局、总裁层、监事局的关系,使之形成相互支持、相互配合、相互协调、相互制衡和极具发展合力的新体制、新机制。为了适应改革开放和企业发展的新形势,在学习实践科学发展观过程中,公司党委认真总结企业发展经验,提出并实施新的经营发展战略。2005年,我们提出了“以人为本、科学经营、名牌兴司、联盟共赢”的总体发展战略,确立并实施了“以运为主,相关多元”的经营方针,促进了综合运输业的发展。今年初,根据国家、省、市“十二五”规划要求,又进一步深化、提出了“运业为本、多元发展”新战略,并研究制定了《2011—2013年企业发展规划》,为企业创新科学发展描绘了新的宏伟蓝图。为落实好新的发展战略和规划,对领导和经营体制进行了调整,形成了在公司董事局、党委统领下,以沧运集团为母体,以冀运集团、物流股份公司、客运集团公司、旅游总公司、汽车服务总公司、房地产总公司、沧运(北京)总公司、沧运(北京)投资公司为经营主体的新的组织架构,也为企业跳出沧州、跳出行业,融入京津、融入环渤海经济圈打下了坚实的基础。当前,按照公司新的发展战略,基层党组织带领广大党员响应党委的号召,发挥新体制优势,为完成“十二五”发展规划确定的各项重点任务努力工作,并取得了初步成效。今年,我司先后与北京天雅集团、中石油华港燃气集

团、河北机场集团等一批技术水平高、综合实力强的大企业、大集团建立了战略合作关系,并开始了具体项目运作。我们还合伙经营了沧州市第一支“燕赵股权基金”,在北京合资合作成立了文化传媒公司等,从而使我司又进入产业地产开发、新能源推广、金融及文化传媒等新产业领域,使企业的发展触角和经营平台向两环和全国延伸。

(二)发挥党组织战斗堡垒作用,全面推进企业转型

集团公司党委准确把握科学发展方向,围绕转型发展工作大局,通过调整经营机构、建立分配新机制、选拔配备优秀领导骨干、加大考核激励等措施,带领各基层党支部及广大干部、党员,全面推进企业转型发展,加快向现代综合运输业进军步伐。经过努力,企业转型发展取得了新成效。客运业党组织,带领大家重点发展旅游出租、小件快递、城乡客运一体化,推动由单一班线运输向客货兼营转型;在物流上,发展了仓储、配送、信息、商贸等业务,推动由传统货运向现代物流转型;在汽车服务上,由过去的销售、修理为主,发展了精品销售、汽车美容、二手车置换、汽车贸易等新业务,开始改变单一4S店经营模式,全面向汽车后市场进军。到2010年末,客运、物流、汽车后市场新产业实现利润分别占该系统总利润的19.8%、7.2%、28.2%,比2007年提高5倍、7倍、17倍。县市公交出租业异军突起,从零起步,公交、出租车现已发展到1811部,拓展了新的服务领域。2009年4月,我们在省政府、省交通运输厅的支持下,对河北高客集团进行转型重组,组建、形成了集客运、旅游、物流以及房地产于一体的冀运集团,在与河北机场合作、房地产开发上卓有成效。

(三)加强自身建设,不断增强党组织凝聚力、战斗力

公司党委认真落实“党要管党、从严治党”的要求。一是加强组织建设。公司党委十分注重基层党组织的战斗堡垒作用,根据企业发展需要,及时调整、健全各级党组织,规范党的组织工作制度。为加强对党员干部的管理,公司党委制定了《干部管理条例》,并定期开展“下评上”“评优评先”活动,使党员干部管理进一步规范化。在党建工作中,我们不断壮大党员队伍,几年来,公司党委认真做好吸纳新党员工作,从政治上关心员工的进步和成长,先后吸收96名先进分子加入党组织。目前,公司共有党员523名,占员工总数的30%,成为企业发展的中坚力量。二是,加强党员队伍建设。为适应党建工作新形势,我们经常组织党

员开展学理论、学党章等活动，进行爱国、爱党、爱企、爱岗教育，深入开展“创先争优”“把党的旗帜亮起来”活动，在庆祝中国共产党成立90周年期间，为增强广大党员的党性观念和党员意识，集团公司党委专门制定下发了《关于搞好庆祝中国共产党成立90周年活动的安排意见》，举办了以颂党恩为主题的“永远跟党走”红歌演唱赛，组织了集团公司党建暨创先争优工作经验交流会，对全司涌现出的先进党组织和优秀党员进行了隆重表彰。今年七月份，组织25名新党员在马本斋烈士纪念广场进行了入党宣誓。这些活动丰富了党员教育的内涵，广大党员对党的宗旨、党的先进性有了新的认识，党性观念进一步提高。三是，认真关心中青年干部成长。公司党委着眼于建立基业长青的新沧运，着重培养、提拔优秀中青年干部，为他们搭建展示才华、不断成长的舞台。通过举办全司中青年干部和党员骨干培训班、挂职锻炼等形式，提高他们的政治素质和业务能力。五年来，先后有54名忠诚企业、素质好、年纪轻的优秀中青年党员干部得到提拔重用，走上领导岗位。四是，加强党风廉政建设。集团公司设立了监事局、纪检会、审计室“三位一体”的监督组织体系，建立完善并认真落实领导干部党风廉政建设责任制、党员干部考绩考廉、党员干部十不准等多项制度，监事局对法人治理结构成员行为有效监督，对两级经营层成员进行年度经济责任审计。同时，我们对以权谋私、失职、责任事故等违纪违规事件进行及时查处，加强了对分管人、财、物和事权人的监督约束，确保了企业依法依规运作和队伍的纯洁、高效。通过自身建设，党委、支部两级班子的战斗力明显增强，党组织战斗堡垒作用、党员先锋模范作用得以进一步发挥。西客站党支部发挥党组织作用的经验在全司加以推广，市场经营公司建立商户党支部的典型经验被新华社内参发通稿肯定。

（四）加强对群团工作领导，充分发挥其桥梁纽带作用

为加强对群团组织工作的领导，公司党委定期听取群团工作汇报，并及时提出工作任务和要求，积极支持其利用自身优势，发挥好桥梁纽带作用。去年先后召开了首次团代会和首次职代会，整顿了民兵预备役组织，健全了公司群团组织。各群团组织都独立自主地开展适合自己特色的活动，工会认真开展了以创建“工人先锋号”“班组先锋岗”为载体的劳动竞赛活动，几年来，先后涌现出省部级“工人先锋号”5个，“亲情旅程”服务班受到交通运输部表彰，公司级劳动竞赛

先进班组达52个。2009年,集团公司在首届全国“宇通杯”驾驶员节能技能竞赛中荣获团体一等奖、节能优胜企业称号,驾驶员张加青、徐伟力二同志代表河北省参赛,分获个人二、三等奖,张加青在中央电视台演示了驾驶技术和节油经验,并被沧州市文明委评为“沧州十大能人”。共青团突出抓了争创“青年文明号”“文明先锋岗”“争当青年岗位能手”等活动,并多次与工会开展职工书画展、文艺联欢、演讲比赛、红色经典诗歌朗诵会等健康向上的文体活动,青工们的思想水平、优质服务意识、岗位技能有了进一步提高。民兵武装工作遵循“党管武装”的原则,做到“企业改制,武装组织加强”,使思想、组织、人员“三落实”,深入开展了国防教育和民兵应急比武训练,多次完成了“急、难、险、重”任务,成为北京军区、河北省军区、沧州军分区先进典型,2005年被总参、总政授予“全国民兵预备役工作先进单位”荣誉称号,被河北省委、省政府、省军区授予“全省武装工作先进单位”。计划生育和女工工作坚持经常抓、专人抓,健全了女工委员会,被评为“沧州市计划生育工作先进单位”。

(五)加强思想政治工作,不断增强企业向心力

多年来,公司党委始终把思想政治工作牢牢抓在手上,坚持求创新、讲实效,使其更加贴近生产经营,贴近员工思想实际。特别是公司党委把关爱员工工作为思想政治工作的重要抓手,始终遵循“以人为本”的理念和“企业改制,员工主人翁地位不变”“依靠员工办企业宗旨不变”的原则,重点解决了员工住房、子女就业、福利保障、特困职工救助、生活和工作环境改善等关系员工切身利益的问题。先后为员工建起了食堂、文体活动室、司乘休息室,开通了公务班车、配发了工装等。五年来,公司用于改善员工工作环境、生活福利等方面的费用达1200多万元。并先后三次上调员工工资,去年人均上调工资幅度就达20%,提高了员工收入水平。今年,公司建立了员工工资正常升级制度,确保每年以15%的比例增长。5年来,为52名员工子女安排了就业岗位,解决了员工子女就业难的问题。这些贴近员工生活实际的工作,大大激发了全体员工的爱岗爱企热情,营造了和谐、幸福的沧运大家庭。集团公司思想政治工作多次受到国家交通运输部、省厅和市委宣传部表彰,被省、市授予“思想政治工作优秀企业”,公司政研会被省厅评为“优秀政研会”。强有力的思想政治工作团结凝聚了员工,有效促进了企业生产经营和各项工作。

(六)开展精神文明创建活动,打造企业“软实力”

公司党委结合行业特点,开展了文明单位、文明车、文明员工、文明班组“四大文明”创建活动,在员工中开展了忠诚企业、职业道德、爱岗敬业等一系列教育活动,选举和表彰了510个先模典型。为打造企业“软实力”,公司深入开展企业文化建设,初步提出了企业文化理念和行为规范,并做了宣贯工作。我司先后荣获“全国交通行业企业文化卓越绩效奖”,成为“全省行业企业文化建设示范单位”。公司党委注重强化社会责任感,积极组织党员、员工开展向贫困村、特困家庭、特殊旅客、特困学生、灾区捐献活动,五年来先后捐献善款近280万元。特别是在四川汶川抗震救灾中,我司出动300多车次,圆满完成了抗震救灾物资紧急运输任务,受到省委、省政府及市委、市政府表彰,多式联运公司党支部被评为抗震救灾先进党组织。在去年庆祝集团公司建司六十周年活动中,公司党委通过认真总结、回顾企业发展历程、举办发展史教育、评选表彰先模人物和优秀团队、邀请部、省市领导出席活动等,展现了新沧运新形象,鼓舞了员工斗志。卓有成效的精神文明建设,受到上级部门的肯定,在集团公司连续17年被省委、省政府和市委、市政府命名为“文明单位”的基础上,各基层单位的精神文明建设有了新的发展,如泊头、献县、青县公司分别被所在县市命名为“文明单位”,客运东、西两站连续多年获部级“文明客运站”称号,被确定为部、省文明窗口示范单位,客运西站还被交通部、共青团中央联合授予国家级“青年文明号”,被市总工会授予“巾帼文明岗”荣誉称号。

总结党建工作,应清醒地看到,我们的工作与上级党委要求和员工的期望有不少差距,主要表现在:一是,党建工作还不能完全适应国家经济发展的大趋势,如:配合生产经营不够紧密,思想政治工作创新还不够,时效性、针对性有待加强。二是,少数基层单位制度落实不够,党的工作活动不经常,发挥党支部的战斗堡垒作用有薄弱环节,对党员教育特别是对新入党的党员,党的基本知识的教育还不够深入,“三会一课”制度没有很好的落实。三是,有些党员按照党员标准严格要求自己不够,模范作用没有充分发挥,有的甚至混同于一般员工。四是,党的纪律监察工作,特别是对党员教育抓得不紧,对党员领导干部监督工作有待加强。我们要高度重视这些问题,采取有力措施,认真加以解决。

各位代表、同志们,总结五年来的党建工作,我们主要有以下体会:一是,邓小平理论、三个代表、科学发展观是党建和各项工作的指南，我们一定要坚定信心，高举旗帜，坚定不移地在党的领导下，为建设中国特色社会主义而努力奋斗，一定要为创建改制的新型的股份制企业做出新贡献。二是，坚持科学发展是企业的第一要务。企业党组织要紧密结合生产经营、提高经济效益这个中心，认真落实企业发展新战略，与生产经营组织协调联动，凝聚合力，实现企业创新科学发展。三是，坚持以人为本，与时俱进，勇于创新，全心全意依靠员工办企业，落实“发展沧运，成就员工”核心价值观，使员工和企业同成长，共进步。四是，坚决贯彻“党要管党，从严治党”的方针，狠抓反腐倡廉建设，强化对党员领导干部的监督，建设一支高素质干部队伍，让新沧运基业长青，永葆青春。

二、关于今后的主要工作任务

各位代表、同志们，我司党委今后一个时期工作的指导思想和主要奋斗目标是：以邓小平理论、“三个代表”重要思想和科学发展观为指导，深入贯彻落实胡锦涛总书记“七·一讲话”精神，以做强做优新沧运、打造国家一流品牌为目标，加快向现代综合运输业转型步伐，调整产业结构，转变发展方式，强化安全质量管理，提高员工收入和生活水平，继续全面加强党的建设，充分发挥党组织的政治核心作用和党员的先锋模范作用，大力推进两个文明建设，力争经过三、五年努力，把我司建设成为国内一流、融入国际、具有较高现代化水平的综合运业集团。在经营上，要形成以现代运输为主，集旅客运输、现代物流、汽车贸易、旅游文化、房地产、资本运作六大现代产业支柱体系。在效益上，突破低利行业束缚，成为中、高利企业，到2015年，全司资产达到18.1亿元，营业收入17.63亿元，利税1.04亿元，员工收入水平4.2万元，比2010年翻一番。社会贡献率有新的提高，年上缴国家税金翻一番，为社会再增加5000个就业岗位，精神文明建设进入国家级先进行列，为沧州、河北和行业的发展做出新的更大贡献。

根据这一指导思想，为完成上述主要目标，重点抓好以下五个方面的工作。

(一)加强党的政治理论学习，更新观念，培育高素质的员工队伍

加强党员队伍的政治理论学习，就是要学好邓小平理论、“三个代表”重要思想和科学发展观，当前要突出学习好胡锦涛总书记在庆祝中国共产党成立90周

年大会上的重要讲话精神。总书记“七・一”讲话全面总结了党的光辉历程和基本经验,提出了新形势下改革开放的大政方针、任务和目标,是继续推进中国特色社会主义伟大事业的纲领性文献。为此,公司党委已发出专门学习“通知”,各级党组织要认真组织好本单位的学习活动,用理论武装全体党员的头脑,深入领会和把握“七・一”讲话的重要内涵,用“七・一”讲话精神统一指导党员的思想和行动。要密切理论联系实际,注重学习效果,通过学习讲话,引导全体党员进一步解放思想、更新观念,特别是解决好部分领导干部和党员中信仰不够坚定、能力不足、精神懈怠等危机,进一步落实“运业为本、多元发展”新战略和“两个立足、两个跳出、融入两环”新方针,同时也要对广大党员进行系统的党的基本理论、基本路线、基本方针以及爱国主义、集体主义、社会主义教育,引导员工树立正确的世界观、人生观、价值观和良好的社会公德、职业道德、家庭美德,自觉抵制享乐主义和极端个人主义思想的侵蚀,继承和发扬沧运人识大体、顾大局、艰苦创业、无私奉献的光荣传统,坚持精心培养一支有理想、有道德、有文化、有纪律的“四有”员工队伍。

(二)紧紧围绕生产经营,发挥党组织政治核心作用

在股份制新体制下,如何搞好企业党的建设,更好发挥党的核心作用和党员模范带头作用,是我们各级党组织应不断探索的新课题。我们应该清醒地看到:当前受全球金融危机的影响,国内外经济发展不确定因素增加,国家发展高铁、航空等政策给我司客运带来很大冲击,尚不规范的市场经营环境给物流业、旅游业发展带来一定阻力,房地产业面临着国家更严厉的政策调控,加之物价上涨、成本大幅增加等,企业面临更加严峻的挑战和考验。在今后一段时期内,我们的生产经营任务将会非常繁重而艰巨,我们要坚定信心,团结带领广大党员和员工完成以下六项工作任务:一是构建完善组织、经营新框架,形成企业发展新格局。二是改造提升主营产业,提高市场竞争力、控制力。三是加快转型步伐,建设现代综合运输业新体系。四是开展资本经营,在资本市场获利。五是加快项目建设,增强发展实力和后劲。六是推进科技信息化建设,全面提高企业现代化管理水平。对此,公司各级党组织要发挥应有作用,凝神聚力,奋发有为,做出新贡献。要巩固创新全面竞聘上岗,不拘一格把优秀人才选拔到公司各个岗位上;要完善员工年度考核、留用、退出新机制,形成动态的能进能出、择优录用机制;要

进一步强化审计、监督制度，加强对中高层经营者和主管人、财、物人员的监督，形成预防为主、标本兼治的反腐保廉新机制；要认真解决“吃公”现象，落实对公司各类资产、包括低值易耗品的购置、登记、保管、报废等保值增值制度，认真解决水、电、煤、气的跑、冒、滴、漏，杜绝浪费；要牢固树立“安全是金，安全第一”的意识，充分发挥全体党员在企业安全生产以及排除各种隐患等方面的模范带头作用，认真搞好安全生产，杜绝各种行车和内保责任事故的发生；要充分发挥共产党员在企业科技生产方面的带头作用，带头学好、用好科技，结合企业生产大胆进行 QC 研究和科技攻关，人人争当企业科技实践和技术革新带头人。同时，要加强员工队伍的思想政治工作。当前，我国社会处于转型期，各种矛盾突显，各种思想相互交织、碰撞，我司还处于转型攻坚阶段，加强思想政治工作刻不容缓。要认真落实党和政府关于加强思想政治工作的总体要求，结合各单位实际，开展深入细致的思想政治工作，要激发全体党员、员工牢记宗旨、热爱祖国、立足本职、多做贡献的热情，要注意通过不间断引导教育，使员工化解矛盾、理顺情绪；要切实关心员工疾苦，把员工的衣食住行、安危冷暖挂在心上，每年为员工办几件看得见、摸得着的好事、实事，全面提高员工的生活、收入水平和幸福指数。

(三)加强自身建设，建设高素质的党员干部队伍

加强党的自身建设，首先要把我司 523 名党员管理好。在新形势下，每位共产党员都要学习邓小平理论，学习“三个代表”重要思想及科学发展观，带头执行党和国家的各项方针政策，增强辨别是非的能力，一心一意为企业为员工谋福利，吃苦在前、享受在后，克己奉公、多做贡献；要学技术、长本领、立足岗位，创造一流工作业绩，要在危急时刻挺身而出，维护国家和人民的利益，维护企业的利益。各基层党支部要切实抓好党员队伍、思想、组织、作风建设，培养、弘扬模范作用好的典型，开展多种形式教育活动，加大对各级领导班子及党支部工作的考核、监督力度，及时调整个别不称职的班子成员和党务干部。二是要对优秀干部加强培养教育。公司党委始终十分关心青年成长进步。当前，我司亦进入领导层新老交替时期。年初公司法人治理结构调整，新选拔了 5 名青年进入高层，这次党委、纪委换届又物色了一批中、青年干部。近几年，公司招收的大批新员工，各单位要关心他们的健康成长，精心培养、大胆使用这些年轻员工。对那些确实忠诚企业，品德好、业绩突出、群众公认威信高的优秀员工，要及早提拔到班组

长、车间主任以及各级领导岗位上来。同时，集团公司党委殷切希望所有中青年员工，特别是党员骨干，一定要认清自己肩负的责任，以卓越的工作业绩来展示自己的才华，接受组织的挑选，真正成为有作为、继往开来的新一代。三是强化反腐倡廉工作。我们要切实落实各级纪委要求，及时查处党员干部中的违纪违规案件，特别要抓好以权以职谋私、贪污受贿、失职渎职以及各类严重损害企业利益行为等，把反腐倡廉工作进一步搞好。四是要做好党员队伍的吐故纳新工作。对个别理想观念不坚定，不发挥党员作用，经教育不改的党员，要及时清退；对忠诚党的事业，忠诚企业，品德好，有业绩的优秀员工特别是一线员工，要及时吸纳到党员队伍中来，不断壮大党员队伍。要认真落实好离休干部政治经济待遇，关心离退休老同志，确保他们安享晚年。

（四）加强对群团工作的领导，充分发挥群团组织的参谋助手作用

工会、共青团、武装部等群团组织是党的参谋助手。各级党组织要高度重视，列入重要议事日程，全力支持他们开展各项有益生产、有利工作、有利员工身心健康的活动。各级群团组织要按照各自章程，紧密结合企业中心工作，保证党委各项工作要求的落实，推动本单位各项工作的圆满完成。

工会要全面落实《工会法》和省、市总工会各项工作部署及要求，不断创新，充分发挥维稳职能。要认真坚持职工代表大会、工会主席联席会、职工董事和职工监事等制度，进一步搞好民主评议和司务公开，积极落实员工工资集体协商，建立和谐劳动关系。要广泛发动员工深入开展学技术、比技能的岗位练兵、知识竞赛等丰富多彩的陶冶职工情操的活动。要配合团委、人事部门帮助中青年员工搞好“人生职业设计”，培养、选树先进典型。要继续坚持抓好为员工送温暖活动，搞好对因灾因病造成的特困员工弱势群体的救助。共青团要突出团的特点，广泛开展争创“青年文明号”和争当“青年岗位能手”活动，充分发挥团员青年在公司两个文明建设中的生力军和突击队作用。民兵预备役工作，要继续坚持党管武装的好传统，按上级要求健全基层民兵组织，建好民兵应急小分队，充分发挥他们在“急、难、险、重”任务中的突击队作用，使民兵组织成为企业生产经营的主力军、文明建设的排头兵。

（五）加强精神文明建设，努力把精神文明建设提高到新水平

搞好精神文明建设是企业发展的需要，各级党组织要高度重视，认真抓好落

实。一要坚持以人为本，开展争创文明员工活动，不断推进企业诚信、和谐发展，让员工把“发展沧运，成就员工”的核心价值观转变为自己的行动，和企业同荣辱、同成长、共进步、共发展。二要开展好精神文明创建活动，强化忠诚企业、爱岗敬业、无私奉献意识，加大对员工在岗培训，进一步提高各级党员干部驾驭市场、创新发展的能力，提高发展新产业、加快转型的能力。继续坚持抓好具有沧运特色的“四大文明”创建活动，并努力把创建活动提高到一个新水平。三要抓好基层文明单位先进典型的培养选树工作。每年要结合年终评比，选拔培养一批安全生产好、经济效益好、企业形象好、员工队伍好的文明单位先进典型，在全司加以推广、表彰。对已成为市、省、部文明单位的基层单位，要进一步提格升级，向更高层次发展。四要加强企业文化建设，增强企业软实力。要充分发挥群团组织作用和沧运文联作用，在全员中大力开展多种形式的文化活动，为员工创造丰富多彩的工作和生活环境，促进员工身心健康，使广大员工在沧运大家庭中快乐、幸福的工作，更好地成长。要在今年国庆节前总结、提炼、整理出《沧运企业文化体系手册》。五要开展好以提高服务质量为中心的各项活动，教育全体党员、员工认真学习业务，不断提高适应市场、服务客户的技能，通过自己的实际行动，树立良好的企业形象，吸引客户、留住客户从而赢得市场、赢得良好的效益。要搞好企业形象建设，彻底改变个别单位脏、乱、差形象，整体提高全司文明窗口的水平，各县市汽车站都成为当地文明单位。通过文明创建活动促进我司早日进入国家级文明单位行列。

（本文选自作者在中共沧运集团公司第五次代表大会上的报告）

扎扎实实开展好党的群众路线教育实践活动

2014 年 3 月 3 日

一、充分认识开展党的群众路线教育实践活动的重大意义

群众路线是我们党的生命线，是永葆党的青春活力和战斗力的传家宝。在全国分两批开展党的群众路线教育实践活动，是以习近平同志为总书记的党中央审时度势、深谋远虑，从中国特色社会主义事业全局出发做出的战略决策，意义重大而深远。全司各级党组织、广大党员和全体员工一定要提高认识，增强自觉性。

一要站在党要管党、从严治党，永葆党的先进性和纯洁性，巩固党的执政地位的高度认识活动的重要性。习近平总书记强调，坚持党要管党、从严治党，永葆党的先进性和纯洁性，不断增强党的创造力、凝聚力、战斗力，是摆在我们面前的重大课题。永葆党的先进性和纯洁性、巩固党的执政基础和地位，关键是坚持党的群众路线、密切联系群众。党的历史实践证明，党群关系越密切，党的执政基础就越巩固，党的领导就越坚强有力。要通过教育实践活动，把“为民、务实、清廉”的价值追求植根于党员、干部的思想和行动中，进一步密切党同人民群众的血肉联系，进一步增强党的凝聚力、创造力和战斗力，筑牢党的执政基础和地位。

二要站在着力解决群众反映强烈突出问题、维护好广大员工最根本利益的高度认识活动的重要性。作为企业党组织，党员、干部工作作风好不好，能不能密切联系员工，不仅会直接损害员工利益、伤害员工感情，还会给党的威信带来的严重危害。从我司情况看，两级党组织、绝大多数党员干部与广大员工共同奋战在运输和社会大市场中，熟知企业实际，了解员工群众的急、难、盼、怨，在密切联系群众、带头实干及作风上，主流是好的。但也应看到，由于人生观、世界观、

价值观、政绩观扭曲，在“四风”上也存在着一些需要纠正的问题。公司《方案》中列举了八个方面的问题，就是较普遍、突出的问题，这里不再重复。这些问题不解决，就会严重障碍党员干部的进步，阻碍企业的科学发展。因此，我们必须按照习总书记指出的那样，“照镜子、正衣冠、洗洗澡、治治病”，对党员、干部中的作风之弊、行为之垢来一次大排查、大检修、大扫除。

三要站在推动企业健康稳定发展，增强员工幸福指数，进一步改革开放的高度认识活动的重要性。今年是贯彻落实党的十八届三中全会、市委八届四次全会精神，全面深化改革开放的第一年。去年以来，集团公司结合开展“解放思想大讨论”活动，制订了集团公司《转型升级、科学发展计划》，提出了实现“四个翻番”、在现代综合运业集团基础上打造现代服务产业集团的目标任务。今年我们又对全年工作提出了新要求、新目标。但是当前新形势下，市场竞争更加激烈复杂，各种成本大幅攀升，我们的人才基础、管理基础、资金实力都应加强。“抓住机遇、求大发展”，是市委书记焦彦龙同志对我们的要求，也是员工的愿望，关系到企业的前途命运，关系到员工生活、待遇水平的提高。要承担起这些繁重的发展任务，必须有一支理念新、作风好、能力强的干部队伍，必须有员工群众的积极参与和大力支持。开展群众路线教育实践活动，有利于我们以思想作风的大转变带动工作效能和服务水平的大提升，进一步调动广大员工积极性、创造性，更早、更好地落实公司转型升级、科学发展的各项任务目标，为企业更好更大发展和深化改革增添动力、提供强大政治和思想保障。

四要清除几个错误模糊认识。对于开展党的群众路线教育实践活动，有的认为公司这些年发展不错了，上下不易，劲头使得够足了，没什么可提高的了；有的认为生产经营工作这么紧，搞这些虚东西干什么？必要性不大；还有的认为公司管得较严，作风上没什么大事，对付对付算了，不值得兴师动众。也有个别人错误认为是搞“运动”，存有整人、报复的情绪；一些党员理解为是领导干部的事，与己无关等。我们一定要用中央、省、市委精神统一思想认识，清除错误认识，以正确的思想、态度投入到活动中来。

二、切实按照上级部署，把活动精心组织好、扎实开展好

市委、市国资委党委对教育实践活动指导思想、目标任务、基本原则、方法步

骤都做出了明确规定和要求。公司党委按照上级部署要求,制订了教育实践活动实施方案,我们要不折不扣地把《方案》贯彻好、落实好。

一要贯彻"照镜子、正衣冠、洗洗澡、治治病"这一总体要求。按照公司《方案》,这次活动要使全体员工普遍受到教育提高,但重点是全体党员,特别是两级领导班子成员、党员领导干部。各级领导同志要通过参加教育实践活动,真正触及灵魂、触及要害,出出汗、排排毒,达到自我净化、自我完善、自我革新、自我提高的目的。"照镜子",主要是对照党章、中央要求、廉政准则、群众期盼、先进典型这"五面镜子",摆问题、找差距、明方向。"正衣冠",主要是按照"为民、务实、清廉"要求,自觉把党性修养正一正、把党员义务理一理、把党纪国法紧一紧,保持共产党人良好形象。"洗洗澡",主要是以整风精神开展批评和自我批评,深入分析发生问题原因,清洗思想和行为上的灰尘,保持共产党人政治本色。"治治病",主要是坚持"惩前毖后、治病救人"方针,区别情况、对症下药,对作风方面存在问题的党员、干部进行教育提醒,对问题严重的进行查处,对不正之风和突出问题进行专项治理。

二要把握"群众高兴不高兴、群众满意不满意"这一根本原则。要紧紧扭住反对"四风"这一关键,从员工群众最关心、最迫切的问题入手,着力解决关系员工切身利益的问题,解决员工身边的不正之风问题。要切实解决党员干部组织观念淡薄、纪律松弛、片面追求产值指标、不注重新产业发展、不注重员工合法权益、服务意识不够、工作作风浮漂、深入一线少、缺乏工作激情、贪图个人享受等普遍性问题,真正把改进作风的成效落实到基层,服务到基层。

三要坚持"六条工作方针"。一是坚持教育和实践相结合。真正让党的群众路线在党员、干部中深深扎根,使践行党的根本宗旨成为党员、干部的普遍自觉行动。**二是**坚持开门搞活动。确保每个环节、每项工作都让群众参与、受群众监督、请群众评判。**三是**坚持问题导向。盯住作风问题不放,从小事做起,从具体事抓起,特别要着重解决事关员工群众利益的问题,让群众看到实实在在成效。**四是**注重分类指导。要针对不同层级、不同领域、不同对象分别提出要求,启发思想自觉和行动自觉,明确具体任务和推进措施,不搞"一刀切""一锅煮"。**五是**坚持标本兼治。既立足当前又着眼长远,既着力治标又注重治本,特别是针对问题建立长效工作机制,使工作制度化、常态化、长效化。**六是**坚持统筹兼顾。把开展活动同做好当前工作结合起来,为做好改革发展稳定各项工作提供有力保障。

四要抓实"三个规定动作"。教育实践活动分三个基本环节,即学习教育、听取意见,查摆问题、开展批评,整改落实、建章立制。在抓好学习教育、听取意见环节中,要按照规定篇目抓好学习,尤其要学好习近平总书记、省委书记周本顺及市委书记焦彦龙同志一系列重要讲话。要保证学习时间和学习效果,使每个党员、干部都在理想信念、党性观念、法治意识、素质能力上有显著提升。在查摆问题、开展批评与自我批评环节中,要认真查找突出问题、深入谈心交流、撰写对照检查材料、开好专题民主生活会,真正把问题找准。在整改落实、建章立制环节中,要针对问题制定整改方案,抓好整改落实,做到即知即改、立行立改,并通过建章立制,实现改进干部作风、密切联系群众常态化、长效化。

三、以教育实践活动为强大动力,推进企业各项工作

开展群众路线教育实践活动的最终目的,就是要汇聚员工智慧、力量,将成果转化为推动企业转型、发展的动力和源泉。我们要以教育实践活动为契机,引导广大党员、干部进一步增强发展意识、机遇意识,特别是提高对转型升级、科学发展的自觉性、主动性,把全体员工的智慧和力量聚焦到企业更好更快发展上来,聚焦到干事干成事上来,要借活动之力、破解发展难题、促进沧运再崛起。

一要坚持活动与推动各项工作相结合。首先要落实市委"四个干"机制,牢固树立为沧州沿海强市发展做贡献的观念,开展好市委、市政府和市国资委党委部署的系列活动,如"爱沧州、做贡献、干成事、出亮点"活动、争做"三实"(务实、求实、朴实)干部等。全司上下要更加坚定实施"运业为本、多元发展"和"立足沧州、融入两环、走向国际"经营发展战略,紧紧把握"稳健安全、转型改革、细化管理、提质增效"的总要求,全力推动转型升级,全面提高团队素质,全面深化企业改革,落实集团公司《转型升级、科学发展规划》,加快实现"三个转变""四个交通",在创新发展、改进管理、挖潜降耗等方面拿出新举措,在抓商机、上项目、创品牌、增效益中做模范、当先锋,把完成和超额完成全年经济效益指标和重点工作任务,作为检验活动成效的重要内容。

二要切实深入员工群众,办惠民实事,改善民生。要通过开展教育实践活动,把集团公司确定的各项惠民实事不折不扣落到实处,进一步为员工办好事,体现人文关怀。如:员工工资水平和福利待遇提高;员工工作生活环境的改善;对一线、驻外员工的关怀、对员工家庭实际困难的解决;特困员工救助、离退休员工关心照顾,以及对中青年员工培养、教育、成长和对工余活动安排等,让员工真正得到实惠,让广大员工切实感到党组织的温暖。公司要落实领导工作联系点制度,领导班子成员分别联系一个基层单位和两名以上先进或困难员工。总部各部门中层干部都要深入一线,与员工谈心交友,用真心换取真情,让员工说心里话,讲烦心事,说真想法,提好建议,把与员工生产、生活息息相关的突出问题找出来,认真分析原因,对症下药,认真帮助基层和员工解决实际困难,切实提高员工对党员干部的认同度和满意度,形成“上下同欲”“干群一家亲”、更加和谐共进的沧运大家庭。

三要切实解决广大员工关注和影响企业发展的突出问题。要把查找问题、剖析问题、解决问题贯穿活动始终。当前,全司各级领导要联系公司《方案》提出的八项重点任务,查找单位,特别是自身的问题。还要从深入基层中发现的新问题,查找解剖自己,特别要把员工普遍关注的问题和企业发展中最突出障碍问题找出来,查清找准,并加以解决,各级领导要注意以“四风”问题为重点,按职责、分层次查找。如,集团公司领导班子成员要重点查找战略管理和企业管理能力、驾驭市场经济能力不强、深入基层密切联系群众、关心员工不够,以及民主作风、接受监督不意识够;转型发展、抓大事、要事不主动、重大事项决策科学化、民主化不够及职务消费不规范等问题。总部部门领导重点查找开拓进取意识不足,拼搏创新精神弱化、工作标准、效率不高,缺乏服务基层意识等问题。基层单位领导成员重点查找发展思路不清晰、工作重心不明确、内部管理粗放、爱岗敬业精神淡化、转型发展力度差等问题。在此基础上,各单位、每个人都要制订整改任务书,切实解决存在的问题,让员工、让社会看到我们开展活动的新成效和新变化。

四要努力促进企业和谐稳定,稳健、持续发展。要以务实作风推进和谐企业建设,确保维护企业运行和工作秩序稳定。要积极疏导和化解各种矛盾,把矛盾消灭在萌芽之中。公司各单位、各产业之间要加强团结协作,顾大局、识大体;公司与社会,特别是对合作者、个体经营者之间,要处理好利益关系,及时解决纠纷,决不能酿成大的矛盾,不能引发群访事件。要确保集团公司安全生产"两个宁可"原则、"双零"和"抓人教育"要求落到实处,以行车安全、旅客安全、上下团结,为企业发展创造良好环境。全司广大干部、党员和全体员工都要时刻绷紧稳定安全这根弦,以高度的主人翁责任感,确保不发生重大责任事故和群访事件,以安全稳定保障企业转型科学发展。

(本文节选自作者在集团公司群众路线教育实践活动动员大会上的讲话)

坚持从严治党，严守纪律和规矩

2015 年 2 月 28 日

从严治党是习主席“四个全面”治国方略之一，是新形势下加强党的自身建设、增强战斗力的重要举措。为此，要加强党的组织建设。目前全司共有党员524 名，分布在 30 个总支、支部，从总体上看，我司各级党组织发挥作用较好，但也有个别单位一定程度存在忽视党建工作、从严治党不够的问题。

首先要按照从严治党的要求，健全基层党组织。公司党委确定，为便于几个园区和较大单位的党组织统一管理，在东站与西站、北汽车园区、东物流园区、任丘、黄骅（含渤海新区）设立党总支，协同园区管委会抓好区域管理。各基层支部要及时补充新生力量，将较年轻、优秀党员吸收进支部中来，解决部分单位领导班子“老化”问题。

要充分发挥基层党组织战斗堡垒作用，保证党的路线方针政策在基层的贯彻实施，要主动融入生产经营，为生产经营服好务。要落实“党政同责、齐抓共管”要求，积极主动履行党风廉政建设、精神文明建设、政治思想工作基本职责和安全管理责任，教育党员遵守安全规章，推动安全制度落实。

要切实抓好党风廉政建设。在去年开展的群众路线教育实践活动中，广大党员干部经历了一次政治思想上的洗礼，在党的政治纪律、工作作风和清正廉洁等方面都有了新的改进。但正如习总书记讲，作风建设永远在路上，反腐败斗争要全覆盖、无禁区、零容忍。一要继续抓好纠风肃纪，防“四风”反弹，解决两级领导班子生活会上自查问题的落实，兑现承诺，取信于员工；二是重点查处党员领导干部以权以职谋私、贪污受贿、送礼行贿以及弄虚作假、违反财经纪律、损害国家、企业利益的行为，特别要查处党的十八大以后仍不收手，继续违规违纪的案件；要注意查处发生在员工身边的腐败和不正之风。对员工反映突出、科级以上领导和党员违规搞第二职业、入干股损害企业利益的问题认真进行查纠，对经约谈、教育仍不改正的,先行免去领导职务,再做组织处理。公司借鉴国家巡视制度经验,公司纪委建立巡查制度,不定期巡查单位、部门和有问题的个人,要普遍和专项巡查相结合。要加强对党员特别是领导干部反腐倡廉教育,重在预防,抓早、抓小,争取不出、少出问题,保持公司廉洁清正的良好氛围。对违规违纪问题的处理上,要纠正以往"失之于宽""以经济处罚代替党、政纪处罚"的弊端,破除"老好人""怕得罪人"的观念,勇于担责、敢于碰硬。公司两级党组织、公司纪委一定要担当起党风廉政建设和反腐败斗争的主体责任,要种好自己的"责任田"。对各单位发生的重大问题要强化问责。对反腐倡廉问题,应发现而未发现的视为失职,发现了不处理不报告视为渎职,哪个单位、部门出了问题,都要追究同级党政组织的责任,对问题有意隐瞒、欺骗、对抗检查者,对员工举报压制、隐藏者,要受到党政纪严肃查处,以更加负责的精神、鲜明的态度,严格的规定管好党员。

要严守纪律和规矩。在中纪委五次全会上,习总书记在讲话中,特别强调了加强纪律建设,以严明的纪律和规矩维护党的团结统一。习总书记讲,党的规矩包括四个方面:第一,党章是全党必须遵循的总章程,也是总规矩;第二,党的纪律是刚性约束,政治纪律更是全党在政治方向、政治立场、政治言论、政治行动方面必须遵守的刚性约束;第三,国家法律是党员、干部必须遵守的规矩;第四,党在长期实践中形成的优良传统和工作惯例。明确要求广大党员,特别是领导干部,**一要遵守党的纪律,**自觉贯彻中央各项路线方针政策,始终与党中央保持一致,不得发表与中央相违背的言论;**二要遵循组织程序,**对上级决定不允许随意搞"变通",阳奉阴违,甚至"先斩后奏";**三要严格执行组织决定,**认真贯彻重大事项及时报告制度,不得欺骗对抗组织,不搞非组织活动,杜绝我行我素;**四要遵守国法党纪。**对照党中央要求,我司各级领导干部在遵纪守法方面总体是好的,但部分党员干部个人觉悟低,又受社会影响,也存在着一些不良倾向,如:对上级要求、公司规定合意就执行,不合意就不执行,甚至设法推脱、绕圈不办,搞变通,"见了红灯绕着走";有的贪图个人安逸、顺心,对工作挑肥拣瘦,愿开"顺风船",不服从组织调配,不愿到外埠、创新岗位、艰苦环境工作;有个别人自以为是,口无遮拦,传小道消息甚至搞小圈子,损害团结等。这些都在克服和纠正之列。我们沧运是有着 65 年光荣历史的企业,有着跟党走、听党的话的红色传统。因此,在新形势下,一定要保持清醒的头脑,要把"遵纪律、守规矩"作为做人做事的基本准则,自觉继承和发扬优秀的企业文化传统。要严格按照党纪国法和公司制度办事,自觉模范遵守党纪政纪,遵守社会公德、职业道德、家庭美德,使全体股东、员工在沧运大家庭里团结一心,和睦相处,共同进步,铸成更加懂政治、强管理、精业务、守纪律、讲奉献的优良团队。

(本文节选自作者在集团公司 2014 年度“双先”表彰会上的讲话)

把“两学一做”活动引向深入

今年以来，我司“两学一做”学习教育取得了一定成效。要按公司党委部署，持续抓好。“两学一做”，基础在学。全员尤其是各级领导干部要继续认真学习习近平总书记系列讲话、《胡锦涛文选》及国家大政方针政策，研究行业政策，最近交通运输部李小鹏部长提出“建立诚信体系”的要求，精准把握了行业服务的大趋势。我们是社会普惠服务型企业，要全心全意为广大人民服务，服务百姓，方便百姓，必须建立诚信体系，进一步提高企业的服务质量，树立企业良好的窗口形象，这是全司应该引起重视并注意抓好的大问题。经理层要研究这方面的制度安排。“两学一做”，关键在做。当前就是要坚决贯彻集团公司“创新转型发展”战略，动员全体员工在众创年代创新、创业。有的公司几年一贯制，没大的发展，特别是新兴产业没有起色。我们要求各单位一把手和中高层领导，都要高度重视创新。如果几年单位面貌依旧，没有创新发展，跟不上转型升级的新形势，就是不合格的领导者。对站场整合、开发，公司有场地，又有项目资金，又有激励政策，怎么就抓不起来呢？会后，党委会同经理层要一个单位一个单位地审视一次，看看哪个单位仍然是在传统产业里打转转，没有创新，看看哪些人精神状态和事业心差，不思进取，或干不成事，要进行重点批评、帮助，及时对领导班子提出调整意见。

“两学一做”，在做上，我历来倡导各级领导者都要亲力亲为，要带头创新，亲手抓大事、要事、难事，不能当甩手掌柜，更不能遇事光强调客观，矛盾上交。谁在困难条件下挑重担，打开局面，谁就是真英雄、真好汉。今后业绩考核领导干部，就要考核亲力亲为，亲手抓的事、亲自办的事。要让“南郭先生”没有存在的余地。特别不能把基层做的，全当成是自己做的。一把手、领导成员要多动脑筋，要思考研究问题，勇于解决矛盾，攻难克坚，使工作不断有所创造、有所前进，勇争一流。

最近，各单位、部门大都建立了创新工作室及创新工作小组，公司制订下发了管理办法，这是贯彻“创新转型发展”战略的一个抓手。年终要进行成果收集、发布，对没有开展工作的将予以撤销。公司要求各创新工作室和创新小组要发扬锐意改革和众创精神、工匠精神，立足岗位，在体制机制、产业产品、管理、服务、科技和党群工作等方面，创出新的业绩，赢得新的成果，年终见高低。

同志们，冲刺四季度，努力圆满完成全年任务也是当前“做”的紧迫任务。前九个月完成好的单位要不骄不躁，争取多超，做出更大贡献；完成较差的单位要采取各种措施迎头赶上。总部各部门要多到新办单位和困难单位进行帮扶，帮助基层解决难点问题，基层单位也要主动和集团公司领导及部门进行汇报、沟通，以及时排除发展中的障碍。总之，要借本次会议东风，通过上下共同努力，全面完成全年经济效益指标和各项工作任务，促进企业更快、更大、更好发展。

（摘自作者在2016年3月基层党支部书记会上的讲话）

传承沧运红色基因，发挥政治核心作用，为加快建设现代服务产业集团而努力奋斗

2017年6月28日

各位代表、同志们：

现在，我代表中共沧州运输集团股份公司第五届委员会向大会作报告，请审议。

一、五年主要工作回顾

我司2011年8月26日召开第五次党员代表大会，至今已有五年了。五年来，集团公司党委在沧州市委和市国资委党委的正确领导下，认真贯彻落实党的十八大以来的路线方针政策，秉承“红色沧运、绿色崛起”的理念，团结带领各党支部、广大党员和全体员工，深入扎实的开展党的政治思想作风建设，充分发挥党组织的政治核心、战斗堡垒作用和党员的先锋模范作用，圆满完成了第五次党代会确定的目标任务，为企业创新转型发展和经营管理工作提供了坚强的组织保障，在高铁、航空、私家车强力冲击和多行业竞争不断加剧的情况下，有力促进了公司发展质量效益稳步提升，公司跨入省内和全国同行业先进单位行列，2015年在北京“新三板”成功挂牌上市，党建工作连年获得市级先进，连续22年蝉联省级文明单位，全司党的建设和创新转型发展迈上新台阶。回顾总结概括为“六个新”。

（一）牢牢把握政治方向，思想政治建设得到新加强。公司党委认真坚持中心组学习制度，通过集中学习、专题研讨、知识测试、心得交流等形式，着力增强

班子成员的政治理论素质，全面提高贯彻执行党在企业大政方针政策的能力。各党支部坚持“三会一课”制度，并利用班前班后会、党小组会，组织党员学习。公司党委制定了《关于创建“学习型”企业的意见》，通过企业自培、市委党校送培，对党员干部、骨干进行轮训。广泛开展了演讲比赛、知识竞赛、座谈讨论，学习时任市委书记焦彦龙同志重要批示，争先创优、解放思想大讨论等。认真进行了党的群众路线教育实践活动、“三严三实”和“两学一做”学习教育等，我司“两学一做”学习教育的做法，受到市国资委党委和市委组织部的肯定，在全市学习教育汇报会上作了经验介绍。集团公司被评为“河北省职工职业道德建设标兵单位”、李力金被评为“河北省职工职业道德模范”，党委书记、董事长荣获“中国运输十大风范人物”，并在交通部先模事迹报告会上作主题发言。

（二）努力打造优良团队，党的组织建设取得新成效。根据工作需要，公司党委 3 次补选、调整了党委委员、纪委委员，增设了专职纪委书记，并在基层党支部增设了纪检监察委员，支部书记与业务领导同步配置、同样考核。在干部队伍建设上，坚持“德才兼备，以德、以业绩取人”的用人导向，每年对中层以上干部进行考察考核，并实行述职述廉、民主测评、公开选拔、竞聘上岗等新举措，先后组织 3 次较大规模的竞聘上岗，216 名员工参加了竞聘，54 名青年员工脱颖而出，被聘用上岗。为保证党员发展质量，严把党员入口关，健全了申请人员、入党积极分子和发展对象机制，每年都举办组织委员和入党积极分子培训，实行公示、票决、考察、谈话等新措施，五年共发展党员 104 人。目前，全司共有党员 509 名，评优评先比例达 90% 以上，成为企业发展的中坚力量。

（三）坚持全面从严治党，党的作风建设呈现新局面。从党支部、党小组抓起，严格党的组织生活，三会一课、民主生活会、谈心谈话、民主评议党员等。党员领导干部自觉参加支部、小组活动，给全体党员做出榜样，在专题民主生活会上，从党委书记到每位班子成员，都认真开展批评与自我批评、自查自纠，被国资委党委督导组评价为“会开得严肃认真、效果好，为国资委系统树立了样板”。坚持把廉洁教育同规范党员干部从业行为结合起来，贯穿到党员干部的培养、选拔、任用、管理、奖惩等各个环节，制定并落实领导干部党风廉政建设责任制，领导干部“十不准”，严管党员和党员领导干部“双十条”等，建立和推行了诫勉谈话、述廉自查、专项检查审计、离任审计、违规违纪问题通报等制度。以两级经营层和管人、财、物的干部等为重点，对失职渎职、弄虚作假以及安全和服务质量事故等违规违纪行为严肃问责，先后对30名领导干部进行了提醒和戒勉谈话，通报批评和问责处理24人次，党内严重警告处分1人。

（四）全面融入生产经营，推动创新转型发展迈出新步伐。公司党委充分发挥政治核心作用，重大问题召开党委会集体讨论决定，在涉及战略调整、项目建设、重要人事安排、重大对外投资以及员工切身利益等问题上把关定向，保证了企业依法依规经营管理。制定实施了《全面深化改革推动企业转型发展的决定》，参与制定推行了《关于实施"创新转型发展"战略的决定》等，为经济新常态下企业发展指明了方向和路径。落实"党政同责"要求，制定实施了《在保增长促发展，全力抑制效益下滑工作中发挥党组织和党员模范作用的意见》《党委领导分工帮扶困难单位的决定》等；党委成员分工负责企业改革、安全稳定，对负有安全事故责任的党员及时教育、查处，化解不稳定、不安全苗头，起到了为生产经营排忧解难、保驾护航作用。同时，组织党员、员工立足岗位，开展"双创"活动，制定了《关于开展"一创三引"活动的通知》，建立了员工创作室或创新小组，开展了党员红旗车、党员先锋岗竞赛和站务、驾驶、汽车销售员工技能大赛等活动12次，形成了学业务、钻技术的浓厚氛围，"赵振杰创新工作室"被市总工会、科技局授牌命名，李力金、李树斌被交通运输部评为"技术能手"，钱天长荣获"全国百名安全节能驾驶能手"，张加青被评为"燕赵金牌工人""沧州十大工匠"，买德彪、李力金分获省、市"能工巧匠"。公司党委开展党员先锋工程经验，在市国资委党委汇报会上做典型经验介绍。

（五）推进优良品牌建设，精神文明建设展示新形象。结合行业特点，开展了文明单位、文明班线、文明班组和文明员工创建，与管理部门联合开展"服务质量提升月""安全生产月"、文明形象检查等活动，集团公司连续22年蝉联省级文明单位，现有部级文明站2个、市文明单位5个、交通系统全国模范班组1个、省级工人先锋号和巾帼示范岗3个，省"十佳"精品班线1条，亲情旅程服务班是河北省"十大文明服务品牌"、全国工人先锋号。在员工中大力宣贯爱国爱党、爱岗敬业、诚实守信和核心价值观等企业文化理念，组织到青县道德模范馆、马本斋教育基地等参观学习，开展"最美驾驶员、营销员"微信评选，承办了全省交通企业文化建设年会，进行了建司65周年暨改制10周年庆典，沧运文化手册、形象宣传片、业务推介微视频策划等活动,公司荣获“省企业文化建设示范单位”“省交通运输企业品牌创建先进单位”,党委书记曹永堂同志被评为“省企业文化建设先进个人”。以每年评选表彰“沧运英模”“两优一先”“六好女员工”“沧运好青年”等为抓手,大力培树、宣传各类先进典型,先后总结宣传各类先进120余人次,并在市、省级及《人民日报》《中国交通报》等刊登宣传文章160余篇,沧运出英模、沧运典型多成为同行业和社会共识,有效提升了企业的美誉度。2016年,全国总工会副主席和省总常务副主席亲临公司调研,听取了汇报,充分肯定了我司党委重视工会工作的经验。

(六)倾心关注民生,员工生活和社会效益取得新进步。公司党委始终贯彻公司“发展企业、成就员工、回报社会”的核心价值观,把关心员工生活、促进员工健康成长作为经常性工作。先后建立了员工权益维护、正常升级、工资集体协商等制度;落实了“五险一金”以及员工就餐、通勤、体检等多项福利待遇,与市医院、八中、市委党校等签订合作协议,为员工培训、子女上学、亲属看病提供便利。设立了员工活动室、职工书屋,添置了文体活动器材,每年用于改善员工生产生活环境和福利投资达200万元。加强职业病预防、健康知识培训,每年投入员工体检费用80余万元。开展了以“服务员工、服务群众”为主题的党员志愿者全覆盖活动,建立了“一对一”帮扶档案。设立了“特困员工救助基金”“职工互助一日捐”等,建立起困难员工救助长效机制。每逢春节等重大节日,各级领导带队走访慰问离休干部、劳模、老党员和困难员工,年均用于慰问和救助费用达120万元。党委、工会制定了《关于丰富员工业余文化生活的意见》,成立了文艺演出、书画摄影、乒乓球、足球等代表队,年年举办文艺联欢会、演讲比赛、书画摄影展等活动,充分展现员工才艺风貌。在追求企业发展的同时,积极承担社会责任,沧运平台为2.3万社会人员提供了就业岗位;每年投资近百万元,捐赠央视“心连心”艺术团来沧演出、慰问国富中心受灾商户、地震灾区以及农村扶贫、“沧州好人”后援会等;工会、团委成立了青年志愿者、“翰墨情”等爱心服务组织,开展书画义卖、微心愿认领、捐赠帮扶等。沧州客运站设立的“困难旅客救助基金”帮助一千余名乘客解决了一时之难,设立的母婴、残疾人休息室,被省总工会命名为“爱心小屋”。

回顾过去的工作,我们深感成绩来之不易,饮水思源,是沧州市委和市国资委党委正确领导和亲切关怀的结果,是历届党政班子持续拼搏、艰苦奋斗的结果,是全司广大党员、员工无私奉献和共同努力的结果。在此,我代表公司党委向关心支持公司工作的各级领导表示衷心感谢!向勤奋工作在各个岗位上的广大党员、员工和离退休老领导、老党员、老同志表示诚挚的谢意和问候!

各位代表,在五年多的实践中,我们坚持党群工作创新发展,积累了弥足珍贵的经验,概括为"六个必须":一是,必须全面落实以习近平总书记为核心的党中央治国理政新理念、新思想、新战略,始终与党中央保持高度一致,自觉服从并坚决贯彻执行上级党委的领导和指示;二是,必须传承"红色沧运、绿色崛起"理念,坚定"企业改制跟党走的意志不变",把沧运人在实践中积淀的宝贵经验、形成的企业文化和优良传统继承发扬开来;三是,必须全面融入生产经营,把党建工作放到创新转型、改革发展大局中去布置、去实施、去检验,坚持与生产经营同步研究部署、同步组织实施、同步检查考核,同步总结提高;四是,必须充分发挥党组织的政治核心作用、群团组织桥梁纽带作用和党员的先锋模范作用,凝聚起增强落实党在企业的方针政策和公司发展战略的执行力,切实保证企业依规依法经营,党、团员工队伍成为企业改革发展的生力军;五是,必须坚持全面从严治党,严格党内政治生活,发挥领导班子"关键少数"勤政廉洁的表率作用,努力营造良好的政治生态,以上率下,形成创新发展的强大合力;六是,必须牢固树立和落实公司核心价值观,维护员工合法权益,关心员工的生活和成长进步,促进员工全面发展,让广大党员、员工有更多、更强的归属感、获得感。

在总结成绩的同时,必须清醒地认识到,我们的党建工作还存在着一些问题和不足,主要是:一是党建工作还不能完全适应国家经济新常态和供给侧改革的要求,融入创新转型、改革发展工作不够紧密,思想政治工作的时效性、针对性有待加强;二是监督约束机制没落实好,对党员干部严管不够,存有"以经济处罚代替党纪处分"问题,宽松软现象纠正不力;三是有些基层党建与生产经营的关系摆布不够好,宣传教育标准低,"三会一课"制度坚持度不够,有的轻党建重生产,甚至以生产会代替党建会;四是少数党员严格要求自己不够,先锋模范作用较差,有的混同于一般员工;五是群团组织工作尚欠活跃,对员工诉求反映和解决不够及时,文化生活不能完全满足员工,特别是青年员工的需要。对于这些问题,我们必须增强忧患意识,坚持问题导向,以创新精神和务实作风认真加以完善和改进。

二、今后五年的工作目标和主要任务

各位代表，今后五年，是学习贯彻党的十九大精神的重要时期，是国家落实“十三五规划”的关键时期，也是公司创新转型发展的攻坚期、机遇期。党建工作的指导思想是：认真学习贯彻党的十八大和即将召开的十九大以及习近平总书记系列讲话精神，按照市委和市国资委党委部署，认真落实“运业为本、多元发展”和“创新转型发展”的战略，担负起党组织纳入法人治理结构的重要责任，着力加强党的思想、组织和作风建设，把全面从严治党要求落到实处；着力发挥党组织和党员作用，在生产经营主战场展现队伍风采；着力抓好精神文明和企业文化建设，为企业发展提供持续动力；着力抓好群团工作和自身建设，团结带领广大党员、员工进一步解放思想、创新转型、奋发进取，为全面完成各项经济效益指标及工作任务，为加快企业创新转型发展和建设现代服务产业集团而努力奋斗！

今后五年的工作目标是：在创新转型发展和努力建设现代服务产业集团的进程中，努力实现“四个全面提升”。**一是党组织的核心领导能力全面提升。**党组织的决策能力、把关定向能力和思想政治工作水平明显增强，党内组织生活规范有效开展，从严治党主体责任充分发挥，群团组织活跃，独立开展的活动丰富多样，党建工作争创省级乃至国家级先进。**二是党员、员工队伍素质全面提升。**党政领导成员政治、业务素质进一步提高，党员和党员领导干部遵规守纪、清正廉洁，密切联系群众，政治生态风清气正；党员队伍成为推动企业发展的“一军两队”，一批叫得响、树得住的创新转型和具有“工匠精神”的先进典型涌现；员工队伍的营销、服务能力全面提升，创新创优产生一批成果，出色完成各项经营效益指标和工作任务。**三是精神文明建设水平全面提升。**沧运文化和“红色沧运、绿色崛起”理念更加深入人心，生态文明成效明显，环境秩序优美，窗口形象亮丽、文化气息浓厚，集团公司保持省文明单位称号，争取跨入全国先进行列，各基层公司成为当地（行业）文明单位，市级（行业）文明单位由5个增加到20个。**四是促进企业发展质量效益全面提升。**党组织和党员充分发挥作用，省、部级优良品牌建设取得新成效，传统产业转型升级成效显著、新产业创新发展为经济支柱，科技进步长足进步，贡献率大幅提升，发展规模质量稳居省内乃至全国同行业先进水平，员工幸福指数有较大提高，安全和谐稳定局面持续巩固增强。

（一）加强党的思想、组织和作风建设，全面从严治党

第一，把思想政治建设放在首位。推进“两学一做”学习教育常态化制度化，党支部是重点，党小组和党员自学坚持经常，要有学习计划、有笔记心得、有考勤签到，通过“三会一课”、集中培训、座谈讨论、学习测试等，学习习总书记治国理政思想，学习党章党规，要把学习贯彻党的十九大精神作为主要内容，做出周密安排、掀起学习热潮，要在广大党员中，开展争做“四个合格”党员活动，通过学党章、搞宣誓、过“政治生日”、挂牌上岗等形式，增强党员的身份意识；要坚持各级领导深入基层、深入现场，开展形势教育，解决热点、难点问题，及时释疑解惑，增强凝聚力、向心力。

第二，规范党内政治生活。认真执行《党内政治生活若干准则》，落实好“三会一课”、民主生活会、领导干部双重组织生活、民主评议党员、谈心谈话等制度。党员领导干部要自觉参加小组活动，主动交纳党费，使组织生活严起来；要认真执行民主集中制、完善党委议事规则和决策程序，实行企业重大问题，党委讨论决策前置；要强化组织纪律观念，建立起两级领导对单位重大问题、个人有关事项向党委报告制度。

第三，加强基层党支部建设。要保证基层党支部组织健全，配备好支部书记，纪检监察委员要发挥应有作用，要把党小组建设好，选配好党小组长，确保支部和小组活动坚持经常，实现组织网络全覆盖；要落实党建工作责任制，开展党支部书记年度述职评议考核，压实责任主体；要增强党建工作的时代性，实践“党建+互联网”新模式，拍摄微视频，设立微课堂，利用信息技术进行党建知识教育；要严格党员组织发展程序，注重在生产一线，特别是从事新产业和有创新、工匠精神的业务技术骨干中发展，把好党员入口关、处置关和任职提拔关。

第四，加强纪律、规矩约束监督。继续认真学习执行党中央“两个准则”“四个条例”，落实公司党委《严管党员及党员领导干部双十条规定》，发挥好纪委和党支部纪检监察委员作用，加强对党员领导干部和分管人财物人员的监督；进一步开展好专项检查和专项审计，运用好监督执纪“四种形态”，经常开展批评、约谈、让“红红脸、出出汗”成为常态；对查出的屡教不改违规违纪人员，要坚决给予党政纪处分,严重违纪违法的人员交由司法部门处理。要结合民主评议党员,开展作风整顿,推行“首问负责制”“内部投诉机制”,每年对党支部和党员排队亮相,优秀的,列入“两优一先”评选表彰,存在一定问题的,进行诫勉谈话,对确实不合格的,按程序进行组织处理。

(二)加强对群团工作的领导,保证发挥桥梁纽带作用

工会、共青团和武装工作是党的工作的重要组成部分,两级党组织都要进一步重视,定期听取工作汇报,提出要求,并落实业绩考核。落实基层上解工会经费部分返还政策,在人、财、物等方面提供支持,使其独立开展活动。要按时召开职代会和工会会员代表大会,坚持工资集体协商、履行集体合同,协调劳动关系纠纷、维护好员工的合法权益。要突出各自特点,开展争创工人先锋号、巾帼标兵岗、青年文明号、沧州好人、能工巧匠等活动,宣传培树各类先进标杆典型;要继续广泛开展劳动竞赛、技能比武、文体活动等,增加员工参与面,实现员工活动常态化;要保持民兵预备役组织健全,每年在“八一”前后进行军事活动;要发挥党员、青年和“翰墨情”等志愿服务队作用,倡导各基层单位开展各类志愿者、扶贫、做善事等公益活动,不断提升对社会的贡献率和美誉度。要继续做好“送温暖”工作,抓好职业病预防和健康体检,更多关心女员工和一线驾驶员、修理工、营销员、导游员、押运员等,关心老干部、老模范,为他们办实事、解难事。发挥好“特困员工救助基金”“职工互助一日捐”等的作用,并积极争取上级资金和政策支持,做好对困难员工的帮扶救助,保障员工安心愉快工作、生活。

(三)加强精神文明和企业文化建设,进一步提升“软实力”

坚持开展具有沧运特色的“八大文明”创建评选,列入公司年终表彰,并挂牌认定,每年现场检查验收,对存在问题的督导整改,复查仍不符合条件的,予以摘牌,并进行通报、追责。要进一步督导各单位整治站场秩序环境,完善服务功能,提升服务质量,营造文化氛围,增设宣传栏、公益广告,岗位职责、规章制度上墙,并建立党员责任区和党员责任人,确保各基层成为当地文明示范窗口,争创市级(行业)文明单位。坚持典型引路、正风化人,继续做好“沧运英模”“两优一先”“六好女员工”“沧运好青年”等系列评选,大力选出新产业带头人、具有工匠精神的业务技术骨干和一线员工中先进典型,通过《党群建设》《新沧运》、微信等广泛宣传,拍摄先模事迹短视频、组织先模事迹宣讲会,高扬主旋律,唱响正气歌。要大力弘扬沧运传统文化，建好沧运史馆，使之成为教育员工的阵地。要谋划好建司70周年庆典活动。在沧州建州1500周年、杂技节、建党百年等重大活动中，通过制作宣传视频、宣传画册，召开媒体推介会，讲好沧运故事，展示沧运新形象。积极倡导和弘扬诚实守信、公道正派、实事求是、清正廉洁等价值观，强化政治文化建设，促进企业创新转型健康发展。

（四）加强党员、干部、人才队伍建设，打造优良团队

坚持党管干部、党管人才，是沧运多年探索实施的成功经验，最近，党中央又明确把党委和职工代表大会列入企业法人治理结构，这更坚定了我们的信心。要大力抓好党员和党员领导干部队伍建设，持之以恒地抓好教育培训，利用好与市委党校、职业技术学院的合作，请进来、走出去相结合，全面提高党员和干部队伍素质；要突出抓好公司中、高层，特别是党员领导干部、“一把手”的素质提高，党政一肩挑的“一把手”应具备履行“党政职责”的能力，加强对“缺门知识、能力”负责人的培训，增强领导力、执行力。要进一步加强对干部的纪律规矩教育，对不顾大局、不守党规党纪、我行我素者要及时查纠、调整。要坚持正确的选人用人导向，及时把德才兼备的优秀人才调整到新产业和关键岗位。要积极培养中青年干部，给有能力、有培养前途的员工提供学习深造和岗位锻炼机会，要全面掌握班组长及业务骨干等各类人才，完善人才数据库，注重引进具有新产业知识的优秀人才。继续推行竞聘上岗、岗位交流、试用制等，落实“能者上、平者让、庸者下”的用人机制。要创新干部评价考核制度，让亲力亲为干实事、干成事的干部、员工受到表彰和重用，旗帜鲜明地支持干事者，鼓励担当者，重用业绩优秀者。

（五）充分发挥党组织、党员在生产经营主战场的作用

党委和党支部要发挥把关定向作用，坚持党群工作与生产经营“四个同步”，重要决策经党组织研究同意，保证工作安排和决策符合党的方针政策。两级党组织都要增强改革意识，主动学习借鉴同行业先进经验，及时谋划改革重大举措，当前，公司即将出台“瘦身强体”计划，将在缩编减员、撤并重叠机构，清库、清欠、清遗留问题以及处置“僵尸”业态等方面采取措施，党组织要与经营班子同频共振，撸起袖子一起干。党组织和党员在改革、生产等工作中，不但要主动作为、身先士卒，而且要做好释疑解惑、化解矛盾等思想政治工作。要注重发挥党员的聪明才智，带头开展“双创”活动，推进“创新工作室”建设，开展技术革新，推广先进驾驶技术、节能、节油方法、维修操作法，涌现出更多的“技术能手”“能工巧匠”“创新型班组”，把蕴藏在员工中的创业创新潜能转化为生产力。要教育党员、员工遵守安全规章，对安全事故负有责任的党员及时教育查处。要关心安管人员的工作，解决安管工作中出现的问题，及时处置各种易引发不稳定、不安全因素，从苗头抓起、有效化解矛盾，确保公司持续安全稳定。

(六)加强自身建设，增强履职尽责能力

实践证明，党委领导班子自身建设如何，不仅关系全司党建工作好差，更关系到公司改革发展稳定大局。因此，党委必须加强自身建设，必须抓好“关键少数”的模范带头作用。希望新一届党委和纪委班子要按党章和上级党组织有关规定，建立健全加强党委、纪委自身建设等工作制度。要坚持民主集中制原则，坚守党的纪律和规矩。要增强责任感、使命感，肩负起核心领导责任，争做贡献。所有领导成员都要争当学习的模范、干事创业的模范、遵纪守法的模范、清正廉洁的模范、团结共事的模范。基层党支部班子成员也要按“五个模范”的要求，规范自己的行为，更好地带领员工创新转型发展。“党政一把手”更要以身作则，发挥好“班长”作用。党建工作应与时俱进，既要承继公司优良传统，又要勇于创新。面临党的十九大即将召开，党中央把党委列入企业法人治理结构，这加重了党组织的责任，公司党建工作如何创新发展？如何更加适应新时代要求？这个全新课题摆在各级党组织和广大党员面前，是挑战，是机遇，也是重大政治责任。相信新的党委班子、基层党支部和广大党员一定会交出一份更加优异的答卷。

千里之行，始于足下，贵在落实，重在实干。让我们肩负起历史使命，在党的十九大精神的阳光雨露沐浴下，在市委和市国资委党委的坚强领导下，不忘初心、牢记使命，团结奋斗，真抓实干，继续奋进，全面落实公司“创新转型发展”战略，加快现代服务产业集团建设步伐，为沧州沿海经济强市建设做出更大贡献，以党建工作和创新转型发展的优异成绩，迎接党的十九大胜利召开！

谢谢大家！

（本文选自作者在集团公司第六次党员代表大会上的报告）

全面落实党的十九大精神
推进公司高质量转型发展(节选)

2018年1月18日

关于2018年的生产经营工作,董事会经过审议,同意经营层提出的集团公司2018年重点工作、经营指标和各项措施安排。工作安排提出了不少新理念、新要求、新举措,必将对公司发展、改革、管理和各项任务完成起到更好的指导推动作用。希望各行业、各部门、各单位认真贯彻落实。董事会认为,今年全司面临着新的政治、经济形势,特别是全面贯彻落实党的十九大精神、建设交通强国、市委建设"创新驱动经济强市、生态宜居美丽沧州"新要求,全司上下必须要继续以更加饱满的热情、昂扬向上的状态,抓好全年生产经营和各项工作,并以下几项工作。

(一)全面贯彻落实党的十九大精神。要以习近平新时代中国特色社会主义思想为指引,全面贯彻落实党的十九大、中央经济工作会议、交通运输部全国交通工作会议精神以及市委、市政府一系列指示精神,弘扬"红色基因",即跟党走的核心价值观。当前重点是学习好党的十九大精神,并结合企业实际,把"创新、协调、绿色、开放、共享"五大发展理念、从严治党、乡村振兴战略、生态文明建设、企业家精神等要求落到实处。要在全体员工,特别是各级领导干部中开展大学习、大讨论、大落实活动,进一步掀起学习贯彻热潮。两级领导班子成员、全体党员要真学、真懂、真用,并紧密结合实际,认真谋划如何在新时代、新征程中做出自己的贡献。要通过学习提高全体员工认识,更新观念,找差距定措施,调动起各级领导干部、党员、团员和广大员工的积极性,焕发干事创业的激情,真正"撸起袖子加油干"。要对学习贯彻落实进行阶段性检查和考核,把"学与做"结合起来,不忘初心,牢记使命,为企业改革、发展、管理注入强大正能量,推动党的十九大精神在我司落地生根。

(二)继续深化创新转型发展。应认识到,当前我司转型发展仍处在爬坡过坎攻坚阶段,有些单位转型还没有取得实质成效,传统产业占主体地位。新产业、新业态刚刚建立,科技含量不高,运作还不规范,尚须使之规范化、现代化。因此,今年仍要坚定不移地继续抓好创新转型发展,有以下几点要求:**一是**要继续实施向城乡主阵地转移,充分利用公交业向广大乡村辐射,实现城区、城乡客运资源占有率达到70%以上目标;**二是**要下决心把旅游业搞上去,通过境内外组团、旅游方式多样化、旅游班线开发、与城乡景区合作或谋划旅游项目等,使旅游业尽快成为公司新的支柱产业;**三是**推进站场经营产业发展。除了要对现有摊点进行整合,扩规模、增效益外,要按照建设"城市综合服务体"要求,对站场进行规模开发,建设以运为主、多元服务的综合站场。同时要大力对闲置、半闲置房地产进行改造开发,通过招商引资,可合作开发,可长期租赁,也可转让,以回笼资金,使资产活化。**四是**依托各站场,把汽车租赁业、快修业、小件快递、宾馆业发展成为连锁经营品牌,扩大沧运优势和品牌影响力,力争形成一批支柱型新兴产业。汽车服务业要分离出两、三个新产业,在汽车后市场取得新发展。

为了适应转型发展的需要,全司应在领导体制、员工队伍、经营模式和场地布局上进行调整。在领导体制上,基层单位领导班子要按多元发展配备,班子一把手是复合型人才,既要懂主业,又要懂相关产业,其副职配备多元产业的专业人才;在员工队伍配备上实行转岗并调整组建新的班组,把优秀员工转到新产业上来;在经营模式上,按照"便捷行"理念,运力调整为大、中、小及特种车辆,建立可满足社会各需求的多业态服务方式,实行昼夜轮班工作;在场地布局上,要为新产业划出经营场地,使旅游、物流、维修、新能源等新业态更加有序运营,以真正实现更高质量发展和服务,把各产业经营管理推进到一个新水平。

董事会设想,经过两至三年的努力,到2020年国家全面建成小康社会时,公司整体转型发展要取得决定性胜利,基本实现建成现代服务产业集团的奋斗目标。各产业、各单位要做出计划,力争提前实现。怎样衡量转型发展取得决定性胜利?现提出5条标准:(1)主营产业稳定发展,并拥有多个支柱型产业,新兴产业资产规模比重达到50%以上;(2)有懂经营、会管理和专业水平较高的领军人才,有创新能力强、以中青年为主的骨干力量,形成了服务能力强、会精心操作的员工队伍;(3)有一整套规范的管理制度,并有序、有效开展经营工作,为客户提供了“便捷行”理念要求的高质量的服务；(4)各产业科技信息化水平有较大提升，新产业盈利比重达到60%以上，整体创利比现在翻一番；(5)形成优良服务品牌，社会美誉度大为增强，员工薪酬和福利水平随之有较大提高。

(三)培育优秀经营团队。企业改革与发展，离不开一支优良的团队。提高全员素质，特别是各级领导素质，建立一支“政治过硬、业务过硬、责任过硬、纪律过硬、作风过硬”的优良团队，是新时代、新征程的必然要求。我们应认识到，当前我国经济社会发展日新月异，各种新兴产业、新模式、新技术层出不穷，人们的生产、生活方式都在发生着巨大的变化；我国社会主要矛盾转化为人民日益增长的美好生活需要和不平衡不充分的发展之间的矛盾，人们对出行、物流、用车等服务要求更高了，我司处在转型攻坚期，必须大力提高经营管理和服务水平。从我司整体素质看，与时代和企业发展要求还有很大差距，如：两级领导班子，大部分是从传统产业成长起来的，对新产业缺乏管理经验；公司组织的“双创”活动，组建了16个创新工作室，大部没有优秀创新成果；汽车站网售票系统推行缓慢，物流信息网多年没有正常使用等。员工素质亟待提高，有的已成为创新发展的阻力。因此，公司决定通过强化培训和人才引进两条途径，提高公司全员，特别是各级领导和管理骨干的整体素质。一方面人力资源部门已成立了专门培训机构，重点加强员工培训教育。要选拔一批责任心、事业心强的优秀员工，实行新产业转岗培训；对新入司青年员工要及时、大胆起用；培训要坚持高质量、高标准，不要走形式。要通过培训教育，发现和选拔一批经营管理人才。另一方面，要积极引进、招聘一批认可沧运文化、热爱运输事业、具有专业特长的人才，委以重任，给予较高薪酬待遇，壮大我们的管理人才队伍。就各级领导干部来说，都要把学习当作终生目标，自觉自学，补自身短板，尽快改变文化、专业水平和现代管理能力低的现状，努力成为新时代的优秀管理者。对进取心差、管理能力底下、确不适应新形势需要的，要及时进行调整。

(四)推进企业科技进步。董事会同意经营层提出的组建沧运交通科技公司的议案，一致认为，推进企业科技进步是我们迫在眉睫的任务。当前，我国已经进入信息化社会，科技发展一日千里。比如，制造业大国重器不断推出，神舟(飞船)上天，“蛟龙”(深潜器)入海；大数据、互联网等信息技术广泛应用，促使众多行业发生了巨大变化，一些企业被淘汰出局。就我们行业说，从高铁到通用航空、从无人机到无人车、从共享单车到共享汽车、从燃油车到电动车、无线充电、智慧物流等，新技术、新业态每天都在大量涌现。交通运输部提出，运输企业一定要走智能化、智慧交通的路子，而我司还处在一般信息化的水平。冀运在转型过程中，开发了河北交通科技产业园项目，成功研发了“河北快线售票平台”，在智能交通发展上走在了前面。沧运必须奋力迎头赶上去，所以，公司成立科技公司势在必行。在讨论中，大家聚焦到几个问题上，一是要明确发展方向。要以推进全司智慧交通发展为重点，建立科技和信息平台，全面提升公司各产业的科技信息应用水平，实现我司成为科技型、现代化管理服务型企业的目标；二是要采取选拔和招聘相结合的方式，吸纳一批专业人才，对领军人才要给予较高薪酬，出了成果要给予重奖；三是要把当前任务与长远目标结合起来。科技公司要负责制定好集团公司科技发展规划，分产业、分单位提出不同任务和目标要求，落实责任，分步组织实施。要立足当前，按照“互联网+”要求，重点做好联网售票、应用“一卡通”、公交智能调度、车联网、安全监控系统等平台整合和建设工作；四是要上下结合，共同推进我司科技进步。各系统、各单位要落实好本单位的科技发展计划，并选调优秀人员组建专兼职结合的科技队伍，把本单位科技信息化抓起来。要进一步发动全体员工，继续深入开展“双创”活动，发扬“工匠精神”，特别是立足本岗位创新创业，力争快出、多出较高质量的创新成果。科技部门要注意指导基层开展好双创活动，定期举办创新成果发布、汇报，并积极争取上级资金支持。

（五）形成抓生产经营强大合力。生产经营是企业的中心工作，各方面都要围绕着这个中心开展工作。董事会、监事会和党群组织都要认真履行各自职责，齐抓共管，不断推动生产经营管理持续健康发展。各基层单位领导班子要带领广大员工，千方百计完成集团公司交给的各项经营指标和重点工作任务；总部各部门既要发挥好领导参谋助手作用，又要主动积极服务基层，为基层帮困解难。这里再强调三点。第一，要生产经营和精神文明建设两手抓。目前，有部分单位精神文明建设工作有所松懈，有的从内部秩序到外部形象都成了当地的“落后角”，站务设施陈旧，车容车貌差、现场管理脏乱差，对外形象不佳。在一定程度上影响了公司的声誉。各单位要突出抓好内部秩序、外部形象的整顿，各单位要根据需要，做好站场绿化、美化、维修。党群和业务部门都要加强经常检查和督导。对检查中发现的正面典型及时表彰,对反面典型给予通报批评。第二,要改进工作作风,要弘扬求真务实精神。当前要纠正几种倾向,一是应付检查搞虚假汇报、表报,二是经营成果考核不准、不实,三是检查指导工作看虚不看实,四是工作应付、凑数,质量低下。这些都是形式主义、官僚主义在我司的表现,是党中央明令查纠的问题。请党委、纪检部门调查研究,提出改进措施,作出决定。第三,要按照从严治党的要求,严格遵守党的纪律和规矩。反腐倡廉永远在路上,党的十九大把纪律建设摆在党的建设重要位置。不要以为我们是改制企业,也不要以为自己是一般干部、员工,而忽视党的纪律和规矩。集团公司为从严管理,也制定了一系列的规章制度,如去年又制定了对领导干部的“双十条”,在反腐倡廉上划了红线,大家要自觉遵守。公司纪检、审计部门要尽到职责,及时查处各种违规违纪问题和不正之风。不认真抓、失察失纠就等于失职。在反腐倡廉新形势下,广大干部、党员都要更加严格以更高标准要求自己,保持清正廉洁、克己奉公好作风,做遵纪守法、公道正派的带头人、明白人。

(本文节选自作者在集团公司2018年经营工作会议上的讲话)

党委书记、总经理曹向东在公司党建工作交流会上的讲话（节选）

2018年6月30日

一、2018年度党建工作的基本评价

从公司党委层面讲，新一届党委坚持继承与创新相结合，11次召开党委会，专题研究布置党建工作，形成明确的工作计划，做了一些亮点工作，但也有对党支部指导不力、考核不严问题，致使有的在具体落实上“重形式、轻内涵”，没有达到预期效果。主要工作亮点有四方面。

一是学习教育有新加强。狠抓中心组学习，通过聘请专家授课、观看专题片、到信誉楼参观、集中研讨、心得交流等形式，集中学习15次。组织收看党的十九大大会实况2次，并邀请十九大代表王红心解读报告精神，带领党员重温入党誓词。联系市委党校在我司建立教学基地，并举行揭牌和开班仪式，2次邀请战略合作单位的党员参加培训。建立了党委成员和基层党务工作者微信群、QQ群，通过网站、公众号、微党课、购买培训机构课程等，丰富学习形式和内容，着力增强党员、干部的政治理论素质，提升学习教育的效果。

二是干部管理有新内容。经过3次党委会讨论，修改完善了《干部管理办法（试行）》，按照“树正气、用能人、明奖罚”的要求，实施了青年干部挂职、交流等锻炼形式，更明确了业绩导向的用人原则。一年来，考察调整干部49人次，提拔青年干部8名。在干部管理上更加注重跟进培养和能力提升，不定期与新调整人员谈心谈话，了解情况、指出不足；举办了40人参加的青年干部培训班，新颖的学习形式和观念更新教育让学员受益颇深；利用党校阵地，培训党员干部93人次，9人跟班参加了外出考察学习。

三是作风建设有新方法。重新贯彻和制定实施了严管党员和党员领导干部“双

十条”和“五项规定”，在总部开展了“反四风”做表率作风提升活动，实行“首问负责制”和内部投诉机制。制定实施《督导巡查制度》，每季度深入基层督导巡查生产经营和党建工作开展情况，收集员工意见，及时处理发现的问题。继续发挥基层举报箱、举报电话和纪检监察委员作用，加强对领导干部和管人财物人员的监督，公布纪委书记邮箱和手机，建立基层纪检监察委员微信群，不断畅通基层员工反映问题渠道。

四是党群活动有新形式。**党群活动更加注重与业务融合，**联合组织了导游员技能竞赛，开展了微信评选最美营销员活动，组织评选“文明服务标兵”、聘任“形象和服务质量监督员”，与经营层配合召开了“新沧运、心服务”产品推介会。**更加注重形式创新和宣传效果，**组织了青年 H5 和海报设计比赛，邀请团市委领导为“青年突击队”授旗；成立了书画摄影、乒乓球、足球、篮球等团队，完善了员工活动室，全年开展文体活动 14 次，迎新春联欢会内容新颖，受到员工欢迎，与大客户和战略合作单位联办了联欢会和体育联谊赛，加强了沟通联系，组织的小记者体验游、人民公园植树、志愿服务队走进军营、走进社区和为乘客送“福”回家等活动，扩大了公司影响力。**更加注重人文关怀，**与市医院、八中等签订合作协议，为员工培训、子女上学、亲属看病提供便利，在东西两站设立学雷锋服务站，为乘客和困难老人、儿童提供帮扶，开展了暑期送清凉、冬季送温暖走访慰问活动等，努力践行沧运核心价值观。各党支部按规定组织“三会一课”，重大问题由支委会研究决定。沧州西站、河间公司党支部每周坚持党员集中学习；沧州东站、运通公司党支部发挥党员微信群作用，关注员工思想变化；泊头公司党支部由党员骨干轮流对管理人员进行交叉业务培训；献县公司党支部组织党员到信誉楼、乐寿鸭业等参观学习等。

部分党支部根据实际组织了一些特色活动。运捷公司党支部实行“党员包保责任制”，每两名党员带一个班组，包保生产经营、安全稳定和文明建设、思想政治工作；南皮、孟村公司党支部在治理站场秩序、提升办公环境中，组织党员义务劳动；盐山公司党支部成立青年突击队，在承揽包车、发展旅游和网约车工作中发挥了突出作用。

二、对下一阶段党建工作的几点要求

当前，党中央对基层党建工作越来越重视，要求也越来越高，大家一定要认清形势,正视问题,认真履行职责,完成好肩负的责任,为此,我代表公司党委提出以下要求。

第一,抓学习,强素质。基层党建工作存在以上问题,根本原因是我们党务工作者认识程度不够和党务知识不足,没有正确分配精力,不清楚抓什么,怎么抓？这些必须通过不断学习来实现。从学习内容看,首先要加强政治理论学习,坚定理想信念,提高政治素养。要认真学习党建业务,作为党务工作者,不管是兼职还是专职,必须清楚自己的职责,明白做什么,怎么做,向分管生产经营业务一样成为党建工作的行家里手。三是学习中华传统文化,汲取国学精粹,提高自身修养。各级党务工作者除了组织参加党支部集中学习外,要抽出一定时间进行自学,记读书笔记,写心得体会,并为党员上好党课,带动党员共同学习,使同志们在三个方面形成共识,坚定信念,即,相信我们党领导下的多党合作和政治协商制度是最适合国情的政治制度;相信我们党通过自身的不断完善发展,会越来越体现先进性;沧运的广大党员要相信正能量一定战胜歪风,制度肯定大于人情。公司党委要创造条件,为大家学习提供充分保障,要结合史馆建设建立理论自习室和党员活动室,各支部也要和当地工会联系,利用职工书屋等建立党员活动室。要发挥党校教学基地作用,办好学习培训班,各单位在做好生产业务的同时,多安排参加党校和格局商学院的培训,青年干部封闭培训要继续开班,形成制度。党群工作部要在督导检查好各支部“三会一课”开展的同时,利用新媒体组织读书会、微党课,引入党建APP等,各支部也要建立党员微信群,丰富学习形式和内容。

第二,抓作风,树形象。作风建设是党建工作的重要内容,也代表了企业的形象,一年来,我们在作风建设上想了不少办法,出台了一些制度。要继续坚持以上率下,巩固落实“双十条”和“五项规定”,继续整治“四风”,加强纪律教育,强化纪律执行,让广大党员、干部知敬畏、存戒惧、守底线,不断增强规矩意识、服务意识和大局意识。要修改完善“双十条”,增加高管层行为规范,并畅通员工反映渠道,加强督导巡察,杜绝违规违纪现象。要坚持召开组织生活会和开展民主评议党员,让党员排队亮相,接受员工监督,抓早抓小,防微杜渐。要提升服务客户、服务基层、服务员工全方位服务意识,开展转作风、下基层和“党员联系人”活动,把雷厉风行和久久为功有机结合起来,以钉钉子精神做实做细做好正风肃纪工作。

第三,抓融入,促生产。作为党支部书记不抓党建是失职,抓不好党建是不称职,公司党委研究制定《党建目标责任制》,建立党建工作评价体系,并列入年终考核,目的是规范和加强党支部工作,实现党建工作标准化。但作为企业,党建工作搞得好不好,党员是否优秀,必须放到生产经营中去检验,各党支部书记更要树立“业绩为先”的思想,“两手”抓,“两手”都要硬,坚持融入生产经营开展党建工作,与经营班子同频共振,撸起袖子一起干。党组织和党员在改革和生产中,不但要主动作为、身先士卒,而且要做好释疑解惑、化解矛盾等思想工作,凝聚起员工的力量。要结合岗位工作开展党员红旗车、党员先锋岗竞赛、创新比赛和技能比武、献计献策等活动,在生产经营主战场展现党员的风采;要结合生产业务,尤其是公交、电商配送等,组织项目扶贫、惠民服务活动,策划实施公交扶贫计划,在人力招聘等方面向贫困村、贫困户倾斜;要结合文明形象和服务质量提升,整治秩序环境,完善服务功能,营造文化氛围,增加宣传栏、公益广告,职责制度等软硬件设施,并建立党员责任区和党员责任人,发挥好“社会形象和服务质量监督员”作用,确保各基层成为当地文明服务窗口标杆,推动集团公司向全国文明单位迈进。

同志们,当前,我司正处于创新转型关键期,又面临管理团队的更新换代,员工队伍也不断扩大,亟待需要通过有效的党建工作,整顿思想、转变观念、统一认识,加强融合,任务繁重而艰巨,我们一定要学习贯彻好党的十九大精神和市委工作部署,以永不懈怠的精神状态和一往无前的奋斗姿态,勤勉尽责、扎实工作,不断增强党的创造力、凝聚力和战斗力,创造更加优异的成绩。

附　录

一、各级领导来公司讲话、致辞

原交通部常务副部长郭健同志在沧州运输集团有限公司成立暨揭牌仪式上的致辞

同志们：

首先，让我以交通部的名义，对沧运集团的成立表示热烈的祝贺！

沧运集团是沧州国有大型公路运输企业，多年来为沧州经济的发展做出了很大贡献。在近几年推进两个根本转变中，努力建立现代企业制度，开拓生产经营，走出了一条有自己特点的多元化经营、振兴的新路，经济效益在全省乃至全国同行业中居领先地位。沧运在改革中大胆探索，建立起适应市场经济的新机制。全国交通运输系统建立现代企业制度的试点单位有42家，沧运就是其中之一，而且是这42家企业中首家家挂牌运作的，这为全国交通运输企业改革提供了可借鉴的经验。

沧运取得如此好的成绩，绝不是偶然的，我想指出几点。

第一，中央一再强调一定要把国有大中型企业搞好。首先的条件，要有个好的领导班子，一个好的带头人。沧运的班子被评为先进领导集体，曹永堂同志被评为劳动模范，先进工作者……这都说明沧运有一个好的领导班子。

第二，搞好国有大中型企业，主要的是要按照中央五中全会的精神，实现两个根本转变："一是向社会主义市场经济转变；二是向集约化经营转变"。沧运正是这样做的。

第三，全心全意依靠广大工人群众，调动广大工人的积极性，沧运的改革、生产经营就是这样做的。

第四，两个文明一起抓。沧运也是这样做的，沧运被评为"文明单位"、思想政治工作优秀企业。

第五，省、市党政领导重视，交通厅领导也十分关心沧运的工作，给予大力支持，这是不可缺少的重要条件。

今天,沧运集团成立,值得庆贺,古人有诗曰:“白日依山尽,黄河入海流,欲穷千里目,更上一层楼。”站得更高,才能看得更远,才能取得更大的成绩。

我希望,沧运集团不要满足已有的成绩,要继续改革不停步,进一步完善机制,真正把现代企业制度改革引向深入,推动企业更快发展,为振兴沧州经济做出更大贡献。

最后祝沧运集团全体员工身体健康,祝沧运集团兴旺发达!

谢谢大家!

原交通部副部长、中国公路学会理事长 李居昌同志在沧运集团成立 60 周年庆典上的讲话(节录)

今天很荣幸来到沧州,应邀参加沧运集团有限公司成立六十周年庆祝大会,我谨代表中国公路学会向受到表彰的先模人物、优秀团队表示最热烈的祝贺。

六十年来,沧运集团经历了两个发展阶段:前 30 年的计划经济时期是公司起步和基础阶段;改革开放的 30 年是沧运集团积极进入市场、以市场主体的姿态参与市场竞争、思想大解放、生产力大发展、竞争力大提高的快速发展阶段。60 年的历程,沧运集团由小到大、由弱到强,成为中国道路运输百强、中国物流百强企业,成为交通运输部重点联系单位,主营能力居全国行业领先地位。沧运集团为行业发展创造了经验,为地区乃至全国的经济发展做出了积极的贡献。

沧运集团取得这样令人瞩目的业绩,我认为:一是,沧运集团抓住了经济持续增长对交通运输需求的历史机遇,经济持续增长对交通运输的需求,是交通运输发展的历史背景和条件;二是,积极推进企业改制,创新企业体制,沧运集团根据市场经济规则,按照建立现代企业制度的要求,改革创新、建立了现代企业制度体系;三是,注重调整产业结构,优化经营布局,转变发展方向,不断开创新的经营领域,培育发展新的增长点,积极推进技术进步与创新,注重节能减排和能源的有效利用,努力降低成本,提高效益;四是,注重队伍建设,特别是班子建设,领导班子能够团结一心,驾驭全局,带领全体职工以市场主人的姿态,团结一致,拼搏奋斗,争做贡献,过硬的职工队伍是企业发展的根本保障;五是,严格安全管理,切实加强安全教育,落实安全责任,把事故率降到最低,把安全工作做到最好,保护旅客安全,保护企业稳定,保护社会和谐稳定。

同志们,“十一五”交通规划即将全面完成,“十二五”交通行业将处在大建设、大发展时期,交通运输发展的任务艰巨而繁重,希望沧运集团的同志们要认真总结 60 年来的经验和教训,认清形势,明确任务,肩负起建设现代交通运输业的重担，不断提高交通运输三个服务能力，完成战略任务和历史使命，以科学发展观为指导，以调整结构、加快转变发展为主线，深化企业改革，完善现代企业制度；要充分发挥运输业的优势，积极发展物流产业，努力提高综合经济效益；要努力做好企业发展的各项工作，努力完成运输发展的各项任务，把沧运集团建设成国内行业一流、具有国际竞争力和先进水平的现代大型综合性运输企业，为服务地区乃至全国的经济发展做出新的更大的贡献。

河北省原副省长、省工业经济联合会会长郭世昌同志在沧运集团全国股转系统挂牌上市仪式上的致辞(节录)

各位来宾、同志们:

今天,我们在这里隆重举行沧运集团在全国股转系统挂牌上市仪式,这是沧运集团发展史上的又一重要成果。首先,我代表河北省工业经济联合会(河北省经济团体联合会)向沧运集团全体员工、股东表示热烈的祝贺!对交通运输部、各协会、中介机构长期以来给予河北企业的关心支持表示衷心的感谢!

沧运集团是我非常熟悉的企业。1996年,我就曾陪同原交通部常务副部长郭健同志参加了沧运的国有独资公司揭牌仪式,见证了沧运在全国交通系统率先走上了公司制的路子。此后,我还出席了他们的建司50周年、60周年庆祝活动。之所以出席一个地方运输企业的几次盛会,除了我曾长期在沧州工作,对沧州有着深厚的感情外,还基于我对沧运的了解。沧运的领导班子坚强有力,改革与发展路子正,生产经营效益好,一直走在全省企业的前列。我在省政府主持企业改革工作时,就授予了沧运董事长"改革标兵"的称号。在我主持省工经联(省经团联)工作中,沧运也一直是行业企业的排头兵,他们通过收购河北高客集团,一举打入省会,组建了冀运集团,取得了跨越式发展的业绩。

近几年来,沧运根据企业发展需要,一直在谋划和推进企业上市,使管理更加规范,效益大幅提升,不仅在河北各企业,在全国同行业也位居前茅,这次又在全国同行业第六家挂牌上市,为我省企业带了好头。省工经联(省经团联)希望全省交通运输企业,包括各行业先进企业,向沧运集团的改革创新、积极进取精神学习,加快推进企业转型升级、科学发展,实现更多企业上市,以充分发挥资本市场资源配置的作用,促进河北企业更快发展。

今年是全面深化改革的关键之年,是全面推进依法治国的开局之年,也是全面完成“十二五”规划的收官之年,做好全年工作意义重大。希望沧运集团以党的十八大和十八届三中、四中全会以及习近平总书记系列重要讲话精神为指导,在省委、省政府的领导下,认真总结自身改革、发展和上市的经验,主动适应经济新常态,继续以更高标准抓好企业生产经营管理,在继续做大做强做优上下功夫,为社会创造更多财富,提供更好服务。特别要提高资本运作能力,加快企业扩张和效益提升,为打造国内一流、具有国际竞争力的现代综合运业集团努力奋斗,为全省创新发展、绿色崛起和沧州经济社会发展做出新的更大贡献!

最后,祝沧运集团事业兴旺发达,祝各位来宾身体健康,万事如意!

沧州市市长郭华同志在沧州运输集团有限公司成立暨揭牌仪式上的讲话(节录)

同志们:

今天,沧州运输集团有限公司正式成立并举行揭牌仪式。在此,我代表中共沧州市委、市政府向光临揭牌仪式的领导和朋友们表示衷心的感谢!向沧州运输集团有限公司表示热烈的祝贺!向辛勤工作在生产经营第一线为企业成功改制做出重大贡献的广大员工表示亲切的慰问!

我们这样隆重地为一个企业决策来召开会议,庆华同志带领我们四套班子领导集体出席一个企业的活动,在我就任市长以来,这是第一次。为什么?旨在向社会传递两个信息。一是对新沧运集团成立表示祝贺,祝贺中包括对沧运集团这些年的工作业绩,特别是这次整体改制成功的肯定。二是从两个层面上树立一种导向:首先是从政府层面上,希望政府,包括我及主管部门,要通过沧运集团的整体改制进一步坚定信念,全力推进国有企业改制,加快国有企业改革的步伐;其次要从企业层面上树立一个导向,对正在进行改制的企业,应当从沧运的成功改制中汲取经验,使企业改制工作更加平稳,更加顺利。还没有进入实质性改制的企业或是对改制还存有抵触情绪的领导,希望通过沧运集团成功改制来转变观念,横下一条心,坚决实行国有企业改制。通过改制,使企业建立起现代企业制度,形成应对市场的良好运行机制。虽然说改制也未必一定有出路,但是不改制是绝对没有出路的。西方国家进行公司制改革、现代企业改革有一二百年的历史,但每天都有企业倒闭。改制意味着什么?假如把企业比作一艘轮船的话,改制就等于提供了一个顺风、顺势的良好的发展环境。环境再好,如果船长稀里马虎,船员掉以轻心,照样有翻船的可能。所以,机制好了,还需要大家把机制的长处、效益发挥好,把企业管理好,改制对你们来说是走向新辉煌的第一步,但是从你们这些年一步一个脚印地走过来看,特别是1992年以来,沧运集团在以曹永堂为领头人的班子领导下,从取得的业绩来看,我们坚信,通过这次改制,一定会给沧运提供一个新的腾飞的契机,沧运一定能够创造出新的辉煌!

中共沧州市委书记郭华同志在沧运集团成立60周年大会上的讲话(节录)

在祖国61岁生日前夕,沧运集团举行成立60周年庆祝大会,很有意义,我很高兴参加沧运的庆祝活动。在此,我代表市委、市人大、市政府、市政协向沧运集团的英模人物、优秀团队和全体员工表示祝贺,向出席庆典活动的领导和朋友们表示欢迎,向关心沧州交通运输事业发展的领导及各界朋友表示衷心感谢。

2004年,沧运集团召开整体改制大会,当时我任市长,可以说,我和沧运公司的员工一样,对沧运改制的未来发展没有多大的把握。五年过去了,沧运集团在竞争激烈的市场浪潮中,解放思想,抢抓机遇,埋头苦干,取得了一个又一个的骄人业绩,同时也让沧运集团驶入了发展的快车道。现在看,沧运改制的路子走对了,沧运如同是一只浴火的凤凰,涅槃再生。

近几年来,沧州发生了重大变化。2009年与2005年相比,经济总量翻了一番。可以说,沧州经济发展发生了奇迹。沧州之所以发生这样的奇迹,正是由一批以沧运为代表的优秀企业,勇于发扬开拓进取精神,汇集而成。

交通运输是扩大开放的载体,是经济发展的动脉。沧州在公路、铁路交通方面已经达到一个相当密集且完善的程度。目前我们的黄骅综合大港已正式开航,打通了通往世界的门户,沧州这样的交通优势在全世界少有。这为交通物流企业提供了一个难得的发展契机和大有作为的平台,希望沧运集团能够借助交通优势这个平台,抓住机遇,实现二次创业。

沧运集团的高客是一个知名品牌。高客可以把每位旅客安全、快捷地送达目的地。我希望,整个沧运集团也一定要搭乘上改革开放的"高客"、环渤海经济圈崛起的"高客"、沧州建设沿海经济社会发展强市的"高客",平安快捷行驶,实现新的目标,到达新的发展彼岸,创造新的辉煌。

中共沧州市委书记张庆华同志来沧运调研时的讲话

2001 年 11 月 24 日

同志们：

我们这次到沧运来，一是看望公司领导班子，二是看望工作在一线的干部员工，同时向公司取得改制决定性胜利表示祝贺，向沧运跻身全国物流百强表示祝贺。

沧运在计划经济时代是全省同行业的一面旗帜，在当今市场经济时代，是全国同行业运输、管理、改革、开放、文明建设等方面的先进单位。黄骅港刚刚建设时，沧运就引进世行贷款兴建了集装箱中转站，开展起了国际货代业务，走出了对外开放的第一步。尤其是近几年来，沧运坚持改革不停步，在这次整体改制中，领导班子思想统一、组织有力、措施有力、解决问题有力，职工思想工作深入扎实，对各种矛盾和问题分析透彻、摸得准，这说明领导班子作风强，团结务实，有一定的战斗力和影响力，有一定的领导工业企业的执政能力。正因为准备充分，积极大胆，组织周密，才实现了改制的一次性成功。希望公司继续做好今后工作，确保如期改制到位，挂牌经营。

从沧运改制的成绩看，说明只要我们工作到位，思想深入，措施有力，就会取得广大干部职工的理解和支持。沧运的做法有说服力，经验值得认真总结推广，沧州市要准备在沧运召开改制现场会，请有关单位、有关部门、有关企业的领导好好学习沧运的经验。

沧运要做好改制的下一步工作和收尾工作，继续加强内部改革。改制不是改革的全部内容，要通过机制创新、管理创新，进一步加快企业发展步伐。要继续落实好“多元经营、外向带动、人才开发、名牌兴司、科技创新” 五大经营战略。经营战略体现了发展思想，“多元经营”就是不能单靠运输，“外向带动”就是加快对外开放,“人才开发”就是大量培育和吸引人才,“名牌兴司”就是靠服务靠质量靠文明赢得效益,“科技创新”就是靠信息化提高管理水平。要充分利用港口建设和高速公路建设,发挥区域交通优势,找准发展定位,扩大运输业,做好仓储加工等,推动沧州物流产业发展,培育新的经济增长点,建立设施完善、功能齐全、辐射面广的物流基地。要以改制为起点,把沧运做强做大,实现第二次创业,成为名副其实的百强,有实力、有市场竞争力的百强,被国内外客户认可的百强。通过加快发展,让广大员工充分享受到改制带来的成果和实惠,更加深刻认识改革和发展的重要意义,更加主动支持和参与改革。

市公安部门要对沧运予以关注和支持,要进一步加强运输场所、运输线路,包括运营线路等治安环境的综合治理,为保证运输安全,为发展沧州运输业创造良好的经营环境。

沧运第一次股东代表大会选举出了新领导班子,这说明广大干部员工对公司领导充分认可和信任,希望公司领导从事业的角度出发,树立长远发展的思想,精诚团结,继续努力,带领广大干部员工实现企业大发展、快发展。

河北省交通运输厅副厅长段铁树同志在沧运集团50周年庆典会上的讲话(节录)

今天,能与各级领导及来自全国、全省各地的嘉宾欢聚在这里,隆重庆祝沧州交通运输集团有限公司建司五十周年,感到非常高兴。我代表省交通厅向沧运集团公司全体员工表示热烈贺!

改革开放以来,特别是近十几年来,沧运公集团司面对激烈的运输市场,迎难而上,不等不靠,生产经营取得显著成效。在河北省交通系统连年评为先进,多次受到省委、省政府及交通部表彰。就经济效益讲,已连续十几年居全省同行业前列,1996年后实现利润为第一位。双文明建设保持了全省同行业前列。今年上半年经营形势也不错。这是沧运集团公司的骄傲,也是全省交通运输系统的骄傲,是值得庆贺的。

沧运集团公司之所以能在激烈的市场竞争中站稳脚跟,并取得良好的效益,我感到有四点值得总结和肯定。一是该公司有一套好的经营战略。沧运相继谋划并实施的“多元经营”“外向带动”“人才开发”“名牌兴司”四大经营战略,切合企业实际,适应竞争,既发挥了企业方方面面的潜力,又调动了员工积极性,使企业经营始终沿着正确方向前进。特别值得一提的是,沧运集团公司在坚持发展主营业务——客货运输的同时,倾全力开展汽车修理业务,发展起30多个汽车修理厂站,使其成为公司一大经济支柱,在全省乃至全国交通运输系统独树一帜。因此,企业迅速摆脱了困难局面,走上稳定发展的路子。二是有一个好的经营机制。沧运集团公司自觉地、不间断地大力推进改革。在河北省同行业中,第一个推行单车经营、第一个改制挂牌、第一个推行资产经营、第一个推行全员股份制改造,不断深化内部三项制度改革,使企业机制更加灵活,适应了市场,适应了竞争。三是有一个好的领导集体。党政工领导班子团结一心,善谋划,懂经营,富有超前意识和创新精神,从不向困难低头,勇于知难而进,不找市长找市场,使企业保持了旺盛的活力,得到了持续稳定的发展。四是坚持双文明建设一起抓。

沧运集团公司不仅全力抓好生产经营，还十分注重形象建设、文明创建工作，始终坚持精神文明、思想政治工作与生产经营一同部署、一同落实、一同考核，软件硬抓，持之以恒。在全省率先开展了“文明线路”活动，大大提高了服务质量和企业声誉，受到省厅的肯定和推广。

沧运50年的成绩来之不易，未来任重道远。当前，面临着入世和全球经济一体化新形势，技术创新成果层出不穷。我感到，目前我们河北省十大国有运输企业实力并不强，队伍素质还较低，弄不好，可能被冲垮。省厅希望，在新的千年，沧运集团公司一定要保持清醒头脑，居安思危，戒骄戒躁，积极应对中国入世后运输行业将要面临的新形势，立足长远，着眼当前，继续发挥过去光荣传统和良好作风，扎扎实实推进各项工作，继续加大改革力度，进一步夯实管理基础，主动进军国内、国际大市场，争创更大成绩。

预祝大会圆满成功。谢谢！

二、领导为公司题词、贺信、贺电

著名经济学家厉以宁教授题词

发挥新体制的优势，
提高综合经济效益，
在道路运输和物流
领域内取得更大的成
绩。

祝贺沧州运输集团有限
公司成立

厉以宁
2005年1月27日

集物资配送、连锁经营、初步加工、产前产后服务、仓储、运输、电子商务于一体，实现跨越式发展，为国民经济的进一步发展贡献力量。

祝贺冀运集团成立

潘以尊

2009年4月18日

走向融物品配送、连锁经营、初步加工、产前产后服务、仓储、运输、电子商务为一体的现代物流大型企业，服务社会，利国利民。

祝贺沧运集团成立60周年

[illegible]

2010年9月17日

原交通部部长、中国交通运输协会会长钱永昌同志题词

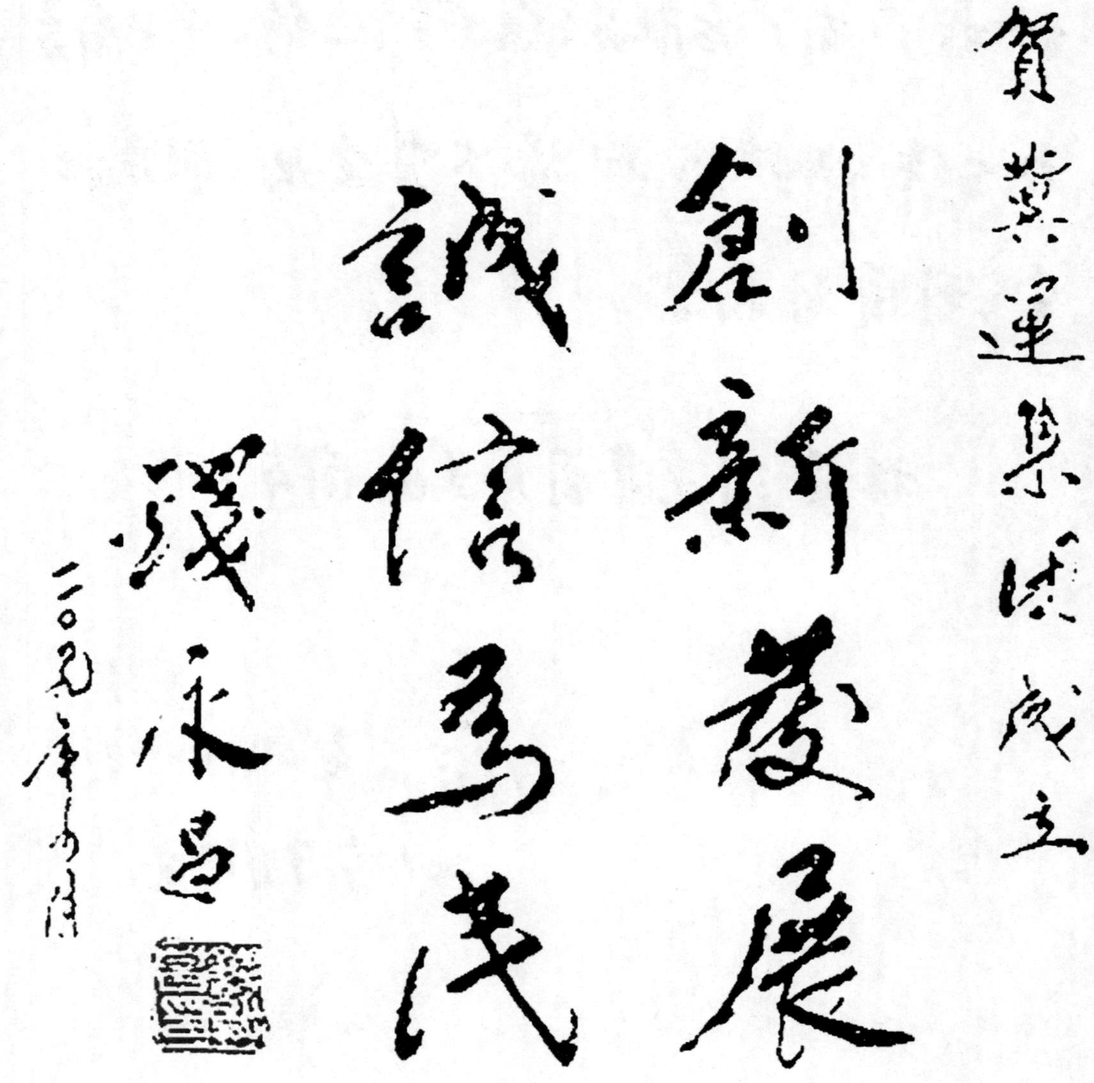

中共河北省委原书记、省人大常委会主任刘秉彦同志题词

坚持含而不露求实绩

绝不急功近利图虚名

书句

路通集团成立大会共勉

刘秉彦

原交通部副部长王展意同志题词

坚持改革发展
再振沧运雄風

王展意
二〇〇〇年四月十八日

河北省政协主席赵金铎同志贺信

沧运集团有限公司全体员工,你们好!

在贵公司成立六十年之际,我谨向你们表示热烈的祝贺!

六十年来,沧运集团在董事长曹永堂同志的带领下,不断解放思想,抓住机遇,改革创新,走出了一条既适合自己,又符合市场规律,健康、快速、可持续发展的路子。企业已经成为以客运、货运为主,集旅游出租、汽车贸易维修、物流以及房地产开发为一体的综合性、大型运业集团,成为同行业的排头兵。为国家和社会做出了卓越的贡献!曹永堂同志本人,也获得了省、国家甚至国际的多种荣誉称号。

虽然沧运集团的资产已经达到了七亿多,但是在我看来,你们探索出的发展路子比资产还要有价值。坚冰已经打破,道路已经指明。我相信,在各级党委政府的领导和交通等有关部门的大力指导下,在曹永堂同志的带领下,经过集团公司全体员工的努力,沧运集团必将取得更大的业绩!

祝愿沧运集团再上新台阶,祝愿沧运集团全体员工幸福、安康!

赵金铎

2010 年 9 月 26 日

河北省十届人大常委会原副主任王加林题词

中共河北省委常委、省纪委书记
吴野渡同志贺信

知悉沧运集团成立六十周年,谨向贵公司表示祝贺！对你们在企业改革和转型发展中取得的良好业绩甚感喜悦,希望在新形势下继续发扬成绩,科学创新发展,奋发进取,再创企业新辉煌!

中共沧州市委书记焦彦龙同志题词

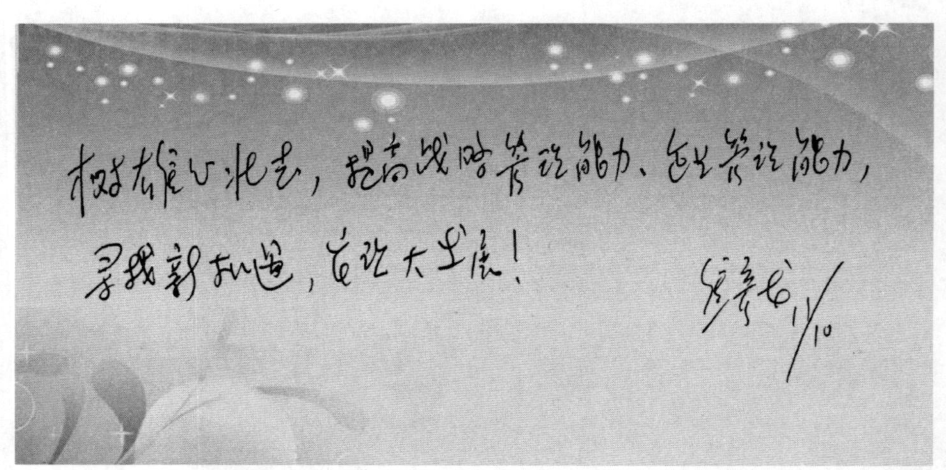

中共沧州市委书记吴振华同志题词

祝贺汽运集团成立

经济要发展
交通当先行

吴振华
一九九六年十二月

三、媒体报道

沧运转制转出活力

李德华　张智广

作为大型运输公司之一的河北省沧州运输总公司走向市场，找出路，靠改革和转换机制求得生存与发展的路子，使企业综合效益一举跨入了全国同行业领先水平。

沧州运输总公司是一家国有大型公路运输企业，现有职工3400人，拥有运输车辆640部。过去旧的管理模式曾一度使沧运背上亏损包袱，但从以总经理曹永堂为首的新班子上任后，首先确定了“多元化经营、全方位竞争、多产业创收”的经营战略，由单一靠“车轮子”搞运输，转变为运工贸齐发展。同时，下力调整了运力结构，根据市场需求，重点发展中高档客车和特种车。除此之外，沧运领导还拓宽发展饮食服务业、对外修理业、汽车配件、油料经销、内外贸易、房地产开发、技术培训、装饰装潢、租赁业、文化娱乐共计10个门类、31个经营品种。

（本文刊载于《人民日报》1996年1月26日第二版）

生机盎然满目春

河北省委《当代河北》杂志社史玉振同志和沧州市委办公室薛择邻、杨帆同志到沧运进行调研，并在《当代河北》杂志 1996 年第 14 期发表了这篇长篇调研文章。

在全国公路运输企业效益普遍下滑，相当一部分陷入困境的情况下，沧州运输总公司却以良好的发展势头令人刮目相看：1992 年以来，在年均消化 580 多万元增支因素的情况下，主要效益指标连续四年保持两位数增长，综合效益居全省十大运输公司之首，处全国同行业领先地位。沧运人以其辉煌的业绩，展示了运输企业"国家队"的雄威！

（一）适应市场，大上主业，提高国有运输企业的竞争能力

在国有公路运输企业从计划经济走向市场经济后，由于社会和个体车辆的大量涌入，沧运的看家产业"车轮子"，遇到了前所未有的困难和问题，主要是车辆老化，发展资金投入不足，运力结构和市场需要不相适应。公司的决策者们冷静地分析了市场和企业形势后，认为要想使客货运输业摆脱困境，重振雄风，必须发挥国有运输企业"船大抗风浪"的优势，着力在优化运力结构上下功夫。为此，他们采取了三条措施：

一是，增加投入，优化车辆结构。本着"上客调货""压普上特"的原则，客运方面，先后投资 2000 多万元，淘汰老旧车辆 167 辆，购置高靠背、软卧座、带空调中高档车 150 余辆，中型面包车 40 余辆，彻底改变了车辆"老、旧，破"的形象，货运方面，筹集 1200 多万元，先后淘汰了竞争能力差、效益低的普通客车 240 多辆，购置、改装市场紧缺的集装箱运输车、装载机、翻斗车、零担车 160 辆，扭转了竞争乏力的局面。目前，客货车比例由 1992 年的 1:1 变为 2:1，货车车数减少了三分之一，但总吨位增加了 300 个；客车中高档车占 52%，货车特种车占 90%，初步实现了由低效运行的普通运输向高效运行的高档运输、特种运输的转变，竞争能力明显增强，经济效益大为提高。如 1995 年春，沧运一次性投入 200 万元，将沧州

至天津客运班线的15部车全部更新为统一车型和外观漂亮的中档车，前后衔接，流水发车，吸引力大增，实载率达到了75%。

二是，拓展经营领域，抢占运力市场。客运，针对旅客对个体车不上满人不发车的厌坐心理，在7条骨干线开通了公共式班车；根据人们闯市场的实际，开辟了20余个集贸市场专线；适应旅游热的兴起，投资150万元购置14部豪华车组建了旅游出租公司，成立了旅行社及部分县市旅行分社、代办点，开辟了16条国内国际旅游班线，仅1995年就组织旅游包车450部，创收350万元，占客运总收入的10%。货运组建了两个集装箱专运公司和土石方工程运输公司，很快占领了沧州及天津港、北京、鞍山等部分高效集装箱、土石方货源阵地。

三是，内引外联，扩展运输实力。经过多方努力，与天津华丰工业公司合资兴办了年创利100万元的集装箱联营车队；与北京兴南公司合资兴办了联合土石方运输车队，进一步扩大了运力和市场。引进世行贷款2000万元兴建国际集装箱沧州中转站。

（二）多元化经营，多产业创收，培养新的经济增长点

面对市场放开的新形势，沧州运输总公司在稳定抓好运输业的同时，确定了"多元化经营，全方位竞争，多产业创收"和"外向带动"战略，围绕"两个转变"，充分发挥自身优势，集中力量进行了自己熟悉又有能力完成的一些项目，从而出现了迈开一步天地宽的局面。

在多元化经营、多产业创收中，沧运把交通工业特别是修理业作为发展的重点，先后投资1200余万元，新建厂房5600平方米，购置了1000余件高、精、尖设备，兴办了设备一流、技术一流的桑塔纳、奥迪、捷达、标致、东风系列等特约维修站及轿车厂、进口车修理厂等高级修理厂站10余个。几年苦心经营，沧运名下的修理厂改变了普通修理效益低微的状况，实现了三个转变，即由内修为主向内外修结合转变；由修普通车向修特种车、高档车转变；由以修为主向修造贸结合转变。高起点，大投入，加上修理厂的优质服务，一举形成了对沧州轿车修理市场的垄断之势。修理业也从"配角"变为"主角"，成为总公司发展后劲最强、创利最高的支柱产业。1995年固定资产达到2500万元，从业人员700余人，年创产值4200万元，利润280万元，较1992年分别增长7.7倍和9.6倍。其中，以"桑捷奥"为骨干的中外轿车维修中心经过短短两年发展，已形成集高级轿车修理、配

件销售、旧车解体交易等于一体的综合创收基地,年创产值 1900 万元,利润 200 万元。1995 年,沧运又向京、津延伸。联营投资 160 万元在北京兴建了京沧修理公司,打开了北京市场;天津、塘沽也分别建立了修理厂。目前,沧运的汽车修理业蒸蒸日上,形势看好。

汽车配件销售业是沧运人着力抓的另一个支柱产业,他们先后投资 800 多万元,在沧州市改建了三个销售大厅,主要经营品种达 3500 余个。对沧州各县市,开展"联网下伸",兴办了 30 余家汽车配件连锁店和特约经销处。规划建立了"北京轿车配件经销、供应中心",在北京东郊配件城租赁了经营展厅,并争取到经销和供应两个职能,从而使整个配件销售初步形成了"以沧州为中心,上联京津大城市,下伸各县市"的销售网络。在当前配件销售市场疲软的情况下,沧运的配件销售一直保持增长势头。1993 年,年销售额仅 300 万元,到 1995 年已上升到 2800 万元,创利 210 万元。

在重点发展修理业和配件的同时,还开发了油料经销、房地产开发、饮食服务、内外贸易、技术培训 5 个龙头行业,形成了众多的经济增长点。如,开发原机关大院兴办了小工业品批发市场,创综合效益达 60 万元;站区临街窗户全部打开,改造成营业门市部出租;开发房地产 200 余亩,新上项目 50 多个。多产业创收的格局已经形成。

(三)深化改革,放开搞活,建立与市场经济接轨的企业运行机制

沧运,这个在计划经济襁褓中成长起来的国有公路运输企业,面对开放了的市场,认准了这样一个发展思路:只有下大力改变原有的管理和运作模式,把市场作为企业经营的晴雨表,直接与市场接轨,才能焕发出生机与活力。从这个目标出发,他们在深化企业分配、用工、人事三项改革的同时,重点抓了三件事。

第一,多成分经营,搞活基层。

为进一步搞活内部机制,近两年来,沧运在先后下放多项权力,使基层形成"四自"法人实体的基础上,推行了多成分经营的方式。先后制定了《关于职工集资购车管理办法》《引资奖励办法》《关于根据资产调整企业类别及有关待遇的规定》,明确了一系列优惠政策。多元投资机制的确定,改变了过去总公司单一投资主体的状况,形成了总公司、基层单位、职工个人、内外商等多个投资主体,调动了方方面面的生产热情。两年来,共吸引外商投资 1500 万元,职工集资 800 万

元,基层自贷自还900万元,兴办合资合作项目50多个,购车187部,形成了国有、集体、股份合作、联营、个人租赁(承包)等多种经营成分,基层自我发展意识和活力显著增强。目前,全公司客货车中,纯国有车占73%,股份合作车占7.8%,职工集资车占14.4%,公司新上60个项目,国有、集体占10%,合资联营占34%,个人租赁占40%,其他形式占7%。

在搞活基层中,沧运还积极解决企业办社会问题,先后将物资供应处、后勤基建处、职工医院、教育中心、幼儿园、俱乐部等全部推向市场,使之由单纯为企业服务变为既对内服务又对外创收,仅管理费就节约80多万元,年创利120万元。

第二,完善租赁经营,搞活单车。

借鉴1992年推行单车专线经营、1993年单车承包的经验与教训,从1994年7月开始,按照"国有私营、产权明晰"的思路,对客、货营运车辆推行了单车租赁经营,3个月就将全部应租客车和普通货车租赁出去。由于单车租赁使车人关系发生了质变,实现了责、权、利有机结合,承租者生产热情很高,人人上市场,个个搞竞争,精心维护车辆,服务态度和服务质量明显提高,客运实载率提高了6个百分点,保持了月均创利10万元的良好态势。承租人平均月收入也比过去提高了20%,达到了1600元,最多的月收入2000元。通过评估,租赁的车辆比租赁前增值380万元。目前,通过评估,租赁的车辆已累计收回车款530万元,并使一批闲置车辆得到利用,盘活了企业资产,增强了企业资金实力。公司制订了《单车租赁管理办法》及站务、稽查、安全运行等10余个配套措施,通过加强管理,有效地解决了单车租赁运行中出现的站务收入减少、合同兑现率低、车辆超负荷运行等问题,在各项效益指标明显提高的同时,车辆完好率也提高了5个百分点,显示了这一经营方式的活力。

第三,内部模拟市场,降低企业成本。

1993年以来,沧运变过去内部经济往来无偿服务,为总公司与基层单位、基层单位内部及之间业务往来实行有偿服务和现金交易,杜绝了计划经济体制带来的相互之间无偿占用、严重浪费的现象,加速了企业各环节的资金周转。内部模拟市场体制的建立,使各二级单位都精打细算,合理安排资金和油料、材料库存,节约每一分钱的开支,大大降低了企业成本。据统计,实行内部模拟市场后,全公司每年减少流动资金贷款800余万元,节省利息支出90多万元。运输业、修理业单位成本平均下降了9%和7%,一定程度上缓解了企业资金紧张的矛盾。同时,资金、资产的利用率也明显提高。

重振国有企业雄风

——沧运集团一跃而为全省同行业之首 其奥妙就是让每个“细胞”活起来

1997 年 3 月 31 日

靠激活企业的每一个“细胞”,沧州交通运输集团有限公司由一个面临困境的企业在市场经济中焕发出活力,1996 年实现利润在全省同行业雄踞榜首。

然而,仅仅在几年前,沧运集团尚在艰难中苦苦挣扎。随着运输市场的全面放开,似乎一夜间冒出来的社会、个体运输车辆,几乎把沧运碗里的饭抢光。船漏又遇顶头风,沧运驻塘沽两个公司的运输合同被终止,实指望其“养家糊口”的每年 500 万元收入泡了汤。沧运和其 4000 多名职工被推到了生死关头。

症结并不难找到:多年躺在国家的怀抱里吃大锅饭,企业内部各个细胞缺乏运动机制,对市场的适应能力越来越弱,市场上的一股风,就足以让它得一场“重感冒”。沧运要活,关键是让自身每一个细胞活起来。

把市场机制引入企业,让市场的“风浪”拍击企业最基础的细胞。1994 年,他们在单车承包的基础上,在全省首家推行了客、货运营车辆单车租赁经营。租赁者一次性先交 30% ~50% 的车价款,营运收入定额上交,车款交清后车辆归己,企业用这些资金,再投入购置新的车辆。企业资产在盘活中不仅没有流失,还比租赁前增值 380 万元。这一举措,触动企业最敏感的神经,使责、权、利一体化,把每辆车都推向市场,当年客货运输实现利润 100 多万元,承租者收入提高 20% 以上,沧运的肌体开始出现生机与活力。

单车租赁经营的成功,使沧运找到了激活企业细胞的钥匙。一直视为“配角”的汽车修理厂,一度被个体修车点挤得站不住脚,沧运大胆转轨变型,由内修为主转向内外修结合;由修普通车转向修特种车、高档车;由以修为主转向修、造、贸结合。短短几年就夺回了失去的地盘,基本垄断了沧州高级轿车修理市场，并把触角伸进北京、天津等地，年实现利税占集团公司的64%，成为集团公司发展后劲最强，创利最高的支柱产业。

依照市场法则、市场规律激活企业的每一个细胞，原来企业的“包袱”也变成了“钱褡裢”。以前，职工医院、教育中心、幼儿园、俱乐部等部门张着大嘴等着公司喂饭吃，是个不大不小的“黑窟窿”。如今，他们全部走向市场，学会自己找饭吃，不仅养活了自己，而且“反哺”主业。

细胞活，则肌体活；基层活，则全盘活。整体步入市场的沧运集团，从1992年起，主要经济指标连续5年保持两位数增长，1996年实现利税408万元，较上年增长289%，成为河北省运输行业“一枝花”。

短评

棋子活方能全部活

沧州交通运输集团有限公司从一个面临困境的企业，几年间实现利润跃为全省同行业首位，其迎难而上、开拓进取的精神着实令人感叹。

一个企业，就如一盘棋，一个子走活了，全盘棋才能活起来。就企业某些细胞而言，当它处于僵死状态的时候，会成为包袱和累赘，而一旦被激活，就会变成一个个发动机，为整体的活力增加能量。沧运集团正是靠激活企业的每一个细胞，不仅使被遗忘的角落长出了“摇钱树”，原来的“包袱”也变成了“钱褡裢”。

随着改革开放的深入，国有企业面临着许多新情况、新矛盾、新问题，不少企业经营困难。这些困难涉及许多深层次的东西，包括经济体制、运行机制、经济结构等错综复杂的方方面面。是进是退？退已没有退路，进则困难重重。可以说，国有企业的确到了一个紧要关头。

当前，对国有企业面临的困难存有种种不良心态：一是“叫”，叫难者有之，畏难者更有之；二是“等”，观察动静，别人动就跟着动，看不清就等一等；三是“要”，向上伸手，向国家甩包袱，要优惠政策。看来，要克服目前一些国有企业遇到的暂时困难，根本出路还是在于坚定信心，深化改革。

常言说，天上不会掉馅饼，路就在自己脚下。沧运集团的可贵之处，就在于他们在极端困难的情况下，不叫、不等、不要，勇敢地拿起改革的手术刀，立足企业自身实际，清除旧体制给企业带来的种种弊端，使企业细胞一个个被激活，无效、低效资产变成了有效、高效资产,包袱变成了财富,企业这盘棋在改革中活起来。他们的实践再次证明,只要坚定信心,深化改革,脚踏实地,埋头苦干,国有企业一定会重振雄风。

(本文刊载于 1997 年 3 月 31 日《河北日报》头版头条)

公路运输企业如何搞活?

夏俊生

改革开放前,国有公路运输企业在计划经济的保护伞下,一家独霸天下,过惯了无忧无虑的舒服日子。随着公路客货运输市场的放开,大量的个体车辆开上公路,以其灵活的价格和热情的服务抢走了大片客货运输市场,使众多的国有公路运输企业一下子陷入了困境。河北省沧州地区也不例外,上千辆个体运输车辆把只有400多辆客货车的沧州运输总公司转眼间逼入绝路。但现已改制为河北沧州交通运输集团有限公司(以下简称沧运集团)的沧州运输总公司没有因此而一蹶不振,而是锐意改革,使企业很快走出困境,而且越来越红火。

有进有退把国有企业的优势发挥出来

1991年2月,当董事长、党委书记曹永堂走马上任时,拥有3500名职工的沧州运输总公司正跌入低谷,开始出现亏损。

企业怎样才能走出困境?曹永堂和领导班子冷静分析公路运输形势,明确企业的发展战略。国有运输企业的竞争对手主要是个体运输户和进入社会的单位运输车辆,要提高竞争力,就要发挥国有企业实力雄厚的优势,在个体运输户和单位运输车辆干不了的业务上下功夫。

据此,他们决定实行"有进有退,淘汰旧车,上客调货,压普上特"的方针,即从个体运输户和单位运输车辆主要经营的低效普通运输退出,大力拓展个体运输户和单位运输车辆干不了的高效特种运输;有计划地淘汰老旧客货车辆;增加客车比例,增中高档客车和特种货利用。

在客运上,针对乘客厌烦等的心理,利用车辆多、车况好的优势,在主干线上加大行车密度,实行集约化经营。对沧州至沧州市内各县、市的区内主干线发展成本低、实载率高的中巴车;对沧州至北京、天津、保定、石家庄等大中城市的区外主干线发展中高档车;所有主干线都实行定时班车制,不管乘客多少,到点开车,实行公共汽车式运营。这些措施的实施,把主要公路干线80%的客流都吸引过来,公司的客运收入以每年17%的速度增长。

在货运上,压缩普通货车,发展零担车、重型车和集装箱车、翻斗车等特种车、异型车。以零担运输公司为依托,建立公路、铁路、港口联运公司,同车站、港口签订了货物集散中转运输协议,并成立了集装箱运输公司;1999年又建立了有30辆车的特种货物运输公司,专门为沧化集团运输易燃易爆的化工原料,当年收入617万元,盈利26万元。

从低效普通运输转向高效特种运输的决策,使公司的客货运输都出现了新局面。客车基本上全部换成了高靠背、软卧座、带空调的中高档车和中型面包车,还购置了卧铺车、豪华旅游车,高档客车已占到客车总数的52%。区内跑的客车全部更新为灵便的中巴车;从沧州到石家庄的长途客车全换上了带空调的依维柯。货车增加了市场紧缺的特种车160辆。货车总数虽然减少了,但吨位却增加了300多个。

尽管通过沧州的高速公路还没有建成,但为了抢占高速公路的客运市场,沧运集团超前决策,最近投入600万元与河北省高速公路客运公司联合组建了沧州高速公路客运有限公司,经营沧州至北京、天津、济南、石家庄等城市高速公路的客运班车。

从单车租赁到职工参股

国有运输企业如何建立一个可以和个体运输户竞争的内部机制?沧运集团找到了一个好办法,就是单车经营责任制。这项改革是从单车租赁开始的。

公路运输的最大特点是驾驶员单独作业,每个驾驶员的积极性都调动起来,搞好企业就有了保证。沧运集团开始借鉴农村的承包任制实行了单车承包,对调动司售人员的积极性起了一定的作用,但也存在司售人员拼车辆、私分票款等问题。为此,他们从1994年7月开始,又对客、货运输车辆实行以产权改革为主要内容的单车租赁经营,收到了国有资产增值、企业效益提高和司乘人员收入增加的效果。

单车租赁经营的具体做法是:国有车辆,个人经营;交纳租金,费用自负;基数上缴,剩余全留;租赁期满,产权归己。首先由公司车辆评估小组对租赁的车辆确定现值，并根据车辆可使用的年限确定租赁期。通过评估，车辆现值比账面净值提高25%～30%。然后通过公开招标在公司范围内选择承租者。客车的利润标底以线路前三年的平均利润确定。承租人一次交足车价25%以上的租金后，取得租赁车的运营权。其余车价款以租金名义按月交纳，交完车价款后车辆产权归己。

租赁期满，公司对车辆进行技术鉴定，还可运营的，车辆产权归己，公司重新安排运营线路，每月交纳一定的管理费和线路效益金。

单车活则企业活。沧运集团的单车租赁带来明显效益。一是与单车承包相比，与承租职工的个人利益更加紧密，服务态度和服务质量都明显改观，特别是解决了多年都解决不了的司乘人员私分票款的问题，客运实载率提高6个百分点。二是企业效益提高。实行单车租赁后，车辆维修、材料和油料供应等部门由无偿服务、内部记账变为有偿服务、现金交易，成了上缴利润的经营实体，减少了由公司负担的管理人员的工资和资金占用。

单车租赁为吸引职工和社会法人投资购车参与公司经营提供了条件，加快了公司的车辆更新，迅速壮大了企业的实力。1995年，全公司融资1400万元，购置和改装车辆126部，其中，职工个人和基层单位融资占80%。到1999年底，公司有车1041辆，比1991年增加466辆，老旧车辆全部淘汰。其中，职工集资800万元，购车187辆。全公司客货车中，国有车占73%，股份合作车占7.8%，职工集资车占14.4%。

1999年7月，沧运集团决定进一步搞活客运经营，实行三个放开：一是车辆线路向社会放开，公司职工、离退休人员和服从统一管理的社会人员及单位都可投标竞标，包车包线；二是车站向社会放开，按规定收取管理费和售票服务费；三是经营方式放开，公司内外职工和社会法人可采取个人、合伙、合资等方式承租单车、多车、车队和班线。

为了让职工与企业的命运紧紧连在一起，沧运集团经批准年初又进行了股份有限公司的改造工作，2070名职工成为企业股东，募集股金980万元。职工成了企业的股东，为企业干就是为自己干，不用扬鞭自奋蹄，工作的自觉性和积极性大大提高，服务态度和服务质量都有了明显改变。

从只吃车轮子到围绕主业多种经营

过去，沧运集团的收入都来自汽车轮子，单一的客货运输经营不仅风险大，而且不能使企业的各种资源得到充分利用。为改变这种状况，曹永堂和领导班子作出了决策：围绕主业实施多元经营发展战略。

沧运集团的多元经营是从内部设施对外开放开始的。原来为企业内部服务的汽车修理、配件供应、货运配载、职教中心、食堂、幼儿园、职工医院等内部服务设施全部变为经营实体，进入市场，自负盈亏。

随着社会汽车保有量的迅速增加，特别是大量私家车的出现，社会对小汽车修理业的需求急剧增加。沧运集团抓住机遇，投资1200多万元对原来为企业内部服务的汽车大修厂、维护厂进行改造，与各大汽车生产厂家合作，先后建立了桑塔纳、奥迪、标致、捷达、切诺基等汽车的特约维修服务站和修理厂，占领了沧州市的小轿车维修市场。1999年，汽车修理的营业收入达到7000多万元，成为公司新的支柱产业。

原来只对公司职工进行内部培训的培训中心，先后设立了企业管理、财务会计、驾驶员培训、汽车修理等专业，对外开放，深受社会的欢迎。

沧运集团还建立了加油站、汽车检测站、汽车销售部等经营实体。同时，搞好闲置和利用率不高的厂房、场地、房屋等资产的经营，让现有资产取得更大的效益。处于沧州市繁华地段又利用率很低的公司礼堂改为汽车配件销售中心，经销中外汽车配件，已成为沧州地区品种最全的汽车配件市场。

沧运集团所属的沧州汽车客运总站经过改建，不仅成为河北省候车室面积最大的汽车站，而且利用扩大的面积建立了布匹批发市场，加上围绕客运总站建成的工业品批发市场、人防商场和食品超市，年纯收入达到100多万元。所属的14个县市客运站全部改建成集吃、住、娱乐、购物、加油、汽车修理等多种服务的经营实体，既拓展了客运站的服务，又增加了收入。

多元经营为企业带来多方面的效益，首先是解决了企业办社会和安置冗员两大难题，使过去花钱的变成为企业赚钱的。集团两级机关原有800多人，现在分离出500多人，不仅一年节约人员开支400万元，还为企业创收110多万元。目前，全公司从事多种经营的职工有1100多人，营业收入近8000万元，人员和收入分别占到全公司的59%和70%，都超过了客货运输主业。

多元经营也使沧运集团的收入多元化，提高了抵御市场风险的能力。1999年，集团实现的利润，客货运输、汽车修理和商贸经营的比例为49:26:25，多种经营的利润已占到一半以上。这标志着沧运集团已发展成为集运、工、贸为一体的企业集团。

市场竞争，不进则退。在企业扭亏为盈并站稳脚跟后，曹永堂带领领导班子又提出外向带动、人才开发和名牌兴企的战略。使沧运集团向“多元化、集团化、国际化、现代化”的大型企业集团迈进了一步。

（本文刊载于人民日报《瞭望》杂志2000年第50期）

爱国防兴武装

——记沧州运输集团有限公司党委书记曹永堂

孙海鹏　刘沙曼　刘恩林

河北省沧州运输集团有限公司党委书记曹永堂，带领公司员工抓企业生产经营不忘兴武强兵，取得了经济效益和国防效益的"双赢"效应。今年初，该公司被中央军委三总部表彰为"全国基层民兵预备役工作先进单位"。

一

1970年，曹永堂从部队复员转业。7年的军旅生活，培养了他雷厉风行的良好作风。1991年初，曹永堂就任沧州运输集团有限公司总经理、党委书记。从此，他不仅以一个企业家的视角审视企业经营，也以一名老兵的情怀关心国防建设。

曹永堂在公司董事会上多次说：国防是国家综合国力的体现，建设强大的国防，企业责无旁贷！他在抓好企业经济效益的同时，把抓好武装工作当作关心、支持国防事业的实际行动。在他的提议下，公司相继建起了武装部、民兵连，并为民兵连队设立办公室，明确武装部长享受企业科级干部待遇，并制定出台了11项规章制度，规范企业武装工作。

由于企业董事会常常研究武装工作的事宜，公司的一位副总经理曾向曹永堂提出："企业竞争如此激烈，经营这样紧张，还是少花些精力抓武装吧。"曹永堂的回答语重心长："企业发展要讲经济效益，更要顾及国防效益。武装不抓不行，抓不好也不行！"在他的影响下，公司领导层对搞好公司武装工作统一了认识，对加强国防也有了新的看法，开始从不同角度、不同层面热心支持武装工作，形成了关心国防、热爱国防的良好氛围。

二

曹永堂担任公司武装部第一部长兼政委。上任不久,他就在公司挑选了一名年富力强、经验丰富的同志担任专职武装干部,并在27个分公司设立武装干事、建立民兵组织。

在曹永堂的建议下,公司作出规定,党委每半年要召开一次议军会,专题研究和部署公司武装工作;每年都要组织中层以上领导干部参加队列和实弹射击等军事训练。据人武部领导介绍,十几年来,该公司无论机构如何调整,武装部门一次未裁;无论员工如何精简,武装干部一个不缺;无论资金如何紧张,民兵训练经费一分不少;无论生产经营如何艰难,上级军事机关赋予的工作一点不误;无论公司如何减员,转退军人一名不减;无论公司如何控制人员调入,接收复转军人一点价钱不讲。这"六个一"制度的落实,见证了曹永堂关心、支持武装的决心。

每年"八一"前夕,曹永堂都要组织公司领导班子看望慰问驻军官兵,安排公司对现役官兵乘坐沧运客车实行半价优惠,对公司退伍老兵增发特殊补贴,对60岁以上的老战士登门慰问。这些活动,他已坚持了十几年。

三

公司修理业实力雄厚、技术先进、人才济济,曹永堂看准了这个优势。他结合未来战争支前特点和沧州所处的特殊地理位置,在公司组建了沧州市第一支民兵应急车辆抢修小分队,为平时和战时部队车辆的抢修提供保障。这支小分队由30多名技术过硬、政治可靠的年轻维修工组成,平时负责车辆维修保障,战时担负参战支前任务,多次出色完成军地赋予的应急任务,受到上级好评。

曹永堂还积极倡导在公司内实施军事化管理,并把公司招收、培养员工的"决定权"交给了公司武装部:上岗前必须接受封闭式军训,强化军事素质、进行国防教育,武装部考核合格后才可上岗;每年分期分批组织民兵进行队列、步枪实弹射击和高炮训练,提高军事技能。2002年7月,在北京军区举办的民兵高炮部(分)队实弹射击考核中,沧运民兵取得了首发命中目标的优异成绩,军区首长当场祝贺、表彰。

军事化的管理,培养了公司职工过硬的军政素质和安心本职、吃苦耐劳的作风,为企业发展壮大提供了不竭的精神动力。曹永堂感慨地说:企业不能只看到武装工作的投入,更要看到带给企业的收益。实践证明,企业抓好武装工作对搞好企业建设是非常有好处的。

(本文刊载于2003年8月18日《解放军报》二版)

沧州市委《办公室通报》

——沧运集团实现无震荡改制的启示

启示之一 改制必先改观念、换思想。采取行之有效的宣传手段,营造改革氛围,让各种不同情况的职工心里踏实,实现从怕改制到盼改制,不愿改制到支持、参与改制的转变,为顺利改制奠定了思想基础。

公司认真分析了这次改制政策性强、涉及人员多、与员工利益密切、牵涉大量现实和历史问题、极易引发不稳定因素等特点,较早认识到这次改制是一次攻坚克难而又绕不开的硬仗,因此公司从一开始就着眼于把员工的思想真正统一到党和国家政策法规上来,统一到省、市改制文件规范要求上来,并贯穿改制全过程。一是组织广大员工反复学习中央、省、市改革文件精神,先后印发了上级改制文件和省市领导一系列讲话,编写了改制宣传提纲、改制工作问答以及致全体职工的一封信,达50多万字。二是先后举办了4期基层“一把手”和中层干部学习班,培训了100多名改制骨干,召开改制座谈会20多个。三是广泛利用简报、内部网、板报、企业报等形式大力宣传改制法规政策,并联系企业改革和员工思想实际,开展了“改制与发展大讨论”,从而使广大员工逐渐加深对国企改革的重大意义和这次改制特点的认识,澄清了员工队伍中存在的“怕乱”“怕下岗”“怕生活没保障”和“国企恋”“改不改一个样”以及“盲目攀比”等思想问题,排除了改制思想障碍和阻力。员工由过去的怕改制到盼改制,从不愿改制到积极参与、支持改制,为顺利改制奠定了良好的思想基础。

启示之二 改制必须依法、依规运作,改制方案既要科学又要顺民心、合民意,改制环节公开透明,让职工心里明白,自愿选择,从而形成了职工依法衡量改制,企业依法运作的良好局面。

公司在制订改制方案时,明确了改制指导思想,即“一条红线”“五条原则”。一条红线:邓小平理论、“三个代表”重要思想和省市改革一系列政策规定。五条原则:依法规范改制,确保国有资产真实、完整;以改制促发展,以稳定保改制;充分考虑企业承受能力,切实维护职工合法权益;坚持创新,建立更具活力的现代企业;既要考虑职工当前利益,又要维护国家利益和企业发展。制订的方案既符合改制规范要求,得到政府充分肯定,又符合公司实际,顺民心、合民意,便于操作。公司坚持民主改制,尊重员工意愿,方案和重大问题经职代会通过。经济补偿金张榜公布,做到“三公开”,即:政策公开、方案公开、程序公开。让员工清楚,不搞“暗箱”操作,在人员重组中让员工挑选自己的“带头人”。公司法人治理结构和基层班子的产生,都采取了直选的办法,股东代表和员工当场投票,公开唱票、计票,形成了职工依法审视衡量改制、企业依法运作的良好局面。

启示之三 扎实做好职工思想政治工作,切实维护职工合法权益,使职工在和谐的环境中参与改制,成为改制的主力军。

改制牵动着整个家庭和众多亲友,历史积淀和现实存在的各种矛盾都会在改制中诱发。因此,公司把扎扎实实做好员工的思想工作,特别是维护员工合法权益作为工作中的重中之重。一是以党、工、团、武组织为主,行政、业务紧密配合,组成上下联动的“大政工队伍”,共180余名骨干,采取各种形式,解决员工中存在的思想问题和实际问题,先后排查和化解了680多个如工龄、工资标准等个性问题,170多个如企业年限、补偿金标准、职工身份等层面问题,消除了不稳定因素。二是坚持善待员工。在改制实施方案中制定了一些不超越法规政策的“宽松”“优惠”的办法,特别是执行经济补偿金政策上,就高不就低。在劳动合同上,适当照顾老同志延长签订合同年限。使员工享受到国家改制的优惠政策,体验到党和政府的关怀和温暖。三是增强工作的亲和力,坚持带着感情做员工的思想工作,用“柔性”的办法解决“刚性”的问题,摸准职工的脉搏对症下药,在改制每一个阶段都注意全面分析,掌握并抓准职工的思想动向,对改制方案的出台实施“紧烧火,慢揭锅”。对有这样或那样问题的员工,采取个别谈心、算细账、师徒互帮、家庭走访等方法,深入细致地做疏导工作。坚决防止作风粗暴,方式简单,不搞“硬碰硬”。通过强有力的思想政治工作,使广大员工以平静心态在和谐的环境中参与改制,投入改制,成为改制的主力军。

启示之四 强化集体领导,靠前指挥,落实责任,班子集体发扬攻坚破难的精神,使改制稳步扎实地推进。

公司针对这次改制任务的艰巨性和复杂性，坚持改制在党委统一领导下进行，党委书记为第一责任人。各基层单位改制由党支部负责，党支部书记为第一责任人。公司党政领导思想高度统一拧成一股绳，形成一股劲，强调改制是“一把手工程”，两级主要领导坚持三个“亲自”，即亲自上阵指挥，亲自动手部署，亲自解决难点热点问题。对于关键阶段、关键问题，党政领导班子一齐上，一齐抓。集团公司主要领导多次深入基层，召开座谈会、现场会，与基层班子分析、解决问题，从改制方案的起草制订到每个阶段的部署都认真把关，亲手修订改制领导小组及其办公室的领导和员工节假日很少休息，保证上下信息畅通，使问题及时、有效地解决。并且建立起了强有力的工作机制，公司上下成立了以主要领导挂帅、有180名骨干直接参与的改革小组及办事机构，实行了改制责任制，公司党政班子成员按分管系统进行了分工，坚持生产、改制两手抓；基层党政领导签订了稳定改制责任状，公司上下形成了党政工齐抓共管、协调联动的局面，使企业成功改制。

（本文刊载于沧州市委《研究与咨询》2005年第8期）

沧运借力十八大 构建现代综合运输服务体系

党的十八大召开后,沧运集团通过专题学习、下发通知、培训辅导、主要领导深入基层督导等多种形式,在第一时间迅速掀起学习、贯彻十八大精神热潮,并联系企业实际,运用十八大精神创新思路、促进工作,开始全新谋划企业未来发展走向,进一步调整经济发展方式,加快转型步伐,努力构建现代综合运输服务体系,为社会提供全方位、高品质、个性化服务。

沧运集团是一家大型专业道路运输企业,整体改制以来,经过不断实施新的发展战略,企业走上健康、快速发展轨道。截至去年,企业总资产与2002年相比翻了三番,收入、利润分别增长6.8、7.2倍,旅游、出租、公交等一批新产业从无到有,资本运营亮点频现,企业整体工作跨入全省企业、全国行业先进行列。

今后,沧运将按照十八大精神,继续坚持科学发展,落实“以运为本、多元发展”“创新驱动”和四区域发展战略,树立“大沧运”观念,加大项目开发力度,加快转型步伐,推动传统运输向现代综合运输转变,由粗放型向质量效益型转变,由投资拉动向内涵发展转变,基层单位由单一产业向多元产业转变。客运业由单一班线向旅游、客货兼营、公交、出租转变,尤其是向服务“三农”、城乡客运一体化转变;物流业由单一货运向园区服务、市场经营配送、港口物流、三方物流等现代物流转变;汽车营销业更加贴近用户,推进连锁经营,向汽车后市场转变;旅游业由单一组团组客向宾馆、餐饮业及婚庆、休闲、会展等转变,满足社会多样化需求。通过转型发展,进一步完善服务功能,使企业更加满足社会的新要求、新期待,努力构建现代综合运输服务体系,竭力为客户提供安全、便捷、绿色的出行、物流和汽车维修服务,为社会提供全方位、高品质、个性化服务,为沧州、为河北发展提供更加有力、更加优质的运输保障。

（本文刊载于2012年11月27日《沧州日报》）

传承红色沧运基因的领头雁

2016 年 11 月

"红色沧运,绿色崛起",是沧运集团党建工作目标,党委书记、董事长曹永堂喜欢把它写在记录本的扉页上,这凝结着一个有着近 50 年党龄、任党委书记已满 25 年的老党务工作者的责任和追求。

改制不改"志",永葆红色沧运不褪色

2004 年,沧运整体改制,建立起现代企业制度,改制后党建工作如何做?作为党委书记的曹永堂进行了深入思考。

改制后的第一次党委扩大会,他就自己考虑成熟的想法征求意见,他说,"回顾沧运的发展历程,每一次重大变革无不体现党建工作的重要性,必须把红色沧运基因永远传承下去。"曹永堂的话掷地有声。

他提出了要坚持"四个不变",即党组织把关定向的作用不变,机构职能设置不变,党管干部的原则不变,党政工作同步安排检查考核不变。在沧运,遇到较大问题,先开党委会、支委会商议,已形成惯例。

沧运坚持生产机构设到哪里,党的组织就建到哪里。结合体制调整,每年对党支部、党小组全面考察,对不称职和缺编的进行调整补充,配备业务精、有担当的党务干部,即使是合资合作单位或短期外出作业单位也无例外。收购河北高客后,首先设立的就是党组织,沧运救援队支援汶川灾区出发前,组建了临时党支部。

紧跟上级部署,开展党的活动。保持共产党员先进性教育是市委确定的先行试点单位;党的群众路线教育扩大到中层,他不但对自己的对照检查材料十易其稿,对其他人员的也严格把关,一一提出修改意见,市督导组深有感触,"没想到你们比有的行政机关还细、还严";"三严三实"教育、"两学一做"活动都开展得轰轰烈烈。他总是说:"不要认为我们不是党政机关就忽视教育活动,不要认

为不是国有企业就降低标准”。

每月一次的中心组学习，他主持宣讲；各党支部“三会一课”，他亲自督导，每年都深入联系点上党课，到场参加基层支部的组织生活会和评议党员工作。

公司党委连年被市委、市国资委党委评为“先进基层党组织”，改制企业注重发挥党组织把关定向作用的先进经验，受到沧州市和省行业主管部门的肯定和表彰，2016 年全总副主席、书记处书记陈荣书考察时，对我司党群工作高度评价，称赞我司很好地保留了国有企业的政治、组织等优势元素，党群工作扎实、活跃，具有一流水平。

与时俱进，探索党建工作新途径

在曹永堂眼中，企业党建工作创新永无止境。他注重研究党和国家方针政策，党的重要文件无不反复阅读、学深学透，文件上圈圈点点写满体会，读书笔记更是装满各个书箱。他不是泛泛而读，而是吃透精神，结合实际进行探索创新，他主持的《正确处理“四个关系”，建立规范的法人治理结构》项目被评为全国发展生产力杰出贡献二等奖，撰写的论文《法人治理结构中的关系学》被评为全国人文社会科学优秀成果一等奖。在外人眼中，沧运的党建工作已经不错了，但他却把创新的目光瞄向更高处。

建立商户党支部。沧运经营四大物流市场，入住商户近万家，管理难度大，经过反复调研思考，在商户中建立了党支部。这一成功经验被新华社内参发通稿报道，市委予以肯定推广。

改革监督机制。沧运有 55 个分、子公司，20 家合资合作单位，点多线长，不易监督。在他的设计下，党委单设了专职副书记和纪委书记，为协调监事会、纪委、审计、稽查等分散的监督职能，便于协调联动，成立了党风政纪监察委员会，并在各党支部设立党风政纪监察员，直属纪委管理，充实了纪检监察力量。

全面融入生产经营。经过长期探索，曹永堂提出党建工作要从配合、围绕，向全面融入生产经营转变，不能各搞各、两张皮。他推动成立安全稳定管理委员会，把安全列入党委工作目标；对基层实行经营指标与党建目标双百分考核；提议党委和支部牵头抓深化改革；坚持开展党员先锋岗、党员红旗车竞赛等，把党建工作与生产经营绑在一起，双轮驱动。

创新党员教育阵地。曹永堂规划长远、舍得投入,制定了《建立学习型党组织的意见》,采取请进来授课、走出去考察、送培、挂职等形式,加强党员教育,推动建立了沧运技能培训学校、党员活动室、沧运文联、职工书屋等,并投资筹建沧运史馆。

一项项创新措施,保证了党的作用的持续发挥。

以人为本,做好深入细致地思想工作

在员工眼中,曹永堂聪明睿智,有长者风范。

他对自己、对班子要求严格,对员工平易近人、和蔼可亲。他经常说:"没有落后的员工,只有不会做工作的领导,领导者要善于做思想工作。"员工遇到困难,他有求必应,总是给予满意的答复,员工遇到烦心事,都愿找他聊聊,经他循循开导,总能化解于无形。在沧运整体改制中,牵头召开不同类型座谈会十几场,个别座谈百余人,不厌其烦宣传政策、解疑释惑,当时一些企业因没做好工作改制出了乱子,而3000余人的沧运无一人上访,被社会誉为沧运现象,《沧运集团无震荡改制的启示》被人民日报、中国交通报等媒体刊发。

他擅长用先模人物教育引导员工。提议开展沧运英模、两优一先、六好女员工、沧运好青年、沧运技术能手等评选表彰,推出沧运铁军、硬骨头干部于连发等一大批典型,教育感染着一代代沧运人,运输世家、贤内助、老有所为典型的评选,更是起到"奖一家促万家、树一人带一片"的效果。如今,沧运出英模、沧运英雄多已成为社会共识。

他关心体贴员工。坚持每半年至少到所有基层单位走一遍,每个单位座谈五名以上员工,逢年过节更是带队走访老党员、老干部、困难员工,了解员工所思所想,寻找公司疏漏不足。通过座谈交流,他提炼出"发展企业、成就员工、回报社会"的企业核心价值观,倡导在各汽车站建立了"困难旅客救助基金"。迄今,已救助旅客千余人,支出十多万元;通过访贫问苦,提议设立"特困员工救助基金",并把当年区政府奖给自己的10万元划入其中,建立了长效救助机制;通过与万盛老年公寓合作,解决了员工养老问题,并对入住员工给予补贴。

这些措施不仅让员工心里暖烘烘的,更赢得了员工的充分信赖,2011年党委换届,他再次全票当选为党委书记。

卓有成效的党建工作助推了企业发展,企业效益连年以两位数增长,到2015

年底，总资产 14.4 亿元，营业收入 20.3 亿元，利税突破亿元，连续 20 年居于全省同行业前列，成为全省企业、全国同行业先进单位，全国道路运输企业 50 强；2012 年跨入全国服务业 500 强；2015 年，在“新三板”挂牌上市，是全国同行业第六家，北方第一家，连续 20 年获省市文明单位，被全总命名为“模范职工之家”。

他个人也先后荣获全国优秀企业家、中国企业改革领袖、全球华商交通运输行业十大管理英才、全国交通运输行业旗帜人物、冀商领袖等荣誉称号，是沧州市、河北交通行业、河北省劳动模范，历任市人大常委、政协委员。

（本文节选自 2016 年河北省优秀党委书记评选报告）

沧运集团：多元创新，加速转型

延伸城乡客运市场、开通定制包车、借力互联网平台……近年来，河北省沧州运输集团股份公司(简称沧运集团)转型升级进入“加速”时期，不仅制定和实施了“创新转型发展”战略，还通过调整线路结构、转变传统运输方式、挖掘场站资源和商机，探索出了一条创新转型发展的新路子。

车头向下，运力延伸“空铁”盲区

在河北省黄骅市东南部，一辆崭新的新能源车行驶在羊二庄镇，“腿脚不好，不会开车，也骑不了电动车，现在出门有车坐，可方便多了！”车上的李大爷说。

据了解，李大爷所乘坐的是沧运集团在今年年初新购置的100辆新能源车辆，投放到了黄骅至羊二庄、吕桥等12条城乡公交班线中。新车投放以来，获得沿途乘车村民的一致好评，规范站牌、定点发车也方便了周围三里五村的孩子们上下学。

近年来，沧运集团积极实施城乡道路客运一体化工程。在创新转型过程中，沧运集团注意发挥道路运输比较优势，“车头向下”，由长途班线向开发铁路盲区中短途、城乡班线转变，专门成立了沧运集团公交总公司，着力进军公交产业，在城区、城乡实施公交化改造，加快了城乡客运一体化进程。

据了解，自2013年开始，沧运集团陆续在南皮、青县、东光、河间、吴桥等县市成立了公交分、子公司；2016年，投放120辆新能源车一举中标泊头市城区公交项目，成立了泊头公交公司；2017年11月，取得盐山县城区公交特许经营资格；2017年年底，完成肃宁公交客运资源整合，前期投放60辆车开通3条公交线路并投入试运营；2018年年初，完成黄骅市运通公交公司及188辆城乡班线车辆收购整合，投入100辆新能源车，启动了渤海新区公交一体化工程。

目前，沧运集团已在任丘、河间、肃宁等地共拥有地共拥有10个公交公司、80余条营运线路、1256辆车，在沧州区域内公交运力占有率达到45.1%，为城乡客运一体化奠定了基础。

同时,沧运集团不断完善软硬件建设,逐步规范业务流程和标准,组建专业化队伍和实施规范高效的管理,推动城乡公交产业向着公益化、社会化、专业化迈进。

指尖客运,实现绿色“便捷行”

一直以来,“定点、定时、定车”是传统道路客运的特点,不仅难以满足人们多元化的出行需求,还浪费了运力资源,不利于目前所倡导的绿色出行。为满足人们个性化需求,沧运集团转变传统的服务方式和经营模式,创新推出了“便捷行”服务品牌,满足不同群众的出行需求。

据了解,“便捷行”以“全天候、门到门、个性化”为核心理念,推出了形式多样、高度灵活的定制服务。目前,沧运集团已推出通勤班车、会议用车、定制班车、商务旅游等多项服务,在2017年新增客户50余家,实现收入1500余万元。

在“互联网+”时代,沧运集团也在积极探索。“2017年下半年,沧运集团搭建了‘狮城出行’网约平台,推出了网约定制服务,并推进了网约班线运营,开通了沧州至盐山、河间等5条网约定制班线,被河北省运管局确定为网约定制客运试点单位。”沧运相关负责人介绍,今年一季度,“狮城出行”网约平台取得了喜人的成绩,共完成了订单5000余份,实现收入12万余元。

同时,沧运集团将“互联网+”应用到传统运输领域。在沧州及各县市汽车站实现了实名制联网售票,借助“狮城出行”平台,推进了公交“一卡通”应用,通过网上商城、携程网等进行了网络销售推广。据沧运集团统计,客运业非窗口售票额超过2000余万元,占总售票额的12%。

此外,随着低碳环保、节能减排的发展要求,沧运集团加快了车辆结构的调整,特别是在着力推进的城乡班线公交化改造中,实施了绿色转型发展。着眼于此,沧运集团先后购置430辆燃气客车,用于沧州至孟村、盐山、献县、河间、任丘、青县等班线;其后,又购进906辆新能源客车,分别用于区内班线更新、城区公交及旅游包车等业务。

整合资源,挖掘场站营利潜力

目前,各地客运站的经营情况仍在走“下坡路”。如何改善?沧运集团制定了《关于加快汽车站场整合开发,全面提高服务功能和综合效益的意见》,整合资源与保障服务两手抓,有效地推动了道路客运企业的转型升级。

客运站是道路客运的基础,是道路客运企业转型升级过程中的关键一环。发挥站场优势,挖掘站场潜力,增强规模效益,提高营利和现代化管理水平,既是推动企业转型发展必由之路,也是向现代服务产业进军的长远之计。

“沧运集团在进行客运站功能升级时,明确了站场整合、开发的指导原则,建立了责任制及激励政策,并围绕客运站进行城市综合服务体的项目策划与开发,既可以满足旅客的需求,也能进一步服务社会。”沧运集团相关负责人介绍,客运站不仅是老百姓印象中“买票上车”的地方,正应通过整合资源、了解旅客需求,完善客运服务及站内服务,通过服务水平和质量的提升,进一步吸纳旅客资源,从而达到良性循环。

该负责人表示,这就要求汽车站在为旅客提供乘车服务的同时,因地制宜,运用数据分析、平台搭建、服务设施改造等手段将客运站发展为一个具有旅游、物流、维修以及油、气、电供应等综合服务能力的交通站点。

以沧州西汽车站为例,目前该站已基本形成了全方位、多功能的综合服务体系,可为旅客及客运工作人员提供全天候的加油、加气、充电、餐饮、住宿等多项服务。

（本文刊载于2018年5月16日《中国交通报》）

四、亲历要事记

1985 年 5 月 5 日～9 日，在沧州新华路发生了营运客车堵塞事件。运输市场放开，沧州客运陷入无序竞争，沧州汽车站被个体车包围，抢客源、争收入愈演愈烈，引发了市区新华路大批自营、个体车交叉堵塞，持续 5 天无法运营，全国 8 家媒体前来采访报道，个体户联名上访。行署领导确定行署办公室工交组长曹永堂参与处理此事，他代行署给省政府、《人民日报》写了检查报告。7 月 11 日，《人民日报》记者发表题为《办法就在身边》的调查报告。在行署领导协调下，沧州市政府在沧州火车站南、北各设一个个体站，事件基本平复。事件反映了当年市场放开后，市场运输无序竞争带来的弊端，反衬出沧运独家经营被打破的阵痛，改革开放初期新旧观念的强烈激荡。

1986 年 2 月，震动全国的新华路营运客车堵塞事件后，中共沧州地委、行署更加关注沧运，开始研究脱困办法。主管领导明确交代：分灶吃饭，将沧运驻各县市单位下放，由各县市管辖。这一决定引发激烈争论。沧运认为是拆散了企业想不通。经委、交通等有关部门赞成、反对的意见都有。曹永堂带领工交组通过调研运输市场，吸纳河北及周边省市经验教训，向领导提出四点意见：①沧运内部实行承包经营，分块搞活；②发展多种经营，多业创收；③打破职工“铁岗位”“铁工资”，工效挂钩计酬；④整顿规范运输市场，化解无序竞争。地委、行署采纳了此建议，否决了下放意见。行署领导称赞：工交组提供了可操作性强的方案。

1986 年 5 月 1 日，沧运公司与天津狗不理公司合作的“四方友”狗不理餐厅盛大开业，这是 80 年代沧运外联成功的典型事例。代表行署前来祝贺的孔令书副专员在开业仪式上宣布，地委行署已决定，曹永堂同志将调沧运公司工作。

1987 年 4 月 11 日，曹永堂从沧州地区行署调沧州运输公司任副经理，5 月 11 日正式上班。

1987 年 12 月 26 日，公司与沧州汽车站站长孙玉杰签订了为期 3 年的承包合同。沧州站成为公司第一个实行招标承包的基层单位，公司第一轮承包经营责任制从此开始。

1988 年 5 月 24 日，公司第一次着手对机关进行改革，此次改革机关处室由 24 个精简为 12 个，人员由 260 人减至 156 人。

1988 年 9 月 13 日，公司对地区行署承包经营合同签字仪式隆重举行，总经理陈立新为承包集团首席代表。

1988 年 11 月 3 日，公司驻黄骅汽运四公司大客车驾驶员王金福驾驶解放牌大客车满载乘客 57 人，由沧州站向黄骅站进发，行至沧州市北环路，车内突燃大火，当场 12 人死亡，47 人受伤。地、市、省厅主要领导、省市公安领导到场商讨事故处理。沧州市政府成立了事故领导小组。在行署领导下，沧州市政府、省市公安、交通等全力协同，妥善处理了这起恶性事故。

1988 年 11 月 18 日，沧州公安处、民政局、财政局、交通局、人保公司以(88)沧保发字第 95 号《关于对“11.3”意外事故中遇到事故结案手续的通知》中，认定：经公安部门调查核实，此次事故已排除车辆本身原因，属于旅客违章隐匿携带易燃易爆物品所致。此事故列为沧州事故典型案例，以汲取经验教训。

1990 年 12 月 27 日，青县汽车站向社会开放，国营、集体及个体客车全部进站实行统一管理。这是公司第一个对外开放的汽车站。

1991 年 2 月，沧州地委决定：曹永堂任沧州地区运输公司总经理、党委书记。

1991 年 3 月 19 日，公司举行基层单位第二轮承包经营签字仪式，总经理曹永堂分别与基层单位的首席代表签署了为期三年的承包经营合同书。

1991 年 8 月 29 日，由总经理曹永堂策划并亲自担任总编的《沧州运输报》创刊。

1992 年 9 月 20 日，公司兴建的沧州车站小工业品批发市场开业，其营业面积达 5000 平方米，出租摊位 600 个。

1992 年 9 月，总经理曹永堂在上海与上海大众汽车有限公司签约，决定在沧州兴建大众轿车特约维修站。

1992 年 10 月 20 日，总经理曹永堂主持召开为期两天的公司多种经营工作会议。会议提出了发展多种经营的十条途径和二十项政策。至此，多种经营作为企业经济支柱的地位确立。

1992 年 12 月 30 日，公司决定打破传统单一运输经营模式，全面实施多元化经营战略。

1993 年 1 月，公司在客运单位全面推行单车承包(租赁)经营责任制。

1993 年 7 月，公司客运在 7 条专线上实行公共式发车，每隔 20 分钟发一班。

1993 年 9 月 8 日，公司的上海大众沧州特约维修站开业。

1993 年 10 月 29 日，沧州运工贸（集团）总公司成立。交通厅副厅长杨树青、沧州市副市长魏振宗等领导出席揭牌仪式。总经理、党委书记曹永堂发表讲话，对运工贸（集团）总公司发展、建立过程及重要意义作了介绍。

1994 年 1 月 21 日，公司对基层单位推行第三轮承包经营责任制，总经理曹永堂同各基层单位的首席代表分别签订了承包合同书。

1994 年 10 月 6 日，广州标致轿车沧州服务站开业。

1995 年 1 月 5 日，沧州汽车客运站扩建工程建成。总投资 2200 万元，建筑面积达 19470 平方米，候车室面积达 5600 平方米，候车大厅装备了电子条屏、微机售检票等现代化设施，发车广场与老汽车站相连，总站发车场面积达 1 万多平方米，可容纳千余辆客车进站。这是河北省候车室面积最大的汽车站。

1995 年 6 月 13 日，总经理、党委书记曹永堂提出，在公司提出实施外向带动战略，发展外向型经济。

1996 年 1 月 1 日，公司投资 28 万元，购置 11 台微机，率先在沧州站实行微机售票，掀开了沧运站务管理迈向现代化的新篇章。

1996 年 7 月 2 日，著名经济学家厉以宁教授专程来公司考察，并接受聘请担任公司高级顾问。在听取了总经理曹永堂工作汇报之后，厉以宁教授愉快地接过聘用证书。

1996 年 12 月 20 日，河北沧州交通运输集团有限公司暨沧运集团成立大会隆重举行。公司成为全国同行业首家改制的单位。这标志着沧运从此步入现代企业制度的轨道。交通部党务副部长郭健、河北省副省长郭世昌、省厅领导及市委书记吴振华等出席并讲话。董事长、党委书记、总经理曹永堂发表讲话。

1997 年，公司结束了对基层单位为期三轮 9 年的承包经营责任制，开始推行资产经营责任制，核心是既保效益增长，又要保资产增值。

1998 年 10 月 10 日，董事长、党委书记、总经理曹永堂主持制定了《关于实施“名牌兴司”战略的意见》，决定集团公司全面实施“名牌兴司”战略，全面提升服务质量，光大沧运形象。

1998 年 12 月 31 日，中共沧州运输集团公司第一次代表大会隆重召开。会议采取等额选举的办法，选举曹永堂、张长兴、李广棣、王炳勤、张宝财为新一届党委委员，选举张宝财、王玉川、李顺宏、李国玉、韩云为新一届纪委委员。首届党委会、纪委会分别召开第一次会议，选举曹永堂为党委书记、张长兴为副书记、张宝财为纪委书记。

1998 年，全公司基层单位股份制改造结束。有 2070 名员工成为股东，共募集股金 980 万元（其中公司为员工配股 75.6 万元）。这为公司整体改制为股份公司奠定了基础，向建立现代企业制度迈出了重要的一步。

1999 年 2 月 21 日，集团公司投资近 500 万元，购进和改装了 19 部危险品运输车辆，组建了沧州首家危险品专业运输车队，并举行了启运仪式。

1999 年 4 月 15 日，交通部公路司道路运输管理处副处长谢家举在省交通厅、市交通局有关领导的陪同下来公司考察。集团公司领导曹永堂、李广棣陪同。

1999 年 7 月 16 日，集团公司客运工作会议召开。董事长、总经理曹永堂主持制定了《关于加快客运发展的决定》。

1999 年 12 月 28 日，公司与市工商局合作，投资 1200 万元兴建的工业品批发市场开业。该市场建筑面积 1500 平方米，是原市场的 3 倍，可吸引 900 家商户进场经营。这是公司最大的经贸开发项目，是沧州市大型工业品批发市场。

2000 年 5 月 17 日，沧州国际集装箱多式联运中转站举行开工奠基仪式。沧州市市长张庆华、市人大常委会主任白清安、市政协主席孙瑞荣及省市有关部门的领导出席，市政府副秘书长王继丰、省集装箱联运世行项目领导小组主任刘秉枢分别致辞。董事长、总经理曹永堂在讲话中对中转站项目的筹建、功能及对社会的贡献作了介绍。

2000 年 6 月 18 日，公司在沧州文化艺术中心隆重举行建司五十周年庆典大会。交通部副部长王展意、河北省副省长郭世昌、交通厅副厅长段铁树为公司成立五十周年题词。会议向对企业发展作出贡献的沧运功臣和沧运模范进行了表彰。中共沧州市委副书记赵维椿、河北省企业家协会秘书长张祥林、省体改委副主任刘清芳、省交通厅副厅长段铁树、中国企业家协会副理事长远松山、中国道路运输协会副会长、交通部事务管理局党委书记、局长郭生海先后在会上讲话。会上发放了《沧运之路》一书及《沧运画册》。期间，还举办了沧运五十年发展史展览。董事长、总经理曹永堂就公司发展做了报告。

2002年1月5日,中共河北省委书记王旭东在沧州考察期间,听取了集团公司董事长、党委书记曹永堂同志的工作汇报,对公司发展改革和文明建设给予称赞。

2002年3月14日,公司召开深化产权制度改革动员大会。市体改委主任段建军、经贸委副主任冯庆山、交通局副局长王恒章出席了会议并讲话。会上,总经理李广棣宣读了"深化产权制度改革的总体方案",董事长、党委书记曹永堂作动员讲话。

2003年3月25日,沧州军分区党委主持召开沧运集团荣获全国基层民兵预备役先进单位授牌仪式。中共沧州市委副书记张其昌、沧州市委常委、军分区政委齐保才、军分区副政委李地亚、参谋长郝同信、政治部副主任闫福增、新华区委书记张瑞桥、区长薛择邻、人武部部长陈树军及集团公司领导曹永堂、李广棣、张长兴、张宝财、戴国庆、王春英等出席了授牌仪式。

2003年8月30日,由中国生产力学会主办的第三届全国优秀生产力理论与实践成果评选表彰在北京钓鱼台国宾馆举行。曹永堂研究的"沧运集团全面实施五大经营战略使交通运输生产力获得长足发展"项目,荣获发展生产力杰出贡献二等奖。全国人大常委会副委员长蒋正华向曹永堂颁发获奖证书,并给予谈话鼓励。

2004年3月,党委书记曹永堂主持起草讨论了《关于建立学习型企业的实施意见(试行)》。提出公司建设学习型企业的指导思想原则方针等。

2004年11月19日,沧州运输集团有限公司第一届股东代表大会成功召开。通过投票选举,曹永堂、李广棣、王春英、李顺宏、刘志昶、杨书侠、左静、朱会杰、宋吉宗、高银起、魏汉成当选为董事会成员。张宝财、王真、刘焕国、张凤歧、李东良当选为监事会成员。同日,公司董事会召开一届一次会议,会议选举曹永堂为董事长,李广棣为副董事长。公司监事会召开一届一次会议,会议选举张宝财为监事会主席。

2004年12月30日,沧州运输集团有限公司成立暨揭牌仪式在沧运会堂隆重举行。中国交通企业管理协会会长李宗琦,中国汽车保修设备协会秘书长刘蕴,中共沧州市委书记张庆华,市长郭华,市政协主席蔡华,市委副书记安云昉,市委常委、沧州军分区政委齐宝才,市委常委、组织部长郑广富,市人大副主任张春荣,市政府副市长宋文新,沧州军分区副司令员赵永亮,省运管局副局长王传伦等上级领导出席了成立揭牌仪式。新公司被市政府批准成立并经市工商局正式注册，注册资金4000万元，在册员工3519名，下设32个分公司、子公司，7个合资合作单位。

2005年5月10日，董事长曹永堂在北京主持召开沧运集团发展文化产业研讨会，探讨沧运拓展文化产业事宜。

2005年5月29日，时代光华沧运集团分会场举行首播仪式。董事长曹永堂发表致辞。沧运集团分会场是北京时代光华卫星远程培训学院和集团公司职工教育联合开办的，随之展开中高层干部培训。

2005年7月30日，集团公司出资500万元，收购了天津益鑫里农贸市场。农贸市场位于天津红桥区西青道，占地2660平方米，建筑面积3200平方米，为钢架全封闭结构，拥有经营摊位142个，门市70多间。

2005年10月18日，沧运集团收购并控股河北高客公司。董事长曹永堂与河北省交通厅厅长焦彦龙分别在《省厅所持河北高客公司股权转让合同》上签字。按照合同约定，沧运出资3500万元，持有河北高客62%的股权，成为河北高客公司控股大股东。河北各地市运输公司参股。

2006年8月18日，集团公司与沧州市商业银行在沧州花园酒店举行了全面业务合作协议签字仪式。市商行董事长王宝良、集团公司董事长曹永堂出席合作签字仪式，银企业合作迈出新步伐。

2006年12月8日，中国物流与采购联合会、河北省现代物流协会有关专家组成评估工作组莅临我司进行4A级物流企业现场评估，评估组确认公司达到物流企业4A级标准。

2007年6月16日，由沧运集团投资兴建的我国北方最大的物流信息门户网站——环渤海物流信息网在天津成立。中国交通运输协会常务副会长王德荣、中国交通企业管理协会会长李宗琦、天津交通物流协会会长周连有、天津市河北区副区长吴延、河北物流协会副会长徐生文、沧州市发改委副主任韩杰等领导出席网站成立新闻发布会并致辞，对信息网站的建设给予了高度评价。

集团公司领导曹永堂、李广棣、杨书侠、戴国庆、李顺宏等出席了新闻发布会。工人日报、中国交通报、天津日报、今晚报、天津电视台、沧州晚报、沧州电视台等20多家媒体及天津市知名物流企业参加了新闻发布会。

2007年12日1日,经市政府批准,沧州西客站正式运营启动。518辆原由沧州客运总站、北个体停车场西行班车及发往各地的高客班车已全部调整至沧州西客站发车。集团公司董事长曹永堂、总裁李广棣和市政府、市交通局、运管处有关领导到西客站启用现场指导工作。

2008年3月21日,省政府召集沧运集团、中储、中邮及石家庄、唐山等地九个省内物流骨干企业召开座谈会。董事长曹永堂作了汇报发言,省政府领导对沧运集团发展物流业的做法给予肯定。

2008年4月29日,河间公司汽车站广场内20多部崭新公交车整齐排开,6条城乡客运一体化公交线路在这里正式运营。这些线路的开通将为当地55个自然村的居民提供舒适、快捷的出行服务。沧运集团公司董事长曹永堂及河间市委、市政府的主要领导、省运管局、市交通局有关领导出席开通仪式,并为班车正式运营剪彩。

2008年5月25日,沧运集团董事长曹永堂多次部署抗震救灾工作,沧运集团为四川汶川灾区捐献善款30多万元,并承担了市政府交给的为灾区运送建筑工人和安置房任务,先后出动了300多个车次,圆满完成了任务。

2008年8月18日,沧运集团董事长曹永堂主持召开集团公司股东代表大会。股东代表以无记名投票的方式选举曹永堂、李广棣、王春英、杨书侠、刘志昶、戴国庆、李顺宏、张凤岐、钟志平、魏汉成、窦洪增共11名同志为新一届董事会成员,选举李国行、王真、朱会杰、刘俊国为新一届监事会成员,高长勇作为职工监事已经由职代会选举产生。随即,集团公司董事会、监事会分别召开二届一次会议。按照法定程序,董事会二届一次会议选举曹永堂为董事长、李广棣为副董事长。董事会聘任李广棣为总裁,杨书侠、王春英、刘志昶、戴国庆、李顺宏为副总裁,聘任刘振义为总裁助理。董事长曹永堂分别向新聘任的总裁、副总裁、总裁助理等总裁层成员颁发了聘书。

2009年4月28日,为应对“高铁冲击”,转型发展,由河北高客重组的冀运集团公司,在省会石家庄正式成立。中国交通运输协会常务副会长王德荣和省政府副省长为冀运集团成立揭牌。交通运输部道路运输司发来贺信。著名经济学家、我司高级顾问厉以宁教授,原交通部部长钱永昌、副部长王展意分别为冀运集团成立题词。省发改委、商务厅、交通运输厅、石家庄市政府领导、相关协会、各地市兄弟公司领导以及友好单位、客户代表出席了揭牌仪式。董事长曹永堂致辞。

2010年1月16日，在沧运集团公司股东年会（职代会）暨2010年工作会议上，集团公司董事长曹永堂提出“加快转型步伐、向现代运输业进军”的部署，要求客运业向客货兼营发展、货运业向现代物流转型发展，汽车服务业全面向汽车后市场进军，并发展旅游、出租公交、房地产等产业。

2010年4月28日，董事长曹永堂为冀运集团重组成立一周年庆典题词，进一步明确了“坚定不移转型发展”“在转型中发展，在发展中转型”的战略指导方针。

2010年8月，集团公司董事长曹永堂被中国交通企业管理委员会授予“全国交通行业迎建国60周年十大荣誉个人”称号。

2010年9月28日，在沧州市艺术中心，集团公司建司六十周年庆祝大会隆重举行。原交通部副部长、中国公路学会会长李居昌，中国交通运输协会常务副会长王德荣，河北省原副省长、河北省工业经济联合会会长、中共河北省委、省政府咨询委员会主任郭世昌，交通运输部道路运输司货运与物流处调研员严季，省交通运输厅副巡视员苗德才，沧州市委书记郭华，市人大常委会主任石锡贵，市政协主席匡洪智，沧州市原市长、省技术监督协会会长李瑞昌，沧州市政府副市长赵国权，沧州军分区原司令员冯青春，中国交通企业管理协会常务副会长李维双，中国汽车保修协会秘书长刘蕴，省运输管理局副局长张虎，省企业家协会会长王永忠，省现代物流协会会长鲁泽，省工业经济联合会常务副会长郝振宇，人民日报河北项目部主任姚广荣在主席台就座。集团公司董事长、党委书记曹永堂同志介绍了企业发展的情况。中共沧州市委书记郭华在讲话时说：沧运改制的路子走对了，企业如同是一只浴火的凤凰，涅槃再生。希望沧运继续搭上改革开放的“高客”，再创新的辉煌。

2010年12月3日，在沧运集团五楼会议室，河北机场集团总经理张彦杰、沧运集团董事长、冀运集团董事长曹永堂共同在协议书上签字，双方正式签订长期战略合作框架协议。据悉，这是河北机场与地方道路运输企业签订的第一个战略合作协议。从此，冀运集团为河北机场提供地面运转服务。

2011年3月8日，沧运集团在七楼会堂隆重召开2010年度股东（职工）代表大会，董事长曹永堂主持会议。大会通过投票选举，产生了沧运集团新一届董事局、监事局。曹永堂、李广棣、杨书侠、王春英、刘志昶、戴国庆、张凤岐、窦宏增、张寿昌、周建和、王红臻当选为运输集团公司董事；李顺宏、王真、刘俊国、贾启军当选为集团公司监事。通过职代会投票选举，韩培旺当选为集团公司职工监事。新当选的董事局、监事局分别召开三届一次会议，选举曹永堂同志为董事局主席、李广棣同志为副主席，选举李顺宏同志为监事局主席。董事局聘任了总裁层成员：总裁李广棣，副总裁王春英、刘志昶、钟志平，总裁助理张瑞涛。

2011 年 5 月 17—18 日，集团公司董事局主席曹永堂带队参加了在廊坊市举办的国际贸易洽谈会。董事局主席曹永堂与中石油华北油田华港燃气有限公司董事长苏俊签署合资合作协议。河北省省长陈全国、省委副书记付志方、沧州市副市长宋有洪等领导出席并见证双方签约。

2011 年 8 月 26 日，中国共产党沧运集团公司第一次代表大会在沧运集团七楼会堂隆重召开。大会依法选举产生了中共沧运集团第一届委员会和纪律检查委员会，并分别召开了一届一次党委会和纪委会议，选举曹永堂同志为沧运集团党委书记、李顺宏同志为副书记，李国行、钟志平、王真、张凤岐、张寿昌为委员；选举李顺宏同志为纪委书记、刘恩林为副书记，王春学、刘国华、商全利、陈滨、王燕。

2011 年 8 月 30 日，董事局主席曹永堂在上海与上海通用汽车有限公司总经理叶永明签署了建立别克汽车 4S 店协议，副总经理刘志昶参会。

2011 年 10 月 20 日，董事局主席曹永堂带队，赴华北油田参观学习企业文化建设。沧运集团党委副书记李顺宏、公司顾问赵吉琴及董事局办公室、总经理办公室、党群人事部有关同志参加了这次学习。中国石油华北油田公司总经理黄刚陪同考察，党委副书记金海龙、企业文化处处长胡建国分别介绍了华北油田发展及企业文化建设情况。

2012 年 5 月 23 日，全国总工会服务职工工作组一行 5 人来沧运集团检查指导工作。该工作组是全国总工会保障工作部副部长陈杰平，保障处处长肖敏，生活处调研员吴薇，生活处苏文帅，综合处张旭光。沧州市人大常委会副主任、工会主席刘金明、副主席刘金城、生活保障部副部长刘彦龙、帮扶中心主任李国利陪同。董事局主席、党委书记曹永堂，党委副书记、工会主席李顺宏进行了座谈、汇报。

曹永堂介绍了沧运集团基本情况,并以“充分发挥工会作用,促进企业稳健发展”为题汇报了公司工会工作开展情况,并就工作组提出的问题一一作了解答。

2012 年 6 月 28 日,董事长曹永堂主持召开沧州运输集团沧运集团股份公司创立大会。通过创立大会投票选举,曹永堂、李广棣、戴国庆、王春英、刘志昶、窦洪增、王红臻高票当选为沧运集团股份公司董事,共同组成公司第一届董事会。杨书侠、刘俊国、刘国华高票当选为股东代表监事,并与公司职工代表大会选举的职工代表监事贾启军、韩培旺共同组成公司第一届监事会。在随即召开的股份公司第一届董事会第一次会议上,选举曹永堂为股份公司董事长,李广棣为副董事长;聘任戴国庆为股份公司总经理,刘志昶、钟志平、李国行、张瑞涛为副总经理,周建和为财务总监。在第一届监事会第一次会议上,选举杨书侠为股份公司监事会主席。

2012 年 9 月 1 日,在吉林省长春市举办的“2012 中国企业 500 强发布暨中国大企业高峰会”上,中国企业联合会、中国企业家协会向社会发布了“中国企业 500 强”“制造业企业 500 强”“服务业企业 500 强”榜单及其分析报告,沧运集团股份公司首次跨入“2012 中国服务业企业 500 强”行列,成为行业领军企业。董事长曹永堂应邀出席会议。

2012 年 10 月 12 日,由中国交通运输协会联合中国货代协会、中国铁道协会、中国船代协会、中国船东协会、中国港口协会、中国口岸协会、中国报关协会 8 家国家级行业组织和专业协会组织的“2012 年度全国先进物流企业表彰大会暨现代物流发展高峰论坛”在北京举行。评选出了全国 310 家先进物流企业,并在其中筛选出了全国物流百强企业。沧运公司再次荣获“全国先进物流企业”和“全国物流百强企业”称号。董事长曹永堂出席了会议。

2013 年 3 月 14 日,冀运集团与中国联合网络通信集团有限公司(简称“联通”)河北分公司在石家庄签订战略合作协议。董事长曹永堂,联通河北分公司总经理韦秀长参加签约仪式并致辞。

2013 年 5 月 8 日,董事长曹永堂与沧州市万盛老年公寓经理刘猛在总部五楼会议室签署协议,吸收万盛老年公寓成为沧运集团股份公司加盟单位,为沧运集团股份公司员工提供优质、优惠的养老及职业病理疗康复服务。曹永堂赴老年公寓参观,并欣然题词“为国分忧、为子尽孝”。

2013年6月11日,交通运输部道路运输司副巡视员谢家举和交通运输企业协会、汽车营销业法律专家莅临沧运集团股份公司调研指导工作。董事长曹永堂、总经理戴国庆陪同。

2013年9月5—8日,由中国交通运输协会和山东省临沂市政府主办的全国现代物流发展大会暨物流信息化建设发展论坛在山东临沂召开。中国交通运输协会常务副会长王德荣、国家发改委经贸司副司长耿书海、临沂市人民政府副市长马崑在大会上致辞。董事长曹永堂应邀出席会议,并荣获"2013年度中国物流企业创新人物"称号。

2013年9月29日,公司与《沧州日报》联合举行"乘势而上,晋位升级——沧州企业界专题学习研讨会",在公司五楼会议室举行。董事长曹永堂与沧州银行董事长刘泽平、大元集团董事长李建国、天成药业董事长王振刚、华北商厦总经理胡永刚、乾成钢管总经理李观杰、朗洁物业董事长张法笠、河间国欣农村技术服务总会副书记刘增伟及沧州日报采访组共同参加了座谈。董事长曹永堂领读,共同学习了全市骨干龙头企业座谈会精神,共商企业发展大计。

2013年11月20日上午9时30分,任丘市委主持的任丘市公交体制改革表彰暨新公交车启用仪式在任丘市文化艺术中心广场隆重举行。董事长曹永堂应邀带队参加。同时沧运集团股份公司50辆崭新的天然气公交车投入运营。

2014年5月26日,中共沧州市委书记焦彦龙亲临沧运集团股份公司调研指导工作,慰问了荣获"全国工人先锋号"称号的沧州西汽车站"亲情旅程"服务班成员,观看了亲情服务展示。董事长、党委书记曹永堂向焦书记汇报了争创品牌情况。

2014年9月19日,由天津企业联合会牵头,北京企业联合会、河北省企业家协会共同举办的"2014京津冀一体化协同发展暨产业合作座谈会"在天津召开。董事长曹永堂应邀带队出席。

2014年9月26日,沧运集团股份公司召开2014年临时股东大会,董事长曹永堂主持会议。沧州市政府金融上市办公室领导和广发证券公司、国浩律师事务所等中介机构人员列席了会议。按照集团公司挂牌上市的要求,大会审议通过了公司在全国中小企业股份转让系统挂牌工作等相关议案。

2015年1月16日,董事长曹永堂带队对天津舜能润滑材料生产基地进行了实地考察,并与天津舜能润滑科技(股份)有限公司董事长朱文彬签署战略合作协议。

2015 年 1 月 27—29 日，沧州市人大代表，董事长、党委书记曹永堂参加了沧州市第十三届人民代表大会第三次会议。会议期间，曹永堂接受了沧州电视台记者采访，就落实省、市要求，改善人民群众出行条件和发展旅游业、为沧州"五城"建设做贡献等问题，向大会提交了两项提案。

2015 年 2 月 16 日，沧州市市长王大虎到沧州西汽车站检查春运工作，董事长曹永堂汇报了春运及安全安排，王大虎市长表示满意，并叮嘱务必保安全运行。

2015 年 3 月 26 日，推进京津冀国家再制造产业示范基地建设合作框架签约仪式在河间举行。董事长曹永堂受河间市人民政府邀请出席，并与河间市人民政府签订了《再制造项目投资意向书》。

2015 年 4 月 13 日，沧运集团股份公司上市挂牌仪式在北京全国中小企业股份转让系统有限责任公司隆重举行。河北省原副省长、省工业经济联合会会长郭世昌，中国交通运输协会常务副会长王德荣，中共沧州市委常委、副市长赵国权，中国汽车保修设备行业协会会长谢家举，广发证券投行部总经理刘旭阳，董事长曹永堂为公司上市敲响开市宝钟。郭世昌、赵国权、省运管局局长王孟章、刘旭阳、曹永堂分别致辞。

2015 年 4 月 16—17 日，著名经济学家、沧运集团高级顾问厉以宁教授来沧州渤海新区讲学、考察，董事长曹永堂应邀聆听讲学，并一路陪同考察了新区企业、南大港湿地等，出席了中共沧州市委书记商黎光会见厉以宁教授等活动。

2015 年 5 月 18 日，董事长曹永堂带队参加由商务部、河北省人民政府在廊坊举办的第 32 届经贸洽谈会。河北省副省长沈小平、沧州市市长王大虎等领导出席。会上，沧运集团与北京神州新能源有限公司签署了合资建设加气站协议。

2015 年 7 月 1 日，沧运集团股份公司召开建司六十五周年、改制十周年庆典暨"七一"表彰会。党委书记、董事长发表了题为《适应新常态，引领新发展，为把沧运建设成为现代服务业集团而努力奋斗》的重要发言。

2015 年 7 月 26 日，沧运集团股份公司召开 2015 年第二次临时股东大会。董事长曹永堂代表一届董事会向大会做了工作报告。本次股东大会经逐项审议，通过了《沧运集团股份公司第一届董事会工作报告》《沧运集团股份公司第一届监事会工作报告》《关于修改公司章程的议案》。大会通过投票，选举曹永堂、戴国庆、钟志平、曹向东、李申、王红臻、陈滨、董华冰、戴丽萍为公司董事，共同组成公司第二届董事会；选举李国行、刘国华、张寿昌为股东代表监事，与职工民主选举产生的职工代表监事刘志学、韩培旺共同组成公司第二届监事会。在随后召开的董事会、监事会二届一次会议上，公司全体董事通过投票选举曹永堂为董事长兼法定代表人，戴国庆为副董事长，钟志平为执行董事。聘任曹向东为公司总经理，李申、窦宏增、刘俊国、王春学为副总经理，周建和为财务总监，陈滨为董事会秘书。全体监事选举李国行为公司监事会主席。公司经营层聘任贾启军为总经理助理。

2016 年 1 月 21 日，全国总工会副主席、书记处书记陈荣书、河北省总工会党组书记、常务副主席贾永信一行，在沧州市市长王大虎和市人大常委会副主任、市总工会主席刘金明等领导陪同下，到沧运集团股份公司走访慰问。董事长、党委书记曹永堂汇报了公司党委加强对工会领导及工会组织帮扶困难员工等工作情况。陈荣书对公司企业改制后坚持“四个不变”和工会工作给予了充分肯定。他说，沧运经验在全国具有推广价值。

2016 年 1 月 22 日，在公司召开的 2016 年经营工作会暨职代会上，董事长、党委书记曹永堂做了题为《以创业创新为动力，全面提高企业转型发展的质量和效益》的重要发言。强调，沧运集团股份公司将推出“创新转型发展”战略，大力开展“双创”活动。

2016 年 4 月 19 日，董事长曹永堂主持召开第二届董事会第五次会议，会议决定公司全面实施“创新转型发展战略”，向现代服务产业集团目标进军。

2016 年 5 月 23 日，在交通运输部机关五楼报告厅，第二届“寻找中国运输风范人物领袖品牌”活动圆满收官。董事长曹永堂荣获“中国运输风范人物”荣誉称号，并发表《实施创新转型战略的几点做法》演讲。

2016 年 6 月 24 日，在沧州职业技术学院礼堂召开大会。公司与沧州职业技术学院签订战略合作协议。总经理曹向东在大会上致辞介绍沧运概况及合作意愿，董事长曹永堂与沧州职院党委书记冯庆山在协议书上签字。

2016 年 8 月 26 日，沧运新月汽车服务有限公司开业揭牌仪式在沧州经济技术开发区管委会会议室隆重举行。沧州经济技术开发区党工委书记、管委会主任郭万义、沧州市交通运输局副局长董继元、董事长曹永堂、北京新月联合汽车公司总经理刘长江共同为沧运新月汽车服务有限公司公司开业揭牌。该公司是专门为北京现代工厂提供客运物流服务的。

2017 年 1 月 13 日,沧运集团股份公司召开 2017 年度经营工作会议。董事长、党委书记曹永堂出席会议,对 2017 年重点工作、党委工作进行了部署。

2017 年 1 月 25 日,中共沧州市委副书记、代理市长梅世彤,副市长刘强、市政府秘书长车军、交通运输局局长刘国恩一行来沧运集团股份公司检查春运工作,慰问一线员工。梅市长对春运工作给予肯定。

2017 年 2 月 22 日,按照市纪委、市委组织部和国资委党委的统一部署,公司召开领导班子民主生活会,公司党政领导班子成员共 13 人参加,与会人员对照深入开展批评与自我批评。

2017 年 2 月 28 日,交通运输部副部长刘小明带领督导检查组莅临沧州西汽车站,现场检查"两会"安保、实名制售票等工作落实情况。河北省副省长张古江,省交通厅党组书记、厅长单宝风,沧州市委书记杨慧,市委常委、常务副市长袁志刚等一同督导、检查。沧运集团股份公司总经理曹向东汇报了公司安全管理和转型发展等工作进展情况。刘小明副部长对沧运集团近年来的企业发展、文化建设、品牌创建及创新转型、开展定制服务等工作给予了肯定,对"两会"安保提出了意见。

2017 年 4 月 25 日,董事长曹永堂主持召开第二届董事会第十次会议。会议审议通过了 2016 年度董事会工作报告、公司年度报告、财务预决算报告、利润分配预案等 14 项议案。会议提请于 5 月 18 日召开集团公司 2016 年度股东大会,对有关议案进行审议。

2017 年 5 月 1 日,我司全部由新能源车辆组成的黄骅至黄骅港 101 路公交线路开始运行。

2017 年 5 月 18 日,公司召开 2016 年度股东大会。董事长曹永堂代表第二届董事会作了《2016 年度董事会工作报告》,总结了 2016 年主要工作和成果,明确总体发展目标和主要工作,对进一步推进创新转型发展提出了意见。

2017 年 6 月 9 日,交通运输部安全与质量监督管理司刘剑主任、交通运输部公路科学研究院副研究员张建军、高级工程师魏攀一组成的调研组,在河北省交通厅安全监督处副处长申延荣等领导陪同下,到公司开展道路运输安全生产重特大事故成因及对策调研,实地查看并了解了客流、受高铁冲击、安全管控等情况。

2017 年 6 月 24 日，公司召开党委扩大会议，党委书记曹永堂对加强党建和党员队伍建设，促进企业创新转型发展做了新的部署。

2017 年 6 月 28 日，中共沧运集团股份公司第六次代表大会召开，党委书记、董事长曹永堂代表第五届党委会作了题为《传承沧运红色基因，发挥政治核心作用，加快建设现代服务产业集团而努力奋斗》的工作报告。大会选举产生了集团公司第六届党委、纪委。在随后召开的第六届党委第一次会议上，曹向东当选为党委书记，李申当选党委副书记。在第六届纪委第一次会议上，李申当选为纪委书记。

2017 年 7 月 26 日，公司与沧州市政府机关事务管理局签约，成为沧州市社会化公务用车平台唯一指定服务商。党委书记、总经理曹向东表示，沧运将根据用车单位需求，以更加细致化、差异化的服务，为党政机关公务出行、会务组织、处置突发事件等全力提供用车保障。

2017 年 8 月 14 日，公司庆祝沧州建州 1500 周年“沧运之夜”文艺晚会在狮城公园广场演出，为广大市民送上一台精彩纷呈的文化盛宴。

2017 年 8 月 16 日，公司“便捷行”超市试运营，实现了公司客运、旅游、汽车服务、物流、汽车租赁等产业的服务新产品线上销售。

2017 年 9 月 14 日，沧运集团公司“运美连锁宾馆”通过国家商标注册。

2017 年 10 月 18 日，沧运集团公司整合收购肃宁公交资源，设立了沧运肃宁公交公司。

2017 年 10 月 24 日，沧运集团公司与沧州职院联合举办“欢庆十九大——金秋放歌”文艺联欢会，共同庆贺党的十九大胜利召开。

2017 年 11 月 24 日，公司举行十九大精神宣讲交流会，特邀党的十九大代表、省妇联兼职副主席、沧州市公安局刑警支队政治处主任王红心进行宣讲。

2017 年 12 月 15 日，公司与沧州市委党校联合建立的党建教学示范基地在沧运揭牌，并开展了首次开班培训。

2018 年 1 月 13 日，公司召开 2018 年度经营工作会议。对 2018 年生产经营和党建工作进行了安排部署。

2018 年 4 月 13 日，公司被交通运输部、公安部、应急管理部授予“道路运输平安年活动成绩突出道路运输企业”称号，是河北省唯一连续三年获此殊荣的企业。

2018 年 4 月 23 日，沧运集团股份公司被河北省道路运输管理局确定为首批定制客运试点单位。河北省道路运输管理局印发《关于推进道路旅客运输班线定制客运试点工作的指导意见》（冀运管客〔2018〕51 号），我司被确定为首批定制客运试点单位。定制客运服务是通过互联网、大数据、云计算等信息技术手段，对旅客出行需求进行统筹规划，为旅客提供差异化、多元化、个性化等定制预约客运服务，实现旅客高质量出行的道路客运组织模式。在运营过程中，沧运建立并逐步完善了“狮城出行”网约定制服务平台，管理日趋规范。

2018 年 4 月 24 日，沧运集团股份公司第二届董事会十五次会议召开，董事长曹永堂主持会议。会议审议并通过了 2017 年度董事会工作报告、年度报告、财务决算、利润分配预案及提请召开集团公司 2017 年度股东大会、七届二次（职代会）等议案。

2018 年 5 月 16 日，沧运集团公司召开 2017 年度股东大会暨职工代表大会，会议由董事长曹永堂主持。

2018 年 5 月 22 日，沧运集团公司举办“新沧运，心服务”新产品发布会，向社会各界宣传推广公司各类新服务产品。

2018 年 6 月 30 日，沧运集团公司召开“两优一先”表彰暨党建工作交流会，公司党委书记曹向东主持会议，并对学习贯彻党的十九大精神、进一步加强公司党的建设提出了新要求。

2018 年 7 月 11 日，公司召开 2018 年半年经营工作会暨七届三次职代会。董事长曹永堂出席会议，并发表题为《立足当前再创佳绩　聚焦发展现代服务产业》的重要讲话。党委书记、总经理曹向东对上半年工作进行总结，对下半年重点工作进行部署。

2018 年 7 月 26 日，公司召开 2018 年第一次临时股东大会。大会审议通过了《沧运集团股份公司第二届董事会工作报告（草案）》《沧运集团股份公司第二届监事会工作报告（草案）》《集团公司 2019—2021 三年发展计划（草案）》《关于修改公司章程的议案》《董事、监事选举办法（草案）》。第二届董事会董事长曹永堂做了题为《不忘初心　砥砺奋进　努力实现我司高质量高效益发展》的工作报告。大会投票选举曹向东、窦宏增、刘俊国、张瑞涛、陈滨、张寿昌、董华冰为第三届董事会董事，选举李申、刘国华、张莉为股东代表监事，与集团公司七届三次职代会选举产生的职工代表监事刘志学、孔杰，共同组成公司第三届监事会。在随后召开的董事会、监事会三届一次会议上，分别选举曹向东为董事长，李申为监事会主席。同时，聘任曹向东为集团公司总经理，窦宏增、刘俊国、张瑞涛、王春学为副总经理，周建和为财务总监，陈滨为董事会秘书，王红臻、贾启军、秦岩、商全利为总经理助理。

第三届董事会聘任曹永堂为集团公司荣誉董事长。会上，曹永堂宣读了《致股东和员工的一封信》。

五、主要荣誉录

1990年，被河北省交通厅评为“省交通系统双文明建设先进单位”；被沧州地委授予“地区文明单位”“地级先进企业”称号。

1994年，被中共河北省委、省人民政府评为“文明单位”；被河北省交通厅、人事厅评为“全省交通系统先进单位”；被河北省交通厅评为“职工教育先进单位”；被沧州市委、市政府命名为“文明单位”。

1995年，被中共河北省委组织部、宣传部、省企工委、省经贸委、省总工会授予“思想政治工作优秀企业”；被河北省交通厅授予“思想政治工作优秀企业”；被沧州市政府授予“沧州市先进单位”。

1996年，被河北省人民政府评为“文明单位”；被河北省交通厅评为“职工教育先进单位”；被沧州市人民政府评为“文明单位”“纳税先进单位”。

1997年，被国家体委命名为“全国群众体育先进集体”，被沧州市政府评为“再就业工程先进单位”。

1998年，被中共河北省委、省人民政府评为“文明单位”；被河北省人民政府、省军区评为“基层武装部建设标兵单位”；被河北省人民政府评为“签订集体合同先进单位”；“98河北质量月活动组织奖”；被河北省交通厅、人事厅、交通工会评为“省交通系统先进单位”。

1999年，被河北省人民政府评为“先进企业”；被河北省质量兴省名牌兴企战略领导小组、经贸委、技术监督局评为“质量效益型先进企业”“省优质服务单位”；获河北省交通系统“情满旅途、优质服务文明活动先进单位”；被中共沧州市委、市政府评为“创建文明单位工作先进单位”“1998年度深化企业改革先进单位、学邯钢先进单位”。

2004年，被中共河北省委、省人民政府评为“先进单位”；被中共河北省委、省政府、省军区评为“武装工作先进单位”；被中国企业联合会评为“全国信息工作先进集体”；被河北省总工会、河北省劳动和社会保障厅评为“2002—2004年度河北省劳动关系和谐企业”。

2005年，被河北省交通厅评为“交通系统安全生产和社会治安综合治理先进单位”；公司的“亲情旅程”服务班被河北省质量协会评为河北省用户满意服务品牌。

2006年，荣获“全国交通行业企业文化建设卓越绩效奖”；被河北省交通厅评为“安全工作先进单位”;被河北省文明委评为“全省诚信企业”;被河北省企业联合会评为“省企业管理创新优胜企业”。

2007 年,被国家人事部、中国物流采购联合会评为“全国物流行业先进集体”;被全国道路运输协会评为“全国道路旅客运输一级企业”;被中国物流协会评为“全国物流 AAAA 级企业”。

2008 年,被河北省国资委、中小企业局、企业联合会评为“最具成长性企业”;被河北省文明办、工商局、质量技术监督局、国税局评为“河北省诚信企业”;被河北省委组织部、老干部局评为“全省老干部工作先进集体”;被中国交通企业管理协会评为“全国交通企业文化建设优秀单位”。

2009 年,被河北省陆军预备役师评为“预备役工作先进单位”;被河北省国资委、中小企业局、企业联合会评为“河北省明星企业”;被河北省总工会、安监局授予“安康杯竞赛优胜奖”;被河北省交通工会授予“女职工建功立业奖”。

2010 年,被河北省现代物流发展领导小组、发改委授予物流业“双十工程”示范工程。

2011 年,被河北省工业经济联合会、企业联合会、企业家协会和统计学会评为“河北省服务业 50 强企业”和“河北省重点行业排头兵企业”。

2012 年,被中国企业联合会、中国企业家协会评为“中国服务业企业 500 强”;被中共河北省委宣传部、文明委、省总工会授予“文明交通行动计划先进单位”;被河北省安全生产委员会评为“安全生产管理先进单位”;“亲情旅程”被河北省交通厅评为“交通运输系统十大文明服务品牌”。

2013 年,公司工会被中华全国总工会评为“全国模范职工之家”;被共青团河北省委、省青年志愿者协会评为“第十届河北省青年志愿服务突出贡献奖”;被中国交通企业管理协会评为“全国交通运输节能减排先进单位”。

2014 年,“亲情旅程”服务班被中华全国总工会授予“全国工人先锋号”。

2015 年,被河北省总工会、省职工文化体育协会评为“河北省企业文化建设示范单位”;被河北省道路运输管理局评为“河北省十佳货运物流服务示范企业”;被中国道路运输协会评为“创新发展先进单位”“全国交通运输优质服务示范物流企业”;被河北省企业文化研究会评为“品牌创建先进单位”;公司的“沧运旅游”服务品牌被评为“优秀服务品牌”。

2016 年，被河北省总工会评为“河北省职工职业道德建设标兵单位”；被河北省道路运输管理局评为“现代货运物流服务示范企业”；公司的“便捷行”服务品牌被河北省质量奖评审委员会、质量技术监督局评为“河北省服务名牌”；被河北省现代物流协会评为“省物流 50 强企业”；被中国道路运输协会评为“全国先进物流企业”“中国物流百强企业”；被中共沧州市委、市政府评为“2014—2015 年度文明单位”。

2017 年，被中国交通企业管理协会授予“全国交通运输先进物流企业”称号。

2018 年，连续三年蝉联交通运输部、公安部、国家安全监督管理总局“道路运输平安年先进单位”；被评为“2017 年度交通运输部重点联系道路运输企业报表及经济运行分析工作先进单位”。

后　　记

经过四个多月的筹划与撰写，由我所著的《思路·出路·道路——沧州运输集团发展模式解析》终于付梓面世。虽是由我所著，实则多方努力共同铸成。这里，首先要感谢河北省原副省长、省经济联合会会长郭世昌同志亲自作序，给了我及本书很高的评价。老朋友、《沧州晚报》总编姚广荣同志对本书架构设计和重要论述给了具体指导，尤其是在文字润色方面。编写过程中，沧运董事会秘书陈滨同志进行章节文字编排；中国书法家协会会员、河北省工艺美术师陈瑞谦题写书名；李文华、赵树申、韩聪以及何亚琴、邢芸、李文辉、杨静等协助进行文章、文件、图片收集。在此一并表示衷心感谢！感谢人民交通出版社股份有限公司的同志们精心编审、排印，使本书顺利出版，赶上了庆祝改革开放四十周年的脚步。

多年来，国家、省、市媒体及作家、记者朋友，对沧运给予了多方面关注和报道，撰写了诸多有分量的稿件在报刊、杂志上发表，这次仅选登几篇。在此再次表示衷心的感谢。因本人才疏学浅，加之为工作之余创作，时间较紧迫，尽管尽心尽力，本书仍不免存有不足或谬误之处，请予指正。

曹永堂

二〇一八年七月二十日